国艺
国术篇

王 杰◎主编

领导干部国学大讲堂

中共中央党校出版社
The Central Party School Publishing House

目录 | CONTENTS

国艺国术篇

国艺国术篇

中国戏曲

张 庚

1911年1月出生于湖南长沙姚姓世家，起名姚禹玄。

1934年在上海加入中国共产党。后任上海左翼戏剧联盟宣传常委，此时将笔名张庚用作正式名字，编辑《生活知识》、《新知识》、《新学识》杂志，创作话剧剧本《秋阳》、《爱与恨》，参加创作剧本《汉奸的子孙》、《洋白糖》、《我们的故乡》、《咸鱼主义》、《保卫卢沟桥》等，出版我国第一部《戏剧概论》（商务印书馆1936年版）。曾经组织领导蚁社流动演剧队赴苏、浙、鄂进行抗日宣传。后赴延安，任鲁迅文艺学院戏剧系主任，参加"延安文艺座谈会"，组织领导歌剧《白毛女》的创作和演出，创作剧本《异国之秋》，出版《戏剧艺术引论》。

1946年春—1949年5月赴东北解放区哈尔滨、佳木斯、大连、瓦房店等地，后到沈阳筹建东北鲁艺，任东北鲁迅艺术学院副院长，创作剧本《永安屯翻身》，出版《戏剧简论》，编选《秧歌剧选集》（共三卷）。

1949年6月—1953年初赴北京参加中华全国文艺工作者代表大会，选为全国委员和中华全国戏剧工作者协会副主席，筹建中央戏剧学院并任副院长，发表《话剧运动史初稿》和《50年来剧运大事编年》。

1953年2月—1966年任中国戏曲研究院副院长、中国戏曲学院院长、《戏剧报》主编。

　　世界上有三种古老的戏剧文化：一是希腊悲剧和喜剧，二是印度梵剧，三是中国戏曲。中国戏曲成熟较晚，到12世纪才形成完整的形态。它走过了漫长的坎坷不平的道路，经过八百多年的不断丰富、革新与发展，一直持续到现在，表现了旺盛的生命力。如今，在广袤的中国大地上，有三百多个剧种在演出，古今剧目，数以万计。戏曲在中华民族文化艺术史上，以及在世界艺术宝库里，占有独特的地位。

◆ 独树一帜的戏剧文化 ◆

　　中国的传统戏剧有一个独特的称谓:"戏曲"。历史上首先使用戏曲这个名词的是元代的陶宗仪,他在《南村辍耕录·院本名目》中写道:"唐有传奇。宋有戏曲、唱诨、词说。金有院本、杂剧、诸宫调。"但这里所说的戏曲是专指元杂剧产生以前的宋杂剧。从近代王国维开始,才把"戏曲"用来作为包括宋元南戏、元明杂剧、明清传奇以至近代的京剧和所有地方戏在内的中国传统戏剧文化的通称。

(一)戏曲是综合艺术

　　它既包含时间艺术(例如音乐),又包含空间艺术(例如美术),而戏曲作为表演艺术,本身就是时间艺术与空间艺术的综合。它要在一定的空间来表现,要有造型,这就是空间艺术。但它在表现上又需要一个发展过程,因而它又是时间艺术。这种综合性是世界各国戏剧文化所共有的,而中国戏曲的综合性却特别强。各种不同的艺术在戏曲中是与表演艺术紧密结合的。例如戏曲中的服装和化妆,除用以刻画人物外,还成了帮助和加强表演的有力手段。水袖、帽翅、翎子以及水发、髯口等,都不仅仅是人物的装饰,而且是戏曲演员美化动作、表现人物微妙心理活动、刻画人物性格的重要工具。戏曲的这种与表演艺术紧密结合的高度综合性的特点,是经过了漫长的历史发展过程逐渐形成的。

　　中国戏曲是以唱、念、做、打的综合表演为中心的戏剧形式。它拥有丰富的艺术表现手段。它不是某个天才艺术家一时一地的发明,而是中国各民族长期的共同的创造,是千百年来由许多知名的和无名的艺术家一点一滴创造积累起来的。从艺术因素的构成看，戏曲的发展来源主要有三个：歌舞、滑稽戏和说唱。由于中国历史上从来就有把各种不同的表演艺术集中在一个场所进行演出的传统习惯，这就促进了各种艺术的交流和结合。东汉张衡《西京赋》里，就有杂技、歌舞等同场演出的记载。北魏时则在洛阳的寺庙里集中演出百戏。隋代在每年正月初一到十五，广泛搜罗"四方散乐"，在洛阳城外临时建立戏场，占地八里长，让艺人们彻夜在那里演出。唐代长安有定期举行的庙会，除和尚讲经外，还有说书、杂技、歌舞等表演。到了北宋，更出现了常年集中各种技艺演出，而且是营业性的"瓦舍"。这种集中，不仅促进了各种艺术的互相竞争，更促进了它们之间的互相吸收、互相渗透和互相结合。经过长期的演出实践，不同的艺术融合到一起，成为一个有机的统一体，于是，新的艺术形式就诞生了。从西汉《东海黄公》以角抵表演特定的人物故事，到唐代《踏摇娘》中歌舞、角抵与滑稽表演的结合，不难看到各种艺术逐渐融合并不断产生新的艺术形式的轨迹，中国戏曲就是循着这样的发展线路孕育和诞生的。它与表演艺术紧密结合的综合性，使中国戏曲富有特殊的魅力。它把曲词、音乐、美术、表演的美熔铸为一，把节奏统驭在一个戏里，达到和谐的统一。这样，就充分调动了各种艺术手段的感染力，形成中国独有的节奏鲜明的表演艺术。

(二)中国戏曲的虚拟性

虚拟，是戏曲反映生活的基本手法。生活是无限的，任何艺术要表现生活都是有限的。用有限的艺术手段去表现无限的生活，如果不在艺术中变换生活的原来形式，完全按照日常的样子去反映生活，是办不到的。因此，所有的艺术都不能不作变形，只是变形的程度不同罢了。漫画是变形的，中国画是变形的，芭蕾舞、西方歌剧都是经过变形的。就是非常写实的希腊雕刻，也是变形的，因为它首先就没有颜色。写实派的话剧，也是变形的，看来与生活相似，实际上，话剧中对话的嗓音那么高，动作那么夸张，都离开了生活的原型。戏曲通过变形来反映生活的原则，同所有艺术是一致的，只是变形的方法和程度有所不同。戏曲的变形和生活的原型距离较大，这种变形手法之一就是虚拟。

中国戏曲是在物质条件低下、舞台技术落后的社会环境中逐渐形成和发展起来的。古代演剧，没有布景，没有幕布，舞台条件十分简陋。戏曲难以模仿和照搬生活的原型，制造出真实的幻觉。自然，世界各国古老的戏剧产生的物质条件都同样是简陋的，例如，古代希腊戏剧也没有布景。但中国戏曲不像一些国家的戏剧那样走上了写实派的路子，其根本原因，只能从我们独特的深厚的民族文化和美学传统中去探求。

在处理艺术和生活的关系上，不是一味追求形似而是极力追求神似，这是中国传统艺术的根本特点之一，是从中国传统的美学观中产生出来的。如：中国画讲究神形兼备，而更重视神似。神似要求捕捉住描写对象的神韵和本质，而形似却是追求外形的肖似和逼真。戏曲就是在这样的传统美学思想的影响下形成的。它不是把舞台艺术单纯作为模仿生活的手段，而是作为剖析生活本质的一种武器。它追求的是生活本质的真实，而不囿于生活表象的真实。它对生活原型进行选择、提炼、夸张和美化，尽量扫除生活中琐碎的非本质的东西，把观众直接引入生活的堂奥中去。显然，这种创造性的工作远比单纯模仿生活或刻意制造真实的幻觉要更复杂和深入。

戏曲的虚拟性首先表现为对舞台时间和空间处理的灵活性。任何艺术都要用一定的形式表现生活，这种特定的形式，对于每种艺术说来，既是表现生活的手段，也是表现生活的条件。每种艺术都按照一定的条件去表现生活，在这个意义上说，艺术的特定形式，也是一种限制，一种局限性。戏剧是通过舞台表演的形式来反映生活的。舞台对于戏剧就是一种限制。因此，戏剧必须解决如何利用舞台的空间和时间的问题。戏剧家要求反映的生活是无限的，而舞台的空间总是有限的。戏剧情节时间跨度往往很大，但一台戏实际演出的时间只能持续三小时左右。为了解决这些矛盾，一种做法是：把舞台当作相对固定的空间，采取以景分场的办法，截取生活的横断面，把戏剧矛盾放到这个特定场景中来表现。在同一场中，情节的延续时间要求使观众感到与实际演出时间大体一致，时间的跨越则在场与场的间歇中度过。这就是西方戏剧中自有"三一律"以来的多年采用的基本结构形式。另一种做法是中国戏曲的解决办法，它有一种假定性，即和观众达成这样一个默契：把舞台有限的空间和时间，当作不固定的、自由的、流动的空间和时间。舞台是死的，但是在戏曲的演出中，说它是这里，它就是这里；说它是那里，它就是那里。一千里路虽然很长，说它走完了，它就走完了。从门口到屋里，虽说路程很短，说它没有走完就没有走完。一个圆场，十万八千里；几声更鼓，夜尽天明……运用自由，富有弹性，舞台的空间和时间的涵义，完全由剧作者和演员予以假定，观众也表示赞同和接受。时间和空间处理的灵活性使戏曲把舞台的局限性巧妙地转化为艺术的广阔性，这就是戏曲的虚拟手法的集中表现。

作为解决艺术与生活这对矛盾的基本方法，虚拟还体现在对现实生活各个领域、各个方面的具体的表现上。例如对山岳河流等地理环境的虚拟、刮风下雨等自然现象的虚拟，以及人物动作的虚拟，等等。虚拟的手法解放了戏曲的舞台，给戏曲作家和舞台艺术家带来了艺术表现的自由，大大地开拓了表现生活的领域，通过表演，在有限的舞台上，把观众带到多种多样的生活联想中去，借观众的联想来完成艺术的创造。这就是中国戏曲艺术家可以在几乎是一无所有的舞台或空旷的广场上，表现出异彩纷呈的场景和千姿百态的人物的奥秘所在。

　　戏曲通过高度的艺术真实表现出生活真实的虚拟特点，是千百年来，一代又一代表演艺术家运用他们的智慧积累而成的优秀的民族表现形式。它的形成过程，并非直线发展，而是中国人民祖祖辈辈的艺术家们经过了各种途径的探索。在历史上，并非没有人运用布景，把舞台装饰得华丽一些。明末张岱的《陶庵梦忆》，记载了一班社演出《唐明皇游月宫》时，用了月宫的布景。清初的李渔在《蜃中楼》里，也布置过一座精巧的蜃楼。至于宫廷的演出更是花样繁多。但戏曲发展的主流，还是循着虚拟的法则前进，终于形成了自己的独特的美学体系。

（三）中国戏曲另一个艺术特征就是它的程式性

　　程式，是戏曲反映生活的表现形式。程式这个词有规范化的含义。程式都是直接或间接来源于生活的。表演程式，就是生活动作的规范化，是赋予表演固定的或基本固定的格式。例如关门、推窗、上马、登舟等，都有一套固定的程式。许多程式动作各有一些特殊的名称，例如卧鱼、吊毛、抢背等。表演程式还有另外的含义，即它是生活动作的舞蹈化。戏曲表演动作，固然要求具体，让人看得懂，但是它又不是生活动作的照搬。它还得把生活动作美化和节奏化，也就是舞蹈化。如起霸，实际就是披甲扎靠，这是具体的生活动作，但在戏曲舞台上，已变成舞蹈性的表演了。

　　表演程式具有规范化的含义，并不意味着戏曲表演就是一种没有生气的公式化的东西。程式是从创造具体角色中逐渐产生的，并不是一开始就有了整套的程式。许多程式，大都是个别演员为了塑造人物需要而模拟特定的生活动作并把它节奏化、舞蹈化所进行的创造，这套动作很美，很准确地刻画出人物的某种精神状态，大家看了觉得很好，把它用到其他戏中同类人物身上也很合适，于是这套动作就被普遍采用。昆剧《千金记》中有一场戏描写霸王半夜听见有军情，赶快起来披甲上马。为此设计了一套动作，大家看了都来学。以后凡是武将出场都用它，并干脆把这套动作称为"起霸"。可见程式本来是特定的动作，后来才逐渐变成公用的带规范性的表现手段。

戏曲的程式不限于表演身段，大凡剧本形式、脚色行当、音乐唱腔、化妆服装等各个方面带有规范性的表现形式，都可以泛称之为程式。程式的普遍、广泛的运用，形成了戏曲既反映了生活，又同生活形态保持若干距离；既取材于生活，又具有比生活更夸张、更美的独特色彩。离开了程式，戏曲的鲜明的节奏性和歌舞性就会减色，它的艺术个性就会模糊。

因此，程式对于戏曲，不是可有可无的东西。为了保持戏曲的特色，就必须保留程式。当然，程式不是一成不变的。既然程式最初是来自戏曲艺人生动活泼的创造，那么，为了表现姿态万千的不同生活内容的需要，创造性地运用、改造和丰富旧有的程式乃至不断创造新的表现手法，最后发展了程式，就是一件很自然的事情。千百年来，中国戏曲艺术家正是这样辩证地对待和发展程式的。正因为程式在戏曲中既有规范性又有灵活性，所以戏曲艺术才被恰当地称为有规则的自由动作。

综合性、虚拟性、程式性，是中国戏曲的主要艺术特征。这些特征，凝聚着中国传统文化的美学思想精髓，构成了独特的戏剧观，使中国戏曲在世界戏剧文化的大舞台上闪耀着它独特的艺术光辉。

◆ 戏曲植根于广大人民生活之中 ◆

中国戏曲之所以具有旺盛的生命力，是因为它深深地植根于广大人民生活的土壤之中。

中国原始公社时期孕育着戏曲的种子，氏族聚居的村落产生了原始歌舞。随着氏族的逐渐壮大，歌舞也逐渐发展与提高。但中国社会的发展，虽由原始时代进入到阶级社会，原始公社的残余却长期存在。许多古老的农村中，往往保持着源远流长的歌舞传统。如"傩"就一直保存在中国南方许多偏僻农村中。有些村落则因沧桑迭变，古老的歌舞艺术传统也会中断和消失。而一些新的歌舞，如社火、秧歌，又适应人民精神生活的需要而诞生。这些歌舞的特点：一是季节性，要逢年过节或神道的生辰才活动起来；二是业余性，所有的演员都是忙时劳动，闲时演出；三是代代相传，历史悠久。正是这些歌舞演出，造就出一批又一批技艺娴熟的民间艺人。

　　但在漫长的封建社会里，中国农村经济基本上停留在自给自足的水平。经济不发达，是农村歌舞长期不能很快地发展成为戏曲的主要原因。从汉代以来，农村的歌舞艺术就不断出现了带故事性的歌舞节目，如《东海黄公》、《踏摇娘》、《打花鼓》，以及近代的《小放牛》和东北二人转中许多节目。这些节目，几乎都是带喜剧风格的，它们在形式上，已介于歌舞和戏曲之间，说是戏曲，还不具备完整的故事情节；说是歌舞，却又在表演过程中出现了人物。这种艺术形式在中国长期存在和反复产生，是与农村经济生活长期停滞在很低水平密切相关的。

　　12世纪中叶到13世纪初，由于中国商品经济和商业手工业城市的发展，逐渐产生了职业艺人和商业性的演出团体，出现了反映市民生活和观点的宋杂剧和金院本。这个时期，以及其后的百余年间，既是一个经济发展的时代，又是一个民族矛盾和阶级矛盾相当尖锐，人民相当痛苦的时代。南戏和北杂剧就是在这个时代产生的。这一时期，剧作家辈出，他们对于自己所处的时代十分敏感，与人民群众的喜怒哀乐息息相通，尽管他们对于现实的态度各有不同，但不满的情绪却是共同的。关汉卿就是这个时代最富于斗争性的伟大剧作家。他在《窦娥冤》中借枉死的窦娥之口倾诉了胸中的不平:"为善的受贫穷更命短,造恶的享富贵又寿延。"并高喊出:"地也,你不分好歹何为地? 天也,你错勘贤愚枉做天!"关汉卿还写了一系列的剧本,倡导不仅要斗争,决不退让,而且要进行有策略的机智的斗争,如在《救风尘》、《望江亭》等剧中所表现的。还有的作家暗示性地写出了《赵氏孤儿大报仇》的悲壮剧,以寄托他们对赵宋时代的怀念。马致远的《汉宫秋》以浓厚的悲观情怀抒发了不满之情,痛骂前朝的文臣武将在危急存亡之秋不能为国家分忧,却派一个年轻的妃子去和亲。也有的作家想逃避苦难,提倡抛开世俗纷争去修真学道。这些作家,虽然对现实生活的态度有积极与消极的区分,但他们的剧作中所反映出来的都是广大人民共同感到极其迫切的问题。观众或借舞台上的嬉笑怒骂,发泄心中的积郁,或受英雄人物形象的鼓舞,增加了生活的勇气,获得新的启示。这时的舞台艺术,成了观众精神生活的有力支柱,甚至是生活的教师。因此戏曲的繁荣兴盛就是非常自然的了。

元王朝是社会治安极其紊乱的时代,社会的道德受到破坏。元朝的灭亡并没有立刻结束这种混乱的局面,而人民群众迫切希望安定,希望过有秩序的生活,特别希望人与人之间的关系正常起来。这时的社会还是一个封建社会,人民脑子里的社会秩序当然不能超出封建时代所能有的秩序。这种秩序中占统治地位的当然是封建统治阶级的道德教条,但在广大人民的生活中,也自然滋生了人民的道德观念。"公道自在人心"指的就是人民的道德标准。人们对于《拜月记》所写的在乱离中结成夫妻的王瑞兰和蒋世隆是同情的,并认为王瑞兰的父亲强制将他们分开,特别是在蒋世隆卧病在床时将他们分开太不近情理,因而深表不满。对于《琵琶记》中孝敬公婆,在饥荒年月中牺牲自己的赵五娘是赞赏的;他们认为急公好义、在困难中扶助邻里、怜贫惜老的张大公是高尚的,而认为富贵之后忘了贫贱的父母、糟糠的妻室的人是可耻的。《琵琶记》等作品在这个时期出现,正反映了人民群众这样的思想感情。

到了16世纪，即明中叶，在出现资本主义萌芽的江南一带昆腔兴盛起来。它不但反映了江南地主的生活，也反映了地主阶级内部的斗争。有正面的政治斗争，如《鸣凤记》中所反映的，也有思想上的斗争，如《牡丹亭》中所反映的情与理的斗争。最重要的还是政治斗争，在这时期的剧作中表现得最突出、最典型的就是所谓忠奸斗争，如《鸣凤记》；与清官为民请命的斗争，如《十五贯》。这时期还出现了描写市民起来暴动，反对当权派横征暴敛的题材和直接写市民生活的题材。前者如《清忠谱》，后者如《占花魁》。这些都是那个时代最新鲜的题材。这类新鲜的题材总是为当时的观众所欢迎和关心的。明末的张岱记述劣迹昭著的大宦官魏忠贤倒台以后，一个写反魏斗争题材的新戏《冰山记》在庙台上演出的情形时，说是群众情绪十分兴奋，反应强烈。可以看出这时期的剧作家在感情上和人民群众是紧密相连的。

这个时期，除比较受封建上层人士欢迎的戏外，还有比较受农民欢迎的戏，那就是弋阳腔及其派生的诸腔剧目。弋阳诸腔不像昆腔，不是产生在资本主义萌芽的中心地带——江、浙地区，而是产生在它的外围——江西、安徽，并随着当地商人的四处流动而遍及全国。它所反映的生活，除继承早期南戏以来描写农村生活的传统剧目外，还有民间无名作家所写的大量历史故事剧，这些故事剧写出了农民对许多历史人物的评价。这里也有忠奸的斗争，但和昆腔中的忠奸斗争很不相同。昆腔是从地主阶级现实政治斗争的立场来区分忠奸，而弋阳腔却是从农民的观点，从民间历史传说的观点来评价人物。弋阳诸腔的剧目中还有相当一部分是写民间传说故事的，如《织锦记》、《长城记》等，它们直接描写了贫苦农民的生活，写出了贫苦农民所受的经济和超经济的剥削以及婚姻问题上所受的压迫；写出了贫苦农民夫妻虽然十分勤劳还是无法维持生活的悲惨景象；还写出了农村中青年男女真挚、朴素的爱情，坚贞的品质和他们心灵手巧善于劳动的形象。可以使人充分感觉到，这些戏的作者是和贫苦农民心连心的。

明末清初，从崇祯元年到顺治二年(1628～1645)，农民起义横扫陕、川、晋、豫、楚、湘等省，倾覆了明朝的政权，农民起义持续二十五年之久相隔不到十年，又有吴三桂、尚可喜、耿精忠等起来造反。这场战争也波及云南、贵州、湖南、广西、广东、福建、江西。可以说，清朝的天下，直到康熙中叶才安定下来。经过乾隆承平的六十年，到了嘉庆年间，又有白莲教的起义，他们转战于湖北、河南、陕西、四川数省的毗连地区，此伏彼起，前后达八年之久。各种地方戏，就是在这样的时代背景之下孕育和产生出来的。这是一个乱离之世，也是一个人民群众中英雄人物辈出的时代。这时的地方戏，主要是北方的梆子和南方的皮簧，它们都和弋阳腔有着继承的关系，因此，在剧目上也继承了弋阳腔大量历史演义的题材。但因时代不同，内容上也有许多新的东西。它们反映了战争中的各种生活和人物，如瓦岗寨的人物程咬金、单雄信、秦琼等；如五代宋初的历史人物赵匡胤、郑子明、陶三春等；如杨家将故事中的人物焦赞、孟良、穆桂英、杨排风等。这些人物虽是过去历史或演义中已存在的，但在戏曲中又加以重新塑造。这中间，有农民起义的英雄；有做了皇帝就忘记自己微贱时共患难的亲密同伴的人，如赵匡胤；有忍无可忍起而闹朝打朝的人物，如《斩黄袍》等戏中所表现的人物；还有些英姿飒爽的女英雄如《穆柯寨》中的穆桂英，《斩黄袍》中的陶三春。这些人物，在这个时代以前的戏曲舞台上或是不大可能见到，或是过去虽有而从来没有具备过如此鲜明强烈的性格。另外，还有一类写军人生活的剧本，如当了多年兵终于衣锦荣归的老行伍薛平贵和在家吃苦守候十八年终于苦尽甘来的王宝钏的故事。这种题材虽然前代戏曲中也曾有过，但这时又以新的面貌出现，应当说是当时许多农民长期从军、离乡背井、思家情切的一种曲折反映。

由以上的事实看出，中国戏曲之所以能够源远流长，一脉相承而不中断，其中的一个重要原因是：进步的剧作家从一开始就是与人民群众相结合的。他们有时是人民的教师和知心朋友，人民的安慰者和鼓舞者。遇到不平的事，他们和人民一道愤怒；遇到欢乐的事，他们和人民一道高兴。他们赞扬人民中的英雄，批评人民身上的缺点，指斥那些欺压、残害人民的坏人，为一个时期的社会生活树立了公正舆论。对生活持有积极态度和进取精神的剧作家总是给观众以希望，总是鼓励人们信心百倍地生活下去。因此，中国人民热爱戏曲，他们把舞台当作公平舆论的倡导者，生活道路的指引者。清焦循在《花部农谭》中说，老百姓看了戏，回到家里之后，往往进行热烈的议论，十天半个月还不休止。广大人民从看戏中得来了许多历史知识，在评断事情的时候，往往引用戏中的人物和事件为例证。同人民群众的生活和感情紧密相连，这就是中国戏曲生命力的一个源泉。

应当指出的是，在中国戏曲的历史发展长河中，也出现过不少内容消极、思想低下的剧目。这些作品反映了人民生活中消极的一面，有的甚至是封建统治阶级的传声筒。它们宣传封建迷信，鼓吹轮回报应，对人民起麻醉作用。但随着时代的发展和人民的日益觉醒，这些作品中的落后部分逐渐被新的改编本所删除，而代之以更积极的内容。如《赛琵琶》改为《铡美案》，就越来越合理而富有斗争性。也有一些剧目，因为过于落后过时，观众拒绝接受而被时代淘汰。

戏曲形式的不断革新

为了要表现各个不同时代的生活内容，单靠老传统、旧技巧是实现不了这个要求的，必须在旧传统的基础上创造新的表现手法，运用新的技巧。这样，戏曲的形式就需要不断革新。在中国戏曲史上，每一个时代都有新鲜表现手段增加到戏曲艺术中来。

　　戏曲艺术的革新，首先为了要表现新的人物，既要表现新人物，就得运用不同于前代的新的表现手段。新手段的出现，也就渐渐形成了新的行当。元杂剧之所以能蔚为大观，从金院本中脱颖而出，变成独立的大剧种，并取代了金院本的首席地位，就是因为在舞台上能够出现金院本所无力表现的许多新人物。在金院本的舞台上，只有一些喜剧和闹剧人物，他们都是市井中所常见的，如小官吏、小商人、市井妇女、酸秀才、和尚、道士、兵卒、乞丐，骗子、小偷之类。他们之间纵有各种矛盾冲突，也不是严重到足以影响许多人的生活，所以往往以调侃的姿态出现。因此，它的角色行当总不出副净、副末、装旦的范围。但元杂剧作者处理的题材，即社会生活矛盾，比金院本要复杂得多，严重得多，而且是带有社会普遍性和较强烈的政治意义的。元杂剧中反映的贪官污吏就是一个严重的政治问题，他们不止是要钱，而且草菅人命。还有元杂剧中常出现的权豪势要、"衙内"一类人物也是前所未见的，他们既横蛮凶狠，又愚顽卑劣。相应地，在这批衙内们压迫、戕害的对象中就出现了一批富有斗争精神和斗争经验的勇敢而又聪慧的妇女形象。粗看起来，这些人物也仍可以包括在以前三类角色的范围之内，但若真要原封不动，按金院本的路子演出，那就一定会把这些新的严酷的生活现实歪曲成闹剧了。于是元杂剧就从原来角色体制的基础上推陈出新，创造出一套以正末和正旦为主，以唱为主的新体制。过去宋杂剧和金院本的表演中也都有唱，但这些唱或是不占重要地位，或是和人物的塑造与表演还没有完全糅在一起，而在元杂剧中，唱得到了重大的发展，它成了抒发主要人物感情的最重要的手段，在艺术表现力上得到了很大的加强。

　　取代元杂剧而兴起的明传奇，也有类似的情况。昆曲中因为出现了新鲜的题材，相应地也出现了一批舞台上的新人物。如忠臣、权奸、清官、贪官、市民起义领袖和其他形形色色的市民形象，在有些戏中，普通市民由配角变成了主角。昆曲中所表现的忠臣和清官形象，和在元杂剧中出现的清官形象是大不相同的，元杂剧里的包公还多少带有想象的成分，如在《陈州粜米》中，包公实际只是穿上官服的农民而已。元杂剧中还有一个清官张鼎，这倒是一个比较真实的形象，但他只是一个小吏。而昆曲中的忠臣、清官却是从现实生活中提炼、提高的人物，是当时舞台上所出现的光辉形象。他们可以抬着棺材到金殿上去犯颜直谏，置生死、家室、宗族于度外；或是为了给老百姓平反冤狱，担着丢官罢职的风险。戏里凡写到、演到这些场面，悲壮的气氛是十分浓烈感人的。虽然从角色方面说，依旧是"老生"（也就是元杂剧的"正末"）应工，但在表演艺术上却较之正末有了很大的发展，可以说是有很大的不同。至于奸臣，虽然在元杂剧中已出现王钦若、秦桧等形象，但专门用一个"大白脸"的行当来表现，却是以前所没有的。这行角色虽然是从净角脱胎出来。却又自成体系。他表面上威严庄重，骨子里却诡诈阴险，决非如净角的一味粗犷可以表现出来的。在昆曲中，即便是同一个丑行，这时也出现了"方巾丑"和"官衣丑"，既有温文尔雅的风度，又是胁肩谄笑的人物。

总之，由于表现的生活和人物每朝每代都有不同，舞台上的角色行当也就日益丰富多样，而表演的技巧也随之不断发展。这些新技巧的积累，有的是演员为塑造人物形象而从生活中逐渐琢磨出来的，如侯方域所记，一个叫马锦的演员为了演好严嵩，不惜在一个宰相家当了三年跟班，终于演好了这个人物。有的还要不断吸收各种技艺来充实戏曲原有基本功的不足。如昆曲中原来并不存在武行，也没有武生、武旦、刀马旦、开口跳这些行当，但在皮簧、梆子中却大量存在武戏，徽班首先把真刀真枪搬到台上来，经过一段时期的消化改造，才变成了适合舞台表演的把子功。短打也是吸收民间的武功、拳术加以改造而成的。戏曲表演艺术的不断革新，不仅是从外面吸收营养来丰富自己，就是在内部各行当之间，也存在互相吸收借用的现象。如谭鑫培为了使老生的腔调婉转而富于表情，就化用其他行当的腔调。这种移借、化用的方法，其他的演员也常有使用。为了表现人物，就要运用必要的新技巧，在这方面，戏曲演员是从不保守的。新技巧的引进和运用，又促使新行当的出现，戏曲的表演艺术也随之不断发展。

在戏曲的革新中，唱腔的变化也是一个重要方面。一个剧种的发展历史，包含着唱腔的不断革新，剧种的兴替也和唱腔的更新有着密切关系。明朝剧评家王骥德曾经说过，戏曲的声腔三十年一变。虽然三十年说得太死，但他确是看出了戏曲发展的某种规律。由于种种原因，往往一种声腔衰落，另一种声腔起而代之。南曲兴起代替了风靡一时的北曲，就是时世推移，旧时的听众已为一班新听众取代的缘故。这些新听众已不习惯北方声腔，而要求适合于他们的南方声腔，于是海盐、余姚、弋阳、昆山等腔就应运而生，新的逐渐代替了旧的。而其中昆山、弋阳两腔又在竞赛之中战胜了其余两腔，形成了昆、弋两腔独步舞台的新时代。

古人说："治世之音安以乐，其政和。乱世之音怨以怒，其政乖。亡国之音哀以思，其民困。"（《礼记·乐记》）这说出了中国音乐，也说出了中国戏曲声腔与社会政治变化的关系。戏曲声腔的变化，小而至于一个剧种内部的变化，大而至于剧种声腔的兴替，常常与社会政治变化和经济发展密切相关。皮簧在北京初起时，程长庚一辈演员的唱腔是实大声洪的，后来到了谭鑫培的唱腔就为之一变，哀伤悲愤之音多起来。这反映了清朝末年国事日非，人民极端不满而又看不到出路的心情。北京是政治上最敏感的地方之一，这种心情从京戏中表现出来是完全可以理解的。当然，音乐与人民感情之间的关系，不是如古人所说的那么简单，应当说不同时代不同的艺术家所反映的思想感情是比较复杂的，人民在感情上的感受和反应也总是具体的，永远不会雷同的。但是，整个时代的气氛，却又是鲜明的，因而戏曲声腔的常变常新，也就永远不会停息。

声腔虽然不断革新和发展，互为兴替，但它并不是抛开传统凭空生长出来的。南曲之代替北曲，不但有本地民歌做基础，而且还上承宋词和宋大曲的余绪，最早的温州杂剧就是"宋人词而益以里巷歌谣"形成的。昆曲之所以胜过诸腔，数百年领袖一代曲坛，正是因为出了魏良辅等一批革新家，认真学习和继承了北曲具有相当高水平的演唱技巧，并把它移用在昆曲的演唱技巧上，这才大大提高了昆曲的演唱艺术性。尽管南曲和北曲是声腔的两大系统，并有各自不同的渊源，但作为整个中华民族的戏曲艺术，它们的继承关系还是统一的，不能人为地割裂开的。凡是中国人民长期积累的经过千锤百炼的艺术成果，即那些艺术上的精华，都是应当继承的。凡是做了这种继承工作的，其发展必然会更高、更快、更富于表现力。

中国是一个大国，人口众多，方言语音变化复杂。一种声腔从一地流传到另一地，总是按当地人民喜闻乐见的习惯，结合当地的方言和语音、当地的民歌，把原来的唱腔加以改造，形成一支地方声腔的派别。比如最早的元曲就包含中州调与冀州调的不同分支。这种不同分支经过长期演唱，形成了不同的风格，互相间的差异也越来越大，于是它们各自逐渐形成为一种独立的声腔。北方的梆子腔，据现在所知的历史事实是在山西与陕西的交界地区蒲州与同州之间形成的。当时称为山陕梆子，流入关中之后衍变为秦腔，在河东就成为蒲州梆子，到晋北就成为北路梆子，到晋中就成为中路梆子，由晋北传入北京和河北就成为河北梆子。梆子腔传入河南与河南原有的地方戏交流融汇，就演变成河南梆子。从河北继续往东，形成山东梆子。各地的梆子其来源虽是一个，由于与方言语音和当地民歌、小戏结合，到了今天都已形成为风格迥然不同的许多独立的戏曲剧种。它们不仅唱腔互相不同，所用的乐器与它们的演奏方法也各有特点，甚至在剧目上也有了各自富有特色的作品，其中有些剧目虽然来源于同一剧本，但内容和演法各有不同。这种情形并不囿于北方梆子，南方高腔、皮簧都是如此。因此，中国戏曲在艺术上既有共同风格，又有丰富多彩的艺术表现能力和千差万别的艺术个性。

在历史上，不同的剧种流传到同一个地区，当地的人民大体上都能兼收并蓄，让它们在一个舞台上同场演出。这些外来剧种与当地的艺术和人民生活习惯与欣赏兴趣相结合，逐渐具有某种共同的地方色彩，甚至合成一个戏班。这种戏班中的演员，既能演这个声腔的戏，也能演另一种声腔的戏。这种班子开初被人称为"两下锅"、"三合班"，经过长期的艺术实践，就形成一个具有共同风格的地方剧种，如川剧中就包含着昆曲、高腔、皮簧、梆子和本地的灯戏五种声腔，这些声腔已经全部四川化，形成为川剧了。就是现在世界闻名的京戏，原来也不是一个单纯的剧种，其中也包含着汉调、微调、梆子、昆曲、哕哕等多种声腔，只因长期互相融合交流，形成了比较统一的艺术风格，为北京群众所喜闻乐见。北京曾是几代帝都，全国欣赏水平较高的观众大都汇集在这里，这就使得它在艺术上成熟、提高快，又容易传播到全国各地，若干年后，逐渐超出地方范围，成为具有全国意义的剧种。

❖ 赋予古老戏剧文化以青春活力 ❖

中国戏曲有着旺盛的生命力，但它所走过的道路却是十分曲折的。在我国戏曲史上，剧种也会衰亡。如元杂剧，在戏曲史上曾煊赫一时，后来也销声匿迹或者奄奄一息了。元杂剧的衰亡和政治经济中心南移有很大关系。元曲是北曲，比较雄壮、朴实，它的形成和北方兄弟民族的语言、音乐有关。元王朝统一中国之后，经济文化重心已经南移，元王朝覆亡后，政治重心也转到南方了。明朝的戏曲理论家都说"北曲不谐南耳"，所以北曲渐衰而南曲转兴。元曲的兴起，是由于剧作者和演员反映了一个时代人民的思想感情，但后期元杂剧作者所写的作品已经不是那么与人民群众的思想感情息息相通了。他们逐渐脱离了现实，多写风花雪月，少写人民疾苦，观众当年看戏的那种热气已逐渐凉下来了。而艺术家和艺术评论家也越来越注意声韵腔调的推敲，力求近古，格律日严。到了明初，北杂剧进入各藩王的宫廷，剧本的内容更专事讲究富丽堂皇，讲究红火热闹的歌舞排场，对人民关心的生活中动人心弦的故事却漠然置之。相比之下，无论在内容上和艺术上南戏观众都感觉亲切，这就是北杂剧所以不得不衰亡下去的原因。

昆剧的衰落也有类似的情况。昆剧产生在太平之世，它的兴起和江南商品经济的发达有关。虽然这时政治斗争很尖锐，但还不是戎马倥偬的时代。到了明末清初，戏曲艺术十分繁荣的江南一隅，也沦为战场，昆剧的根据地被破坏了。其时，昆剧支持者——江南地主已经无心欣赏艺术，其中有不少人已经毁家纾难，还有人则起而抗清。这一社会的大动荡，对昆剧的打击是不小的。然而，昆剧由于根底深厚，没有因此一蹶不振。到了清政权初步稳定，昆剧作家、艺术家们心灵上的伤痛太深，只有借昆剧才能抒发出郁结在他们心头的隐痛，于是连续出现了李玉的《千忠戮》、洪升的《长生殿》和孔尚任的《桃花扇》几部剧本。这些戏或借历史以寄哀伤，或直写南明小朝廷灭亡的遗恨，的确道出了明朝遗民心灵深处的感情。这些剧目使清朝统治者很不愉快，虽然没有公开予以禁绝，却很巧妙地对几位剧作者进行了打击。从此，昆剧的创作一片沉寂。一些作家纵有所作，也决不敢涉及政治，更不敢涉及人民群众所关心的问题，只能吟风弄月，聊以点缀。

昆剧还有一个与生俱来的致命弱点，即对农民的生活与斗争，缺乏了解，有些人还对农民存有偏见。当梆子、皮簧兴起，在舞台上创造了许多吸引观众的农民起义人物形象时，昆剧却对之一筹莫展，它的演员连表演这些新人物的基本功也没有。由于昆剧演员对新兴的地方戏在艺术上不够精练存有偏见，他们甚至还对之进行抑制。在苏州这个昆剧的故乡，演武戏的戏班是不许进老郎庙，不许进城演出的。这种固步自封的态度，使他们更加脱离群众。与当时的地方戏舞台上的一股新鲜空气相比，昆剧舞台上的人物和生活显得陈旧，大多数观众对昆剧的兴趣也就减弱了。加之，昆剧的艺术表现风格——轻歌曼舞，也很不合这个时期广大群众的口味。这时期新兴起来的地方戏，大多是急管繁弦，慷慨悲歌，唱得人们耳热心酸，因为不如此就不足以表现其金戈铁马的内容和叱咤风云的人物。剧种衰亡的原因是多种多样的。比方徽剧，现在虽然没有灭绝，但已衰败不堪。徽剧的兴起是与明末清初徽州商人的遍及全国有密切关系的。到了近代，帝国主义的商品和资本侵入中国，对中国农村的自然经济和手工业、商业是一个致命的打击，中国的市场已不再是徽州商人纵横驰骋的天下了。再加上吸取了徽剧艺术精华的京剧蓬勃兴起，在许多地方，特别是在大都市里冲击了徽剧。徽剧在声腔上和表演艺术上，特别是在剧目上，相比之下都显得古老而不入时。观众欢迎新的京剧，原来的徽班也就逐渐京剧化了。

总之，剧种衰亡的基本原因还是在于脱离群众。其中又可大致分为两种情况：一种是由于时世推移，特别是突然的变故，这中间是带有不可抗拒的因素的；还有一种是主观的原因。如果剧种本身能够不断革新，适应时代的要求，跟随时代而前进，它的衰亡则是可以避免的。

中国近代社会发生了急剧变化，而戏曲由于从出生、成长、壮大和高度成熟，都处在封建社会之中，它惯于表现封建时代的生活，所以难以很快适应这个急剧变化的新时代。戏曲艺术家曾经积极努力去表现辛亥革命，可是当这种艺术还没有充分适应这个生活的大变革时，辛亥革命就失败了，历史已经翻到了更新的一页。社会生活以更高的速度前进，相继发生五四运动、1925－1927年的大革命、十年土地革命、抗日战争、解放战争。戏曲艺术对这些新的历史篇章还来不及表现，时代又前进到了社会主义革命和社会主义建设的历史新阶段。当然，处在急剧变化的时代，一些有远见的戏曲艺术家也曾努力创作出一些反映这个时代的新剧目，如梅兰芳的《生死恨》、程砚秋的《荒山泪》、周信芳的《洪承畴》，以及田汉创作的《江汉渔歌》、欧阳予倩创作的《梁红玉》等。在中国共产党领导的抗日根据地，对于戏曲的革新也做了较大努力，编演了《逼上梁山》、《三打祝家庄》、《血泪仇》等。中华人民共和国成立后，编演现代戏的成绩更为显著。50年代，编演了京剧《白毛女》，60年代，相继出现了豫剧《朝阳沟》，京剧《红灯记》、《芦荡火种》等表现人民群众新生活和革命英雄人物的剧目。近年来，更出现了表现革命领袖的戏剧剧目，例如秦腔《西安事变》等。至于许多年轻的剧种如评剧、沪剧、吕剧、湖南花鼓戏等，表现现代生活的能力更是大大增强。

　　中国传统戏曲艺术如何表现新时代的生活和多彩多姿的新人物，是一个艰难而复杂的课题。在旧时代，由于以关汉卿、汤显祖、魏良辅、叶堂、谭鑫培直到梅兰芳等为代表的剧作家、音乐家和表演艺术家的集体创造，戏曲艺术经过千锤百炼，已形成精致的独特的艺术体系。而要让这样一个已形成完整体系的传统艺术去表现崭新的生活内容，的确不是轻而易举的事情。回顾近百年来戏曲发展的历史，从辛亥革命前夜提出戏曲改良，经过多次失败，几乎失去信心，认为旧戏根本不能表现新生活；五四运动时期，甚至有人断定旧剧必须取消而代之以话剧；到了全民族奋起抗日的时期，不得不重新考虑"旧瓶装新酒"、"利用旧形式"的问题，直至终于提出了"戏曲改革"的口号。这段历史表明：戏曲在新时代是不可缺少的，它在表现现代新生活方面走过一段漫长崎岖的道路，戏曲家们从根本不知道如何表现到逐渐懂得如何表现，一点一滴地积累经验。古老的戏曲艺术，由于发扬了与人民生活紧密联系的优良传统，循着"百花齐放，推陈出新"的规律前进，不仅在表现人民生活方面更加深刻，而且在影响和改造人民生活方面也日益起着积极的作用，终于使它充满活力而变得年轻起来。无数立志改革戏曲以至创造出社会主义新戏曲的先辈们的理想，终于由我们开始实现。诚然，这还只是初步的实现。为了使戏曲艺术走向现代化，为了使戏曲研究真正成为科学，许多问题尚有待探索、有待实践。例如戏曲中的导演制度的确立和加强，以及把戏曲导演作为一个学科开展研究工作，就是其中亟待解决的一个课题。这些方面是今天戏曲工作的薄弱环节。此外的问题还有不少。我们丝毫没有固步自封的理由。但是，成绩的取得也确实使我们引以自豪，因为我们为世界创造出一个赋予古老戏剧文化以青春活力的例证。但愿这一点成果能给那些对世界未来具有乐观信念的人以鼓舞。

中国民俗文化的根基
及其深刻影响

乌丙安

乌丙安，1929年12月出生于内蒙古呼和浩特，祖籍喀喇沁旗，蒙古族。原辽宁大学民俗研究中心主任、教授。中国民俗学会名誉理事长、国家非物质文化遗产保护工作专家委员会副主任、中国民间文化遗产抢救工程专家委员会副主任。兼任中国艺术研究院、中南民族大学、西北民族大学、西南民族大学、山东大学、内蒙古师范大学等多所院校教授。1985年任国家"七五"重点科研项目《中国民间文学集成》总编委，1988年、1991年先后获国家突出贡献奖及全国先进工作者称号。1991—2001年连续两次获全国优秀社会科学著作一等奖、全国大奖"山花奖"一等奖，1992年荣获国家有突出贡献专家称号并享受国务院特殊津贴。2004年再获"山花奖"最高荣誉奖。2007年6月获全国非物质文化遗产保护先进工作者称号。

主要学术专著有：《中国民俗学》、《中国民间信仰》、《民俗学原理》、《民俗学丛话》、《神秘的萨满世界》、《民间文学概论》、《生灵叹息》、《民俗文化新论》，主编有：《中国风俗辞典》、《中国民俗百科丛书》、《满族民间故事选》、《世界风俗传说故事大观》、《民间神谱》。在国内外发表学术论文和文章140余篇。

民俗文化是全人类文化的大课题，因为在这个星球上，凡有人烟处就有民俗文化生活。中国民俗文化更是中国文化的大课题，而中国的悠久文化不仅深刻影响着中国全社会，也或多或少地影响着全世界。现在国际上有很多学者，特别是国外的汉学家几乎都在讲，21世纪的文化将是中国的文化，好像世界上人类的文化正在或即将发生什么变化，而且都和中国文化息息相关，其中民俗文化也不例外。

一、中国民俗文化及其特点

(一)什么是民俗文化?

民俗文化在过去是学术界不大关注的文化层面，它主要是关于普通老百姓日常生活中习俗惯制的文化，数以亿计的人就世世代代生活在这种文化氛围之中，我们讲的就是这种文化。现在可以说这种文化层恰恰是人类文化的根基，是人类最根本的基础文化。我们中国过去往往从文化分层的角度又把它叫做"底层文化"，日本学界把它叫做"基盘文化"。

众所周知，这些年，在我国，马克思主义学说结合中国的国情和具体实践已经在政治、经济等领域有了重大发展。从哲学层面上来讲，近现代特别关注人类日常生活的文化根基，这是一个很大的飞跃，它不只是在政治经济圈里转，而是更深刻地探索民间日常生活，看看人类对日常生活到底是怎样解读的，所以就从哲学的高度解剖了

人类文化到底是怎样结构而成的。

国际上文化人类学界给文化下的定义比较有影响的大约就有140多种。各说各的，公说公有理，婆说婆有理，其实简单地说起来只有一种说法：人类文化主要由"自在的"对象化的三个彼此不能分离的部分组成。那就是：一是使用工具生产的习惯方式和手段；二是社会生活习惯的传承；三是语言习惯交流的活动。这三者结合在一起形成人们一代传一代约定俗成的习惯体系，也就是人类文化。这个哲学上的定义所说的"自在的"，就是自发的、自然而然的意思。这个定义其实正是民俗学给民俗文化下的定义。它是人类文化最重要的基础部分，中国民俗文化也不例外，它是我国文化的主要根基。

第一个是使用工具生产的习惯方式和手段。在作为农业文明古国的中国，主要表现在几千年的农耕传统上。比如说中国汉族的"二十四节气"农事活动习惯，就是春种、夏锄、秋收、冬藏农耕文化周期的代表。北方的"打春阳气转，雨水沿河边"，"惊蛰乌鸦叫，春分地皮干"，"清明忙种麦，谷雨种大田"等等，这就是千百年来农民遵守的农耕作业习惯。直到现在老农根本就不看阳历日历，脑子里记着一本活生生的古老的阴历或叫做农历的二十四节气，按照这个来种庄稼。种庄稼的二十四节气在欧洲是绝对行不通的，只适合中国这块土地的生态。比如说，现在春分过来了，二十四节气里的"春雨惊春清谷天"，春分过后，清明和谷雨就快来了，几亿农民就要安排这一阶段的农事活动了。接下来还有大大小小的节日活动，都有很多各地不同的习惯，都有节奏地排到一年四季365天中，每一天的农事活动有相应的年节习俗，年复一年，周而复始，不用号召，无需动员，自然而然、自在地发展。五千多年的农业大国其实就是这样运转的。同时，还有各民族渔猎生产或畜牧生产的种种风俗习惯在自然地发展。这就是哲学上讲的"自在的"关于生产的民俗文化。

第二个是社会生活习惯的传承。人类的生产习俗，从一开始就伴随着衣食住行、婚丧嫁娶等，这些就是人们最熟悉的千姿百态的民众过日子的习俗。

第三个是语言的习惯。人类最突出的一种工具就是语言。我们至今还不知道其他动物会不会有它们自己的文化语言。现在研究灵长目动物的人类学家几乎都在研究猩猩，特别是黑猩猩和大猩猩。这些猩猩和猿人及后来的智人有些相似，它们有语言符号；但是，它们的信号是怎么发出和交流的？直到今天，研究成果认为它们不可能有文化，只有一种信号。

动物行为学家用现代科技研究给我们民俗文化带来了很多好的成果。他们的研究告诉我们，人类不要把自己看得太高明，在人类社会有很多是习俗的成分，是民俗文化的元素，实际上却在有些灵长目动物中也有。比如非洲平原的狗头狒狒，它们的群体性和人类社会差不多，都是以家族为单位，所以一个狒狒家族在非洲平原上最多能有九十多只在一起生活。它们有领袖，也有妻妾。原始社会人类选择妻妾和争领袖时所使用的方法，跟狒狒没有什么区别。当一个首领开始衰弱的时候，另一个雄性的强者就起来，跟它挑战，就像我们古代的英雄，一个英雄出来，大家看着他很英武，他在打猎时战胜了猛兽，在面对别的异族部落侵略时战胜了敌人，于是就要用比武的办法让前一个首领下来，人们就要拥戴新的强者做首领。狗头狒狒也是这样，大家都在观战。战胜的那个为王，失败的那个退让下来。这时，这个队群的狒狒就拥戴这一个强者。在炎热的烈日下强者坐在最佳的阴凉处，大家像参拜一样，都冲它喊叫，像是在三呼"万岁!"然后所有的雌性狒狒都按照长幼一个一个从它面前经过，它要表示亲昵，它特别宠爱哪一个雌性，它就留在自己身边，这很像是在选纳后妃。然后带领它的队群，在它所占据的地方走一圈，一边走一边不时地撒尿，如果另一个狒狒队群走到这里，闻到这些尿味，就不敢侵犯，如果侵犯，就会有一场恶战。这就是领土纠纷。动物行为学家告诉我们，人类有

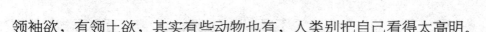
领袖欲，有领土欲，其实有些动物也有，人类别把自己看得太高明。

现在回过头来看，人类高明的地方似乎不在于生产，因为所有的动物种群都会打猎觅食，猎豹打猎就很有一套。中国北方的狼在群体行猎的时候，怎样包抄，怎样捕获猎物，都有严格的纪律。许多动物种群里的鸟兽能使用现成的工具获取食物。当科技发展到今天这样的高度时，人类越来越知道自己其实是平庸的动物。人类没有鸟类那样的飞翔能力，人类没有许多哺乳动物那样的奔跑速度，人类的视力远不如鹰，人类的听力远不如马、鹿，人类的嗅觉远不如猫、狗灵敏，人类在许多方面真的没有什么特长。很多哺乳动物的幼仔很快就结束了依赖期独立行动，相反地人类婴幼儿依赖期最长，需要多少年才能把一个小孩养育到长大成人？所有灵长目动物，包括小猩猩的依赖期都比人类短很多，依赖期长实际上是人类天生的弱点。尽管生物科学已经告诉我们，人类作为一种直立的动物已经很了不起，但这同时也是一个致命的弱点，那就是在脊椎动物中，最脆弱的还是人，因为现在已经测定了只有人类的脊椎支撑力脆弱，人人都有腰酸腿疼和腰肌劳损。事实证明人类在生理机体方面是有缺欠的。

那么，人类最了不起的是什么呢？那就是人类曾经经历了一场有机体的"特化"。为什么进化论在重要的方面被推翻了，是因为进化是极其缓慢的，特化却是一种特殊的突变。人类这个有机体，生理上出现过一次特化，那就是人类大脑的特化，今天的人类知道怎么去外太空了，却惟独对于人类自己的大脑为什么有如此高超的智能，依然所知甚少。但至少知道了人类的大脑已经特化了，正是这一个重要因素，使人类远远超过了其他动物。人脑特别是中枢神经特化以后，出现了最重要的一个基因，那就是符号思维，大脑能够进行符号思维，能把这些思维用语言代码表达出来。人们看见了花，就给它起了个名字——花。这种花和那种花不同，这叫菊花，那叫牡丹。这种符号在人类大脑里出现了，所以人类开始有了记忆，而且还能够重复表达这些记忆，人类用各种语言记下了所认识的天地宇宙、万事万物，并把自己的生产习惯和生活习惯用口头语言记下来，彼此进行交流，世世代代传承下来，于是出现了文化，创造出原始文化。在原始文化中首先出现了原始的生产生活习俗。

人作为一种动物，生产生活是最基本的东西，就从这里出现了文化。众所周知，在马克思主义最基本的理论中，有关于两种生产的理论。这里的两种生产被一些人理解错了，以为两种生产就是物质生产和精神生产。马克思、恩格斯最早研究的两种生产不是这样，而是人类最基本的生产：一种是维持自身生存的生产，主要是食物的生产；另一种是人类自身繁衍的生产，也就是生儿育女、传种接代的生产。这两种生产自然而然形成了风俗习惯。

一是人类要生活生存，必须根据需求，生产吃的东西。你是种庄稼的，我是放牧的，他是打猎的，各种生产手段都是为了先把人养活了。这种生产习惯叫做"产食文化"习俗。农业社会在吃上显然是先进的，远比游牧社会、采集打猎的部落社会要高明，所以农业国家产生了最早的产食习俗的文明。

中国自古以来就是伟大的农业文明国家。这种农业文明首先解决的是吃。所以在世界上，中国人在吃上是领先的。"食在中国"这是真的。吃的文化、吃的习俗，中国人积累了很多很多饮食的知识和技艺。我们不妨一个一个地列举烹调的方法。先说用水煮、用火烤，许多国家都有。但是一说到蒸食的方法，就有很多国家的人不会用这种熟食法。比如蒸馒头、蒸年糕、蒸鸡鸭鱼肉。还有，包括煎、熘、炒、爆、糟、腌、酱、煸、汆、涮、烀、焖、发酵等各种各样的烹饪法，应有尽有。于是，从生产到生活，民俗文化自然而然就诞生了。

二是人类自身繁衍的生产。中国人之多，不是因为世界上先有中国人，后来别的族群才一点点地诞生的，而是中国人生殖繁衍的多。中国古老的农业文明就记住一点，要想生产劳动吗？这么多的地种不了，生的孩子多了以后就有更多人来种庄稼了。讲"人多力量大"，农业劳动这么笨重，多生一个儿子，就多了一个劳动力。在全世界，中国人是最早意识到生育是最重要的，却忽略了生得越多，哪张嘴都是要吃的，结果又回到起点，还要再回去生产。我们发明了山上的梯田，所有能种的田地我们都种上了，还是吃不饱。再加上水灾、旱灾，中国人还是一个饥饿的、多灾多难的民族，所以人们有了对龙王神的信仰，有了对旱魃的敬畏。

在农业生产与生活的长期习惯中，产生了种种战胜灾害的愿望和对美好生活的向往，于是把这些都用口头语言代代相传下来。这样就有了古代那么多的神话、传说、故事，后来又创造了很多的娱神娱人的歌舞、音乐、戏曲。比如"后羿射日"神话，许多少数民族也在讲，讲本民族古代的大英雄射日的神话，神话就这样几千年、上万年地用口头一点点流传下来，积累到今天。从口头的说一直到唱，积累了那么多口头文学遗产，在世界上也是罕见的。像中国分布在全国各地的地方小戏剧种就至少有300多种。

文化就是这样创造出来的，所以生产习惯、生活习惯、语言习惯的产生就是文化的诞生。不像有些文化研究者讲的：文化所以叫文化是因为产生了文化人，产生了精英，才有了文化。我认为这样说不妥，有了精英，只是使某些文化更文明，这是两个概念。文化首先是由人民群众创造的。

我们不知道大饼是谁最早发明的，也不知道蒸馒头那个蒸法是谁发明的，答案应该是老百姓，是我们的祖先祖辈群体不约而同地发明的，所以才出现了这样一些成语，叫做习以为常、不约而同、约定俗成。你那里叫"爹爹"，我那里叫"大大"，他那里叫"爸爸"，但现在全世界孩子在儿童时期叫爸爸，很多都叫papa或daddy，很多都叫母亲"妈妈"、mama或mummy。语言的一种叫法，很多是雷同的，于是约定而成俗，上面雷同的称谓语就产生了民俗的称谓法。民俗文化中的语言习惯并不仅仅指的是说话，而是语言的产品、精神的产品。发明文字之前，人类全是靠这样用口语一代接一代地往下传。所以代代约定相传的习惯体系，就是人类文化，也就是人类最早的民俗文化。可以简单地说一句：人类的民俗文化和中国人的民俗文化都是与生俱来的。当我们生下来的时候就有，从我们最早的祖先出生以后，只要一动，只要一吃，只要一穿，只要生活，就开始有了文化。中国的神话告诉我们，燧人氏发明了火，有巢氏发明了房屋，那些都是氏族群体的创造，不只是一个人的发明。大家都是像西南少数民族那样用干杆式的木架、构架搭出来的房屋，这就叫做"构木为巢"。中国的杆式住屋，是世界上重要的一种古老的居住方式，土著原始民族住在楼上，底下有支架，既防止了地面的潮湿，也阻挡了野兽的侵害。所以，人类最早的生活方式就是最早的民俗文化。

民俗文化和我们今天的现代文化并不是两种性质的文化，它们具有同样的一种性质，都是附着在生活上的，中国的民俗文化跟全人类的民俗文化一样都是附着在全民生活上的。衣食住行、婚丧嫁娶、岁时节日、信仰娱乐等等，都是文化。今天我们一提到现代文化，那就指的是文明社会的人"自觉的"创造的一整套文化体系和教育体系的制度，它们不属于民俗文化，不是与生俱来的文化习俗，而是后来文明人创造的，或者说是精英文化创造的。但是有一点，无论我们多么现代化，无论我们早晨起来得从东城到西城去上班，或者是从西城到东城上班，我们下班都要回到家，回到这个原始时期就有的家族群体。我们的公社化曾经想打碎小家庭，但是家族群体是打不碎的文化根基。人与生俱来的文化基础决定了生活是以家族为最基本的群体，从家族群体再繁衍出来族群社会。由小的族群形成更大的族群，繁衍成为民族，进而成立国家。现代人类应该知道所有现代文化都是建立在民俗文化的根基上，要懂得民俗文化的产生是人类与生俱来的。

要知道原始社会人类的生活条件非常险恶艰苦，各种各样的猛兽猛禽，远比人类强大，人类不得不崇拜它们为神。人类之所以崇拜太阳，是因为它对于人类有利。早晨它从东方升起，给人们带来了温暖和光明，晚上，它从西边落下，留下一片阴冷和黑暗，这时人们才知道它的珍贵，企盼它明天再来，所以第二天早晨太阳出来的时候，人们才跪下来迎接它，现在的原始部落还在举行早迎日、晚送日的仪式，这就产生了崇拜和信仰。又比如捕猎一头猛兽，一个人战胜不了它，就要用很多人围猎它，最后牺牲了多少人，终于把它捕获，以后，每个人都分到了一块肉吃它，才感觉它很厉害，吃到它很不容易，于是就得做祈祷，希望它乖乖地被人们捉住，希望它千万不要怪罪人们的捕杀。早年，鄂伦春族在猎熊的时候，要举行祭祀熊神的仪式。取下熊头，扒下熊皮，摆放在凳子上表示供奉熊神，全体跪下，由首领致祈祷词，向熊神表示和解、谢罪。

人类最为本质的本性都在这里表现出来。我们不能说他们愚昧，这是在当时特定的生产、生活环境中必然产生的信仰文化。所以列宁在讲到俄罗斯农民的信仰时说："他们在吃母亲奶的时候，就吸取了这个旧制度的原则、习惯、传统和信仰。"在这种信仰里就有人类与生俱来的信仰基因。

文化最早的根基不是外在的东西，不是谁给外加上去的。比如我们今天学一门学问，就是外加的。比如说化学就是外加的，物理是外加的，中国学生还得学英语也是外加上的。而与生俱来的民俗文化是自然而然就学到手的。孩子们一进入黑夜，没人告诉他，他本能地会觉得恐怖，这时候如果老人们再讲鬼呀、神呀，那他们肯定就会觉得更恐怖了。自然而然地受到了鬼神信仰影响。

特别要注意的就是，当人类处于天灾人祸的危害中，个人掌握不了自己命运的时候，人们的那个信仰基因，那个信仰的文化符号思维就开始萌动，开始寻找一个救命的依托。就像那年南方出现大洪水灾害的时候，一条蛇为了求生，爬到一棵小树上，一个小孩也爬了上去，那么长时间就在那趴着。这是求生本能的欲望。在这个时候，信仰才容易产生。所以中国老百姓到这个时候就会说，"老天爷呀"，"天哪!"像这些精神层面的东西，和原始的习俗文化一样全都留在我们人类的童年。人们小时候接受的那些风俗，到现在都会念念不忘。

人类社会也是这样，人类的童年积累的古老的文明，在当时看来相当了不起。一个部落首领在那里念念有词，"老天呀，要给我们下雨啊! 我把我的亲儿子投到河里去了，供众神享用!"全世界都有过这样的用人体作牺牲品的习俗。中国的"河伯娶妻"等等故事，都是这么来的。慢慢地人类发现了不少规律，才逐渐地从信仰里挣脱出来，找到了许多科学办法，18世纪以后人类终于走向近现代的科技文明。

(二)中国民俗文化内容极为丰富、形式异常多样

民俗文化有很多内容，自古以来的民俗文化包括四大类和五十个系列。

1. 物质生产与消费的民俗，又叫做经济民俗类：包括生态、采集、狩猎、捕捞、游牧、农耕、工匠、商贸、交通运输、医药和衣、食、住、行等系列。生产主要是产食的农耕生产，再就是工匠生产，要有房屋居住，要有衣服鞋帽穿戴。我们中国五十六个民族的服装真的是琳琅满目，五彩缤纷，非常好看。汉族的传统服装也很讲究，按季节穿的。每个季节都有不同颜色，佩戴的饰物都是很有特色的。其中有些后来被许多少数民族继承了，汉族却失传了。

2. 社会群体、聚落生活及人生仪礼的民俗，又称社会民俗类：它包括家族亲族、村寨乡里、都市城镇、行帮、交际、两性、产育、婚姻、寿诞、丧葬等系列。

其中包括关于人的自身生产的两性文化。现在民俗文化研究在这一点上还是个禁区。中国的两性文化其实很古老，也并不像我们想象的那样全是封建的。大家知道，孔子时代，仲春时节，令男女相会，

"奔者不禁"。《诗经》的时代是很开放的。现代汉语"青春"的"春"字不就是古代"思春"、"闹春"的青年两性文化"春"的民俗含义吗？古代礼教的精英文化也尊重传统民俗，人们划出一个特定的仲春时节，让青年男女用来谈情说爱，谈婚论嫁。到种庄稼以后，没时间，都得男耕女织做农业。所以仲春时节令男女相会，可以幽会、私会，"奔者不禁"。

祖先要繁衍后代，于是两性民俗文化中出现了人生仪礼的民俗，包括育儿习俗和诞生礼，从婴儿呱呱坠地开始，"三朝"、"满月"、"命名"、"百岁"、"抓周"、"挂锁"等等仪礼都要度过。接下来就到了成年礼。汉族的成年礼失传了很可惜，少数民族如今还在过。成年礼的仪式很重要，就是让孩子知道他已经长大成人了。南方有的少数民族习惯是男孩成年礼后，就可以结交女友了，可以和成年人一起参加生产劳动了。女孩也是，成年礼那天，举行穿裙子礼，全村寨人都来参加，就是让大家知道她可以结交男友了，可以准备婚嫁了。

由于人类自身的繁衍，在两性文化的习俗中，还出现了结婚礼、寿诞礼、丧葬礼等等人生的通过仪礼，传到现在，婚礼和丧礼变成了人生两大仪礼，俗话叫做红白大事。而寿诞礼是诞生礼的回顾。

3. 信仰崇拜民俗和传统节会民俗，由于民间节日、祭日都有信仰民俗意识的遗留，所以把它们统归为信仰民俗类：包括大自然崇拜，动植物崇拜、鬼灵信仰、神灵信仰、祖灵信仰、禁忌、巫卜、传统节日、祭日、庙会等系列。

古代先秦的史家就是当时的巫师，他们记录了很多三皇五帝的神话，就成为史。司马迁把巫师讲的那些古代的口头传说都变成史料或史实记下来，所以我们至今也难以说清楚黄帝到底是部落酋长还是一位大神。黄帝为中央神，黄颜色的帝，黄色代表土。东边叫青帝，青色代表木；西边叫白帝，白色代表金；南边叫赤帝，赤色代表火；北边叫黑帝，黑色代表水。最早夏、商、周时代只有"天"或"皇天"大神，又把"天"称为"帝"或"天帝"，自西汉开始中国就信仰了五帝，没叫上帝，过去叫天帝，就是民间叫的老天爷。信仰五帝标志了中国的信仰是多神的。我们承认黄帝是我们的祖先，那就是中央的帝，金木水火土五行，中央属土，是以农业为中心的古老王朝的首领。

祈求老天保佑庄稼丰收，希望人们生活过得富裕，那就要举行仪式，逐渐形成观念形态的信仰，所以信仰是与生俱来的，是积累了几千年上万年的信仰，根深蒂固。中国的多神信仰就是这样出现的。在中国，非常突出的就是民间禁忌，现在还是如此。比如有的老人教导小孙子不可以对着太阳撒尿，说那是对太阳不敬，我们七十年前那一代的小孩这样做了是要挨打受骂的！在农村里，女孩做饭烧火，不得正面蹲着往灶口添柴，必须侧身，不可以对火神不敬，认为女孩不吉利，于是女孩在心理上就留下一个观念，女人天生就是不吉利、不干净的。在农村，女孩晾晒裤子时，必须把裤子搭到僻静地方阴干，不得放到明处。免得有男人从女孩子裤子底下走过，冲了鸿运。

这些禁忌观念是非常多的，不仅中国人有很多禁忌，非洲土人、澳大利亚土人也有很多，欧洲文明国家的人也有很多。现在全世界各民族各地方人们的禁忌习俗都有很多。所以在中国的传统文化艺术里，这些民俗禁忌观念有大量的遗存。

占卜是民俗文化生活中最普遍流行的信仰形式和手段，占卜其实是一种平衡心理的学问，平衡帝王、圣贤和平民百姓心理的一种原始巫术知识和技能。在古代，许多人都或多或少懂得一点占卦的知识。懂了占卦的知识以后，人们遇事心理不平衡时，就能立刻用它做出调整。每个上上吉的卦后面隐藏着一点凶，每个下下凶的卦里面也深藏有一点吉，就像"太极图"似的。一黑、一白，像两条阴阳鱼，那个黑鱼里有一个白眼睛，白鱼里有一个黑眼睛。那两个黑白因子一旦扩大了，最后就使白鱼变黑，黑鱼变白。占卦就是这样，需要懂得卦爻的辩证关系，要懂得祸福相依、吉凶相伴的道理，不要强求出它的具体答案，而是占算出成败吉凶两条道来，你照着调整就行了。它的朴素辩证法就在这里。

4．民间文学艺术、游艺竞技活动的民俗，又简称游艺民俗：包括民间工艺、雕塑、绘画、音乐、歌舞、戏曲、游艺娱乐和竞技体育，还有民间口头遗产的神话、故事、歌谣、史诗、谚语、谜语等系列。

所以说民俗文化包罗万象，无处不在，无所不有，最重要的就是它给我们留下了很多的民俗文化的无形资产作为优秀遗产。中国今天已经是《非物质文化遗产公约》的签约国，我们已经启动的民族民间文化保护工程，就是要重新把我国五十六个民族传承多少年多少代的文化瑰宝抢救出来，包括那些曾经被人们看不起的，那些被认为是粗俗的文化，从音乐到舞蹈，到戏剧，还有其他各种各样活态的文化表现形式，都要尽可能地保护下来。

粗略统计，民俗文化的小类过千，细目过万。形形色色令人眼花缭乱的民俗事象，多如牛毛，不计其数。这是文化领域的基本国情，它在全人类民俗文化的总量中也占有较大的分量。因此，民俗文化是很值得人们关注的。而我们过去为什么没有特别注意它？就是因为民俗文化和现代文化不同，它早已被人们习以为常了，是因为"不识庐山真面目，只缘身在此山中。"我们就生活在民俗文化之中，不以为然了。

我常常把民俗文化比喻成如来佛的手心，我们就生活在其中，谁也跳不出去。我们每个人都有自己的个性，像当今的青少年多么"自我"啊！多像孙悟空那样能翻十万八千里的跟头，但是最后依然逃不出如来佛的手心，都还不得不生活在特定的民俗文化之中。

(三)民俗文化的六个特点

1．民俗文化从远古原始文化传承而来，所以，它具有以口传心授为手段，世世代代传习不断的传承性特点。这是民俗文化产生发展的最基本的文化传递特点。

2．在空间上向四面八方不断扩散是民俗文化借助族缘关系、地缘关系移动的传播性特点。民俗文化因此形成了许多同质的和异质的文化圈、文化带的分布空间。中国有五十六个民族，首先我们的民俗文化是以族群为单位的。你到了新疆以后，你马上就能感受到维吾尔族民俗，然后到哈萨克自治州，你就感受到哈萨克族民俗。外国人到了中国，不仅能感受到中国的民俗，还能分门别类地感受到傣族、彝族等等多民族的民俗。所以一定要有这种民族的族群观念，特别要注意各个族群文化之间的混合。新疆的民族文化不完全是维吾尔族的，也不完全是哈萨克族的，也都或多或少地吸收了汉族或其他民族的文化。

最近流行一种说法，动不动就讲"文化碰撞"或"文化冲突"。我认为他们只看到了文化冲撞，而忽略了"文化邂逅"。两个民族文化接触以后，互相交流，渐渐融合了，你中有我，我中有你，而不是你不要我，我不要你。所以现在出现的文化极端对立，就成为人类很痛苦的问题，成了人类的灾难。但这种对立不会是永恒的，而是会越来越接近。从古代到现代，民俗文化的族群特性都表现在民族的文化圈里。我们既要注意到文化圈之间的混合和借入，也要注意那些独立文化圈。在贵州，在那么多少数民族混合聚集区里面，居然有一部分古代汉族移民的独立的文化圈。那个地方叫做屯堡，在那里有任何中原地区都找不到的那么完美的汉族古老习俗，包括穿着打扮和居住。我们要保护不同类型的文化圈，这是人类文化多样性的历程。中国各个民族的民俗文化足迹应该让全世界人了解，中国的优秀民俗文化欢迎各国人来分享。

3．关于民俗文化的群体性是很重要的，以家族、村镇、部落、社区、民族等群体为单位，不约而同地参与民俗活动，是有普遍意义的群体性特征。特别是在节日民俗、庙会民俗、婚丧寿诞礼仪民俗、集市贸易民俗、集体生产民俗等大规模活动中，这种群体从众聚合的特点十分鲜明。

4. 在社会长期处于缓慢演进的条件下，中国民俗文化总是出现文化保守倾向或缺少变化的稳定性特点。

5. 在社会处于急剧变化的条件下，民俗文化呈现出不可避免的或被动的变异性特点。

6. 民俗文化事象都有独具特色的象征符号体系。符号思维的象征性体系是民俗文化的一个最醒目的特点。特别是通过视觉看到的标记、图形、纹饰、色彩、样式等符号和听觉接收到的各种声响代码，就可以立即了解到它们所象征的民俗信息和内涵。中国民俗的象征符号体系极为突出，甚至在世界上也是独一无二的。当然周边国家曾经受到中国太极、阴阳、五行、八卦等符号的影响，也多有借鉴。

中国的各种吉祥符号，令世人惊叹。比如，庆贺寿诞就画"鹤鹿同春"，画寿星和桃子。画五个蝙蝠围着一个圆形寿字符号，就叫"五福捧寿"。对婴儿诞生表示祝贺，就用"文王百子图"或画石榴开裂的"榴开百子图"，表达多子多孙的含意。

基督教里的"十"字符号，不是等边的十字，是一个垂直的长臂符号，就是耶稣被钉在十字架的那个"十"字。早在基督教没有诞生的时候，那个十字符号就已经流传了至少两千年。佛教用的那个"卍"字，也不是从佛教才开始用的，早在公元前三千年就已经出现在古印度艺术品上了。这些符号原来是普普通通的民俗的，最后都被精英文化的宗教使用了，或被其他政治势力使用了。民俗文化符号的原符号，在中国比较多。比如说箭，最古老的就是行军过程中插一支箭，用来指示方向，或者在平地上摆一只箭指示方向，这就是最古老的民俗符号。

中国古代的民俗符号，包括吉祥符号，也包括中国的五行符号观念，也是独一无二的。最早认识到世界是物质的，就是中国的五行，金木水火土，认为这就是主要的物质。由此而带来的中国全部的民俗文化的思考，几乎所有的符号思维活动全由五行统率。音乐的五音，宫、商、角、徵、羽，不同的季节要演奏不同调式的音乐，遵守五行是很严格的，所以五行的五色观就是红、黄、蓝、白、黑。中医的原理也和五行密切相关。西医总说中医医理说不清楚。其实中医自己很清楚。按照中国的医理，人体五脏，心、肝、脾、肺、肾是和五行相对应的。在中国，饮食也要分阴阳五行，菜过五味就是酸、甜、苦、辣、咸。

中国人的五色观就是用五行符号分辨颜色的传统视觉民俗观念。第一个重要的颜色就是红色。为什么现代中国选择红色为革命的颜色？在中国，红色自古以来就是正反两义的色彩，古代犯人的罪衣罪裙都是红色。红既代表着凶险，同时也代表火焰，代表流血牺牲。它是两义的，就看你用在哪里。工农革命选择了红旗，标志了革命火焰和革命烈士流血牺牲，并没有离开古代的传统。周代的国色就是红色，周朝统一天下后，第一个大型的史诗性表演，用来歌功颂德的就是《大武》舞。歌功颂德就是歌三公之德，歌颂周文王、周武王、周公旦统一天下的功劳。演出的《大武》就是在这个思想上编排出来的，汇集各地的民间音乐、民族音乐形成一个大的演示。演员全都手拿红色盾牌、红色矛戟，身穿红色演出服，十分壮观。所以说红色的民俗传统很早就已经出现了。

另一个重要的正色就是黄色。中国人从古代神话时期就有"女娲抟黄土造人"，知道自己皮肤是黄色的，黄泥做成的黄人就这么出现了。接着就出现了"黄帝"，他是中华民族祖先的首领，"黄"在五行中代表"中央"，代表"土"，也就是代表了农耕民族的根基。所以他也是几千年来受到崇拜的中央天帝神。黄河文化、黄土高原，所有的皇朝宫殿的最高顶盖都是高贵的黄色。一直到清末，功臣得到皇帝赏赐的一件黄马褂，就会热泪盈眶，感念皇帝的恩宠。黄色在欧洲也曾经是很盛行的，黄金大厅、黄缎带、黄金饰物都是很高贵的。19世纪美国的报刊出现以后，在一个杂志期刊里连续发表了名叫"黄色孩童"的色情连环漫画，内容低级下流，遭到社会的强烈谴责，把它叫做"黄色小报"、"黄色漫画"。自此以后，欧美各国人们都开始攻击黄色，这才使黄色贬低。德国一位上个世纪三十年代著名的民俗学家，令人敬仰的 **W** · 爱伯哈德教授，在中国住了多年，出版了一本国际著名的《中国符号词典》，欧美人学中国文化都要读这部词典。词典里面，关于黄的民俗解说是："与西方思想形成鲜明对比的是，黄色在中国被看作是极好的颜色。"过去皇朝帝制的户籍是"黄册"，说明黄色还是高贵的，如果从黄册除名，这个人被打入另册，就不再是皇帝的子民了。黄色代表的是中国传统理念的崇高和尊贵。

二、中国民俗文化在民族文化中的重要位置

1．世界上任何国家和民族的文化都存在着层次差别，既有上层文化，又有下层文化。中国上下两层文化的分野非常鲜明。上层文化又叫做圣贤文化、精英文化或高雅文化；下层文化又叫做民间文化、大众文化或民俗文化。在中国，上述两层文化，缺一不可。贬低、轻视、忽视民俗文化的观点和做法都是错误的。

2．民俗文化是在各个民族群体的民众中自然、自在、自发产生的约定俗成而又习以为常根深蒂固的文化。它的创造者、享有者、维护者和传承者是祖祖辈辈占人口绝大多数的平民百姓，源远流长。它不是广大民众生活的外在文化，而是民众日常生活本身，它是自古以来中国人在人生养成中内化了的精神文化。

3．中国一直是多民族共生共存的文明古国，五十五个少数民族的文化始终保持着本民族民俗文化传统的持续发展，它们和汉族的民俗文化相互交流，创造了绚丽多彩的各民族民俗文化。为此，今天充分评估中国各民族的民俗文化地位和价值，更有现实意义。

◆ 三、民俗文化对中国社会 ◆ 发展的深刻影响

1．中国优秀的民俗文化遗产，内容极其丰富深厚，形式异常多样，在历史上为中华民族的振兴和壮大，发挥了巨大作用，并为我们现代人留下了很多宝贵财富，进而为全人类所共享。我国政府目前正在大力推进的非物质文化遗产保护的巨大文化工程就充分证实了这种深远影响。

2．上层文化是在不断汲取民俗文化的精华中发达起来的。民俗礼仪上升为皇家礼法，俗信崇拜上升为庙堂祭祀，民间口头文学和各类民间艺术不断被汲取为高雅艺术样式，使民族文化得到充分发展。民俗文化是精英文化的母胎。古史证明：儒家六经：诗、书、礼、易、乐、春秋源于民间，古典文学的文学体裁形式几乎都来自民间文艺。孔子当时教的课程，包括礼、乐、射、御、书、术，几乎都是平民化的。大多数也是来自民间的知识体系。

3．中国的民俗文化始终保持着一种多民族多元一体化格局，保持了文化多样性的鲜明特色。符合人类文明发展的前进方向。

4．民俗文化支配着大多数中国人的世界观、人生观、道德观、价值观。它潜移默化地养育了世世代代数以亿计的中国人，成为民族

凝聚的基础。其中俗信观念：是非、真假、善恶、美丑、吉凶、祸福、生死、阴阳等对中国人一直影响深刻。在天灾人祸面前，民俗文化所显示的"天人合一"观念，深深地打上了因果报应的民间俗信的烙印。凡具有规范模式的民俗文化对大多数人都有程度不等的约束作用；凡具有威慑力的民俗事象，都会显示出对人们民俗心理暗示的作用，甚至产生或强或弱的控制作用。在我国，禁忌习俗和巫卜习俗的功能就长期具有这种对精神上的深层影响。对中国社会的发展产生了正反两方面交织在一起的极为复杂的作用。

5．民俗文化在传承中鱼龙混杂、良莠并存，它们并不都是有益无害的事物和现象，许多已经形成了的恶俗和陋习，甚至形成了某种习惯势力，自然也严重地阻碍了社会的发展进步，影响了民族整体素质的全面提高。为此，民俗学研究肩负着以科学态度面对民俗文化事象的责任。

构建中华节日体系

李汉秋

李汉秋，北京大学中文系1960年毕业后，在中国科学院文学研究所、安徽大学、南京大学长期从事中国古典文学的研究和教学。1984年中国《儒林外史》学会成立时被选为副会长，1988年中国关汉卿研究会成立时被选为副会长，是此二领域的领军人物。1989年获首届全国高校国家级优秀教学成果奖。1992年起获享国务院特殊津贴终身。已出书五十多种。

1989年奉调任中国农工民主党中央宣传部长，是第七、八、九、十连续4届全国政协委员，致力于弘扬中华文化。一方面致力于推进道德建设，1994年主撰《新三字经》引发"三字经热"，2006年在全国政协全体大会上讲《弘扬仁义礼智信》隆重为五常"平反"，影响都很大。另方面致力于振兴传统节日、建设中华节日体系，是中国民协节庆委员会主任，中华母亲节促进会会长。从2003年向国家领导人面陈、2004年起率先在全国政协提案，到2007年冬国家决定清明、端午、中秋几个传统节日放假，是此事的两大"推手"之一。倡设的中华母亲节、（七夕）中华情侣节、（重阳）中华父亲节方兴未艾。2007年获文促会首届"弘扬中华文化"奖，2008年获首届"节庆中华奖·个人贡献奖"。

我们不会忘记海外数千万中华儿女，"中华文化"、"中华节日"都有他们的份儿。

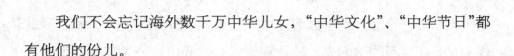

一、有体系才有精神家园

人们常用"像过节一样"形容美好日子。谁心中没有儿时过节的愉快情景呢？成人乃至老人许多往事已经如烟，而过节的温馨仍珍藏心底，历久不灭。是的，节日是生活长链中闪闪发光的珠宝，是记忆长空中远远闪烁的星光，它未必给人强烈的震撼，却深深嵌入生活、浸入情感、沁入心田，对人的精神和心理产生潜移默化却是刻骨铭心、难以磨灭的影响。过节是人类社会的共同需要和普遍存在的现象，而各个民族的节日又都有自己的民族特色，以无比丰富的多样性，汇成万紫千红的世界节日文化的百花园。

中华传统节日是传统文化的结晶和载体。中华民族在几千年的文明传承中形成的传统年节体系，凝结着中华民族的民族文化、民族精神、民族情感，已经成为民族生活、民族灵魂、民族根基的有机组成部分；积淀着中华文化的价值取向和理想追求；凝聚着中华文明的精华，是中国人的自然观、哲学观、伦理观、审美观、爱情观的体现。

现在是到了我们该强调建设体系的时候了。精神是要有体系的，有个体系，精神才有归依，才有一个坐标，人才明白自己在这个坐标中间是处在什么位置，才能够找到自己的定位和归宿。十七大提出体系建设：一是建设社会主义核心价值体系，二是建设中国特色社会主义理论体系。当然体系不是一蹴而就的，但是千里之行始于足下，要着手做这工作。我们要共建精神家园，就得要建设体系，有体系才有精神家园。在十七大精神鼓舞下我们也要建设好中华节日体系。节日体系是公民生活的时间表，让政府管理好时间，让公民安排好生活。让中华节日体系成为中华民族共有精神家园的组成部分。

节日体系随时代发展而发展。我国传统社会有传统节日体系，建国初制定了年节纪念日放假办法，放假的传统节日只有春节一个，其他都是政治性节日，基本上属于现代政治性节日体系。2007年节假日调整，国务院颁布了对《全国年节及纪念日放假办法》的修改，看起来只改了几个假日，实际上体现了一个体系。这次调整除了春节之外，加上三个传统节日，再加上除夕，这就是节日体系在变化。这个变化是不是就已经定型了？我觉得不是，这是渐进过程中的一个环节。这个节日体系还在与时俱进，还要再发展。这两年我亲历了发展。现在放假的是原"四大传统节日"即春节、清明、端午、中秋。2005年中宣部等五部委制定《关于运用传统节日弘扬民族文化的优秀传统的意见》时，重要传统节日在"四大节"之外加上重阳节，成了"五大节"。当时央视拍《我们的节日》电视系列片，我就主讲重阳节。参与中央文明办编写《我们的节日》书时，我坚持增加七夕节，被采纳了，2006年6月正式公布的《第一批国家级非物质文化遗产名录》已将七夕增入成"六大传统节日"。我又建议元宵节应独立出来，也被采纳了。9月，《国家"十一五"期间文化发展规划纲要》，已经列出"七大传统节日"：春节、元宵、清明、端午、七夕、中秋、重阳。而且说要充分发挥这七大传统节日的作用。《第二批国家级非物质文化遗产名录》也补上元宵节。所以我写了一篇短文叫4+1+1+1，短短两年我们国家认定的重要传统节日，由原来的四个，2005年加了一个重阳，变成五个，2006年6月加一个七夕，变成六个，2006年9月又加了一个元宵，变成七个。就这两年我们就由四变到七。说明传统节日越来越引起中央领导和全国各界人士的重视，中央文件认定的代表性的传统节日在增加，我们这个体系就在发展。是不是还要发展？肯定还要发展。

中华节日体系主体包括两大方面：(1)按阳历计的现代节日(除元旦外基本上是政治性的)：元旦、三八国际劳动妇女节、五一国际劳动节、五四青年节、六一国际儿童节、七一中国共产党建党纪念日、八一建军节、十一国庆节等；(2)按农历(阴历)计的传统节日和植根传统的人伦主题节日：中华年(春节)、元宵节、清明节、中华母亲节、端午节、七夕节(中华情侣节)、中秋节、中华教师节、重阳节(中华敬老节/中华父亲节)等。本文只分别论列传统节日和植根传统的人伦主题节日。

二、过好七大传统节日

中华传统节日顺天时而成俗，它成形于农业文明时期，农业是在自然条件下进行生产活动的，跟季节、物候、天文等自然现象和规律关系非常密切。传统年节体系兼顾太阳、月亮与地球、人类的关系，同农耕社会民众劳逸结合的需要相适应，依照自然节奏，适应气候周期的规律，形成时间框架：中华年是自然时序更新的一个周期，隆冬休闲之后，一元复始万象更新，燃起新的希望；元宵节是过年的压轴大戏，狂欢热闹一番就投入新的劳作；清明时节春意盎然生机勃发，在春播春种之时感谢先人和大自然赐给生命和生机；端午节天气渐热，百虫孳生，及时辟灾驱疫、健身保平安；七夕节银汉秋光，瓜果成熟在望，爱情也充满期望；中秋节秋收欢悦，祈愿人月两圆；九九重阳，惜秋敬老，万寿无疆。这个年节体系，以自然节气的规律性变化为依托，宛如一幅自然节候的流程图。这是在天人合一宇宙观下人与自然融为一体的、充溢天人和谐之情的民族生活时间表。

中华传统节日，感自然节律而起，孕人文精神而丰。它从历史长河中走来，不断融入人文内涵和富有人文精神的故事传说。清明前为什么"寒食"呢？传说中是为了纪念介子推。他功成不受赏，被烧死前还劝君主为政要清明，所以他被火烧的时日人们要禁火、冷食，以示纪念。端午节为什么赛龙舟、吃粽子呢？传说中这是为了纪念屈原。他人格高洁、不忍国家沦亡而赍志沉江，龙舟竞发和包粽子都是为了救屈原或祭屈原。七夕观银河两岸的牵牛、织女星宿，产生了牛郎织女忠贞不渝的爱情故事。中秋赏天上圆月，产生了嫦娥奔月、吴刚伐桂、玉兔捣药的美丽传说。可见传统节日本身就是随时代而发展的，今天我们有责任按时代的要求继续让它发展。

中华年（春节）——地球上时序更新的周期大约是三百六十多天，这也就成为人类生活的自然周期"年"。中华民族早谙这个周期，在这"天增岁月人增寿"之时，回顾总结往年，规划祈愿来年。年复一年的"过年"积累成年俗文化，其核心是年终岁首辞旧迎新的"年"。从1912年起，阳历的元旦被规定为"新年"、农历年被改称"春节"。已即将百年了，人们口里的"过年"、"拜年"、"年三十"、"大年初一"等等指的仍然是农历年。农历伴随中华民族走过漫长的历史岁月，是废不了也不应该废的，农历年的"年"地位也不应该废，积累数千年的年俗文化离开这个"年"字，就失去了根源，失去了核心。"年"是统领"节"的，失去这个"年"，中华年节体系也就群龙无首了。每年外国元首大多数也是祝贺华人过年。鉴于上述种种，建议正名为"中华年"、"农历年"，是海内外中华儿女共同的年，共同的精神家园。就像阳历、农历"两历"并行一样，阳历年、农历年两"年"并行。作为过渡，"春节"暂且并用不悖。

　　中华年是民族文化的大荟萃，假日七天要办好丰富的年俗活动，以满足人民的精神文化需求。庙会要大力创新，精心设计。现行的送压岁钱的做法，易导致只重钱数，不重情分，我们可以提倡改送"压岁礼"——送给孩子最需要、最希冀的礼品。这就要求大人须关心孩子的需要和希冀，像杨白劳送喜儿红头绳，礼轻爱心重，孩子可由此感受亲情爱心。

　　元宵——元宵是过年和冬闲时群众性文艺活动的大检阅，人们以娱乐嬉闹的方式为年假作总结。如果说春节是亲友团聚的节日，那么元宵就是城乡社会化的公共节日，元宵节俗活动通常在公共场所进行，如踏月走桥、看花灯、猜灯谜、耍龙灯、扭秧歌、台阁社戏及放焰火等等，"闹元宵"成为元宵节俗的特征。元宵的喧闹以及元宵美食，在传统社会均有着祈求丰年、期盼太平的动机与寓意。自汉文帝以来，"与民同乐"成为元宵节的传统，由于元宵夜突破日常的生活禁忌，"元宵闹夜"成为中国传统节日中难得的文化景观。

　　我们应发展元宵的这一文化特质，我们的各级领导可把此传统发展成为"亲民"的大联欢。有意识地为城乡居民展拓社交娱乐的空间，有组织地开展群众文艺大汇演、民俗活动大巡游（如社火）等，鼓励广大群众参与，让传统的"闹元宵"变成城乡的"狂欢节"，这有益于活跃民族精神、建设和谐社会。

　　清明——人从哪里来又到哪里去？这是人类永恒的疑问，清明节就是试图处理生与死的联系、连接、沟通，接触到对人的终极关怀。

　　物质生命有限而无法永存，精神生命却无限而可以永恒。生命之火如何延续？我们的祖先讲究"雁过留声、人过留名"。什么样的人生能够留芳千古？古人的回答是：立德、立功、立言。为此我们祖先创造了发达的史官文化系列，大的有正史断代史，中的有地方志书，小的有族谱、家谱、墓志铭、墓碑，都记录人的懿行嘉言，留名传后，发扬优秀精神传统。不忘往者，激励生者，培养来者。这些都成为清明节缅怀的工具载体。

纪念先人是希望后人也纪念自己，不忘自己；这种意念同时也就会激励自己，提升生命价值，延伸精神生命。

有限的现实世界与虚拟的无限世界，二者之间需有中介载体，清明节的种种活动逐渐应需而出现。

1. **纪念先人、先烈、先贤**。祭奠亲人的扫墓活动、祭祀祖先和民族始祖的祭祖活动，现已发展到缅怀革命先烈，还可以再扩及先贤英杰，包括民族英雄、杰出历史人物。爱祖国从爱家乡开始，乡先贤是家乡的历史和山川风物的灵魂，祖国的大小城乡遍布英杰的足迹，清明节时组织青少年到英杰陵园或墓地扫墓，到英杰纪念碑、纪念馆、故居、遗迹瞻仰献花，举行入队、入团、成年礼等仪式。城乡各地都可以选择适当地址举行清明公祭，首都可在天安门广场的人民英雄纪念碑举行国祭（几年前我就提议，到2010年国家正式实行）。这些都是非常生动具体的爱国主义和民族精神教育，也是凝聚全世界中华儿女之心的文化举措。

2. **墓祭、网祭、文明祭**。扫墓时大多数人已经不相信阴间之说，更不相信焚烧成灰的纸钱冥器可以为先人所用，因此多用鲜花代替纸钱和祭品，反映了现代人文明程度的提高。在城市，一般以火葬代替土葬，使死人不再与生人争地，也有利于生态环境的改善，清明时节人们到公墓探望，擦拭护理先人的骨灰盒，敬献鲜花，祭奠纪念。随着科技的发展，近年出现了"网上墓园"，人们可以在这种虚拟的墓园里设置已逝亲人和祖先的一块墓地，清明时可以在这个网上专页中献花、留歌、点烛、留文，表达怀念和敬慕。祭奠死者，本来就是为了满足一种精神需要，是一种精神活动。网上纪念，可以跨越时空，让被纪念者的生命精神长远流传，让纪念者与被纪念者的精神交流和对话超越时空的限制而进行。这种祭奠方式方兴未艾，正在极大的想象空间中发展。近年又出现骨灰室和公墓的人性化发展。据报载，广州殡葬管理部门正着力改造传统意义上的火葬场，新建公墓新创家居式骨灰寄存模式来方便市民在隔间单独祭拜先人。在墓地外也将兴建大型景观墓地，过去墓碑密布的坟场形象将被公园式墓地取代。此种尊重清明节的固有情感内涵，将私密性与环保性有机结合的公墓，很可能发展。

3．植树、环保、春游。清明节的情感本体是纪念先人，文化功能是凝聚族群，价值取向是提升生命意义。清明郊外上坟后顺便踏青，这也是节哀自重转换心情的一种调节吧，趁势可大力发展郊区旅游业。为了顺应清明时节阳气上升、万物萌动之理，人们开展了多种多样的迎春健身活动，如荡秋千、放风筝、蹴鞠、拔河、斗鸡等等……同时，清明插柳之风可发展为植树造林之举，民谚说："种树造林，莫过清明。"我国民主革命的先行者孙中山先生很重视植树造林，他的意愿是将植树节放在清明节，按他的倡议，1915年北洋政府就正式颁布以清明节为植树节。1984年北京市定的"全民义务植树日"即邻近清明节。北方地区还可以把清明节发展为植树节、环保节。当人们发现，在清明播下的希望种子，几度春秋后，郁郁葱葱的满目绿意弥漫过来时，会感到生命之树长青，那就是留住了春天，也留住了生命。当越来越多的人在清明时节参与植树、环保活动时，植树留春、环保护春的新节俗也就形成了。

端午——端午节至少可以从卫生、体育、文艺三方面发展节俗：

1．夏季将到，天气日益湿热，百虫和细菌繁殖快，疫病易生。2003年的"非典"和2009年的甲型流感均发于此时节。所以人们需要一个全民的"卫生防疫节"——端午节。在古代条件下，端午节人们洒扫庭院铲除虫菌孳生地，用雄黄水、雄黄酒消毒，佩戴防疫健体的各种香囊荷包，采集各种药材备用，烧药草汤洗浴，富有民俗特征的还有悬插"艾虎"和"蒲剑"等。现在可以从原来的辟灾驱疫保平安的活动发展为全民的迎夏卫生活动，把爱国卫生日设在此日。

2．以举办各种层次的龙舟比赛为核心，推动民间群众性的体育活动，激发节日热情，端午节可以成为龙舟节、群众体育节。

3．屈原已成为中华诗魂、端午节魂，可以从吃粽子、纪念屈原发展为设立诗歌节，推动诗和歌的创作、唱诵。抗战时西南后方曾这样做，这两年中央和一些地方也联合这么做。

七夕——七夕节的乞巧等节俗已难吸引现代青年，爱情主题日益突出。青年人很需要表达爱情的节日，于是被二月份的西方情人节所吸引。其实，中华民族早有自己的情侣节。七夕节有两千多年的历史渊源，有遍及神州的民俗基础，有牛郎织女的忠贞形象和优美故事，有丰富多彩的文学艺术，积淀着深厚的民族文化、民族心理、民族精神，理应成为中华民族的情侣节。详见后文。

中秋——中秋节的主调是人月双圆和谐圆满。

月华桂影。"月到中秋分外明"，加上这时正是秋收季节，丹桂飘香，真是：中天一轮月，秋野万里香。人的心情好，中秋赏月成为全民族的习俗。登高人近月，水清月近人。登高和临水的赏月胜地最多。寄情山水，爱花赏月，是国人调整身心的一种好方式，也是热爱生活、热爱自然的表现。可以开展多姿多彩的赏月赏桂活动，包括开辟中短途赏月、赏桂旅游线。

团圆和谐。天上月圆，地上人圆，花好月圆人团圆。"圆"对中国人有特殊的含义，中国古代认为天是圆的，圆是完整的，没有偏缺，所以叫圆满。月亮圆满时候也希望人间圆满，首先就是团圆。夫妻团圆、亲人团圆，骨肉情深，家庭和睦，温馨和谐，安享天伦之乐，这在国人的幸福指数中占有重要位置。团圆是一种群体意识(一个人不存在团圆不团圆)，不是个人独好，而是周围的人都好，大家团聚和谐。团圆又不限于家庭，团圆是国人的生活愿景，是国人追求的生命情调。表现为对亲情、友情、和谐、美满的祈求。中国人讲"国家"，国是扩大了的家。团圆扩大到全民族的团圆，这是中华民族凝聚力的重要精神元素。国家的团圆就叫金瓯无缺，领土完整统一。所以不可轻看团圆意识，这是爱家爱国的深层心理元素，是建设和谐社会的精神资源。就这主题可开展家庭、社区、社团……各个层面，乃至海内外的节庆活动，增进团结，增进和谐。

重阳——随着世界人口老龄化，倡导尊老敬老需要设立老人节，联合国的做法值得我们体味：它不是把某强势文化的老人节指定为"世界的"老人节要各国追随；1982年第36届联合国大会第20号决议提出，建议各成员国政府自己确定一个日子为自己国家的"老人节"。主题相同，具体日子不同，"和而不同"，尊重各国的不同文化的选择，从而各国有各国自己文化个性的老人节，美国是9月的第一个礼拜日、日本是9月15日、韩国是5月8日、智利是10月15日……不强求"一体化"，这是成功的范例。1989年，我国政府决定以本来就蕴含着敬老内涵的重阳节为中国敬老节（老人节），使这一传统佳节又增添了新的内涵，这是发展传统节日和保护非物质文化遗产的范例。重阳节既是中华敬老节，就势可以作中华父亲节，详见后文。

三、设立重要人伦节日

包括伦理道德规范在内的价值规范系统，是一切文化的核心，也是我们建设新文化的核心课题。

在一个多世纪的时间里，中华传统文化经历了三次浪潮的冲击。第一次是洋炮轰击下的自我否定。第二次是"革命"名义下的"彻底决裂"。以权力来推行，以"运动"来裹胁，全民都被卷入，杀伤力深入到社会基层。第三次是洋风吹拂下的失忆冷漠。第二次浪潮刚刚结束，人们还来不及文化康复，西方强势文化就以时尚的妆束乘着商业巨风席卷而来，许多人对传统文化的失忆状态还在继续，对生我育我的中华文化缺少温情和敬意，对振兴中华文化的呼声反应冷漠，不想进行文化反思以提高文化自觉，道德价值在经济理性冲击下复苏步履维艰。

所幸者现在的主流意识已在日益醒悟，并且不断进行文化战略调整。例如2002年的中共十六大报告明确写道：社会主义思想道德体系要与中华民族传统美德相"承接"；2007年支持李汉秋在全国政协第十届第五次全体大会上建言《弘扬仁义礼智信》；2008年采纳李汉秋等的建议将传统节日清明、端午、中秋、除夕列入法定节假日，等等。

在以阶级斗争为纲的年代，政治是社会生活的主旋律，政治化的国家伦理规范独尊，百姓日用伦常不被关注，甚至被冲击。进入新时期后，1992年的中共十四大提出要加强"社会公德"和"职业道德"两大领域建设，到中共十四届五中全会加上一个"家庭伦理道德"（后改为"家庭美德"）建设，到2007年的中共十七大又加上一个"个人品德"建设。至此已注意到道德的四大领域。与此相应，引导人们自觉履行的除"法定义务、社会责任"之外还有"家庭责任"，并说要"用正确方式处理人际关系"。至此可以说已注意到百姓日用伦常。而我们的传统美德本来就深深扎根于百姓日用伦常之中。我们的新道德建设应当继承传统美德的这一优良传统，弥补过去几十年的缺失，下大力气建设百姓日用伦常规范。

在中国伦理思想体系中，人伦关系占有重要位置。先秦原始儒家讲的"五伦"，有的（如君臣）已不适于今，现代最重要的三大人伦关系应是：亲子关系、夫妻关系、师生关系。继承中国人伦关系的双向互动的优良传统，我们现代的三大人伦关系应当是在人格平等基础上的、互惠互动的、双向的人伦义务：亲慈子孝、夫妻情爱、师生恩义。这样的人伦关系充溢着浓厚的人情味。人们对人伦规范认同的过程在很大程度上是情感内化的过程，人们的伦理关系和道德行为具有情感化的倾向。

节日是人们祈愿的生活状态，具有丰富的理想因素和情感因素，具有提升精神的作用。节日是好载体，它有几大优势：首先是广泛性，群体性参与，覆盖面广；其次是周期性，每年周而复始，不断重复强调，入心至深；再次是欢娱性，寓理于乐，而且有丰富的感情色彩，以情动人。即使从文化普及和教育推广来说，节日也具有无可比拟的优越性。我们的人伦规范建设，怎么能不重视这么好的载体？怎么能不建立咱们自己的重要人伦节日？

我国的传统节日一般都是综合性的，缺少单项突出的人伦主题节日，如情侣节、母亲节、教师节等；而现代社会又很有表达这种人伦感情的需要，于是西方的此类节日就乘虚而入。但异质文化的人伦节日难于承担传承中华人伦传统之任，如任其泛滥，势必影响中华文化的主体地位，不利于民族精神的弘扬和培育。建议主动设置植根中华文化土壤的以夫妻、亲子、师生三大人伦关系为主题的情侣节、母亲节、父亲节、教师节，以推进三大人伦规范的建设。

中华情侣节（七夕节）

如前所述1989年我国政府决定以重阳节为中华敬老节是个成功的范例，现在可以照例以七夕节为中华情侣节。

爱情是永恒的题目，情侣夫妻是最基本最重要的人伦关系之一。以牛郎织女为形象代表的七夕情侣节，不是单属未婚情侣，而且涵盖各个年龄段的夫妻情侣。七夕爱情观强调的是婚姻自主而非屈从外力，看重的是人格人品而非权势财富，赞扬的是忠诚坚贞而非轻薄浮浪，追求的是精神高尚而非一时情欲，赞赏的是勤劳持家而非好逸浮华。这是中华民族优良传统的一种表现，而且与时代精神相融通，是现代人应当继承发扬的，是有利于新时代精神文明建设、抵拒不良风气影响的。在建设和谐文化体系的今天，我们应当从传统七夕节所固有的文化蕴含中，提升出积极健康的爱情观，作为中华情侣节的精神，并创造出适合今日人际交往和社会活动的节庆方式，把传统和时尚融通起来，年复一年地发展成为广大群众所喜欢的七夕中华情侣节。祈请各级党政职能部门，一方面积极支持、鼓励开展七夕中华情侣节的健康活动；一方面在适当时机以适当方式宣布七夕节为中华情侣节。我们的美术家可以设计"鹊桥会"等工艺美术品，音乐家可以将秦观的《鹊桥仙》谱为情侣节歌，民俗学家可以将七夕乞巧的民俗介绍给大众，文学家可以介绍和创作赞颂七夕的佳作，商家照样可以推出适时令的花卉和应节礼品……。

中华母亲节（孟母生孟子而成母亲的农历四月初二）

母爱、爱母，是天然形成的相辅相成的两个方面。爱子必然教子，母爱必然提升为母教，落实在母教上。母亲的素质决定着人类和民族的未来。母亲教育是民族素质建设和人才资源开发的原始性、长久性的基础。因此，有识之士不断呼吁要重建母亲意识，发扬母教传统，振兴母教文化。人们很自然地想起了"孟母教子"的中华传统。我国历史上有不少很伟大而且很有影响的母亲，孟子的母亲仉（zhang）氏是最突出的一位。两千年前西汉时的《韩诗外传》和刘向的《列女传》就有翔实记载。近八百年以来中国最普及的儿童读物《三字经》中有："昔孟母，择邻处，子不学，断机杼。"中华儿女耳熟能详。中华母亲节应当发扬这种优良传统，这是中华母亲节不可或缺的一个方面。爱子和孝亲是双向互动的。父母给予子女生命，对子女有一种出于本能的无私的慈爱。子女在母体中孕育成长，本来就依恋父母，又不断感受到父母的教养之爱，很自然地滋长着亲情回报的爱心，这种知恩、感恩、报恩的情感、品性、行为就是孝。这是人性的自然感情。我们中华母亲节一面提倡母爱、母教，一面提倡爱母、孝亲。人类的美好感情，包括体验和感受感情的能力，需要精心保护、加意培养。如果家庭里的"小皇帝"、"小太阳"认为父母为他所做的一切都是应当的，对亲情已经麻木、不会感知爱，那就不懂亲情回报、不会报答爱。从小以个人为中心、不懂得孝亲，长大后就是自私的人、不懂得奉献。设立中华母亲节，就是为了让天下父母的爱心有一个得以彰显、让人认真体认的节日；让天下子女的孝心有一个受到唤醒、并精致表达的节日。异质文化的母亲节既难于传承中华的母教传统，更难于传承中华孝亲传统，而这两方面正是中华母亲节的内涵。我们要在经济全球化的挑战中，坚守住中华民族的精神家园；在捍卫世界文化多样性中，展现中华母亲节文化的光彩。

不同文化的母亲节形象代表都有不同的文化个性，流淌着自己民族文化的血液，承载着自己民族的民族精神。美国母亲节是美国文化的产物。最初提出此想的贾维斯夫人是当时美国格拉夫顿城教会主日学校的总监，美国南北战争后她在学校里负责讲述美国国殇纪念日的课程，讲述美国南北战争中捐躯英雄的故事，她提出应当设立一个母亲节，以慰藉为国贡献出英勇战士的母亲们。她愿望未实现便逝世了，她的女儿安娜·M·贾维斯(1864~1948)终身未婚，一直陪伴母亲身边，1905年她母亲逝世，1907年开始她为母亲遗愿正式发起创设美国母亲节，得到教会、教堂的支持，她纪念其母的活动与教会仪式相结合于5月份的第二个礼拜天在教堂举行。经过7年的努力，1914年美国总统威尔逊宣布美国母亲节就定在5月份的第二个基督教礼拜天。从上述可见，美国母亲节同美国历史、美国宗教有不解之缘，有鲜明的美国文化的印记。在世界多数国家未有自己母亲节的情况下，随着强势文化的推行，有些人跟着过美国的母亲节，但远非"世界的"。欧洲文化跟美国文化很密切，但许多欧洲国家仍有自己的母亲节，法国在美国的14年之后即1928年才设立母亲节，也没有跟着已有的美国母亲节，而是定在5月的最后一个星期日；葡萄牙、西班牙、瑞典、匈牙利等也没有跟美国。同处美洲，尼加拉瓜在5月30日，阿根廷在10月的第二个星期天。非洲的埃及、南非、中非共和国等都有自己的母亲节。亚洲国家印尼、韩国、印度、黎巴嫩等都没有趋同美国，泰国1976年宣布8月12日为自己国家的母亲节。阿拉伯地区的大多数国家都以3月21日"春分"为母亲节，都植根于自己的文化。据不完全统计世界上已有四十多个国家设立了自己的母亲节。并无国际组织宣布美国母亲节是"国际母亲节"，我国党政部门也从未宣称"国际母亲节"，一些媒体因不察而误把美国母亲节当作国际母亲节大加宣传，切望改正。

中华父亲节

重阳节是中华敬老节，可以同时是中华父亲节。古人以奇数为阳数，偶数为阴数；天为阳，地为阴；男为阳，女为阴。九是最大的阳数。九月九日，两九相重，称为"重九"、"重阳"，不仅"宜于长久"，而且阳气最盛，寄寓着更加光明、强力、兴旺。所以不仅可以作为敬老节，而且适宜作父亲节。中华民族讲究"老吾老以及人之老"，从敬自己的老人开始，敬别人的老人。重阳节敬老，应从敬自己的父、祖辈开始。

经历了艳春和炎夏，到重阳，秋高气爽，天宇朗彻，犹如上了年纪之人，阅历了人生，神清气定。面临冉冉将至的肃冬，重阳珍惜生机，珍惜生命：暮秋再次呈现大自然的生机，犹如人的暮年再度释放生命的辉煌，暮色将临仍有光辉。"不似春光，胜似春光"，"莫道桑榆晚，红霞正满天"，成为主旋律，在重阳诗词中不断奏出，表现"烈士暮年，壮心不已"的心态。与此种心态相融通，登高赏红叶和赏菊成为重阳的重要活动。

秋高气爽，人们开展登高健身活动不亦乐乎！遥岑远目，层林好像喝了醇厚的美酒，在夕阳晚霞映照下，万紫千红，如火如烧。红叶虽不在春天与群芳争艳，却在重阳霜秋呈现劲姿神韵，依然流丹溢彩，芳菲凝定，旖旎壮观，正是"只言春色能骄物，不道秋霜更媚人"。霜叶胜火红，秋菊赛金黄，人们对不畏严霜的菊花有特殊的感通：人淡如菊，晚节自香。赏菊簪菊之俗逐渐盛过佩茱萸的古俗。许多城市的园林绿化部门在重阳节举办菊展、举办"赛菊会"。悠闲的老人或东篱采菊，或浅酌对菊，安享"黄菊清樽更晚晖"的乐趣。亲友互赠菊花，祝贺人如秋菊老当益壮。凡此种种都在尊老敬贤为仁者寿，祝愿老人颐养天年。

中华教师节（孔子诞辰日）

教师节的流变

孔子是中国的第一位教育家、是中国教师的鼻祖，被后世公认为"万世师表"，以孔子为教师节的形象代表源远流长。据专家考察，我国尊祀孔子的制度化与公元同其始，即从公元1年开始。唐太宗贞观四年（公元630年）下诏州县皆立孔庙，标志着全国性的祭祀孔子。唐以后，从中央到地方各级官方学校旁均立孔庙逐渐成为定制。宋徽宗时，孔子已成为学校中"释奠"礼的中心。

到清雍正五年（1727年），据《清史稿》记载："定八月二十七日先师诞辰，官民军士，致斋一日，以为常。"这表明，已定孔诞为全民性的节日。因其全民性，已经具备了作为节日的基本特征。清光绪二十九年（1903年）学校制度改革兴办学堂时，在学堂管理通则中就明确规定"至圣先师孔子诞日"为"庆祝日"。1939年民国政府相沿确定以农历八月二十七日孔子诞辰为教师节（后来换算为阳历是9月28日），至今在中国的台湾、香港以及马来西亚、美国的加州等都以孔诞为教师节。

中华人民共和国成立后，1951年决定以五一国际劳动节为教师节。1985年又决定以9月10日为教师节，但未考虑这日子本身有无特定的文化内涵，对于弘扬中华师道文化和培育民族精神有无特定的底蕴。这受当时条件的制约，我们无意苛责。只是由此说明：就在最近短短的几十年中，教师节也是在随着人们认识的变化而改变的。而这几十年，在漫长的历史传统中是很短暂的，不是不可变的。随着我们对传统的认识的转变，我们的教师节也应当转变而继承优秀传统。

建议先以孔诞为中华师表日

节庆日有的是世代相传，我们已无权择日；有的新订节日是由我们自己择日的，就应当考虑这日子是否有历史文化内涵。例如教师节，应当是很有文化内涵的节日，以孔诞作中国教师节是非常合适的。经有关部门研究测算，孔子诞生于公元前551年9月28日，这日子也恰当其时，新学年开始时的繁忙已经过去，可以有时间筹办教师节和国庆节。

孔子是中国文化的象征，他在中国文化和教育传统的形成发展中发挥了广泛、持久而深远的影响。孔子思想是具有强大凝聚力的中华文化的重要组成部分。作为"万世师表"，孔子在2500多年前就提出了极其宝贵丰富的教育思想，至今还不失其积极意义。孔子的重要教育思想包括：有教无类、因材施教、启发诱导、举一反三、温故知新、学思并重、教学相长、循序渐进、言传身教；以及礼、乐、射、御、书、数六艺教育。而"学而不思则罔，思而不学则殆"，"学而不厌，诲人不倦"，"敏而好学，不耻下问"，"学而时习之"，"发愤忘食，乐以忘忧"，"后生可畏"，"当仁不让于师"等等经典名句，为世人熟知，流传千年。孔子博大的教育思想和卓越的教育实践，是中华民族教育精神的集中体现，其精华具有长久的魅力.

现在的教师节，多是学生为老师庆祝节日，侧重于培养学生的尊师。这应该是教师节的一个方面，可教师节还应具有另一层也许更为重要的内涵。教师节首先是教师自己的节日，通过节日可以使教师进一步培养为人师表的职业意识，提高自身的职业素养，增强对所从事职业的敬业精神。以孔子为形象代表显然有利于丰富教师节的文化内涵。况且，在我国的台湾、香港等地，以孔诞为教师节已经多年了，从国家的统一与民族文化历史认同的角度考虑，以孔诞为教师节也是很有意义的。希望在不久的将来，孔诞成为全体中华儿女的教师节。

孔子已成为举世公认的人类文明史上最伟大的思想家和教育家之一，是人类文明史载以来的第一位教师。美国出版的《名人年鉴手册》列出世界十大思想家，依次排在前头的是：孔子、柏拉图、亚里士多德……1988年1月，世界各国的诺贝尔奖获得者在巴黎开会，会议传出声音说："如果人类要在21世纪生存下去，必须回头二千五百年，去汲取孔子的智慧。"现在连马来西亚和美国加州都已经把孔子诞辰日9月28日定为教师节。世界各国的汉学家纷纷表示希望中国也以孔诞为教师节。2005年9月28日，全球首次联合祭孔活动在世界各地的30多家孔庙同时进行。令人高兴的是，联合国教科文组织已决定颁发"孔子教育奖"。对孔子的崇敬表现了对中华文明的尊重。

在孔子的祖国，我们更应当举起这面旗帜，这不仅有增强尊师重教的现实社会意义，而且能体现中国教师节丰富的文化历史内涵。2005年我国决定在国外建的汉语学院都称"孔子学院"，原计划五年建100所，而到2009年底已建282所；福建省人大常委会决定以9月28日孔诞为全省"终生教育日"，中国人民大学以9月份为"孔子文化月"，这些都为以孔诞作教师节作了准备，可以说已经是万事俱备只欠东风了，我们期盼全国人大常委会和教育主管部门能够顺应民心，采取相应举措。

从2004年开始，我以政协提案的方式几次呼吁以孔诞为中华教师节。有关职能部门都肯定提案的理由，答应在修改教师法时负责转达我的建议。可惜迟迟未见举措。在全国人大未改定日子之前，建议先以孔诞为"中华师表日"，以待发展。

四、几点建议

加强领导

1. **设置职能机构**。节日体系需要与时俱进不断发展，节日每月都有，而且年复一年不断往复，这就亟需加强领导加强研究。当务之急是需要确定职能机构和专人，职司此项工作，不仅狭义的"管理"，而且要从事研究和设计创新，规划和领导。包括指导商家以弘扬中华优秀文化为重，优先设计和营销中华节日标志产品。

2. **颁行指导日历**。日历，是国民生活的日程表。传统社会的"皇历"多由朝廷统一颁布。我们现在社会上出现的各种日历很不统一，建议责成一个职能部门，或委托人民团体（如中国民协的节庆委员会），制定每年的国家指导日历统一颁布。日历逐年改善的过程也是积累经验完善中华节日体系的过程。

3. **设置佳节示范点**。上述九大佳节可分别挑选有基础办得好的城市和单位，作为示范点。如2008年中央文明办和全国文联在绵山办清明节，在汨罗（还可在姊归）办端午节等。还可设想在晋中办元宵节，在北京大学办中华母亲节、中华父亲节，在中国人民大学和北京师范大学办中华教师节等等。如果同一佳节的示范点有多个，也可每年轮流。

加强宣传引导

媒体在设置公众议题、引领公众声音方面的作用是无可替代的，特别是网络、手机报等新兴媒体的不断发达，这种引领舆论的作用越发显著。近十年来，传统文化和节日在人们心中的地位日渐提升，但近百年的轻贱所造成的认知断层和感情淡漠却依然不容忽视。面对此种现状,媒体有责任、也有能力将重心向中华传统节日倾斜。可用专家访谈、博客、事件报道等各种方式,不断向公众传递一种信息:过好传统节日与我们每个人都息息相关。

广泛吸引群众热爱中华节日

热爱中华节日是热爱中华文化的表现,是中华民族归宿感和认同感的表现,我们应当怀有温情和敬恋之情。

过节要注入感情。我看很多回忆传统节日的文章,都充满了亲情、友情和爱情。回忆自己小时候怎么过节,不是讲怎么吃粽子、吃月饼,而是在包粽子、吃月饼过程中体验到的情感和人生感悟。过去人过传统节日很重视亲情的渗透、体悟和表达,很重视家庭和家族的情爱,这是真正沁人心脾,使人终生不忘的因素。这也是从幼年开始在发育成长中,心灵经过的一次又一次洗礼,是终生回味的东西。我们现代人继承这份遗产时,确实要好好考虑一下在过节时的亲情表达、亲情体悟。如果我们忽略了表达感情的方式,忽略了怎么营造表达情感的环境,只是买一个粽子,那就会像有些人讲的,光吃粽子有什么意思。所以我们做父母的也好,做子女的也好,都要考虑在节日里怎么表达感情,怎么把感情表达得动人。

开发节庆文化产业

节日一定要有乐趣、有魅力。过节时人们总是彼此祝福"节日快乐",显然"快乐"就是节日的基本内容。大家平时工作紧张、压力很大,就是想在节日时放松一下心情,休养生息一番。

由此反省一下我们的传统节日,现在是不是过得有些太严肃了?当下很多年青人喜欢过洋节,觉得洋节好玩。有的人羡慕狂欢节,"看人家多热火"。我觉得中国人是比较内敛的,不太喜欢张扬个性,因而传统节日并非要一味狂欢，也不是一味强调玩乐，但它除了有自己的文化内涵，有家族的典礼仪式以外，还一定要有好玩的内容，一定要有乐趣，唯其如此才能够吸引人，尤其是吸引年轻一代。让年轻人爱上传统节日是十分重要的，因为他们是未来。

传统的节日如何让大家愿意过，过得高兴，这是需要想办法的。在这方面文化产业可以做很多事情。

佳节需要商业推销，佳节为文化产业提供了巨大的商机。动员商家把炒作洋节的热情转移到中华佳节上来，为弘扬中华文化作贡献。比如这几年的七夕节，全国各地都会举办热热闹闹的活动，节庆搭台文化唱戏。仅是节日时满天飞的手机短信就足以让电讯运营商赚得盆盈钵满。

中秋节可以举办赏月、赏桂活动，重阳节兴办赏菊、赏红叶胜地游。久负盛名的杭白菊、滁菊，不仅可以作菊花茶，而且还能制作菊花酒、菊花宴，进而可以依托杭州西湖、滁州琅琊山发展重阳赏菊游。

加强理论研究、设置研究项目和机构

把佳节研究和产品开发列为研究课题，进行招标，并鼓励设立研究机构。发动企业和社会各界为佳节设计节令标志物、纪念品、食品。如中华母亲节的节花是否沿用古代的萱草花，中华情侣节的节花除西方的玫瑰之外可用什么？等等。发动艺术家为佳节创作歌曲、曲艺、戏剧等文艺作品，争取每个节都有节歌和标志礼品。

附：中华节日体系基干表（按时序排列）

元旦	端午节
中华年(春节)	七一中国共产党建党纪念日
元宵节	八一建军节
三八国际劳动妇女节	七夕中华情侣节
清明节	中秋节
五一国际劳动节	中华教师节
五四青年节	十一国庆节
中华母亲节	重阳中华敬老节中华父亲节
六一国际儿童节	

中华民族传统造型
观念和表现手法

——从中西美术的比较看中国美术的传统文化特征

邓福星

邓福星，1945年生，河北省固安人。1985年获文学博士学位。曾任中国艺术研究院美术研究所所长、《美术观察》杂志社社长兼主编、文化部高职评委、全国美展评委、国家图书奖评委、中宣部"五个一工程"图书奖评委、全国艺术学科课题审定专家组成员、全国艺术类博士点审议评委、第五、六届全国文代会代表、第五届全国美协理事。现为中国艺术研究院学术委员会副主任，美术研究所名誉所长，博士生导师，享受国家特殊津贴。著有《艺术前的艺术》、《绘画的抽象与抽象绘画》、《中国美术》、《美术概论》等。

　　每个民族的美术都是在一定历史条件和文化背景下形成的，它不可避免的受到同一时代经济、文化、政治、宗教等多方面的影响，同时，也反作用于相应的诸多方面。中国美术在漫长的历史发展中，逐

领导干部国学大讲堂

渐形成同域外其他美术不同的特征。在这里，我们将通过对中西(主要是欧洲国家的)美术几个主要方面的比较，阐述中国美术所具有的民族传统文化特征。

当然，这种比较，只是在总体上或局部，或就某一时段相对而言，切不可以为是绝对的。而且，随着中西美术交流的加强，二者相互影响，相互借鉴，相互渗透和吸收，某些差异可能逐渐减弱甚或消失(同时又会产生新的差异)。

以下，我们将从中西美术的体系、观念、审美特征和艺术表现四个方面逐一进行论述。

一、中西美术体系的差异

所谓美术体系，就是包括在一定历史条件和文化背景下形成的由特定的观念、题材、表现技巧及美学特征等方面组成的美术的有机整体。

从总体上说，中国美术是趋向书法的，而西方美术则趋向雕塑。中国美术中的人文性胜于技艺性，西方美术则相反。

(一)趋向书法和趋向雕塑

中国美术从总体上是趋向书法的；而西方美术从总体上趋向雕塑。

在史前彩陶上，绝大多数纹饰都是由线条组成的几何纹样，这些纹样是由或流畅或顿挫并具有疏密变化的线条构成了一定的节奏感和韵律感。史前雕刻和陶塑，也多以或深或浅的刻纹表示形体的凹凸和变化。新石器时代晚期的冠状玉饰和玉琮，通体都是刻划的线纹，还有那些原始岩画，几乎都是线刻或线绘的图像与符号。可见，早在中国原始造型艺术中，线条就已经受到相当重视。这同时反映了原始先民对于线条传达的节奏和韵律所特有的感受，以及运用石、玉、陶土等媒材表现它们的能力。先秦时期，音乐和礼教结合起来，形成"礼乐"，使音乐成为修身养性、通天应神、乃至安邦定国的重要标志。音乐起到发乎人心，经艺术之后，又反过来感动人心，化育情性的"治心"作用。于是，音乐一度成为其他姊妹艺术的代表和引导，并对于包括美术在内的中华民族艺术发生了深刻的影响。自先秦以后，音乐不再有那么重要的地位，"中国乐教失传，诗人不能弦歌，乃将心灵的情韵表现于书法、画法。书法尤为代替音乐的抽象艺术。"[1]

从那时起，最接近音乐而且艺术本体意识自觉较早的书法，则代替音乐而成为中国美术的代表和引导。在美术中，绘画、雕塑、建筑和工艺都努力地向它靠拢。

每当说到书法和绘画，总是把书法放在绘画之前称作"书画"。这不是为了顺口，是在于强调书法所具有的对于绘画的基础性和引导性。宗白华说："引书法之法入画乃成为中国画的第一特点。"明人董其昌说："以草隶奇字之法为之，树如屈铁，山如画沙，绝去甜俗蹊径，乃为士气。"（董其昌《画禅室随笔》）绘画六法中"骨法用笔"与"气韵生动"以及中国画向空灵、简淡、幽深的追求，都趋近于书法的审美意趣。

中国传统雕塑总是尽最大可能借绘画的帮助去造型。那些石雕、木雕、俑、泥塑等不仅多有彩绘，而且往往还有意突出线条的装饰性。陶瓷上的纹饰、织物上的图案以及大大小小的工艺品上的装饰，几乎都是以线绘制的。中国的建筑远不像西方建筑有那么多雕塑附

---

① 宗白华：《美学散步》，上海人民出版社1981年版，第102页。

饰，但却有不少绘画性装饰，如雕梁画栋、壁画、藻井，甚至连瓦顶（称之中国独有的"瓦当"）、花窗都表现出线条组织的韵律来。如果说这些装饰尚属于绘画性的体现，那么，大屋顶翘起的檐角使沉重的建筑产生凌空欲飞之势，四梁八柱的通透、九转回廊的曲折，则显露出对书法的空灵、流动，委婉意象的追求。总之，中国美术各门类在审美追求上确是以书法为引导，追仿线条的流动、节奏和韵律，追求空灵、活脱，力避板滞、拘涩。这种状况一直保持在中国传统美术中。

古希腊人创作了令后世惊叹的人体雕像，显示了古代西方人对雕塑的特别兴趣。在西方美术史上，雕塑和建筑具有密不可分的关系，如同中国美术中的书法与绘画。古希腊神庙已经体现了西方建筑与雕塑的有机结合。卫城伊瑞克提翁神庙就是以宁静而秀美的女神立像作为立柱，这种方式一直为后人所继承和发展。在中世纪教堂建筑中，雕塑占有了更重要的地位。如果说罗马式教堂中的雕塑还偏重于装饰的话，那么，在哥特式教堂中，雕塑就十分突出了。教堂建筑内外结构包括正门、塔楼、门楣、窗檐、祭台、壁龛等所有的局部都布满雕塑，建筑整体在精致而繁缛的雕塑的簇拥下统一起来。如法国兰斯大教堂就有数以千计的雕塑。雕塑表现的内容也十分丰富，具有"石头圣经"之称。西方雕塑和建筑的密切关系还表现为它们都属于三维空间中展现的艺术。从某种意义上说，建筑是放大了的实用的抽象雕塑，而雕塑则是缩小的形象化的建筑。西方绘画真正兴起是从文艺复兴开始，直到19世纪后期现代艺术出现，恪守模仿论的写实性绘画独霸画坛。写实性绘画追求表现对象的造型准确、体量感、质感即真实感，实际上是向雕塑的趋近。米开朗基罗认为"绘画按程度越是接近于浮雕的效果，就越是出色"。他还说"雕刻是绘画的明灯，二者之间的区别就跟太阳和月亮之间的区别一样"[1]。学生学画素描时，老师常讲：

---

① 扬身源、张弘昕编著《西方画论辑要》，江苏美术出版社1998年版，第133页。

"要把素描画结实，就像一块石头，从山上滚下来都不能摔碎！"这里所强调的正是绘画所追求的雕塑的质感和体量感。在西方装饰和工艺制品中，常常饰以写实性的人体或动物、花卉的造型，可以说它们是局部地向雕塑的靠近。

西方美术趋向雕塑的状况至迟持续到19世纪中叶。

（二）人文性与技艺性

两相比较，中国美术比较偏重于人文性，而西方美术更偏重于技艺性。这一差异集中地体现在以下两个方面：（1）美术作品中人文性和技艺性的含量；（2）美术创作主体的素质类型。

首先，中国美术作品中人文性胜于技艺性，而西方美术则相反。中国书法，在很长的历史时期里都是作为"载道"之"文"的构成材料，当书法完全作为一门艺术后，即使书法的实用功能已经退化，尽管书法的文字内容与艺术性没有多大关系，然而，文字所蕴涵的人文意义却不可能与文字的结体相分离。从这个意义上说，书法的人文意义是最强的而且是最永久的。中国传统绘画中，唐代以前的人物画多用以惩恶扬善或为道释画，具有较强的教化功能和宗教功能，宋代以后，山水、花鸟成为绘画主体。山水画像山水诗一样，体现了中华民族与自然相和谐的观念，画家因寄情于山水，为山川代言，为"畅神"而作画，并不仅在于展示优美的风景而已，其中有着深刻的人文精神。花鸟画大多采用象征的手法，隐喻人的某些高尚的品格、情操或者美好的愿望，如梅、兰、竹、菊、牡丹、莲花等，一旦进入花鸟画中，则不再表示其在自然界中植物学的意义而具有特指的人格象征或人文含义了。在雕塑中，人文性则集中表现在那些带有装饰意味的陵墓雕刻、俑，那些道释造像、塑像等门类，它们含有辟邪、纳福、吉祥、长寿等意义或者道德教化以及宗教意义。工艺美术作品中，许多图案、雕刻造型，也都具有类似雕塑那样的吉祥寓意。在中国建筑中，人文意义也很强，且不说诸如吻兽、铺首、壁画等富有丰富文化内涵的建筑附饰，仅就那些塔、亭、坛、阙、牌楼以及园林的浓厚的人文意义以及象征观念，也远非其他民族的建筑艺术可比。

西方美术长期恪守模仿现实，再现对象的原则，作品是写实的，所以美术家把心力更多地投入到表现的技艺和手法上。诚然，西方绘画和雕塑中不乏大量主题性或肖像一类的作品，它们取材于古代神话、历史故事或现实的事件等，但是，那些作品只属于一些事件或故事情节，与中国美术中的"人文性"不同。事件或情节只是通过叙述使观者明白、了解，而中国美术的人文性却需要感悟、思考。西方中世纪建筑以石头为材料，建构精美，规模宏大，建造者当是以其崇高感而营造基督教的宗教气氛，与中国石窟、寺庙的建筑不同。中国石窟大多借山取势，依环境而定，寺庙有意无意地参照了体现权力和等级的宫廷建筑格局，宗教气氛则更赖于其中的造像、壁画及香火等的烘托。西方石制教堂建筑比中国土木建造的寺庙更为耗时费力，技艺性要求更高。自文艺复兴开始，表现技法的研究改进成为推动西方绘画的一个重要因素。解剖学和透视学成为当时画家必修的课题。18世纪浪漫主义、19世纪印象主义都显示了西方油画色彩表现技艺的进化。这些都表明西方绘画不断吸收相关的科技成果，并对画家提出了越来越高的技艺性要求。中国书法、绘画及雕塑并非不需要技艺，而是不像西方美术那样高难。中国书、画材料千余年来没有多大变化，技艺在达到一定程度后，文化与艺术修养显得更加重要，以至在一个时期里一些文人画家放言，作画只是一任性情，横涂竖抹，逸笔草草，"抒写胸中逸气"，可以见出对技艺的忽视，他们所重视的却是"画外功夫"，亦即修养。

其次，中西美术创作主体的素质类型也有很大差异。中国书画的创作主体是文人士大夫、高官乃至皇帝，书画创作是他们从政或著述的余事。特别是在宋元以后，他们不仅书画皆能，而且有较高的社会地位，又有良好的人文修养。他们在诗文、历史与哲学上大都有很深的造诣，往往书画皆妙。他们的博学和教养会自然而然地在他们书画作品中体现出来。这些作品的主要接受者与创作者，处于社会的上层，从而他们所创作和接受的书画作品一直成为主导中国美术的主流。中国雕塑、工艺美术和建筑的创造者与书画作者不同，他们被视为工匠，因属于社会的下层，而在中国美术史上很少留下姓名。西方的美术家却有些近乎于中国的工匠，包括甚至后来被奉为大师巨匠的艺术家。他们都属于专门化手工劳动者而被雇佣，雇主可能是一些由商致富的新贵或者宫廷、教会。他们一旦冒犯雇主，即被解雇。表明他们在当时社会地位并不高。米开朗基罗自己都看不起他所从事的雕刻和绘画职业，曾想去搞文学。伦勃朗则以穷困潦倒而终其一生。也许由于上述的原因，西方美术的雕塑和绘画比中国书画更易于为一般的平民大众所理解和欣赏。

二、中西美术观念的差异

美术观念，是对美术总体的和基本的看法，它相对于美术创作实践，是关于美术的思想、意识。众多个体的美术观念有共性，它们之间也有差异。不同体系的美术观念有共性也有差异。中西美术观念的差异主要表现在创作中倾向客体或倾向主体的程度，以及美术演变中渐变和剧变的不同，还表现为对于人和自然的关系所持的不同态度。这些不尽相同的美术观念是在各自文化背景下受到相应的民族心理以及包括哲学在内的意识形态的影响而形成的。

(一)"中和"与"对抗"

中国美术创作观念和演变观念偏向于"中和",西方美术则偏向于"对抗"。

中和,就是中庸、和谐,不偏激,不极端。中国绘画和雕塑的创作从一开始就取"中和"态度,既描绘客观物象,又进行主观的加工。新石器时代彩陶上的绘画,原始陶塑以及原始岩画都体现了这种"中和"的造型观念,不像欧洲阿尔特米拉山洞的洞穴壁画野牛、野鹿那么写实。先秦时代儒家"中庸"的思想对中国美术观念产生的影响很大,诸如"发乎情,止乎礼义"(《毛诗序》)、"乐而不淫,哀而不伤"(《论语·八佾》)、"从心所欲不逾矩"(《论语·为政》)、"文质彬彬,然后君子"(《论语·雍也》)等儒家思想都成为中国古代美学的重要组成部分。在以后的几千年间,中国绘画和雕塑在写实程度上从没有像西方的绘画和雕塑那样酷似对象。直到20世纪30年代,西方写实绘画引入中国,才逐渐出现了真正意义的写实作品,再到上世纪末,所谓的抽象绘画和抽象雕塑也才出现。即便至今,那种写实与写意结合、造型介乎具象和抽象之间的"中和"观念依然在中国美术创作中居于主导地位并占有最大多数。

西方美术创作中的观念不取"中庸",而表现了偏向一边甚至走上极端从而形成"对抗"的倾向。古希腊雕塑就已显示出向具象表现的单一追求。绘画从文艺复兴之后更加走向写实,到19世纪的写实主义和印象主义,西方的绘画和雕塑可以说达到了酷似对象的极致。然而,19世纪末,现代派兴起,抽象艺术完全取消具象,以背离和反叛的姿态又走向另一极端。这种从具象向抽象的转变,从再现向表现的转变,或者说从指向客观到发自主观的转变,可谓一百八十度的转向,它反映了西方绘画和雕塑创作中的"对抗"与"极端"的观念。

美术历时性的演变也是如此。中国古代美术家习惯于顺延前辈的艺术风格，继承多于变革，从而使中国美术的发展呈现为一种平和的渐变过程，中国美术的创新是在不知不觉中完成的，从总体发展看，世代承传的脉络格外分明。这种发展的特点也体现了中国美术家的"中和"观念。应该说明的是自20世纪末以来，美术家创新的意识加强，艺术风格改变的幅度增大，这对五千年来一直处于主导地位的"中和"观念，也产生了相左的影响。与此不同的是，西方美术的发展和演变虽然也是在继承中推进的，不过，西方美术家更重视创新，他们往往在接过前辈手中的接力棒之后，尽管也在奔跑，但却偏离了原来的方向，而转向了新的目标。在他们的美术发展观念中，创新更重于继承。因此，西方美术家在判定美术家成就时，不是看他从前人那里继承了多少，而是看他有多少创新。纵观西方美术发展的历史轨迹，是一条起伏摇摆的曲线，往往是后者以反抗前者的姿态而崛起，演化呈突进式而不是平缓的。文艺复兴以后，这一特点更加明显。16世纪下半叶，变形而矫饰的风格主义接替了盛极一时的拉斐尔古典主义，但不久又被强调光线、色彩和动感的巴洛克风格所取代，代表画家是鲁本斯。18世纪初，罗可可风格一度兴起，呈现出纤丽而又华美的样式，随着大卫、安格尔再次把古典主义推上高峰，哥雅、德拉克罗瓦又以浪漫主义与之对抗。19世纪，库尔贝、米勒的写实主义兴起，印象派又接踵而来，不足百年，印象派的代表人物塞尚，为现代主义拉开了帷幕。现代主义经过了百年，又遭到后现代的反对。在短短的几百年中，西方绘画风格变来变去，像大海的波涛，一浪排开一浪。每一画派的出现总含有对此前画派对抗和否定的倾向，充分显示了西方美术发展演化中的"对抗"观念。

（二）"天人合一"与"人是万物的尺度"

在人与自然的关系中，中国美术比较关注自然，把人类自身与自然相融合，可概括为"天人合一"；西方美术更重视人类自身，认为人是万物之灵，高于万物，也高于自然。如希腊哲人普罗泰高拉所说："人是万物的尺度"。

中国先民源于农耕经济，这决定了对自然的依赖和重视。从先秦老庄到历代文人雅士都有对于自然所发的议论和感慨，认为人与自然相比，渺小而短暂，如沧海一粟，如匆匆过客，从而以求"天地与我共生，万物与我合一"，追求人与自然的和谐。在这种观念引导之下，中国美术在数千年里，一直以自然为主要表现对象。虽然唐代以前人物画也占有一定数量，但大多为表现超自然也高于人自身的想象中的神怪、道释题材。绝大多数画家致力于对高山大河及花卉鸟兽的表现，从而造就了高度成熟的山水画和花鸟画。中国山水画始于魏晋时期，比16世纪出现的欧洲风景画早一千多年。早在史前时期的陶器上，就已出现植物和鸟兽的图样，至迟到五代，花鸟画已经相当成熟。在西方的绘画中，表现花木、鸟兽的作品大都近于标本图像，与中国花鸟画不可同日而语。在中国山水画中，画家把自己融入山川，化进自然；在中国花鸟画中，以花鸟寄情言志，以梅、兰、竹、菊象征人的高尚品格和精神，物我化一。从中可以看到人与自然在艺术中的交融合一。

西方美术关注的是人，对于自然，往往表现出对抗的意识，这可能同欧洲先民源自狩猎经济有关。古希腊美术成就最高的是人体雕刻，以之赞美人的体魄和精神。这是西方美术中人类中心主义观念的形象化。这一美术观念从希腊神话和希腊哲学中不难找到佐证和理论支撑。希腊神话中有许多主宰自然的神，而这些神不过是人的化身。希腊哲学开始了对世界的理性思考，而认为人是唯一有理性的动物。中世纪虽然对人作了"凡性"和"神性"的分离，然而，上帝作为"神性"的人依然是万物的主宰。文艺复兴时期，人本主义的旗帜高扬，接着，对人的颂扬之声不绝于耳。翻开一部西方美术史，所看到的是一部人类主题的颂歌。直到16世纪才出现的风景画在西方绘画中的地位不仅难于同人物画抗衡，而且，这些田园牧歌或仙境一般的风景画已是人化的自然，与意境旷野荒寒寂寥的中国山水画的意趣也迥然不同。总之，一是与自然相和谐，一是以人为中心，中西美术中这两种观念的差异是很分明的。

三、中西美术审美特征的差异

(一)由美及善与由美及真

就一般意义而言，美术是真、善、美的统一。但具体到某一民族的美术却各有侧重。中国美术的审美内涵中包含了较多的道德伦理成分，由美而至善；西方美术的审美内涵中则含有更多的认知成分，由美而至真。

中国美术深受儒家美学思想的影响。儒家认为："里仁为美"(《论语·里仁》)，只有和"仁"相联系的美才是美的，所以提倡"尽美尽善"、"美善相乐"。这种思想反映在中国美术中则表现为两个方面：其一，主张美术的社会教化功能，为政治伦礼教化服务。谢赫《古画品录序》中所谓"图绘者，莫不明劝戒，著升沉。千载寂寥，披图可鉴"和张彦远《历代名画记》中所说的"夫画者，成教化。助人伦。穷神变，测幽微，与六籍同功"，成为对中国美术特别是中国人物画社会教化功能的表述。其二，以物"比德"。以作品象征人格，再以人格为标准去品评作品。这里都是以美好的品德和高尚的人格作为评判作品的尺度和目标。山水画、花鸟画更多的体现这样的审美特征。"夫玉者，君子比德焉"是以玉的审美属性比喻君子的道德之美。"仁者乐山，知者乐水"把自然山水同仁者和智者建立起联系来。花鸟画则多以象征的手法寓意人的高尚品格和情操。反过来说，所谓"品画"所谓"画如其人"、"书如其人"则是又以人格去衡量作品，评价作品了，换句话说，就是"检查"作品中"善"的含量。在中国绘画史上，唐代以前那些歌颂忠臣良将和贤士淑女的作品便属于"劝戒"一类，而后来的那些山水画，花鸟画则属于"比德"一类。当然，除此以外，美术还有"存形"、"畅神"的功能，不过，都不及前述的两种对于中国美术重要。在中国美术中，"美"与"善"保持着密切的关系。

在西方美术的审美内涵中，渗透了更多的认知成分。像中国美术的审美特征受到先秦哲学的影响一样，古希腊哲学对西方美术也发生了深刻的影响。毕达哥拉斯提出的和谐、数的比例产生美的理论直接影响到古希腊雕刻。后人评论说，当时雕塑家波里克勒特就是按毕达格拉斯的这种理论创作了精美的雕像。亚里士多德认为"美在于大小和秩序"，斯多葛派提出"人体的美在于各部分之间的对称"。这些都是西方造型艺术美学基础理论的重要内容。在中世纪不多的美学理论中，维拉尔著的《素描扎记》把三角形、正方形、五角形、星形、圆形等几何图形列入素描之中，用以作为绘画的基础。实际上，这些也成为当时手工艺匠人和建筑工匠实际操作的观念。文艺复兴时期的建筑家阿尔贝蒂不仅提出构成建筑美的三个要素包括数、完整性和布局，而且，还认为几何学和数学对于绘画具有重要的意义。他还把建筑物与有机生物相对比，说明部分与整体的比例和统一关系。达·芬奇说的"绘画是一门科学，是自然界的合法女儿"那句话更为人所熟知。文艺复兴时期是欧洲的科学、艺术以及美学高度发展的时期，西方美术创作中认知的科学成分显著加强。许多美术家也长于自然科学的研究，使绘画充分地吸收了数学、物理学、透视学、解剖学等科学成果而得到进一步发展。一位俄国美学家在评述当时达·芬奇的朋友数学家、美学家帕乔利关于比例学说的创新特征时写道："几千年以来，许多思想家和艺术家们研究了比例概念的理论见解和实际运用之后，我们在这里第一次在这广泛普及的著作中遇到对比例之概念所进行的哲学上与数学上的剖析。……在思想家和实践家、研究者和艺术家们中间，掀起了一股数学热潮，甚至《总和》这一著作从其起源来说也应当归功于数学"①。文艺复兴时期的美术所取得的辉煌成就，无疑同当时的美术家往往谙熟一种或几种自然科学知识，并将其运用于美术实践中有密切的关系。当时最著名的美术史家瓦萨里概括文艺复兴艺术所以取得伟大成绩的两个原因就是，一半在于对自然模仿的勤奋，另一半在于对科学知识的研究。这种说法是有道理的。19世纪，印象派在色彩表现上的革命，又得到色彩学和光学研究成果之助。这些都表明西方美术中含有的认知求真的成分及其对于西方美术审美特征形成的重要意义。

(二)"境生象外"与"典型形象"

中西美术作品审美特征的差异还表现为：前者是"境生象外"，后者是"典型形象"。中国美术旨在创造超越具体物象的艺术意境，给接受者提供一个无限开阔的审美空间，即"境生象外"。西方美术则努力刻画典型的形象，让接受者获得具体而鲜明的对象的"真实感"，即"典型形象"。

在早期中国美术理论中，虽然也有过"存形莫善于画"的提法，但这种观念不曾主导过中国美术创作，而且，这里的"存形"不过是记录形象而已，并不像西方"模仿说"那样，要求艺术必须忠实于自然。长期主导中国美术创作的是"传神"、"写意"、"求气韵"、"尚骨法"等追求形外意趣的艺术主张。中国史前艺术的审美意识已经无从可知，但从他们留下来的写实性彩陶纹饰和陶塑，可以清楚地看到，原始先民并不特别追求对物象的逼肖。其中固然也有能力不逮的原因，但是不管怎样，这种不逼肖物象的造型为"传神"、"写意"的艺术观留下了发

---

① 转引自В·л·舍斯塔科夫《美学史纲》，上海译文出版社1986年版，第111页。

展的空间。"传神"艺术观起初是强调抓取人物的神态特征，随着历史
的发展，其内涵有所转化，也更加丰富，发展到包含表现神气、风
神、神理、神情等诸多意义。它们构成作品的审美属性，是组成艺术
最高境界的主要因素。差不多同时，"气韵"也被提到了重要的地位。
气韵是什么？是一种超越形象意义的整体魅力。宗白华认为，气韵是
宇宙中鼓动万物的"气"的节奏、和谐，是一种可意会却不可言传的模
糊审美心理。此外，中国书法以其特有的审美特征和在中国美术中的
主导地位，对中国绘画以重大影响，以至对绘画用笔提出特定要求，
从"骨法用笔"到"以书入画"，甚至认为书法不过关，就不要去作画。
"笔端不有兰亭骨，莫写园林雪后花"（范德机：《题扬补之画梅》），对
于中国绘画的表现语言——笔墨，形成包括功力、审美趣味在内的特
定要求。所有这些，都归属于背离物形的因素，也正是它们构成了物
象以外的所谓意境。境生象外，即唐代张怀瓘论书所言："玄妙之意，
出于物类之表；幽深之理，伏于杳冥之间"。司空图称之为"象外之
象，景外之景"。

　　西方美术在作品中所创造的是"典型形象"。美术家选取对象中典
型的部分，组成理想的美的形象。"高贵的单纯，静穆的伟大"是对古
希腊艺术风格经典性的表述，例如《掷铁饼者》、《米洛斯的阿芙罗蒂
特》（俗称"断臂的维纳斯"）等那些精美的作品显然不是完全按照某一对
象的如实再现，而是集中了许多对象的优长而创作出来的。当时的哲
学家苏格拉底是这样说的："在塑造优美的形象的时候，由于不易找到
一个各方面都完美无瑕的人，你们就从许多人身上选取，把每个人最
美的部分集中起来，从而创造出一个整个显得优美的形体"[1]。这其实
就是典型化的创作方法。文艺复兴时期的绘画和雕塑看似更加忠实于
自然，实际上这个时代的艺术大师比以前更加自觉地认识到自然中的
某一具体事物并不是完美的，要"通过增减来完成不足部分，达到完全

---

[1] 转引自《西方画论辑要》，江苏美术出版社1990年版，第22页。

相像"。拉斐尔说道："为了创造一个完美女性形象，我不得不观察许多美丽的妇女，然后选择出那最美的一个作为我的模特儿……由于选择模特是很困难的，因此在创作时，我还不得不求助于我头脑中已经形成的和我正在搜集的理想的美的形象"①。拉斐尔所谓选最美的那一个作为模特儿，"她"也就具有典型的意义。尽管如此，画家仍然还需要求助于其他理想的美的形象。到了丢勒那里，他所谓的艺术形象，就像蜜蜂采蜜一样，要从许多花中搜集，他说："如果你希望构成一个优美的人体，你就必须采取某人的头，采取另外一些人的胸、臂、手和脚；并且同样要在所有各种人中寻找。因为从许多美的事物中才能收集来的那样"②。

19世纪的古典派画家安格尔也持类似的观点："严格地说，希腊雕像之所以超越造化本身，只是由于它凝聚了各个局部的美，而自然本身却很少能把这些美集大成于一体。"③安格尔所代表的新古典主义，追求理想化的美的形象是对古希腊艺术传统的继承和发扬，所以，它们也遵循了典型化创作原则。与之对立的浪漫主义则强调创作中的想象，德拉克洛瓦认为"好的作品总是由艺术家的想象创造出来。"想象固然不同于"典型化"，却有助于"典型化"。他同时还提倡"真实与理想相结合"，实质上也没有离开"典型形象"。随之而起的现实主义虽然标榜反对浪漫主义的想象和古典主义的理想化，但它所坚持的依然是要创造"典型形象"。米勒以自己作品《倚锄的男子》作了明确的说明："一个倚锄荷铲而立的人，较之一个做着掘地或锄地动作的人，就表现劳动来说，是更典型的。他表示出他刚劳动过而且疲倦了——这就是说，他正在休息而且接着还要劳动。"④总之，直到印象派出现，西方美术

---

① 转引自《美学译丛》1982年第2期，第44页。
② 转引自《造型艺术美学》第一辑，浙江美术出版社1987年版，第424页。
③《安格尔论艺术》，辽宁美术出版社1979年版，第22页。
④ 转引自王朝闻《一以当十》，作家出版社1959年版，第125页。

在漫长的两千多年里，是以创造"典型形象"为主，即选取现实中最典型的形象或动作，并且把相关的典型部分或者各个局部的美集大成于一体，从而创作出更加完美的理想化的艺术形象来。这样的艺术形象的美就在于形象本身，而不在形象之外，是与所谓"境生象外"俨然不同的审美特征。

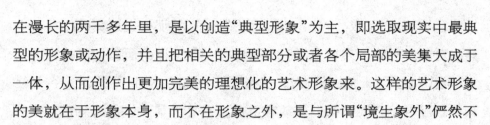

四、中西美术艺术表现的差异

中西美术观念，审美特征的差异自然导致二者在艺术表现中的差异。一方面，中西美术的艺术表现的观念和作品的艺术效果不尽相同；另一方面，二者所惯用的艺术语言和样式也大有区别。

(一)"超越时空"与"取其一瞬"

中国美术在表现客观对象时并不完全受时间和空间的限制，往往是超越时空的。中国古代画家也重视生活，他们也主张"行万里路"，"搜尽奇峰打草稿"，也悉心地观察花卉特征和鸟兽的生活习性，并且也有像宋代赵昌那样重视写生的画家，但是，传统绘画的创作主要不是靠写生完成，而多是先观察对象进行体验、分析，获得直观和综合的感受，把握对象的精神，抓住对象特征，才肯落笔。宋代易元吉为了画猿猴，进到深山里，一连数月，隐蔽地观察猴子一类动物，但他并不写生，而是"一一心传足记，得天性野逸之姿。"(郭若虚：《图画见闻志》)唐明皇命韩干画马，要他看御府所藏画马的作品，韩干说："不必观也，陛下厩马万匹，皆臣之师。"(罗大经：《鹤林玉露》)中国古代画家也师法造代，但方式与西方绘画不同，他们靠着从广博的感受中提炼、拔萃，"万取一收"，不像西方"镜子说"那样去逼真的临写一个具体对象。对此，苏轼在《传神记》中有一段话讲到所以如此的原因："欲得其人之天(天趣、精神)，法当于众中阴察(暗中观察)之，今乃使人具衣冠坐，注视一物，彼敛容自持，岂复见其天(天性，自然状态)乎？"皆因中国传统绘画更注重"传神"，注重表现对象的精神特征，而且，还要表现画家的情感与审美追求，表现笔墨的骨力、意趣等，所以，对于对象本身及其存在的特定时空则相对忽视，而不拘泥于对某一具体物象的再现。宗白华精辟地指出：中国的"绘画不是面对实景，画出一角的视野(目有所极故所见不周)，而是以一管之笔，拟太虚之体。那无穷的空间和充塞这空间的生命(道)，是绘画的真正对象。"①

正因为如此，所以，作品中的形象也不为时空所局限。道释题材的"人物画"处在彼岸世界，自然是超越时空的。对现实中人物的表现，也可以不受时空的限制。在传统人物画中，既有萧绎《贡职图》、张渥《九歌图》那样将毫不相干的若干人物置于同一画面的作品，也有像顾恺之《洛神赋图》、顾闳中《韩熙载夜宴图》那种按故事情节的发展而构成的连环式组合图。前一种不交待时间和空间，完全留给接受者去想象，后一种则打破时空限制，也可视为创立了一个主观的时空。还有一种如张萱《捣练图》、钱选《宋太祖蹴鞠图》等作品中人物有动作并有相互联系但无背景的表现形式，这类人物画同样没有时间和地点的规定性，留给读者一定的想象空间。当然也有描绘了环境的人物画，如李唐《采薇图》、戴进《钟馗夜游图》等。恰恰相反，这类作品给接受者提供的想象空间却相对较小，而主要靠画中的意境去扩展和丰富。

中国山水画离不开对时空的表现，但传统山水画中的"三远"并不等于我们视野中的远近空间，更不是画家固定在一点所看到的景象，那是一种且行且看的连续性的视觉。所以中国画讲究"可行、可望、可

---

① 宗白华：《美学散步》，第120页。

游、可居"。徐复观在《中国艺术的精神》中提出，山水画中的"远"是一种"精神世界"，"是远于俗情，暂时得到精神世界的解脱解放"，是通向虚无和无限而超越现实的一种意境。中国山水画也表现"四时"，但是，且不说以季节计时太过宽泛，而对四时的表现其实是表现一种情感、情绪。如宋代郭熙、郭思父子形容四季山川"春山澹冶而如笑，夏山苍翠而如滴，秋山明净而如妆，冬山惨淡而如睡。"（《林泉高致·山水训》），明人沈颢则说："山于春如庆，于夏如竞，于秋如病，于冬如定。"（《画尘·辨景》）对四季景象的描写全然是一种主观感受，或者说，把自然人化了。中国花鸟画大都以"折枝"表现，花卉背景多为空白。画中的空白或为天空，或为地面，或云或水，或者什么都不是而只是空白。花鸟画除去以空白带给接受者以想象去确定其时空之外，多数还具有象征意义。具有象征意义的形象本身就具有符号的性质，从而就更是超越时空的了。

西方美术在很长时期里都以酷肖对象为目的，并以刻画真实见长，所以，在表现时，将所表现的对象置于某一特定的时空中，艺术形象便以某一角度在具体的光照下呈现出相应的形状和色彩。与中国美术表现"超越时空"相对比，西方美术的表现特征可谓"取其一瞬"。

古希腊"艺术模仿自然"的理念，到了文艺复兴时期，被进一步推进。首先是琴尼尼对写生的强调："最完美的指导者，最好的指南，最光明的灯塔，就是写生。写生比一切范本都重要……"[1]这种观点自文艺复兴时期直至19世纪，基本上成为欧洲画家恪守的圭臬。在这以后的四五个世纪里，写生从作为学习绘画的基本方法直到与作品创作合一。当时不少艺术家都认为绘画就像一面镜子，真实地映照对象的形貌。阿尔贝蒂说，绘画就是"捕捉艺术原形的镜子"。他还主张"写生出来的东西要用镜子加以校正。"达·芬奇多次把绘画同镜子相提并论，

---

[1]《艺术大师论艺术》第一卷，文化艺术出版社1987年版，第287页。

他说画家的"作为应当像镜子那样，如实反映安放在镜前的各物体的许多色彩。"同时期的德国画家丢勒同样主张以"镜子为画家之师"，他说："我们的视觉如同一面镜子，因为它承受出现在我们面前的任何一种形态。"①严格地说，把绘画比喻为一面映照图像的镜子未免有些绝对，因为在绘画过程中毕竟融入了作者的主观成分，诸如必要的选择、提炼和综合等。但在西方绘画中，"镜子说"曾一度十分流行，它是艺术家对绘画的一种朴素的表述，也可以看成是一种绘画指向，是由美转为真的审美追求。到了18世纪，法国哲学家狄德罗则作出理论性的表述："画家只能画一瞬间的景象；他不能同时画两个时刻的景象，也不可同时画两个动作。"他一再强调："艺术家却只有一个瞬间，也就是一眨眼间。"②比狄德罗早些时候的英国学者夏夫兹博里在《论特征》一书中就已经提出：画家在描写动作时应该在这种动作过程中选择最富于暗示性的一瞬间。德国美学家莱辛《拉奥孔》一书中也提出艺术家只能把模仿局限于某一顷刻。19世纪的新古典主义更是以酷似对象为能事，认为把造型艺术当成自然本身，才算达到感觉完美的境地。安格尔竟主张"崇拜模特"，"眼前没有模特时永远不要画。"写实主义画派的信条就是"忠于自然"，"对景写生"。在西方画家眼中，所表现的对象要具体，时间是短暂的一瞬，对象所在的时空都必须是特定的。这种表现观念到19世纪下半叶被印象派画家推到极致。莫奈有过这样的宣言："要表达出我想捕捉的'一瞬间'，特别是要表达大气和散射的光线"，"我想得到抓不住的东西。……光变了，颜色也要随着变。颜色，一种颜色，它持续一分钟，有时至多不超过三四分钟。这样我就只能在三四分钟内作我只能作的事。一旦错过机会，我就只好停止工作。"印象派画家以捕捉三四分钟之内的光与色作画，使其写生与他们的创作统一起来。到稍后的新印象派出现，这种"取其一瞬"的表现理

---

① 《美术译丛》第二期，1985年版，第25页。

② 《狄德罗美学论文选》，人民文学出版社1984年版，第405页。

念与创作方式也走到了尽头。

(二)笔墨印款与素描色彩

中西绘画语言的差异,一为"笔墨印款",一为"素描色彩",都是显而易见的。

中国绘画以笔墨为最基本的表现语言。所谓"笔墨",不是指绘画所使用的工具毛笔和材料墨汁。"笔墨"是传统中国画的核心要素,它是伴随中国绘画的历史发展而形成的具有多重意义的概念。(1)笔墨具有"传移摹写"的造型功能。中国画用点、线造型,以线条表现物象的外形轮廓和物象的结构,这种表现方法与中国绘画的历史一样长久。用点、线造型,或是粗略地写其大意,或是较细致地勾勒。"墨"可以分出浓淡层次和干湿的效果,或用以代替色彩。唐代画论中有"运墨而五色具"之说,清代唐岱提出"墨色之中分为六彩",其实都是虚指,极言墨色之丰富而已。用笔和用墨虽有所偏重,但二者相辅相成,是密切相关的。(2)笔墨具有相对独立于对象造型的审美和缘情的功能。其一,中国画能以笔墨表现特有的形式之美。用笔可以有中锋、侧锋、藏锋、露锋,有疾徐、转折,以及点、染、皴、擦等变化,用墨能分"焦、浓、重、淡、清"和"泼墨、积墨、焦墨"等等。笔墨的运用可以生出无穷无尽的变化。这些变化造成了特有的视觉效果,即相对独立于造型的形式之美。笔法、墨法既是形而下的技艺,其中又积淀了中华民族传统审美观念乃至文化内涵。中国画的形式之美之所以不同于西方绘画的形式美,其中一个重要差异就在于中国画笔墨特有的直觉效果,进一步说,中国画和书法的用笔具有内在的一致性。其二,中国画还以笔墨表达情感、学养、才智等主观因素。也就是说,作者的主观因素,不是指通过绘画作品的具体形象、情节等所表达的作者的某种思想、主张和态度,而是指由特定笔墨直接传达作者的情感、学养和才智。笔墨的这一功能同书法的关系极为密切。唐代就有"书画用笔同法"和"书法异名而同体"（张彦远语）之说，汉代扬雄就曾指出书法表达情感的性质："书，心画也。"韩愈也说，张旭是以草书表达他的喜、怒、哀、怨等情绪的。对于中国的书家、画家来说，更讲"文如其人"、"画如其人"，书画的深层联系就在于此。中国画所以以书入画，正是为了强化绘画的表现性。

中国画还有西方绘画所无的印章和题款。我们不妨把印章也视为中国画表现语言的一个因素。印章始于春秋、战国时代，用作商业交往和官阶凭证，称"钤"或"玺"，汉代始称"印"、"章"或"印章"。唐代开始将印章用于书画的题跋和鉴藏，后在文人画中盛行。印章内容除名号、斋号外，则是铭语、诗句等表达作者志趣的"闲章"。印章是缩小了的精微的书法，它多取篆体。汉字的结体、布局、方圆、敧正、争让、向背、分朱布白，加之刀痕石迹，真个方寸之间，意态无穷。印章的钤盖，又能弥补画作在构图上的某些不足，增加并强化作品的形式美。

题款也是中国画表现语言的一个因素。题款也称落款、款识、题字等。题款可能是由商周时代的钟彝器铸刻款识发展而来。唐代书画中已有题款，但不普遍，宋元已降，随文人画兴起而兴盛起来。题款有画家自题和他人所题，具体分为"题画"和"款文"两类。题画是以诗、文的形式题写于画面上适当的空白处，用以丰富绘画意境、强调主观情感、记述创作缘起、过程、表述绘画主张及对作品评价，还有鉴定真伪、诠释绘画内容等，并且往往用诗、文的形式。"款文"则记述创作时间及署名。

中国画特别是在文人画中，把诗文、书、画、印融为一体，尤以笔墨为主要表现内容，形成中华民族绘画艺术独具的魅力。

西方绘画的表现语言主要是素描和色彩。在18世纪以前侧重于素描，之后，逐渐转为偏重于色彩。如前所述，西方绘画旨在模仿自然，并且受雕塑影响而追仿雕塑的体量感。14世纪的画家乔托标志着欧洲绘画进入一个空前发展时期，美术家越来越清醒地认识到"素描与色彩是艺术的基础"。不过，文艺复兴时期的画家更加重视素描，并在素描方面取得了尤为显著的成就。没有任何时代像文艺复兴时期那样把绘画与科学结合的那样紧密，以至于达·芬奇径直提出"绘画是一门科学"。当然，达·芬奇并非要抹煞艺术与科学的区别，在当时那样一个特定的历史条件下，西方绘画确实渗入了诸多科学的成分。瓦萨里所说的当时艺术的伟大有"一半在于对科学知识的研究，"并非没有道理。文艺复兴时期的绘画正是得到透视学、解剖学和明暗法三者的科学支撑，才被推上了发展高峰。而且，在摄影术还没有出现的当时，绘画还承担着记录图像的任务，甚至有些作品还具有用于科学研究的价值。总之，大多数艺术家更重视形体的逼真，重视所谓"黑白画"而有意无意的忽视色彩。著名的学者、建筑师阿尔贝蒂说："我当然同意，色彩丰富多变可以增加画的魅力和美。但是我要使画家们相信，绘画中最高技巧和艺术在于懂得如何使用黑和白。要勤奋努力以求学会正确运用这两种颜色，因为，使物体有立体感的是光和影，而给绘画的事物以体积感的是黑和白。"达·芬奇也强调"画家必须通晓雕塑，因为自然事物像雕刻一样有凹有凸，能产生光、影和透视缩形。"[1]文艺复兴时期的画家对素描特别看重，几乎认为素描高于一切。米开朗基罗的一段话讲得十分明确："用一种通俗易懂的语言来解释，所谓单色画，或使用其另一个名称——素描，它是构成油画、雕刻、建筑以及其他种类绘画的源泉和本质，并且也是一切科学的根子。"[2]在文艺复兴时期的数百年间，欧洲画家对素描所下的功夫远远胜过对色彩的用心。包括达·芬奇、拉斐尔、丢勒、提香等大师在内的绘画作品都有扎实的素描功夫但色彩则略嫌灰暗而不及素描。所以如此，除了他们以"使人物美的不是明亮的色彩而是好的素描"（提香）为绘画观念

①《达·芬奇论绘画》，人民美术出版社1981年版，第35页。
②《国外美术资料》第4期，1978年版，第16页。

外，可能还与当时色彩学的研究进展晚于透视学和解剖学有关。

18世纪出现的罗可可艺术开始注重色彩。罗可可艺术家乌德里强调色彩的重要性："色彩是绘画的特点，并使它有别于雕塑；色彩使绘画招人喜欢与光彩夺目。"①这种艺术观点可以看作是向坚持以素描为绘画主宰的古典主义发起的挑战。美学家狄德罗也是色彩的推崇者，在他看来，绘画中的色彩比素描更重要。他说："素描赋予人与物以形式；色彩则给他们生命。它好像是一口仙气，把他们吹活了。"②尽管如此，直到18世纪末，以大卫为代表的新古典主义绘画并没有给色彩多么重要的地位。随后不久，浪漫主义展开向古典主义的反叛，其中就包括主张突出色彩在绘画中的作用。德拉克洛瓦等人是以他们热烈而躁动的作品来表达这一理念的。19世纪下半叶，色彩学研究有了进展，有关专门著作出版，接着印象派绘画登上画坛。印象派是一个以捕捉"瞬间"的自然景象为创作的画派。他们精细地观察到"光线一变，色彩也要随着改变"，所以，他们把创作的时间限定在"不超过三四分钟"之内。画家所要作的就是，悉心地观察、研究自然的光、色，并努力地以一定的色彩关系表现它们。须要说明的是，他们对色彩的认识充分地借用了色彩学的研究成果，研究环境色的构成，某一颜色如何以它的补色加以衬托等等。而且，他们认为所使用色彩应该是"和情感结合着的色彩"。与此同时，"绘画，像现实的，将趋赴更精微——更多的音乐，较少的雕塑"（凡高），其中的素描渐渐地显得不那么重要了。到19世纪和20世纪之交的后印象派那里，由透视学、解剖学和光影学支撑的素描在绘画中已经降到很次要的位置。在那位西方现代绘画之父塞尚的眼中，一切都是色彩，说到色彩，他就控制不住内心的激动："我所画的每一笔触，就好像从我的血流出的，和我的模特的血混合着，在太阳里，在光线里，在色彩里。我们必须用同一节拍生

---

① 平野译：《法国巴比松画派》，四川人民出版社1984年版，第4页。
② 施康强译：《狄德罗美学论文选》，人民文学出版社1984年版，第370页

活，我的模特，我的色彩和我。"①他还说："我迄今设想色彩是伟大的、本质的东西，是诸观念的肉身化，理性里的各本质。我画的时候，不想到任何东西，我看见各种色彩，它们整理着自己，按照它们的意愿，一切在编织着自己，树木、田园、房屋，通过色块。那里只有色彩，而在这里面是明晰，是存在，如它们所思维的。"②随着色彩在绘画中居于主导地位，画家排除了理性，而激情澎湃，他们几乎为色彩而疯狂。凡·高在阿尔看到南方色彩强烈的景象时无比激动，他眼中既不是透视形成的远近，也不是光影造成的黑白。在他写的一封信中还隐隐地展望了色彩在未来绘画中的前景："丰富的色彩和南方灿烂的光，完全符合德拉克洛瓦的见解——即南方必须通过诸色彩的平列对照以及他们的引申与和谐来表现，而不是通过形与线本身。画面里的色彩就是生活里的激情，寻找它和保存它，这不是小事情。未来的画家就是尚未有过的色彩家。马奈作了准备工作，而印象派在色彩里更加强了努力。我爱一个几乎燃烧着的自然，在那里面现在是陈旧的黄金、紫铜、黄铜，带着天空的蓝色；这一切又燃烧到白热程度，诞生一个奇异的、非凡的色彩交响，带着德拉克洛瓦式的折碎的色调。"③

西方印象派把色彩在绘画中的地位已经推到了极致，再也没有发展的余地了，接下来的只能是现代主义的登场。

① 吕澎译：《塞尚、凡高、高庚书信选》，四川美术出版社1984年版，第219页。
② 同上，第218页。
③ 同上，第225页。

中国书法基本构成与文化精神

王岳川

王岳川，北京大学中文系教授，博士生导师，享受国务院特殊津贴专家，中文系文艺理论教研室主任，北京大学书法艺术研究所所长、博导，北京书法院副院长，国际书法家协会副主席，中国书法家协会会员，中国作家协会会员，中国中外文艺理论学会副会长，中国文艺理论学会副会长，香港中国文化研究院院长，日本金泽大学客座教授，澳门大学人文学院客座教授，复旦大学等十所大学双聘教授。

国学研究著作有：《发现东方》，《中国镜像》，《中国文艺美学研究》，《全球化与中国》，《大学中庸讲演录》，《文艺美学讲演录》，《文化输出》，《后东方主义与中国文化复兴》，《中国书法文化大观》，《书法艺术美学》，《书法文化精神》，《书法身份》，《中外名家书法讲演录》。在中外学术刊物上发表学术论文约400余篇。西学研究著作（包括主编）有：《西方文艺理论名著教程》，《后现代主义文化研究》，《后现代主义文化与美学》，《文艺现象学》，《艺术本体论》，《文艺学美学方法论》，《后殖民与新历史主义文论》，《现象学与解释学文论》，《20世纪西方哲性诗学》，《后现代后殖民主义在中国》，《王岳川文集》四卷本，《中国后现代话语》，《西方艺术精神》，《当代西方最新文论教程》。

中国书法以线的飞动、墨的润华，心手相合，抒情写意，划出了中国文化的深层精神轨迹。依这一轨迹而行，可窥其文化生命的幽妙之境。中国书法是人生境界和生命活力的迹化，是最具东方哲学意味的艺术。在现代文化转型时期和新的世纪，中国书法必将焕发新的光彩。

一、书体源流及其艺术特证

汉字的诞生，为书法艺术的源起奠定了基础。汉字是中国书法艺术产生的直接源头和唯一载体。在汉字的发展史上，从大的方面说，甲骨文、大篆、小篆基本上依据"六书"的原则，属于古文字。自隶书以后，脱离"六书"，成为单纯的文字符号，属于今文字。

中国书法从甲骨文、金文、篆书到草书、行书、楷书，经历了一个漫长的发展阶段。书体是随着字体的发展而丰富起来的。大体上说，中国书法主要包括甲骨文、金文、篆书、隶书、楷书、草书、行书几种字体。

（一）甲骨文：中国书法艺术的滥觞

甲骨文，是殷商时代刻在龟甲骨上用以记事的文字，又叫"卜辞"、"龟甲文"、"殷契"等。1899年在河南安阳小屯村殷墟出土，迄今已累计有十万余片，现知单字总数约5000个左右，已辨识的约1500字左右。

甲骨文的文字基本符合六书，有刀刻，也有书写，风格各异，意趣不同。尽管有些甲骨文还带有一些象形的遗痕，但总体上看，笔画线条已成为主要特征。从甲骨文的字形结构来看，它已经具备了汉字书法空间造型的艺术雏形。汉字是方块字，无论是先书写后刀刻，还是直接在甲骨上刀刻，都必须面临着如何进行空间造型设计的问题。笔画线条之间有上下、左右、内外等等各种空间关系，要照顾到笔画之间的对称、平衡与和谐。不妨说，唐代欧阳询、虞世南等讨论的字形结体问题在最初的汉字书写过程中就开始出现了。可以想象，先民在锲刻文字的时候，一定会有一个预设的视觉空间，在这个假想的空间里，不同的线条笔画都围绕着一个中心，从而形成一种稳定的视觉形象。否则的话，笔画之间就会错杂无章，一盘散沙，根本形成不了独立的空间结构。当然，尽管甲骨质地坚硬，刀刻不可能表现出笔画块面和线条使转的效果，其线条的表现力远非毛笔可比。但从甲骨文的笔画符号的抽象性和空间构成能力来看，它已经脱离了原始图画文字的苑围，而开始具备了书法造型的一些基本构成要素。

甲骨文的线条已经具有横平竖直，疏密匀称等形式美因素。因系用刀在龟甲上刻，所以线条大多为直线，曲线也由短的直线连接而成，笔划为等粗线，两头略尖，线条瘦硬挺拔，坚实爽利，运笔健劲，刀迹遒劲。字体结构疏朗稚拙，雄健宏放，谨严中蕴涵有飘逸的风骨，气势不凡。

甲骨文的书法风格大体可划分为五个时期：盘庚至武丁为第一期，字以武丁时为多，大字气势磅礴，小字秀丽端庄。祖庚、祖甲时为第二期，书体工整凝重，温润静穆。廪辛、庚丁时为第三期，书风趋向颓靡草率，常有颠倒错讹。武乙、太丁之世为第四期，书风粗犷峭峻，欹侧多姿。帝乙、帝辛之世为第五期，书风规整严肃，大字峻伟豪放，小字隽秀莹丽。郭沫若在《殷契粹编·自序》中说："卜辞契于龟骨，其契之精而字之美，每令吾辈数千载后人神往。文字作风且因人因世而异，大抵武丁之世，字多雄伟，帝乙之世，文咸秀丽，……固亦间有草率急就者，多见于廪辛、庚丁之世，然虽潦倒而多姿，且亦自成其一格。……足知存世契文，实为一代法书，而书之契之者，乃殷世之钟、王、颜、柳也。"

甲骨文的章法反映了先民对美的追求，令人叹为观止。甲骨文的章法全都纵无行，横无列，行中字或大或小，行与行之间参差错落，上下左右互相呼应，自上而下行气贯串。尤其是甲骨文朱书、墨书作品，更能看到其运笔的轻重缓急，线条的起落运收，转折的流畅圆融，字距的疏密相间，章法的天然率真，全篇浑穆朴茂，很有历史感。可以说，甲骨文标志着中国书法审美意识的觉醒。

（二）金文：中国书法审美的成熟

金文，即秦汉以前刻在钟、鼎、盘、彝等铜器上的铭文。古代青铜器铭文的书写，刚劲古拙，端庄凝重，成为整个铜器之美的有机部分。迄今已发现有铭文的青铜器约8000件左右，不同的单字约3000多个，已可释读的约2000余字。

金文有"款""识"之分，"款"指凹下去的阴文，"识"指凸起来的阳文。其文字内容大多指涉一种森严、威吓的权力。青铜器起初的纹饰和铭文包蕴着一种恐怖的神秘力量。尤其是商代青铜器上的饕餮纹，在那森然肃然令人生畏的形象中，积淀了一股深沉的历史力量，呈现出当时的时代精神氛围。

金文是按墨书原本铸造的，铭文一般都力求体现出墨书的笔意和美感，因此，金文中包孕着中国自觉形态的书法审美意识。邓以蛰先生认为："钟鼎彝器之款识铭词，其书法之圆转委婉，结体行次之疏密，虽有优劣，其优者使人见之如仰观满天星斗，精神四射。古人言仓颉(按：上古黄帝时期的人，又作仓颉、皇颉)造字之初云：'颉首四目，通于神明，仰观奎星圆曲之势，俯察龟文鸟迹之象，博采众美，合而为字，今以此语形容吾人观看长篇钟鼎铭词如毛公鼎、散氏盘之感觉，最为恰当。石鼓以下，又加以停匀整齐之美。至始皇诸刻石，笔致虽仍为篆体，而结体行次，整齐之外，并见端庄，不仅直行之空白如一，横行亦如之，此种整齐端庄之美至汉碑八分而至其极。凡此皆字之于形式之外，所以致乎美之意境也。"

金文之美，美在笔法结体。因为铸字的原本为用笔墨书，所以有书写的韵致节奏的自然美：首尾出锋，平正素朴；又因需铸造，所以又有整齐匀衡的装饰美：谨严精到，端庄凝重。西周金文与商代金文的区别在于，西周金文将商代金文的自由抒展的字形拉长，采取上紧下松的结体以求字体的秀丽感，章法亦由行款自如到匀称整饬。宗白华先生在《美学散步》中指出："铜器的'款识'虽只寥寥几个字，形体简约，而布白巧妙奇绝，令人玩味不尽，愈深入地去领略，愈觉幽深无际，把握不住，绝不是几何学、数学的理智所能规划出来的。长篇的金文也能在整齐之中疏宕自在，充分表现书家的自由而又严谨的感觉。殷初的文字中往往间以纯象形文字，大小参差、牝牡相衔，以全体为一字，更能见到相管领与接应之美。中国古代商周铜器铭文里所表现章法的美，令人相信传说仓颉四目窥见了宇宙的神奇，获得自然界最深妙的形式的秘密。"

金文之美早期以《司母戊鼎》为代表，其形体平腴，笔势开张，气象不凡。晚期以《虢季子白盘铭》为代表，其线条爽利，布局纵横成行，气韵流通贯注。金文的字法和章法对秦篆汉隶乃至后世书法有着重要影响。金文字法自然疏朗，尤见气度，而章法多变，以长方幅布局为多，或整饬有度，或错落参差。铭文下行，书篆一挥而就，使行气脉胳相注，而行与行之间，也互相呼应，顾盼生姿。中晚期往往界划方格，使之匀整之中见纵贯横平之意，从而开秦篆汉隶整齐严谨的书风。

（三）篆书：中国书法精神的自觉

篆书是大篆、小篆的统称。广义的篆书还包括甲骨文、金文、籀文等。

石鼓文是典型的大篆，它是刻在10个石鼓上的记事韵文，字体宽舒古朴，具有流畅宏伟的美。大篆由甲骨文演化而来，明显留有古代象形文字的痕迹。张怀瓘《六体书论》云："大篆者，史籀造也。广乎古文，法于鸟迹，若鸾凤奋翼，虬龙掉尾，或柯叶敷畅，劲直如矢，宛曲若弓，铦利精微，同乎神化。史籀是其祖，李斯、蔡邕为其嗣。"早期篆书的象形性比较明显，蔡邕《篆势》云："字画之始，因于鸟迹，仓颉循圣作则，制斯文体有六篆，妙巧入神。或龟文针裂，栉比龙鳞，纾体放尾，长翅短身。颓若黍稷之垂颖，蕴若虫蛇之梦缊。扬波振撇，鹰跱鸟震，延颈胁翼，势欲纵云。"

小篆，是经过秦代统一文字以后的一种新书体，又称为"秦篆"。它在大篆的基础上发展而成。同大篆相比，小篆在用笔上变迟重收敛、粗细不匀为流畅飞扬、粗细停匀，更趋线条化。结构上变繁杂交错为整饬统一，字形略带纵势长方，分行布白更为圆匀齐整，宽舒飞动，具有一种图案花纹似的装饰美。张怀瓘《六体书论》："小篆者，李斯造也。或镂纤屈盘，或悬针状貌，鳞羽参次而互进，珪璧错落以争明。其势飞腾，其形端俨。李斯是祖，曹喜、蔡邕为嗣。"

小篆的艺术特征十分明显，字形呈长方形，上密下疏，线条匀称，婉通圆转，秀美挺拔。章法纵横成行，自右至左，显得简洁流畅，婉转圆润。篆书的结体布局虽然以平衡对称为主，但也讲究参次变化，动静结合。刘熙载《艺概》说："篆书要如龙腾凤翥，观昌黎歌《石鼓》可知。或但取整齐而无变化，则棨人优为之矣。篆之所尚，莫过于筋，然筋患其驰，亦患其急。欲去两病，笔自有诀也。"所谓"龙腾凤翥"，就是要静中求动，而不能字若算子，平直呆板。韩愈《石鼓歌》

尽露石鼓篆书的雄奇震荡之美："快剑斫断生蛟鼍"，"鸾翱凤翥众仙下，珊瑚碧树交枝柯"，"金绳铁索锁纽壮，古鼎跃水龙腾梭"。

古人认为"篆尚婉而通"，篆书特有的美，正在于它笔划的婉转曲折。段玉裁《说文解字注》解释篆书："篆，引书也。引书者，引笔而著于竹帛也。因之李斯所作曰篆书。而谓史籀所作曰大篆，既又谓篆书曰小篆。"这里关键是"引"，"引"即开弓，引申为拉、牵，还有延长的意思。"引书"一说道出了篆书的笔法和结体特征。尤其是小篆，笔画字形伸展圆转，修长匀净，而且多取纵势。此外，"引"还包含了一种内在的张势和骨力，孙过庭虽说过"篆尚婉而通"，意谓篆书讲究婉转圆通，但也必须表现出流转通脱中的力势，而不能流于外形上的描拟。清刘熙载《艺概》对此作了说明："余谓此须婉而愈劲，通而愈节，乃可。不然恐涉于描字也。"

篆书的代表作有：传李斯所书的《泰山刻石》、《秦诏版》、《琅琊台刻石》、《峄山刻石》等。到汉代，日用之书渐被隶书所代替，篆书只用于印章，少数场合虽然也写篆书，但趋向于艺术装饰，而且手法粗糙，少见能手。两晋南北朝时期，楷、行大倡天下，作篆书者更少。直到中唐，书家李阳冰、瞿令问世，篆体书脉方得以继。宋代书家郭忠恕、吾丘衍，元代赵孟頫等都写过篆书，但并未形成大气候，真正使篆书复盛于斯的还是有清一代的书家，如王澍、钱坫、陈鸿寿、赵之谦、吴昌硕、陈介祺、吴大澂、杨沂孙、黄士陵等，都为篆书高手。

(四)隶书：书法雄强气势的拓展

隶书的产生，是古文字发展的必然趋势。近年来出土的四川青川战国末期木牍、甘肃天水秦简、湖北云梦睡虎地秦简、长沙马王堆汉墓帛书、山东临沂银雀山汉简，已经打破了大篆→小篆→隶书这种简单的线性逻辑，而清晰地标划出汉隶嬗变过程：大篆→草篆（古隶）→

隶书。换言之，小篆和隶书都是大篆书体演化的结果。

隶书始于秦代，成熟并通行于汉魏。关于隶书名称的由来，历来聚讼纷纭，莫衷一是。张怀瓘《书断》云："案隶书者，秦下邦人程邈所造也。邈字元岑，始为衙县狱吏，得罪始皇，幽系云阳狱中，覃思十年，益大小篆方圆而为隶书三千字，奏之始皇；善之，用为御史。以奏事繁多，篆字难成，乃用隶字，以为隶人佐书，故曰隶书"。吴白匋《从出土秦简帛书看秦汉早期隶书》一文认为，隶书是篆书的一种辅助性的书体，隶书是"佐助篆书之不逮"的，可证之以《晋书·卫恒传》、《说文解字·叙》。以上诸说都没有涉及到隶书的造型特征。隶书可以被目为书法史上的一个分水岭，大篆小篆是古体书，隶楷行草是今体书。凡能识得楷书者，大都能识隶书，但未必能识得篆书。可见，篆、隶分属两个符号系统。从结体上，隶书变篆书的均齐圆整为自然放纵，篆书内裹团抱，羁束笔墨，隶书则中敛外肆，舒展活泼。笔势上化纵为横，字形变长圆为扁方，丰富了毛笔的表现性。用笔方面也有突破，篆书多以中锋行笔，起止藏锋，清代书家中有将锋尖剪去的做法，以保笔画匀停齐整。但此种笔头上的做作利少弊多，并不足取。隶书中，出现了侧锋露锋和方折，线条变化丰富，更有层次感。早期的隶书脱胎于草篆，用笔化篆书的曲线为直线，结构对称平衡。隶书具有整齐安定的美感，但它向上下左右挑起的笔势却能在安定中给人以飞动美的感觉。

隶书的美同建筑的美很有类似之处。隶书发展到汉末臻于成熟。它化繁为简，象形因素大大减少，符号性更强。汉隶上承前代篆书的遗范，下启后世楷书的先声，是汉字和书法演进史上的一个转折点。

隶书是今体书的鼻祖。以后产生的草书、行书、楷书均源自隶书。潘伯鹰《中国书法简论》认为，草书和楷书在形体上由隶书衍进，技法上更是隶书的各种变化。总体上看，隶书一变篆书的圆笔为方笔，变篆书的曲线为直线，将长形结构变为扁形结构，将繁复的笔画化为简洁的笔画，从而使横势与笔墨意趣成为中国书法的基本特征传承下来。

存世的大量汉碑，神韵异趣，风格多样。最负盛名的有工整精细的《史晨碑》，飘逸秀美的《曹全碑》，厚重古朴的《衡方碑》，方劲高古的《张迁碑》，奇纵恣肆的《石门颂》，清劲精整的《朝侯小子》等。当代出土的大量汉简，笔墨奇纵，结构厚重，表现出一种自然浑厚的美。

汉隶之后，善隶的书家为数不少，但大多或失之于粗疏，或失之于俗靡，难得汉隶风神。到了清代，隶书得到倡导和复兴，书家辈出，金农、邓石如、伊秉绶、何绍基等皆为隶书大家。但就其气势和艺术性而言，仍不足以与汉隶比肩。

（五）楷书：书法大气磅礴的境界

楷书又称真书、正书，始于汉末，盛行于东晋、南北朝。汉以后的魏碑，明显地处在从隶书到楷书的转变过程中。楷书用笔灵活多变，讲究藏露悬垂，结构由隶书的扁平变为方正，追求一种豪放奇传的美。宋曹《书法约言》说："笔笔着力，字字异形，行行殊致，极其自然，乃为有法。仍须带逸气，令其萧散；又须骨涵于其，筋不外露。无垂不缩，无往不收，方是藏锋，方令人有字外之想。"

现存最早的楷书遗迹，有魏钟繇《宣示表》、吴碑《九真太守谷朗碑》等。钟繇以后，到南北朝时代，大江南北形成不同书风，世称南派（以王羲之为代表）和北派（以索靖为代表）。南派擅长书牍，呈现一种疏宕秀劲的美；北派精于碑榜，注重一种方严古拙的美。到了隋代，南北熔为一炉，成为唐代书法的先导。

唐代书法中兴，名家辈出，在楷书书法美上追求"肃然巍然"、大气磅礴的境界，产生和形成以颜真卿、柳公权为代表的端庄宽舒、刚健雄强的风格，与唐代时代精神——"豁达闳大之风"相适应。唐代碑帖成为楷书一大体系，对后世影响很大，名作有欧阳询《醴泉铭》，虞

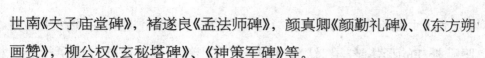

世南《夫子庙堂碑》，褚遂良《孟法师碑》，颜真卿《颜勤礼碑》、《东方朔画赞》，柳公权《玄秘塔碑》、《神策军碑》等。

唐代书法以尚法为其时代审美特征。唐楷是唐代文化精神的重要标志。这一时期，不仅楷书家人数众多，楷书书论也为数不少，如"永字八法"的楷书笔法理论，欧阳询的"三十六法"的楷书结构理论，对楷书技法进行了全面的理论总结，推动了楷书艺术的进一步发展。

唐代以后的宋元明清，楷书走向式微，尽管宋代蔡襄、元代赵孟頫、明代文征明、清代何绍基曾努力振兴楷书，但终因印刷术的发达，使楷书的广泛实用性削弱，楷书的艺术适用性也大受影响。

到清代中后期，拘谨僵硬的"馆阁体"流行。包世臣、康有为著书立说，大声疾呼提倡北碑。北碑大都具有汉隶笔法，结构谨严，笔画沉着，碑版传世甚多，蔚为大观，对楷书重振风骨起到了一定的作用。

（六）行书：流丽婀娜中的端庄刚健

行书是介于楷、草之间的一种书体。它非真非草，真草兼行，有"行楷"和"行草"之分。一般认为，行书始于汉末，盛行于晋代。张怀瓘《书断》云："案行书者，后汉颍川刘德升所造也，即正书之小讹。务从简易，相间流行，故谓之行书。王愔云：晋世以来，工书者多以行书著名。昔钟元常善行押书是也；尔后王羲之、献之并造其极焉。"即是说，行书由正体小变而来，目的是为了追求简易。昔人有"真书如立，行草如行，草书如走"的说法，可见行书是介于真草之间的。但行书究竟从何种书体变来，说法不一。郭绍虞认为行出于草，而不是出于楷，他从字体演变的角度看行草，认为行草性质相同，都是当时流行正体的草体，只是程度有所不同罢了，二者都构不成独立的字体，却是字体演变中的关键。行书兴于汉末，是因为草书脱离了实际，不便识认也不好书写，失去了文字的作用，故行书起而代之。（郭绍虞

《从书法中窥测字体的演变》)"行乃楷之捷"、"行从楷出的"说法主要着眼于外在的形体结构，认为将楷书连贯出锋，牵丝呼应就成了行书。行出于草而不出于楷的观点，注重的是字体演变的规律。行书切合实用，兼有楷书和草书的长处：既具备楷书的工整，清晰可认，又存有草书的飞动，活泼可现。行书伸缩性大，体变多，萦回玲珑，生动流美，且平易近人，为书法家提供了笔歌墨舞的广阔天地。

在篆隶草行楷五种书体中，行书最具有亲和力，它介于正草之间，无论是用笔还是结体，都可以从楷法和草法中得来，并无属于自己的所谓"行法"。同时，行书还可以和隶书、楷书、草书等相互融合，形成不同的书体面貌。由于行书有体无法，又容易识辨，故流传广远，历久不衰。

自晋以来擅长书法的人大都工行书。东晋王羲之的行书代表作《兰亭序》，具有一种浑然天成、洗炼含蓄的美，被公认为"天下第一行书"。颜真卿的《祭侄季明文稿》，字字挺拔，笔笔奔放，圆劲激越，诡异飞动，锋芒咄咄逼人，渴笔和萦带历历在目，可使人看到行笔的过程和转折处笔锋变换之妙，被誉为"天下第二行书"。苏东坡的《寒食帖》，笔迹匀净流丽，锋实墨饱，字势开张，行距疏朗空阔，给人以"端庄杂流丽，刚健复婀娜"的审美感受，被誉为"天下第三行书"。

此外，王献之《鸭头丸帖》、苏东坡《洞庭春色赋》、黄庭坚《松风阁诗》、米芾《蜀素帖》、蔡襄《自书诗卷》，以及赵孟頫《妙严寺记》、鲜于枢《行草墨迹》等，都是行书的上乘作品。

（七）草书：精神之舞的时间迹化

草书产生于汉初。广义的草书包括草篆、草隶、章草、今草、狂草等。狭义的草书指具有一定法度而自成体系的草写书法，包括章草、今草和狂草三种。

草书把中国书法的写意性发挥到极致，用笔上起抢收曳，化断为连，一气呵成，变化丰富而又气脉贯通。草书在所有的书体中最为奔放跃动，最能反映事物的多样的动态美，也最能表达和抒发书法家的情感。

章草兴起于秦末汉初，是隶书的草写，作为早期的草书，又称"隶草"、"急就"、"行草"。章草一名的本义，言人人殊，一说因汉元帝时史游作《急就章》用此体而得名；一说因汉章帝爱其字体而得名；一说因杜度善于草书，汉章帝令其用草书写奏章而得名；还有一说因这种字体损减隶体，存字梗概，结构彰明而得名。章草因从隶书演化而成，所以笔法上还残留一些隶书的形迹，构造彰明，字字独立，不相连绵，波磔分明，劲骨天纵，既飘扬洒落又蕴涵朴厚的意趣。

今草即现今通行的草书。相传后汉张芝脱去章草中隶书形迹，上下字之间的笔势牵连相通，偏旁相互假借，成为今草。刘熙载《艺概》说："张伯英草书隔行不断，谓之'一笔书'。盖隔行不断，在书体均齐者犹易，唯大小疏密，短长肥瘦，倏忽万变，而能潜气内转，乃称神境耳。"历代书写今草的书家很多，最为著名的为王羲之、王献之父子诸帖，行草夹杂，字与字之间，顾盼呼应，用笔巧拙相济，墨色枯润相合，意态活泼飞动，最为清丽秀美。

狂草是草书中最为纵情狂放的一种，为唐代书法家张旭所创，至怀素推向高峰。常一笔数字，隔行之间气势不断。笔势连绵回绕，酣畅淋漓；运笔如骤雨旋风，飞动圆转；笔致出神入化，而法度具备。他们在草书中追求"孤蓬自振，惊沙坐飞"的险绝美，充分显示出唐代书法的鲜明特色。

严格意义上的草体，具有相对固定的草法，包括笔画的省简、字和字之间的勾连。省简是指省略或简化某些笔画、部首。可以一笔代替数笔，或者以简单的笔画代替复杂的部件。勾连有一个字左右部首之间的连笔，也有上下两个字之间的连缀。孙过庭《书谱》局部这些笔画和字之间的勾连最容易表现出气势之飞动，展现空间的变化。这种空间变化不仅仅是毛笔和宣纸之间的位置变化，而且还是作为精神主体的"我"对于宣纸的空间变化，是精神之舞的时间性迹化。因此，毛笔和宣纸之间的每一次遇合都是"我"在与大地相摩荡，提笔而立，素笺犹如雪地茫茫，胸中有万千意绪，喷薄欲出，只在须臾之间，便呈现于点画形质。这里与其说是精细的布算，还不如说是书法自身的时间性绽出，是一个主体精神的迹化过程。

相对其他书体来说，草书的表现力尤为丰富，张怀瓘在《书议》中作了形象的描写："然草与真有异，真则字终意亦终，草则行尽势未尽。或烟收雾合，或电激星流，以风骨为体，以变化为用。有类云霞聚散，触遇成形；龙虎威神，飞动增势。岩谷相倾于峻险，山水各务于高深；囊括万殊，裁成一相。……观之者，似入庙见神，如窥谷无底。俯猛兽之牙爪，逼利剑之锋芒。肃然巍然，方知草之微妙也。"草书笔终而意无尽，气势连贯，迅捷放纵。点画流畅跳荡，随势而变。线条形态纵横，虽包举万类，各有所象，但又终会归合到统一的抽象形态。其笔势之纵横驰骋、运笔之盘曲回环，神秘渊深，非有敬畏之心者不能窥其端际。

草书的主要艺术特征是笔画勾连，飞动流美，方不中矩，圆不副规。项穆《书法雅言》说："顿之以沉郁，奋之以奔驰，奕之以翩跹，激之以峭拔。或如篆籀，或如古隶，或如急就，或如飞白，随情而绰其态，审势而扬其威。每笔皆成其形，两字各异其体。草书之妙，毕于斯矣。"

草书著名的墨迹有：唐孙过庭《书谱》、张旭《古诗四帖》、怀素《苦笋帖》、《自叙帖》，五代杨凝式《夏热帖》，宋米芾《草书九帖》，元鲜于枢《渔父词》，明祝允明《赤壁赋》、文征明《滕王阁序》、清王铎《草书诗卷》。

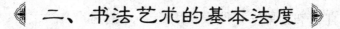
二、书法艺术的基本法度

中国书法的基本构成有"四法"，即笔法、字法、章法、墨法。这是书法创作和欣赏的基本法则，也是书法艺术用笔、结体、布局、用墨去营造艺术意境的基本内容。四者缺一不可，而又互相依存，只有四美具，才能洞悉书法艺术的审美奥秘。

(一)笔法：方圆折转的精微

笔法是书法艺术的基本表现手法，又是汉字书写的执笔、运腕和用笔的技法。

中国书法笔法讲求点画线条美，而特殊的书写工具毛笔讲究"圆、齐、尖、健"。执笔法一般采用唐陆希声所传"擫、押、钩、格、抵"五字法。执笔在指，运笔靠腕。运腕有四种方法：着腕、枕腕、提腕、悬腕。明徐渭认为："盖腕能挺起，则觉其竖。腕竖，则锋必正。锋正，则四面势全矣。"执笔运腕要求指实掌虚，掌竖腕平，腕和肘悬起。这样写字，笔锋中正，运转容易，字迹圆满得势，便于写出血肉丰实、体势开张的字。

用笔是笔法的主要内容。用笔的美是对客观现实形体美的反映。"精美出于挥毫"，中国书法的用笔，每一点画的起讫都有起笔、行笔和收笔。起笔和收笔处的形象是构成点划形象美的关键部分。前人总结出不少行之有效的规律：欲左先右，欲右先左；欲上先下，欲下先上；有往必收，无垂不缩，等等。行笔讲求迟速。迟，可以体现沉重有力的美；速，可以显出潇洒流畅的美。每一点画的粗细变化有提顿、转折。提顿使点画具有节奏感，呈现粗细深浅的丰富变化和多式多样的表情，传达出字的精神和韵味。转折使点划有方有圆，转的效果是圆，折的效果是方。圆笔多用提笔、绞笔而转，点划圆劲，不露骨节，适宜篆书和草书，能表现出婉通、遒润的自然之美；方笔则多用顿笔、翻笔而折、棱角四出，顿笔时骨力向外开拓，适合隶书和楷书，能表现出凝整、雄强的骨力美。一般说来，笔画应转处圆提、折处方顿。

笔锋在点划中运行的方式有中锋、藏锋和露锋。笔锋有两个含义：一是指笔毫的锋尖，二是指字的锋芒。运笔时，将笔的锋尖保持在字的点划中叫"中锋"；藏在点划中间而不出棱角叫"藏锋"；棱角外露叫"露锋"，将笔的锋尖偏在字的点划一边叫"偏锋"。一般说来，锋在笔划中能使之有骨和不露筋，通过毫端的渡墨作用，可以由辅毫把墨汁均匀渗开，四面俱到，使点划显示内涵的力量，给人以浑融含蓄的美感享受。

"藏锋"和"露锋"能表现字的骨力和神韵的美。藏锋用笔所写出来的点划，给人以力聚神凝、圆融厚重的美感。藏锋最忌无骨，讲求力透纸背，入木三分，是用笔难度较高的技巧，历来有逆入平出、收笔藏锋的美学要求。露锋写出的笔画有锋芒棱角，能显出字里行间的左呼右应、承上启下的神态。笔画外方内圆是露锋的高标准，外方内圆使笔划粗犷之中有精密，险峻之中有严正。藏则圆，露则方，都能造成美的形体，各有不同的审美价值。

中锋是中国书法中传统的基本笔法。中锋行笔，能使点画充实圆满，显出浑融含蓄的筋骨美。藏锋行笔，笔画锋棱出露，能增加生动感，但用得不好，会导致笔画枯涩扁薄，成为不美的用笔。

笔法要求点划线条的书写须造成一个实在的形体，使情感和笔达到意在笔先、趣以笔传的境界；每一点画造成的形体须肥瘦适度；各种点划的书写，必须显出运动的力量和气势。浮滑的笔法会直接损害书法艺术点画线条的完美和统一。

笔法除了起笔收笔有方笔圆笔、折笔转笔、疾笔涩笔、提笔顿笔、藏锋露锋、中锋偏锋之分以外，还特别强调笔划的刚健柔媚，即所谓"铁画银钩"。"铁画银钩"语出欧阳询《用笔论》："刚则铁画，媚若银钩。"是对刚劲和柔媚两种不同用笔技法或风格的形象概括。"铁画银钩"强调书法艺术应像"铁画"、"银钩"那样，具有明确的形象和质感。这种对"铁"与"银"的不同质感的联想，是由用笔的方圆、刚柔、疾徐变化造成的。书法反映事物的形体美，必须使每一点划都给人以实在的形体感。同时，形体必须瘦肥适度，像铁画、银钩一样具有立体感，能反映现实中各种事物质地的美：坚韧、遒健(如铁、骨)和柔媚、盘曲(如银、游丝)。

书法艺术作品中，笔划线条的质感同墨色的浓淡枯润密切相关。用墨淡而润，可造成一种明丽柔媚、类似银钩的美；用墨浓而燥，则可造成一种苍劲雄绝、类似铁骨的美。笔墨枯润相兼，使点划刚劲如刀斩斧截，轻柔似水流花放，无"枯木"、"墨猪"之弊，呈现出一种力量美。"铁画银钩"还要求书法家在"铁"与"银"(即"质"和"文")之间求得对立的统一。"铁画"可以把字的骨骼撑持起来，表现一种壮美；"银钩"能使字活泼遒媚，表现一种秀美。清沈宗骞《芥舟学画编》："寓刚健于婀娜之中，行遒劲于婉媚之内，所谓百炼钢化为绕指柔。"铁画银钩相映成趣，刚柔相济，给人以不同的美感享受。

总之，笔法是书法构成的最基本要素，是书法形式美的基础，尤需重视。

(二)字法：节奏虚实的和谐

字法，又称"结体"、"间架结构"、"经营位置"，指按照均衡、比例、和谐、节奏、虚实等美的造型规律安排字的点划结构的法则，是书法构成的重要因素。

书法通过字的点划书写和字形结构表现动态美和气韵美。中国历代关于书法结体的著述，如唐欧阳询的《结体三十六法》，对于如何使笔划分布匀称、偏旁部首组织协调、整个字重心稳当等作了具体说明；明李淳的《大字结体八十四法》，对偏旁部首所占空间的大小、长短、高低、宽窄、彼此的揖让关系等，也都有分类阐述。结体是书法作品风格表现和结字稳定的重要因素。字体的肥瘦、敧正、宽窄、比例，乃至点划组合的意态趣味都是结体的运用。清代邹一桂认为结构在书法各法之中最为重要，他以"经营位置"为六法之首，足见结体对创作一幅好的书法的重要性。

一般认为，平衡对称和多样统一，是字形间架结构最基本的美学原则。不同的书体有不同的结构规范。字的点划与虚白之间的位置安排因字体不同而变化。赵孟頫说："结字因时相传，用笔千古不易。"（《兰亭十三跋》）总体上看，甲骨文、金文、大篆，在点画与字形安排上，运用随意生发，因势利导的审美原则，结体自然潇洒、古朴拙雅。而小篆则开始走向严谨匀称的结体风格，字形为长方形，上紧下松，给人以秀丽飘逸之感。汉隶结体一反篆书纵长字形，而演变为扁长形，使汉隶结体以谨严匀称、整饬凛然而著称。随着隶书中波磔的隐退和转化，楷书一变汉隶的扁横形，而形成中国方块字的基本形态。尤其是唐楷更以其横平竖直、结构匀称规范而成为楷书的典范。典型的唐人楷书(如欧阳询、虞世南、褚遂良、颜真卿、柳公权等的作品)处处符合平衡对称的结字法则，字字四满方正。而行书草书开始打破书体的静态结构，变静为动，变整饬为流畅，从而在新的层次上发展了汉字的造型之美。晋杨泉《草书赋》："书纵竦而植立，衡平体而均施。"指出了草书结体仍然有平衡对称法则在起作用。平衡对称不能脱离多样统一。晋王羲之说："若平直相似，状如算子，上下方整，前后齐平，此不是书，但是其点画耳。"离开多样统一的平衡对称，结构必然机械呆板。多样统一法则要求字的间架结构一方面平正，符合平衡对称法则；另一方面险绝，具备平正与险绝相统一的结构形式。在结构上更重视结体行气和疏密韵致。在虚实相生之中，得凝神造意的结构美。

字形间架结构必须符合对比照应的法则。没有对比就无从求得结构的鲜明多样变化；没有照应就无从求得结构的和谐统一。张怀瓘提出的"抑左升右"、"举左低右"、"促左展右"、"实左虚右"等，都是对运用对比以求结构多样变化的具体要求。对比方法很多，如粗细、轻重、藏露、方圆、刚柔、润燥、高低、长短、疏密等，都能构成对比。蔡邕在《九势》中指出，字形结构要"上皆覆下，下以承上，使其形势递相映带，无使势背"，即要求字的笔划互相照应，成为间架结构和谐统一的有机整体。离开照应的法则，字的点划必然处于各自孤立、杂乱无章的状态，也就不会有结构的美。宗白华先生说："中国书法是一种艺术，能表现人格，创造意境，和其他艺术一样，尤接近于音乐的、舞蹈的、建筑的抽象美（和绘画雕塑的具象美相对）。中国宗教衰落，建筑单调，书法成了表现各时代精神的中心艺术。"他认为："西洋人写艺术风格史常以建筑风格的变迁做基础，以建筑样式划分时代，中国人写艺术史没有建筑的凭借，大可以拿书法风格的变迁来做主体形象。"中国建筑结构讲究节奏、空间，书法结体也讲究节奏、空间，书法和建筑都以创造意境为高，而意境的获得有赖于虚实关系的审美处理。孙过庭所说的"违而不犯，和而不同"恐怕是虚实、欹正、违和关系处理的最精练的表述。

书法结体除了横平竖直，字体匀整的要求以外，还讲究中宫的收放、点划的张弛。如颜真卿的书法中宫敞豁，笔力雄健，结体端庄，笔势开张而有恢宏之气。柳公权的书法中宫内收，点划伸展，神情森严，气象雍容而有廓大之气。颜柳楷书之所以给人以威然肃然、以正面目示人的感受，关键在于寻求到了一种处理重心平衡关系和虚实黑白关系的法则。使得书法家能在有限的空间方块中，通过点划的匠心经营而造成千变万化、千姿百态的空间意趣。

字法尤其讲求艺术辩证法，强调分主次，讲向背，明伸缩，辨虚实，论斜正。这一切对书法的审美境界的形成有着重要的关系。点画结构变化无尽，如果万字同形，则书法了无意趣。正是在笔墨运行中，在点画与点画之间、字与字之间形成一种节奏、一种意趣、一种依法而超于法，无法而无不法的精神，才能写出书法的活力生机。所以，点划疏密、笔墨枯润、字形大小、偏旁向背、字体敧正是相生相克、互补互用的。即以疏补密，以枯补润，以小补大，以敧补正。只有这样，字体结构才能成为一个有筋骨血肉的生命体，一个具有意境的书法单位。

字形间架结构还讲求虚实结合的法则。要求"虚"与"实"、"白"与"黑"形成和谐统一。同时，强调"笔断意连"或"意到笔不到"。即指书法作品中点划虽断而笔势连续的整体势态。也就是说，草书如果只有勾连的笔道，无顿挫劲健的点划（笔断），便显不出魁伟轩昂，而成为春蚓秋蛇扭结；楷书如果仅有静止的笔划，无顾盼灵动的体势（意连），就不能表现奕奕神采，而像"算子"一样呆板。在一字之中，"笔断"使线条起止有度，"意连"使结字启承分明。一字之外，有上下字的意连，前后行的意连，全幅的意连。照应谨严，气贯不断，可呈现韵律美和意境美。

笔断意连表现书法家对现实生活的审美体验。唐孙过庭《书谱》："真以点画为形质，使转为情性；草以使转为形质，点画为情性。""情性"就是指行笔呼应的顿挫而表现出的神采气势。线的萦带连绵，一点一划，都是书法家心情的自然流露。吕凤子《中国书法研究》说："凡属表示愉快的线条，……总是一往流利不作顿挫，转则也是不露圭角的，凡属表示不愉快感情的线条就往往停顿，呈现一种艰涩状态。停顿过甚的就显示焦灼和忧郁感。"这种或断或连的线的艺术，表现出书法家的种种情绪意态、风神状貌。

笔断意连的用笔，要求书法作品上下呼应，左右顾盼，行于所当

行，止于所当止，从笔未到处显出更多的意蕴，从静止的字形中，显出活泼飞舞的动势，加深和丰富书写内容所要表现的思想感情，使书法作品具有特殊的美感力量。

（三）章法：分行布白的规则

章法，又称"布局"、"分行布白"，是处理字的点划和字与字，行与行这间关系的技法总称。章法是构成书法艺术整体结构美的重要因素。唐孙过庭《书谱》："一点成一字之规，一字乃终篇之准。违而不犯，和而不同。"这是对书法在分行布白上的形式美的高度概括。书法章法要求各字各行上下左右互相照应，总体分布黑白有序，过分追求法度的匠气安排和了无法度的一任挥洒，都是不美的。可以说，分行布白注重部分美和整体美的和谐统一。应使字与字、行与行、幅与幅组成一个整体，有一种贯穿全幅(或数幅)的气质和精神，形成美的意境。

章法在下笔的一瞬间就规定了一幅字的准绳。"一点成一字之规，一字乃终篇之准。"王羲之《兰亭序》全篇浑然一体，首尾相应，每划笔意顾盼，各行贯气连意，上下承接，左右照应，意境完美。而米芾《苕溪花诗》，字势或正或斜，行间或左或右，气势贯注，顾盼生姿，深得自然朴拙之美。

分行布白的章法集中体现书法艺术虚实结合的美学原则。邓石如的"计白当黑"是一种很有代表性的说法。墨为字，空白也为字；有字之字重要，无字之字更为重要。字外行间有笔墨，有意趣，有情致。字的空间匀称，布白停匀，和字形笔划具有同等的审美价值。"虚"与"实"、"白"与"黑"相依相生，相反相成，彼此映衬。用"实"和"黑"绘形，"虚"和"白"传神，给欣赏者留下审美想象的广阔天地。章法之美在于运实为虚，实处透灵，以虚为美，笔断意连。全篇气势贯注，神完气足，方能使书法有笔、有意、有势、有境，方能创造出神入化的书境。

书法章法讲究对称匀衡和欹正相倚。一幅完整的书法布局，由正文、款识、印记三要素构成。如何处理这三者的关系，大有学问。一般而言，书法作品要突出正文，以正文为主，以款识为辅，以印记反映和平衡全幅重心。这样的空间布局给人以主次有序，平衡匀称的心理感受。如果题款喧宾夺主，而钤印又无一定章法，那么则可能使作品意趣大伤。当然，由于个性的不同，书体的不同，书风的不同，也有各种不同的章法结构，而给人的心理审美感受也就不同。

书法布局离不开作品的幅式，有什么样的幅式，宜于用相应的章法布局。如中堂轴书，大有四尺、五尺、六尺，乃至八尺、丈二，小的也有三尺。章法布局上宜用以气度宽大、形式庄重的布局。而条幅立轴，形式狭长，宜铺毫展笔由上而下，取得一种纵势美。横披中的横额多书斋馆名或警句，字大而少，可以取横势以使字体开张。横披字小而多，书写洒脱别致，章法可以自由些。至于斗方、手卷、扇面，也应因纸布局，使其通篇贯气，自然生动为妙。

具体到章法处理上，大致可归纳为三种：(1)一篇中纵横成列。讲求平衡对称、多样统一的形式美法则。"和而不同"，和谐中必须见出长短粗细不同的差异面和对立面。追"和"须避"同"。隶、楷的布局多采用这种方法。(2)纵有行，横无列。遵守疏密揖让，对比照应的形式美法则，随势布白，妙变无穷，得参差的韵律美。行、草都采用这种布局。(3)纵横皆不分。讲求左右呼应、牝牡相衔，以全体为一字，使全篇成一体。"违而不犯"，消除差异面的截然对立，达到内在联系的和谐。如清郑板桥的"六分半书"，上下字穿插挪让，宛如乱石铺阶，在歪歪斜斜、大大小小、忽长忽扁、忽浓忽淡的不规则中见出法度，深得鳞羽参差的天趣之美。

章法是一幅书法的总体布局，关系到总体审美效果。所有肥与瘦、润与燥、巧与拙的用笔，以及虚与实、曲与直、损与益的结体，疏与密、断与连、正与欹的布局，皆在书法最后完成的总体效果上展示出来。正是在这点划布局之间，书法家表现出自己的心性品格，并在这字内功和字外功中折射出独特的审美个性和趣味。

（四）墨法：浓淡枯润的韵律

墨法是中国书法用墨技巧中的传统美学原则，也是书法作品因墨色浓淡变化产生的不同艺术风格。从书法美学的角度看，书法通过灵动神奇的笔法、翁云烟郁的墨韵、险夷欹正的间架、参差流美的章法，出神入化地创造出元气浑成的艺术美，淋漓尽致地展示了书家的审美感受和精神境界，给人以高度的审美享受。

中国书法艺术中，笔法、章法和墨法有机统一，相辅相成，不可分割。过去人们探讨书法艺术美时，论笔法和章法多一些，而论墨法较少。其实，书法家手握七寸柔管，提按转折、挥毫染翰之时，那横贯全幅的墨气，黝然如潭的墨色，正是书法家以情动笔、以毫留形的神奇记录。这满纸氤氲的云烟，是笔与墨结合的产物。清代沈宗骞《芥舟学画编》说："用墨秘妙，非有神奇，不过能以墨随笔，且以助笔意之所不能到耳。盖笔者墨之帅也、墨者笔之充也；且笔非墨无以和，墨非笔无以附。"这段话对墨法和笔法的密切关系做了很好的说明。成功的书法作品，不但应笔力遒健，布局天然，而且要墨法华滋，墨光晶莹，一切生硬夹杂或渗化失形的用笔都是不美的，当然也是我们所不取的。

墨法，是书法艺术形式美的重要因素。清代包世臣《答熙载九问》认为："墨法尤为艺一大关键。"其后康有为在《广艺舟双楫》中也说："书若人然，须备筋骨血肉，血浓骨老，筋藏肉莹，加之姿态奇逆，可谓美矣。"书法是表现生命节奏和韵律的艺术，非常讲求筋、骨、血、肉的完满。字的"血肉"就是纸上水墨。只有水墨调和，墨彩绚烂，才能达到筋道骨劲、"血浓肉莹"、脉气贯通的美的要求。

墨法的浓淡枯润能渲达出书法作品的意境美。枯润浓淡、知白守黑是墨法的重要内容。书法是在黑白世界之中表现人的生命节律和心性情怀，在素绢白纸上笔走龙蛇，留下莹然透亮的墨迹，使人在黑白的强烈反差对比中，虚处见实，实处见虚，从而品味到元气贯注的单纯、完整、简约、精微、博大的艺术境界。作品中的墨色或浓或淡、或枯或湿，可以造成或雄奇、或秀媚的书法意境。润可取妍，燥能取险；润燥相杂，就能显出字幅墨华流润的气韵和情趣。清代的书画家郑板桥的书品格调高迈，意境不同凡俗，究其原因，除了人品清正，书法用笔天真毕露，章法追求乱石铺街的自然生动以外，还与他非常考究墨的浓淡枯润有关。他的"六分半"书，墨色用得浓不凝滞，若春雨酥润；枯不瘠薄，似古藤挂壁，给人以流通照应、秋纤间出的意境美感受。同时，墨色的或浓或淡的追求，在一定程度上又体现出书法家不同的艺术品格和审美风范。清代的刘石庵喜好以浓墨写字，王梦楼善于用淡墨作书，"时有浓墨宰相，淡墨探花之目"（*梁绍壬：《两般秋雨庵随笔》*）。现代书法家沙孟海、林散之、费新我等，以及不少日本书法家都十分讲究墨色的浓淡转换、枯润映衬，力求造成一种变化错综的艺术效果，表现出空间的前后层次，从而达到了笔墨精纯的境界，形成各自不同的艺术风格。

中国人使用墨，约在西周以前就开始了。其后历代制墨工艺的演进，使中国传世名墨蔚为大观。然而，并非"质细、胶轻、色墨、声清、味香"的好墨就一定可以写出好的作品，因为如何使用墨是墨法美的关键。墨法要求使用"生砚、生水、生墨"（*康里子山：《九生法》*）。所谓生砚，就是使用没有宿墨的清洁砚台；所谓生水，是要求不用茶水或热水磨墨；所谓生墨，即随研随用，不用隔夜墨汁。研墨要"重按轻推，远行近折，"尽量避免出现墨渣，以获得"黯而不浮、明而有艳、泽而有渍"（*晁氏：《墨经》*）、乌黑发亮、色泽焕然的墨汁。

随着历史的推演，墨法在中国书法、绘画技法中得到进一步发

领导干部国学大讲堂

展。古人有墨分"五色"、"六彩"的说法，认为水墨虽无颜色，却是无所不包的色彩。它往往能以黑白、干湿、浓淡的变化，造成水晕墨彰、明暗远近的艺术效果。这一理论对后世影响很大，具有其独特的美学价值。

正因为墨法与笔法的完美结合，人品与书品的交相辉映，使中国书法作为一种独特的"线的艺术"与道相通，从而显现出"玄之又玄，众妙之门"的奥妙，成为中国艺术宝库中的一块瑰宝。

三、中国书法的文化精神

中国书法是中国文化的审美表征。它作为中国文化的重要组成部分呈现出华夏审美人格心灵世界，并以其特立独行、源远流长而在世界文化史上占有不可忽略的重要地位。

中国书法是中国美学的灵魂。意趣超迈的书法表现出中国艺术最潇洒、最灵动的自由精神，展示出历代书家空灵的艺术趣味和精神人格价值。正是书法艺术这一独特的魅力，使之在众多的东方艺术门类中，成为最集中、最精妙地体现了东方人精神追求的艺术。

书法美学意境，品格多样，难以尽言。可以有优美的意境、壮美之境、悲境、喜境等。书家风格的不同，可以造成不同风格的意境。

(一)阳刚雄浑的书境

雄浑刚健的意境，在书法经典作品中比比皆是。但在雄浑刚健这一总体意境风格中，仍可以发现不同书家各自不同的意向性和美学风神。如长枪大戟的《龙门二十品》，悲慨凌霄的《祭侄文稿》，雄强博大的《颜家庙碑》，急雨旋风的《古诗四帖》，天风海涛的《自叙帖》，仍各有风貌神采，各有其意象空间。

怀素狂草纵笔恣肆，锋芒毕露，通过挥毫构线来抒情达性。前人对其赞叹有加："虽多尘色染，犹见墨痕浓。怪石奔秋涧，寒藤挂古松。若教临水照，字字恐成龙。"（韩偓：《题怀素草书屏风》）"吾尝好奇，古来草圣无不知。岂不知右军与献之，虽有壮丽之骨，恨无狂逸之姿。中间张长史，独放荡而不羁，以颠为名，倾荡于当时。张老颠殊不颠于怀素，怀素颠乃是颠，人谓尔从江南来，我谓尔从天上来。负颠狂之墨妙，人墨狂之逸才。一颠一狂多意气，大叫一声起攘臂。挥毫倏忽千万字，有时一字长丈二。翕似长鲸波剌动海岛，歘若长蛇成得透深草。回环缭绕相拘连，千变万化在眼前。飘风骤雨相击射，速禄飒拉动檐隙。掷华册巨石以为点，掣衡山阵云以为画。兴不尺，势转雄，恐天低而地窄。又是翰海日暮愁阴浓，忽然跃出千墨龙。天矫偃蹇，入乎苍穹，飞沙走石满穹塞，万里嗖嗖西北风。狂僧有绝艺，非数仞高墙不足以逞其笔势。"（任华：《怀素上人草书歌》）有学者认为：《自叙帖》是对尚法书风的彻底否定。这种否定正是书法艺术、书法观念向高层次发展的必然结果。如果站在今天的历史角度来看，《自叙帖》所创造的就是今天所标榜的"现代精神"，一种充满个性创造力和藐视前人审美原则的人格力量。此乃有识之见。

《自叙帖》是人的精神自由解放的艺术杰作，是得"气"、得"神"、得"境"的"酒神精神"的审美体现，是艺术理性与非理性统一的结果。飞动的线条意趣，刚健的笔力神采，行气如虹的艺术生命力构成了《自叙帖》"大用外腓，真体内充，返虚入浑，积健为雄"（司空图：《诗品》）的壮美意境。这种阳刚之美的意境的完成是气势恢宏、界破空间的蛇形线（或蛇行线）的迹化，而这线条是因情驰骋，因性顿挫的。线条的神秘莫测，是人心"流美"的结果。故清代画家恽格说："笔墨本无情，不可使运笔者无情；作画在摄情，不可使鉴画者不生情。"（《南田画跋》)只有情感的笔墨和笔墨化的情感兼美，才能有诸中而形诸外，得于心而应于手，从而穷势态于笔端，合情调于纸上。于斯，手心双畅，美善交融，书人合一，线条、感情、文字内容三位一体，无间契合，书艺创造终臻高妙之境。

《自叙帖》的壮美的形式美感源于其蛇行线的跳荡不羁，这种生气勃勃的线条不是死蛇，也不是行行如绾秋蛇。它是"失道的惊蛇"，它每时每刻都在"跃"，都在"纵"，都在"往"，都在"还"充满了动态，洋溢着活泼泼的生命。这种线条美诞生于自然造化的启发：古人观蛇斗而悟草书。这种变化多端，不可端倪的线条，乍驻乍行，或藏或露，欲断还连，随态运奇，千姿百态，应手得心，来不可止，去不可遏，有着与李白《将进酒》之雄放奇传之境相并称的"大气磅礴"之美。

(二)浑穆悲慨的书境

书法中悲壮美意境风格当推颜真卿的《祭侄文稿》。唐代安史之乱，颜真卿首举义旗抵抗安禄山叛军：唐天宝十四年(755)，藩镇军阀安禄山叛乱，当时任平原太守的颜真卿和从兄常山太守颜杲卿分别在山东、河北境内起兵讨伐叛军，附近七十郡纷纷响应。颜杲卿幼子季明曾往来于平原、常山之间联络。叛军攻陷常山。杲卿父子被俘而遭杀害。肃宗乾元元年(758)，颜真卿命人寻访杲卿家人下落，结果只从常山携回季明的首骨。颜真卿满怀同仇敌忾的义愤，以愤激悲切的心情，挥笔写下此祭文。

作为祭文的草稿，《祭侄文稿》本来"抚念摧切、震悼心颜"无意于书，但却在内容(悲壮)和形式(雄强)上达到完美统一，成为透着悲壮之气、忠义愤发、沉郁顿挫的杰出书作。陈深跋："公字画雄秀，奄有魏晋而自成一家。前辈云，书法至此极矣。"又"纵笔浩放，一泻千里，时出遒劲，杂以流丽。或若篆籀，或若镌刻，其妙解处，殆也天造，岂非当公注思为文，而于字画无意于工而反极其工邪。苏文忠谓：'见公与定襄王书草数纸，比公他书尤为奇特。'信夫。如公忠贤，使不善书，千载而下，世固爱重，况超逸若是，尤宜宝之。"

书作意境浑穆，情溢辞切。用笔苍率豪放而无不中矩，似不着意而自然生动，全篇以悲思忠胆为骨而以真率意情胜，表现出书家的鲜明个性、精神品格和艺术魅力。撼人心灵的妙笔出于真情怀，神高韵悲的境界源于真血性，而书法线条的遒劲舒和是情感怅触无边含蕴而成，淋漓尽致地表现了书法中悲壮美意境风格和铁骨铮铮的爱国精神。

(三)优美清逸的书境

中国书法中优美、清逸之美的代表是"天下第一行书"——王羲之《兰亭序》。

神龙本兰亭，传为唐冯承素双钩廓填本，公认为书法中的神品。黄庭坚《山谷题跋》："《兰亭序》草，王右军平生得意书也。反复观之，略无一字一笔不可人意。摹写或失之肥瘦，亦自成妍，要各存之以心会其妙处耳。"周星莲《临池管见》："古人作书落笔一圆便圆到底，各成一种章法。《兰亭》用圆，《圣教》用方，二帖为百代书法楷模，所以规矩方圆之至也。"朱和羹《临池心解》："正锋取劲，侧笔取妍。王羲之书《兰亭》，取妍处时带侧笔。"宋高宗赵构云："右军他书岂减《禊帖》，但此帖字数他书最多，若千丈文锦，卷舒展现，无不满人意，在心目不可忘。非若其他尺牍，数行数十字，如寸锦片玉，观之易尽也。"

《兰亭序》是王羲之与友人宴集会稽山阴兰亭，修祓禊之礼时所书，为王右军生平得意之作。诗人以晋人虚灵的胸襟、玄学的意味体会自然，乃能表里澄澈，一片空明，建立最高的晶莹的美的意境。《兰亭序》体现了晋人精神解放的自然之美，在那英气绝伦的氛围中，在遒媚劲健的笔画中，可以窥见魏晋风度中所包含的宇宙人生之境，体会那宇宙般的深情和王羲之人生态度中那"放浪形骸"的人格美境界。而从骨力寓于姿媚之内，意匠蕴涵于自然之势，内的笔势，遒丽爽健的线条，圆融冲和的气韵中，可以窥见书家独特的艺术个性。澄情观道，心意遣笔，线条的行云流水而以形媚道，全篇似自然幻化而"目击道存"，观之使人神气洞达而心向往之。

意境美是书法艺术高低的标尺。有意境，则成高格；无意境，则成"奴书"。不同的意境，构成中国书法宇宙的多维结构，令人叹为观止。书法境界的多种多样，如雄浑美、秀逸美、古朴美、险劲美、清雅美、狞厉美、刚健美、丰润美等等，大体上仍可归为壮美、崇高美和优美几类。

在我看来，艺境即人境。诗境、书境、生命之境是三位一体的。一幅有意境的书法作品，除了书法的文字内容和形质（筋骨血肉）以外，还有动态美和表情美（人格、气势），更重要的是它必须体现出作者的某种审美理想和美的追求，也就是说，在有形的字幅中，荡漾着一股灵虚之气，氤氲着一种形而上的气息，使作品超越有限的形质，而进入一种无限的境界之中。

创造意境和品味意境是心灵对话过程。真正书法欣赏，绝非肤浅地寻绎出书作的点画线条美，而是要深深地为作品通体光辉和总体的意境氛围感动和陶冶，甚至更进而为对于书家匠心的参化与了悟——在一片恬然澄明之中，作者与读者的灵魂在宇宙生生不息的律动中对话，在一片灵境中达至心灵间的默契。艺术的幽妙处全在于一片玉洁冰清、宇宙般幽深的意境，而意境之胜则在于说不出所以然的弦外之音，在于将自身融于意境的宇宙意识和生命情调之中。

《内经》与养生

高思华

高思华，医学博士，北京中医药大学校长，教授。国家973计划项目《"肺与大肠相表里"脏腑相关理论的应用基础研究》首席科学家。

兼任中华中医药学会副会长、糖尿病专业委员会副主任委员，中国中西医结合学会副会长、内分泌病专业委员会副主任委员，中国保健协会副会长，中国药膳研究会副会长等职。

多年来一直致力于中医基础理论的教学与研究、中医内科临床研究和养生保健的研究工作，对中医理论体系尤其是阴阳五行学说、运气学说及糖尿病的临床研究有独到见解。擅长治疗糖尿病、内分泌失调等疑难病症。

主编《中医基础理论》规划教材一部，作为主编或副主编编著《中医内科辨病治疗学》、《中国药汤谱》、《实用中医老年病学》等医书多种，在国内外学术杂志上发表学术论文数十篇。

中医学与西医是截然不同的两个医学体系。中医学是以人为本、以健康为目标的医学科学，注重从人体的功能情况来评价人体是否健康和健康状态的优劣，着眼点在于得病的人，通过调人来祛除疾病和维护人的健康状态；西医学是以祛除疾病为本的医学科学，侧重于从人体的组织形态结构的变化来判断疾病的有无和疾病的轻重；着眼点在于人得的病，主要通过对抗疾病来治病救人。西医所有的理念、治疗方法、检查手段，都是针对疾病的，其目的是治病。如果诊断明确，会有很多的治疗手段，但如果检查不出来是什么病的时候，就没有方法治疗。毋庸讳言，在某些病因明确的疾病(诸如致病因素清楚的感染性疾病等)的对抗性治疗上西医学具有一定的优势，但在对人体健康的呵护方面却远远无法与中医学相比。

　　正因为中医不同于西医的与疾病相对抗而是以人的健康为朝向，所以中医学是以人为本的、顺其自然的医学，其最终目的是"调人"，即把人的功能状态调整到最佳，使人可以适应自然和社会的各种变化而保持自身机能状态的阴阳平衡，阴阳平衡就是最佳的健康状态，即《素问·生气通天论》所说："阴平阳秘，精神乃治"。所以中医十分重视养生保健，重视人体整体功能的平衡协调，重视身心的统一(即形神合一)，重视人与自然和人与社会的和谐，重视如何调动人体自身的抗病能力(正气)，用人体的正气来防御致病因素(邪气)的侵袭。即便是得了病以后，中医学诊断的标准也不是致病因素本身，而是人体在致病因素作用下所表现出的整体的机能状态，依据这个状态来判断其属寒属热属虚属实以及疾病的发展趋势，所以中医学的治疗手段也是通过不同的方法来调整人体的整体机能状态，使身体恢复到"阴平阳秘"

的健康水平。按照西医学的针对疾病的标准，中医似乎没有一味药是可以治病的，但是按照中医学的辨证论治的标准，只要把人体的状态调整到阴阳平衡，无论什么病也都治好了。

中医学特别注重养生防病，强调"治未病"。传说春秋战国时代，有个名医扁鹊，其兄弟三人，均医术精湛，但扁鹊的名气远远大于其两个哥哥，然而扁鹊却说他是他们三兄弟中医术最差的。为什么扁鹊的医术最差却名气最大呢？据说是因为扁鹊的大哥擅长"治未病"，即治病于未发之时，而人们往往不予重视，不懂的人以为他没什么了不起，所以名声无法传出去；扁鹊二哥治病是治病之初起，一般认为他只能医治轻微的小病，所以他的名声只及于乡里；而扁鹊治病一般治于病情严重之时，所以都认为扁鹊医术最高明，名气也最大。这与我们对待外科医生和内科医生的态度相似。我们的内科医生经常和病人交流，教他们如何防病，或得病后如何抗病，大家会觉得很平常，没什么了不起，也不会特别感谢。但如果当他长了个恶疮，而外科医生通过手术把恶疮摘掉，他就会特别感谢，视为救命恩人。事实上，让人不得病才是医学的最高境界！中医所强调的"上工不治已病，治未病"，所追求的就是这个境界。最高明的医生就是要做到预防疾病的发生，即让人不得病，而不是得病之后再去治疗。

正因为中医强调预防疾病、养生保健比治疗疾病更加重要，所以作为中医学的经典著作的《黄帝内经》开篇第一就是《上古天真论》，讲的就是人应该能活到一百多岁，因为不会养生才"半百而衰"，并在篇中提出了养生的基本法则，告诉大家如果能够按照养生的法则去做，才可能尽终其天年。今天，我想着重就《内经》关于养生的理念及相关内容给大家做简单介绍。拟从以下三个方面和大家一起来探讨：一是《黄帝内经》关于人的寿命的认识，二是《黄帝内经》养生的基本目标和不同层次，三是《黄帝内经》提出的养生的基本理念和基本法则。

❖ 一、人的寿命应该有多长 ❖

　　大家都会说如果你会养生，你就可以长寿，如果你不会养生，你就会早衰，甚至早死。《黄帝内经》开篇第一就是《上古天真论》，第一句话问的就是为什么上古之人，春秋皆度百岁而动作不衰，而今时之人多半百而衰，接着以这个问题切入，分析了现在不会养生的人的几方面致命的弱点：一是嗜欲无穷，二是饮食失节，三是劳累过度，四是起居无常，再有就是不善避邪，因为这几个原因，人的寿命不能尽终天年了。其原文说："余闻上古之人，春秋皆度百岁，而动作不衰；今时之人，年半百而动作皆衰者。时世异耶？人将失之耶？岐伯对曰：上古之人，其知道者，法于阴阳，和于术数，食饮有节，起居有常，不妄作劳，故能形与神俱，而尽终其天年，度百岁乃去"。接着指出"今时之人不然也，以酒为浆，以妄为常，醉以入房，以欲竭其精，以耗散其真，不知持满，不时御神，务快其心，逆于生乐，起居无节，故半百而衰也。"这就告诉我们，如果人违背了自然规律和生命规律，养成了不正当的生活习惯，就会导致人的半百而衰。

　　那么我们到底能活多少岁？《内经》中所说的天年又究竟是多少岁呢？我们说，天年就是人的自然寿命数，是人应该活的岁数，即所谓"百岁"。这里提到的百岁是多少岁呢？按照生物学家的观点，认为哺乳动物的寿命，应该是它生长期的5~7倍。生物学研究认为人的生长期是25岁，那么人的自然寿命应该是125~175岁，即人自然寿命最少可以活125岁，最多可以活175岁。《素问·上古天真论》曰："女子七岁，肾气盛，齿更发长。二七而天癸至，任脉通，太冲脉盛，月事以时下，故有子。三七，肾气平均，故真牙生而长极。四七，筋骨坚，发长极，身体盛壮。五七，阳明脉衰，面始焦。发始堕。六七，三阳脉衰于上，面皆焦，发始白。七七，任脉虚，太冲脉衰少，天癸竭，地道不通，故形坏而无子也。丈夫八岁，肾气实，发长齿更。二八，肾气盛，天癸至，精气溢泻，阴阳和，故能有子。三八，肾气平均，筋骨劲强，故真牙生而长极。四八，筋骨隆盛，肌肉满壮。五八，肾气衰，发堕齿槁。六八，阳气衰竭于上，面焦，发鬓颁白。七八，肝气衰，筋不能动，天癸竭，精少，肾脏衰，形体皆极。八八则齿发去。根据《内经》的这个关于男女生长发育时期的观点，女子的生长期是21岁，其"天年"应该是105～147岁，男子的生长期是24岁，其天年应该是120～168岁。

为什么从理论上讲男性的寿命比女性长，但现实中女性的寿命却比男性长，这又如何解释呢？这是因为男女性格的差异、男人必须比女人强的传统观念以及工作、生活等各方面的原因，使得男人的压力比女人要大得多，在外面要竞争，在家里也要撑得起来。现在都是独生子女了，以前兄弟姐妹多的时候，如果父母没孝敬好，很少有人去指责女儿，而是去指责儿子；同样一个学位或一个职位的男女，如果男人没有建树，而女性比男性做的强，就会给男人造成特别大的压力，这就养成了男人的争强好胜、不能服输的心理习惯，而女人则不象男人那样争强好胜，且容易满足，还可以随时一哭以发泄，可以心安理得地过着普通的生活。正因为男人伤精耗气多，加上心态又往往不如女人平和，所以女人的寿命反而比男性长。

那么，人怎么才能尽终天年呢？《黄帝内经》告诉我们"夫上古圣人之教下也，皆谓之虚邪贼风，避之有时；恬淡虚无，真气从之，精神内守，病安从来？"可见，尽终天年的关键就是要做到精神内守，精就是人的精气，神就是人的神气，也就是人的正气。怎么才能内守呢？总的原则就是一要内养正气，二要外避邪气。具体说来，要做到以下几点：

"志闲而少欲"——不追逐名利，不要有太多贪欲；

"心安而不惧"——心情坦然，做人做事问心无愧；

"形劳而不倦"——要活动，要做事，但要弛张有度；

"气从以顺"——顺从自然规律，顺从生命变化规律；

"各从其欲"——勿拿自己的标准去要求别人，多理解，多宽容；

"故美其食，任其服，乐其俗，高下不相慕"——一切顺其自然，随遇而安，知足常乐；

"是以嗜欲不能劳其目，淫邪不能惑其心，愚智贤不肖，不惧于物"——没有非常的欲望和邪念，坦荡的做人做事，对权、利均无所求，不欺下媚上，心中长安而无所畏惧。

——若能做到以上，便是顺应了生命规律，就可以长寿不衰了。正如《内经》所说"所以能年皆度百岁而动作不衰者，以其德全不危也。"

《内经》十分强调要把握生命活动变化的规律，顺应自然变化的规律来养生，即是说养生要顺其自然。为什么要顺其自然呢？因为世界上各种事物不仅千差万别，而且都是不断运动变化的。我们说世界上没有不变的东西，但只有"变"是永远不变的。任何事物都具有既保留原来状态的属性，又都具有接受其他事物的影响来改变其运动的属性。各种花草树木、动物、包括人等所有的自然界的生物，随着时代的推移，随着自然的变化，随着周围事物的影响，都既保持着自身物种的属性，又不断地变化。就人的生命过程而言，从体质状态来说有两个最基本的变化规律，一个是机体本身随着年龄的增长而呈现出来的由弱到强，由不足到强盛，然后再逐渐衰退的纵向转变的规律；一个就是由外来因素不断的运动变化的干扰所带来的各种转变。生长壮老已的规律谁也不能抗拒。然本来人应该能活120岁以上的，为什么有的人早早就衰了、病了、甚至过早的死亡了，有的人就相对长寿？这与不断地运动变化的外来因素对他所造成的影响也是有很大关系的。

人的体质状态和生殖机能随着年龄的增长而不断地变化，其变化有两个主要的规律：一个是随着年龄的向前推移而有着同步关系，也就是说随着人的年龄增长，人体的形态结构、脏腑功能的活动、行为活动以及生殖能力等等方面，可以明显地表现出不同年龄阶段的差异；第二，在整个生长壮老已的发展过程当中，人体五脏的精气是由弱到强又由盛而衰，这种转变是基本的趋势。人的各种行为活动、身体状态和生殖机能等等的变化，都是由脏腑精气的盛衰所决定的，由生而长而不断充盛，而年龄到了四十岁这个时期是重要的时期，是人体机能盛衰的转折点，女性可能更早一点。一般来说四十岁以前是逐渐充盛，而四十岁以后则逐渐衰退。我们要把握这个规律，正确地认识体质的特征，按照年龄阶段的身体状态，学会在不同的年龄阶段，做好养生。千万不能违背自然规律去做一些不该做的事情而更伤精气。正如《内经》所言"年四十，而阴气自半也，起居衰矣。年五十，体重，耳目不聪明矣。年六十，阴痿，气大衰，九窍不利，下虚上实，涕泣俱出矣。故曰：知之则强，不知则老，故同出而名异耳。智者察同，愚者察异，愚者不足，智者有余，有余而耳目聪明，身体强健，老者复壮，壮者益治。是以圣人为无为之事，乐恬淡之能，从欲快志于虚无之守，故寿命无穷，与天地终，此圣人之治身也。"此段经文的意思是说：懂得顺应年龄变化规律来养生的人就身体强壮，不懂得顺应年龄变化规律来养生的人就会过早地衰老，所以同样由父母之精相合而从母体里出来的人，有的体质强壮，有的体质虚弱，有的长寿，有的短命，就是"同出而名异"。聪明人懂得把握这个规律，而不聪明的人就不懂得把握这个规律，所以不聪明的人就精气不足，聪明的人就精气有余，精气有余则耳目聪明，身体强健，即使老了也可以恢复到壮年的那种状态，壮年这个状态如果养生做的好，就依然处于阴阳平衡协调中，所以说"所以圣人处无为之事，乐恬淡之能，从欲快志于虚无之守，故寿命无穷，与天地终，此圣人之智也。"所以说人的寿命并不仅仅是100多年，如果你能够没有过高的欲望，心境很平和，适应天地自然的规律，你也可能寿命无穷，与天地终。我们大家都知道彭祖活了好几百岁，我们看看道家的著作，有的说是八百岁，也有说六百多岁的。这就告诉我们：只要把握了自然的规律和养生的真谛，是完全可以突破生命的极限的。《内经》一方面告诉我们人生百年，其生殖能力女子不过七七，男子不过八八，一方面又告诉我们"夫道者，能却老而全形，身年虽寿，能生子也。"就是说如果把握了自然规律，懂得养生法则，知道顺其自然来养生，不仅可以活很大的岁数，而且很大的岁数也可以具备生殖能力。人是完全可以突破一般所说的生理极限的，关键要看会不会养生了。

二、《黄帝内经》养生的基本目标和不同层次

（一）基本目标：健康长寿

养生的基本目标很明确，按照《内经》的方法叫做"与天地终"——和天地一起变老，通俗一点说就是为了健康长寿。能否"与天地终"，能否活大岁数，那要看你的道行、看你怎么养生了！

（二）四个层次：真人、至人、圣人、贤人

1. 真人——寿敝天地。

"上古有真人者，提挈天地，把握阴阳，呼吸精气，独立守神，肌肉若一，故能寿敝天地，无有终时，此其道生。"真正的人应该是什么

样子，那就是寿敝天地。什么样的人可以寿敝天地呢？就是懂得阴阳的规律，懂得和把握天地变化的规律、生命变化的规律，去顺其自然养生防病的人。他能够"呼吸精气，独立守神"，人是自然界的产物，是自然界的一分子，就是靠着自然界的精华物质来补充人体的正气，我们喝的水，呼吸的空气，感受的阳光，都是自然界的精气，光波声电所有的东西，都可以把它变成能量，吸收过来，并且"独立守神，肌肉若一"，说这样的人就是没有终始的。

2. 至人——益其寿命而强者，亦归于真人。

"中古之时，有至人者，淳德全道，和于阴阳，调于四时，去世离俗，积精全神，游行天地之间，视听八达之外，此盖益其寿命而强者也，亦归于真人。"此段经文是说到了中古之时，有会养生的人也和上古的真人差不多，由于其能够"淳德全道，和于阴阳，调于四时"，故也可以寿命长久而身体强壮。这两段经文很有意思，前面说"上古有真人者"，后面说"中古之时，有至人者"，为什么上古有"真人"而到了中古就只有"至人"了呢？因为上古之时，人们道德纯朴，没有什么欲望，能够把握阴阳而同和于阴阳变化的规律，中古社会，人的欲望开始增多，把握阴阳而同和于阴阳变化的规律的能力就有所衰减。这从《素问·汤液醪醴论》和《素问·移精变气》中关于上古至中古至今的治疗疾病的手段的变化亦可得到佐证："黄帝问曰：余闻古之治病，惟其移精变气，可祝由而已。今世治病，毒药治其内，针石治其外，或愈或不愈，何也？岐伯对曰：往古人居禽兽之间，动作以避寒，阴居以避暑，内无眷慕之累，外无伸官之形，此恬淡之世，邪不能深入也。故毒药不能治其内，针石不能治其外，故可移精祝由而已。当今之世不然，忧患缘其内，苦形伤其外，又失四时之从，逆寒暑之宜。贼风数至，虚邪朝夕，内至五脏骨髓，外伤空窍肌肤，所以小病必甚，大病必死。故祝由不能已也。"

"上古圣人作汤液醪醴，为而不用何也？岐伯曰：自古圣人之作汤液醪醴者，以为备耳！夫上古作汤液，故为而弗服也。中古之世，道德稍衰，邪气时至，服之万全。帝曰：今之世不必已何也。岐伯曰：当今之世，必齐毒药攻其中，镵石针艾治其外也。"

——上古之时，人们恬淡虚无，一般不会得病，即使得病亦十分轻浅，故只用"祝由"一类的心理调适就可以好了；中古之时，人们道德稍衰，病邪可以侵入人体，故需要酿造补益正气的水谷精华来调补正气；而到了当今之世，人们嗜欲无穷，不仅容易得病而且得病之后病邪容易深入，故在"祝由"和服用"汤液醪醴"之上又必须"毒药攻其内，针石治其外"。

3．圣人——可以百数。

"其次有圣人者，处天地之和，从八风之理，适嗜欲于世俗之间，无恚嗔之心，行不欲离于世，举不欲观于俗，外不劳形于事，内无思想之患，以恬愉为务，以自得为功，形体不敝，精神不散，亦可以百数"。所谓"圣人"，就是能够适应自然，适应社会，把个人的欲望、想法、得失的观念融入到社会之中，顺应社会的潮流，不生气，不埋怨，举止行为不标新立异，和大家都一样，无忧无虑，知足常乐，就能够身体强健，精神内守，也可以长命百岁。

4．贤人——益寿而有极时。

"其次有贤人者，法则天地，象似日月。辨列星辰，逆从阴阳，分别四时，将从上古合同于道，亦可使益寿而有极时。"可以看出，贤人比圣人又低了一个层次，但也懂得如何去养生，去顺应自然，想着像上古的人一样合于自然的规律，也可以使寿命延长，就是说，会养生和不会养生其寿命是不一样的，养生水平的高低其健康长寿的层次也是不一样的。

三、《黄帝内经》养生的基本理念和基本法则

《黄帝内经》养生的基本理念就是"顺其自然，弛张有度，因人、因地、因时制宜"。说的通俗一点儿就是"跟着感觉走，无过无不及"。

为什么要跟着感觉走呢？因为人是一个非常精灵的动物，他会把人体的需要用一个信号告诉你，我们都知道，血容量一降低，你就感觉渴了；血糖一低，你就觉得饿了；你长时间不休息，困了，就会打哈欠；站一会，你觉得腿就酸了，你就要坐下了，坐得时间长了，你又觉得累了，又想站起来。很有意思。记得小时候，生活比较困难，总盼着过年，盼着家里来客，因为来客可以做吃好的，过年有好吃的。那时候特别盼过年，腊月三十就开始吃好东西，饺子、鱼啊、肉啊的，吃到初一还可以，吃到初二就腻了，就想吃萝卜、想吃白菜，这说明当你身体需求动物蛋白的时候，那就馋肉，当你连续吃肉吃得过盛的时候，马上就腻了，就想吃萝卜白菜了。这就提示我们当我们的身体需要什么的时候，身体会给我们信号，告诉我们需要什么。这就是为什么我说要跟着感觉走。然跟着感觉走，也不是一味的跟着感觉走，一定要"无过无不及"。有人说我就喜欢吃肉、喝酒、抽烟，我说喜欢不要紧，吃也不要紧，但要有一个度。所以跟着感觉走，无过无不及是养生的一个最高境界，也是内经养生的基本理念。这是我们首先要把握的东西。

《内经》养生的基本法则可归纳为十个方面：

(1)恬淡虚无，精神内守——心理养生

(2)顺应四时，法天则地——时令养生

(3)饮食有节，杂合而食——饮食养生

(4)房事有度，节欲保精——房中养生

(5)条畅情志，安定心态——情志养生

(6)法于阴阳，和于术数——动静养生

(7)因人制宜，调整状态——个性养生

(8)因地制宜，随处而变——环境养生

(9)虚邪贼风，避之有时——避邪防病

(10)起居有常，弛张有度——良好的生活习惯

（一）恬淡虚无，精神内守——心理养生

以前大家在养生上可能更多的关注在是我要吃什么，我要做什么运动之类，其实真正要注意的，也是最重要的应该是心理养生。心理养生是当今人类健康的一个新的主题。因为疾病在很大程度上是受心理的影响，许多死亡率比较高的疾病都和心理的失衡是有关系的，当人出现严重的心情波动的时候，或心理压力比较大的时候，或比较大的精神刺激的时候，往往出现情志失调的状况进而引发疾病，过度的情志失调如过喜、过悲、过怒，还可以立即致人于死亡。我们知道诸葛亮三气周公瑾，把周瑜给气死了，牛皋抓住金兀术以后笑死了，范进中举以后疯了，祥林嫂在遭受了连续的精神打击以后精神失常了……所以心理平衡是养生中最重要的一环，心理平衡、心理养生的作用超过其他一切养生措施的总和。如果学会了心理养生，可以说是拿到了健康的金钥匙，所以这里把心理养生好好的讨论一下。

《黄帝内经》一直在强调，人是一个健康的整体，人的心理和躯体是整个生命过程中不可分割的两部分，心理的东西我们中医把它叫神，躯体的东西中医把它叫形，人就是形神共同作用，相互影响，左右着人们的健康和疾病。如果把人得病的原因分成两大类的话，那无

外乎就是躯体的因素和心理的因素这两大类。《黄帝内经》原文上反复论述"形俱而神生","神御形","神与形俱而尽其天年",就是强调心理养生是驱邪防病，延年益寿的一个非常关键的环节。

具体来说，心理养生有以下几个要注意的方面：

1. 清心寡欲，保持神气内敛。

第一个要注意的方面就是要注意恬淡虚无，保持思想的清静。如何才能做到这一点呢？要顺应天道，节制嗜欲，保持愉悦安静、虚怀若谷的一个心理状态，正确对待周围所发生的一切事情，保持思想清静，虚心、静心以使神气内守，要有一种自信、豁达、平和的心理状态，多一份理解和宽容，多一份对自己的原谅和放松，要有所追求但不强求，对有些事情可以羡慕但不可以嫉妒。不看重物质的东西，重在保持精神的宁静、愉悦和放松。这个很重要，但是往往说得容易做起来不容易。有个故事，是说佛印与苏东坡的，他俩是好朋友，经常在一起谈古论今，谈论文学、佛教、人生。有一天苏东坡学禅，静心打坐，为把自己精心修禅的状态和心境说与佛印知道，就写了一首诗，叫书童乘船从江北送到江南，呈给佛印禅师指正，诗云："稽首天中天，毫光照大千，八风吹不动，端坐紫金莲。"禅师看后，即批一"屁"字，嘱书童携回。东坡一见大怒，立即过江责问佛印禅师，禅师一见到苏东坡就笑了，对他说："你不是说八风吹不动吗？怎么我一个"屁"就把你打过江了？"东坡一听，默然无语，自叹修养不及禅师。

《道德经》也指出做人要"虚其心，实其腹，弱其志，强其骨"，告诫人们不要觉得自己多了不起，要有一种不断充实自己，不断进取的心态，同时又有一种包容的心态，什么样的事物都能够包容，多充实自己，加强内在修养，别争强好胜，不要老想着一定要出人头地，一定要比别人强，一定要占个第一。一般老想着凡事占第一的人，很可能也会第一个去火葬场。所以《道德经》强调"天之道，利而不害；圣人之道，为而不争"，作为一个圣人，作为一个高尚的人、有道德情操的

人，要为而不争，要给社会去做贡献，但不要争自己的名和利，要少一点自私。自私是万恶之源，所有的贪婪、嫉妒、报复、钻营、争斗都是由自私而来；同时，自私也是致病之源，愤怒、忧虑、多疑、悲伤、过喜的根源还在于自私，如果对物质的追求很强烈，对权力的追求很强烈，对名利的追求很强烈，当有了的时候就高兴的手舞足蹈，没有得到的时候就愤怒，就怨天尤人，就怀疑是不是有人捣乱，于是就难过，带来的情绪变化就影响精神的内守，导致正气的耗伤，所以，保持一个豁达、宁静、宽容和理解的好心态很重要。

2. 感谢周围，保持良好心态。

人的心理状态与生理状态密切相关，最佳的心理状态带来最佳的生理状态。人本有很大的抗病能力和自我修复能力，但时刻为精神因素所左右。故心理状态对于疾病的发生发展关系很大，保持良好的、稳定的心态至关重要。

要正确对待自己，定准自己的人生坐标，不要自大也不要自卑；正确对待他人，正确对待社会，永远对社会有种感激之心，永远用乐观的、积极的态度看世界，这世界就永远很美好，你也就永远处在满足快乐的状态，你的抵抗力和自我调整能力也就永远处于最佳状态，你也就健康长寿。生活像镜子，你笑他也笑，你哭他也哭，还是知足常乐，顺养天年为好！善待他人就是善待自己。所谓"珍惜你所拥有的，感谢你所没有的"是很有养生意义的。

3. 回归自然，保持心灵净化。

人应该回归自然，回归自然有助于保持心灵的净化。

人起源于自然环境之中，是自然界的一分子，也是自然界的产物。人体是一个开放交融于自然界这个大系统中的小系统，大自然是人类赖以生存的最佳环境。如果能够经常地回归自然，那对于健康无疑是很有帮助的，科学调查发现：长寿者较多的地方都是风景秀丽，绿树成荫，森林密布的山村环境，说明美丽净化的大自然对人类的健康是非常重要的。虽然现代文明的进步使人类的工作条件和生活条件愈来愈改善，但喧嚣污染的城市环境、交通的拥堵、电脑电视的辐射、空调环境的室内空气污浊、紧张繁杂的社会因素等等亦成正比地影响身体的健康，造成心理的压力。

所以现在讲和谐社会，讲一个美化和谐的环境。不仅城市的建设和环境的改造应以顺应自然、崇尚自然、自然美化为宗旨，而且人更应该经常回归到远离城市的大自然中去。因为再怎么美化的城市环境也不如大自然。融入绿树成荫的山林之中，眼观自然美景，耳听空山鸟语，呼吸自然清香，会使人心旷神怡，各种紧张的压力会一扫而光。大自然的绿色对人类的神经系统特别是大脑皮层和视网膜神经组织具有调节作用，绿色能吸收强光中对眼睛和神经系统产生不良刺激的紫外线，且绿色的光波长短适中，使人平静而有舒适安逸的感觉；树叶可阻挡和分散声波，减少噪声，且可以净化空气、制造氧气、调节气温；阳光的精华能补充人体的阳气，振奋人的精神情绪、兴奋神经系统、加速血液循环、促进新陈代谢；宁静无边的大海能使人胸怀宽广、心旷神怡，波涛汹涌的激浪能使人心潮激荡情绪振奋等等……经常回归自然，或融入绿树成荫、空气洁净、气温宜人、鸟语花香的林海草木之中，或沐浴在温暖的阳光之下，或畅游于宽广的大海之中，或泛舟于碧绿的江湖之上，或登高望远，或临海听涛，或温泉沐浴等等，便可以在享受和煦的阳光、清新的空气和洁净的水，汲取天地之精华补充人体之精气的同时忘却人间烦恼，扫除心理压力，产生超凡脱俗之感，达到心灵的净化和升华，起到无与伦比的心理调节作用。

4．离开孤独，关爱他人，融入社会。

人类是喜欢群居的，多和家人在一起，多和朋友在一起，多和孩子在一起，多和同学在一起，且莫自诩"众人皆醉我独醒"而不愿意和他人一同，最终给自己带来孤独和伤害！人生其实很简单，关键就是一个"爱"字，你对社会有多爱，决定你的人生成就有多高；你对亲人有多爱，决定你的家庭有多幸福。人生苦短，能够相识相处是一种缘分，要对身边的人好一点，因为下辈子不一定能见到了。其实关爱他人就是关爱自己。

5．不苛求完美，只追求问心无愧。

凡事不要太追求完美，不要过于在乎他人的评价，关键是要做到问心无愧。因为不可能所有的人都说你好，让所有的人都说好是不可能的，做事情只要问心无愧就行了。有道是"为人不做亏心事，半夜叫门心不惊"，只要问心无愧，就能够保持一个平和的心态，就可以健康长寿。不要太在意别人的对你的看法，不要太过于追求完美，过于追求完美就会活得太累，就会对自己不满意，对别人不满意，就会心理失衡而影响健康。

"人若是不被非议就不真，人若要干事，就要被非议，非议就如同人的影子，非议越高，影子就越长"。（引自《读者》）

（二）顺应四时，法天则地——时令养生

《内经》认为，"人禀天地之气生，四时之法成"，"人生于地，悬命于天，天地合气，命之曰人"，所以人要顺应天地自然的规律，与自然同步地调养身心，否则就会产生疾病。即所谓"气相得则合，不相得则病"。

《素问·四气调神大论》这样写到："春三月，此谓发陈，天地俱生，万物以荣。夜卧早起，广步于庭，被发缓行，以使志生，生而勿杀，予而勿夺，赏而勿罚，此春气之应，养生之道也。逆之则伤肝，夏为寒变，奉长者少"。指的是春季是万物萌发，生机勃勃的季节，此时应该晚睡早起，披发宽衣，不让身体有什么束缚，多进行轻柔而舒缓的运动，顺应春季生发的特性来调养情志，使之与大自然的盎然生机相和谐。

"夏三月，此谓蕃秀，天地气交，万物华实。夜卧早起，无厌于日；使志无怒，使华英成秀；使气得泄，若所爱在外，此夏气之应，养长之道也，逆之则伤心，秋为痎疟，奉收者少。"指的是夏季是万物盛大、生长最旺盛的季节，人们应该晚睡早起，顺应自然阳气旺盛万物盛长的特性外向自己的情志，但又要适度而勿使太过，使精神状态与大自然的繁茂气势相和谐。

"秋三月，此谓容平，天气以急，地气以明。早卧早起，与鸡俱兴；使志安宁，以缓秋刑；收敛神气，使秋气平；无外其志，使肺气清，此秋气之应，养收之道也。逆之则伤肺，冬为飧泄，奉藏者少。"指的是秋季是万物平定、生机收敛的季节，天地之气一改向上向外的气势转而向下向内，人们也应该与自然同步，早睡早起，安定心志，在运动上也要适当调整，勿使太过，以应秋季肃杀的气象，使神气适当收敛，与大自然和谐一致。

"冬三月，此谓闭藏，水冰地拆，无扰乎阳。早卧晚起，必待日光；使志若伏若匿，若有私意，若已有得；去寒就温，无泄皮肤，使气亟夺，此冬气之应，养藏之道也，逆之则伤肾，春为痿厥，奉生者少。"指的是冬季是阳气最弱而万物闭藏的季节，此时人们应该早睡晚起，内藏心志，避寒就温，在运动上同样要适当调整，勿使出汗，固护阳气，以应冬季闭藏的气象特点。

可以看出，四气调神的意义就是讲人要顺应自然的规律，随着季节的变化不断地进行调整心志，使内在的神气保持与自然同步，从生活起居上、运动上、情志上、心理上、饮食上都要符合季节的变化规律，无过无不及地与自然达到一个和谐相通的最佳状态。否则，违背了自然规律，就会影响健康。

（三）饮食有节，杂合而食——饮食养生

饮食养生就是通过饮食调控来达到保持健康、防病延年的目的。

科学合理的饮食调养，不但预防疾病，还可治疗疾病。将中医传统的饮食养生法与现代营养学知识有机结合来指导并规范日常饮食或进行科学的药膳调理，是饮食养生过程中不可或缺的重要环节。

首先，《黄帝内经》十分强调杂合而食，"五谷为养，五果为助，五畜为益，五菜为充，气味合而服之，以补精益气。"为什么要杂合而食呢？因为谷肉果菜都有不同的性味之偏，"酸入肝，苦入心，甘入脾，辛入肺，咸入肾"，只有杂合而食才可能保证饮食气味的均衡平和，以合理地补益五脏精气。

其次，《黄帝内经》更强调"食饮有节"，即有节制的饮食，这样一方面可以固护脾胃以免受伤害，一方面可以避免因营养过剩而变生其他的疾病。同时，在运气七篇大论中更反复强调应因人因地因时并根据运气盛衰的不同来调整饮食的摄取。

如果把《黄帝内经》饮食养生的基本理念加以归纳，那就是：

清洁卫生，预防疾病；

杂合而食，营养均衡；

饮食有节，顾护脾胃；

因人因地，顺其自然。

《中国居民膳食指南》中所提出的膳食原则，也基本体现了《黄帝内经》的饮食养生的基本理念：

1. 食物多样、谷类为主

2. 多吃蔬菜、水果和薯类

3. 常吃奶类、豆类或其制品

4. 经常吃适量鱼、禽、蛋、瘦肉，少吃肥肉和荤油

5. 食量与体力活动要平衡，保持适宜体重

6. 吃清淡少盐的膳食

7. 如饮酒应限量

8. 吃清洁卫生、不变质的食物

这里，我也给大家提出一个饮食养生的理念，那就是：第一要挑你喜欢吃的吃；其次要什么都吃又什么都不多吃；再就是要有选择地适当多食健脾胃、补肝肾的食物。

你喜欢吃的，就是你身体需要的；什么都吃又什么都不多吃，才能维持膳食的平衡，才能无过无不及；肾为先天之本，贮藏精气，为五脏六腑之根本；脾胃为后天之本，运化水谷之精气而充养五脏六腑；肝主藏血，主疏泄，主条畅人体的情志和气血。所以，有选择的适当多吃一些健脾胃、补肝肾的食物对养生防病具有重要意义。

总之，顺其自然，吃你喜欢吃的东西和吃起来你感觉最香的东西，杂合而食，荤素搭配，营养均衡，适当多食一些诸如莲子、大枣、苡米、山药、核桃、栗子、牛羊肉、甲鱼、海参等健脾胃、补肝肾的食物，对养生是很有裨益的。

这里，我还想给大家谈谈喝粥的问题。"粥最简单，也最养脾胃"，"食五谷治百病"，"米粥饭暖胃养气"。《随意居饮食谱》亦称："粥饭为世间第一补人之物。贫人患虚症，以浓米汤代参汤，每收奇效"。

所以，要提倡多喝粥：小米粥、大米粥、杂粮粥、药粥等。

顺便给大家几个药粥谱：

1. **补虚正气粥。**

粥方组成：炙黄芪30克，人参5克，白糖少许，粳米2~3两，红枣15克。

煮制方法：先将黄芪、人参（或党参）切成薄片，用冷水浸泡半小时，入沙锅煎沸，后改用小火煎成浓汁，取汁后，再加冷水如上法煎取二汁，去渣，将一、二煎药液合并，分两份于每早晚同粳米加水适量煮粥。粥成后，入白糖少许，即可食用。

功效：健脾胃

2．参苓粥。

粥方组成：人参5克，白茯苓15克，生姜5克，粳米2两。

煮制方法：先将人参、生姜切为薄片，把茯苓捣碎，浸泡半小时，煎取药汁，后再煎取汁，将一、二煎药汁合并，分早晚两次同粳米煮粥服食。

功效：参苓粥是适用于脾胃虚弱的药粥方，对脾胃不足所引起的消化吸收功能减退有很好作用。

3．落花生粥。

粥方组成：落花生45克(不去红衣)，粳米2两，冰糖适量。怀山药30克，大红枣15克。

煮制方法：先将花生洗净后捣碎，加入粳米、山药片、大红枣，同煮为粥，待粥将成时，放入冰糖稍煮即可。

功效：健脾补肾。

4．莲子苡米粥。

粥方组成：莲子30克，苡米60克，生山药60克，大枣15克。

煮制方法：先把莲子、苡米、大枣煮至烂熟，而后将山药捣碎，同煮成糊粥。

功效：滋养脾胃。

(四)房事有度，节欲保精——房中养生

《礼记》云："饮食、男女，人之大欲存焉"。《孟子》亦云："食、色，性也"。人类很早就认识到性乃人之本能，人的生命过程离不开物质生活、精神生活与性生活三大需要。性生活过得好与坏，关系到生命的寿夭、子孙的繁衍和优生优育等诸多方面。

《黄帝内经》对房中养生虽然论述不多，但其基本思想还是很鲜明的，就是要有度、有节，保持精气的持满和神气的内聚。《素问·上古天真论》所说的"起居有常，不妄作劳"和"今时之人不然也，以酒为浆，以妄为常，醉以入房，以欲竭其精，以耗散其真，不知持满，不时御神，务快其心，逆于生乐，起居无节，故半百而衰也。"就是强调的这一点，此不赘述。

（五）条畅情志，安定心态——情志养生

和前面所讲的心理养生有一定关系，情绪对健康的影响是很重要的，积极的情绪对人体活动常起到良好的促进作用，可以提高体力和脑力劳动的效率，使人保持健康；消极的情绪如愤怒、怨恨、焦虑、忧郁、恐惧、痛苦等，如强度过大或持续过久，可导致神经活动机能失调；情绪的变化引起体内化学物质的改变和大脑功能的改变，降低人体的免疫力，进而引起某些内脏生理功能和病理形态方面的变化，诱发多种疾病，如：消化性溃疡、哮喘、荨麻疹、皮炎、糖尿病、肿瘤等。

首先要调整好心态。俗话说"忘老则老不至，好乐则乐常来"，"壮心与身退，老病随时侵"，心态决定衰老，虽然人总是要衰老的，生理老化是不可抗拒的自然规律，但衰老与大脑皮层的功能减退有关，大脑皮层功能正常，就可以很好地调节机体各组织器官及内分泌功能，保障人体生理活动的正常。永葆童心，身老心不老，就可以延年益寿！

其次要学会宣泄以保持情志的条畅。喜怒忧思悲恐惊是人类对周围事物变化所产生的情志反应，是心理变化的外在表现。然而，若情志反应过强或时间过长，又可成为重要的致病因素，因此，顺其自然又有节有度地宣泄情感，当喜则喜但不过喜，当怒则怒但不过怒，当悲则悲但不过悲，既不使之压抑，又不使之太过，保持情绪的条畅，

是心理养生的重要环节。

调节情志必须根据每个人的性格和心理特点因人而异。宣泄的方式也多种多样：或爬山登高望远或观海听涛而使心旷神怡；或引吭高歌而宣泄愤懑；或以旋律低沉、音调悲沧的音乐以制怒；或以旋律悠扬、节奏欢快的音乐以制悲；或以节奏明快、旋律流畅的音乐以疏肝解郁等等。

(六)法于阴阳，和于术数——动静养生

为什么叫做动静养生啊？就是动静结合，内外兼修。《黄帝内经》十分强调"形神并重"，主张形神兼养，即"动以养形，静以养神"。其基本原则可总结成十六个字，就是：顺其自然、弛张有度、户外为主、三因制宜。

首先要选择适宜的运动方式。有些适合你的运动你就去做，不适合的就不要去做；能在外面做的就不要在屋内做，该是冬天做的运动就冬天做，该是夏天做的运动就夏天做，对于冬泳我不敢赞成，因为冬天是应该固护阳气的时候，而冬泳是一种耗伤阳气的运动。一定要选择适宜时令季节和适宜你的体质特点的运动，选择你喜欢的运动。五禽戏、八段锦、太极拳、气功都是比较好的运动养生方式。

再就是要无过无不及。运动一定要每天坚持，并保持一定的运动量，且要持之以恒。《内经》所说的"久视伤血，久卧伤气，久坐伤肉，久立伤骨，久行伤筋"的"五劳所伤"，就是强调要把握好度。那么，运动量多大算是适度呢？一般以心跳的频率来度量运动量的大小，认为最佳运动量的心跳频率是：170－年龄×85%，但不要超过"170－年龄"。即如果你30岁，运动时最大心率不要超过140次/分，最佳是119次/分；如果你五十岁，运动时最大心率不要超过120次/分，最佳是102次/分。

总之，运动养生要内外兼修、练功修德、调息养心、动静结合，

养气以保神，运体以强身。运动得法，不仅可以养生防病，很多疾病也可以通过适当运动而康复。

(七)因人制宜，调整状态——个性养生

因人制宜，调整状态，即是根据每个人不同的体质状态，制定不同的养生方案进行调整，可更有效、快捷的指导人们的养生。

当今社会，除了健康的人和有病的人之外，有许多人处在亚健康状态，而亚健康的表现又是形形色色。所以，了解自己的身体状态具有针对性地进行调养，是养生防病的重要环节。我们把健康人称为阴阳。平和之人，而亚健康人则表现为不同的状态，常见的有阳虚、阴虚、气虚、湿热、痰湿等状态类型。

1．**阴阳平和状态**——身材匀称，胖瘦适中，动作矫健，皮肤润泽，嗅觉灵敏，目光有神，头发浓密有光泽，性格开朗平和，舌淡红，苔薄白，脉从容和缓，节律一致。此类体质的人体内阴阳平衡，气血调和，五脏协调，属于正常、健康的体质。

2．**阳虚状态**——形体较胖，肌肉松弛，面色淡白，缺乏光泽，形寒喜暖，四末不温，唇色浅淡，舌胖有齿痕，苔白，脉细缓；精神不振，性格较内向，沉静，对外界事物缺乏兴趣；喜热食，大便多溏稀，夜尿较多，或尿清长，时自汗。

阳虚状态——养护阳气。应避寒就温，尤其要注意背部、足部和下腹丹田部位的保健防寒；宜多食温热壮阳之品，温补阳气，可常食牛羊肉、狗肉、鹿肉、核桃、韭菜等温热性食品；可适量饮酒，白酒、红酒、黄酒均可选择；可服用金匮肾气丸类进行药物调理；多晒太阳坚持体育锻炼，促进机体新陈代谢及气化功能，但要注意运动后避风寒；还可经常按摩肾区，以促进阳气的生发。

3．**阴虚状态**——形体偏瘦，皮肤较薄，色枯少华，唇色淡或偏红，舌质偏红，脉偏细数。急躁喜动，情绪激动时可陡然面红，喜凉

恶热，易出现"上火"之象，口干，饮水偏多，喜食水果，大便偏干，小便偏黄。

阴虚状态——滋养阴液。饮食调理以阴柔淡养之品为主，香燥辛辣刺激之品宜少进，可多吃水果蔬菜，常喝粥(百合粥、枸杞粥、藕粥等)；慎起居、戒烟酒；药物调理可用六味地黄丸之类；锻炼可选择太极拳、内养气功等。

4. **气虚状态**——面色白而无华，目光少泽，唇淡且缺乏光泽，倦怠乏力，喜静懒动，语声低而言语较少，多汗气短，不耐寒热，舌淡，脉弱。精神多不振，性格内向，本型人体内气虚，抵抗力低，气候变化之际，稍有不慎即易受外邪侵袭，易患感冒。

气虚状态——健脾益气。加强饮食营养，宜食温热补气之品，如大枣粥、山药粥、黄芪粥、黄精粥等以补气扶正，增强体质。忌寒凉伤气之品；"久卧伤气"，应劳逸结合，促进阳气生发。积极参加适合自身特点的体育锻炼，气功宜选择内养功、强壮功；药物调理宜选用补中益气丸等补气之品。

5. **湿热状态**——体态胖瘦均见，面垢滞或油亮，肤色稍黄，鼻尖多油，口干微苦，脘闷懈怠，舌红苔黄腻，急躁易怒，小便黄，大便或粘滞不爽。

湿热状态——清热利湿。宜清淡饮食，多食水果蔬菜。夏季尤当多食西瓜，以清热利湿。可常服食绿豆粥、荷叶粥、扁豆粥、苡仁粥等调理。少食肥甘厚腻生痰之物，牛羊肉、狗肉之类应慎食；可适量饮茶(绿茶、苦丁茶)；戒烟酒。

6. **痰湿状态**——多见身材肥胖，面色白，口粘腻而甜，常感身体沉重，肢体不爽，神倦嗜卧，舌体胖大，苔白腻。

痰湿状态——健脾除湿。宜食辛香祛湿之品，尤其应多食生姜、辣椒之类，桂皮、丁香、豆蔻、花椒、白芷、胡椒等调料均可辛温芳香祛痰湿，忌肥甘厚腻之品；坚持体育锻炼，温通阳气以利祛湿；坚持按摩足三里、食后摩腹；可常用香砂养胃丸、附子理中丸等药物调理。

（八）因地制宜，随处而变——环境养生

一方水土养一方人，不同的地域环境、气候差异决定了这个地方的人体体质和饮食习俗不同等，所以还要注意随其居处环境来养生。

（九）虚邪贼风，避之有时——避邪防病

冬天避寒保暖，夏天防暑降温，雨天避免淋雨伤湿，疾病流行时注意避邪防病，平时不吃不洁食物等等，都属于"虚邪贼风，避之有时"。

（十）起居有常，弛张有度——良好的生活习惯

"一张一弛，文武之道"。工作必须劳逸结合，生活必须张弛有序。良好的情趣爱好是健康长寿的灵丹妙药。

人不应该有不良嗜好，但不能没有健康的业余爱好。书法家、画家大都长寿，这与他们书法绘画时凝神静气、心平气和的心理状态有关，艺术家、音乐演奏家等也大都长寿，同样与他们在进行艺术欣赏或从事艺术活动时所产生的共鸣和感到愉悦的同时得到满足或使某种情绪得到宣泄而达到心理平衡有密切的关系。我们应当在紧张的工作生活之余根据个人喜好和条件，培养一种或几种情趣爱好，或书画、或雕刻、或养花养鱼、或垂钓、或读书、或欣赏音乐、或唱歌、或乐器演奏、或聊天侃山、或进行气功、太极拳等某种体育运动等等。使自己经常进入一种专心致志的忘我境界，或使自己应当宣泄的心绪得到恰到好处的宣泄调节，从而陶冶性情，保持美好心境。

这里我再特别谈谈音乐养生的问题。音乐可通过节奏和旋律对人的心理和生理产生特殊的影响力。如节奏鲜明、激烈的音乐（迪斯科、

军乐之类），能振奋人的精神，促进具有兴奋功能的激素分泌增加，促进新陈代谢，使人热血沸腾，勇气倍增，体能增强；而节奏缓慢、旋律悠扬的音乐(春江花月夜、慢三步、慢四步舞曲之类)，则能放松人的心情，使具有兴奋作用的激素分泌减少，舒缓紧张的情绪，平和人的心理。

用音乐调节应因人而异：一方面，你喜欢的，就是你需要的；另一方面，针对个人心理情绪特点，针对性选择音乐而进行调节，易怒之人少听亢奋的音乐。忧郁的人少听悲哀慢节奏的音乐，如江河水、二泉映月等……

健康不仅是一种状态，更是一种能力、一种观念。健康不仅是生命的本钱，更是幸福的源泉。健康依靠自己掌控，健康完全可以自己掌控！

中国的"阴阳"与西方的"因果"

陈 炎

陈炎,男,1957年生于北京,山东大学副校长兼研究生院院长,教授,博士生导师。国务院学科评议组成员,教育部社会科学委员会委员,中华美学学会副会长,中国文艺理论学会副会长,中国墨子学会常务副会长。

主要从事文艺学专业、美学方向的教学和科研工作,兼及中国传统文化的理论探讨。

专著:《积淀与突破》、《文明与文化》、《反理性思潮的反思——现代西方哲学美学述评》、《多维视野中的儒家文化》、《日神与酒神》、《中西比较美学大纲》(与周来祥合著)、《美学与社会犯罪》(与李有祥合著)等学术专著多部,主编《中国审美文化史》(四卷)、《当代中国审美文化》等书。在《文学评论》、《文艺研究》、《哲学研究》、《外国美学》、《学术月刊》、《21世纪》等海内外学术刊物发表论文逾百篇。

一

　　提起"阴阳"，人们常常会归因于某种后起的学术流派，譬如战国至汉代的阴阳、五行学家；提起"阴阳"，人们又常常会联想起一些巫术、迷信的东西，例如流传至今的风水、命相之类。然而这类归因和联想都只是停留在极为表面的层次上。不错，在中国古代思想的演变过程中，"阴阳"学说的发展确乎与阴阳五行学家的宣传与推广有关；不错，在中国古代文化的衍生过程中，"阴阳"观念的运用也确实导致了大量封建迷信的东西。但是，如果我们希望透过现象而发现本质、透过迷信而发现科学的话，我们就应该看到，"阴阳"的理论基础，远比阴阳五行学派的存在更为深远；"阴阳"的学术价值，远比占卜、算卦之类的行为更加深刻。

　　从比较文化的角度来看，如果说，中国古代的思维结构是"阴阳"，那么，西方传统的思维结构则是"因果"。在许多现代人眼里，仿佛只有"因果"才是推动科学发展的有力杠杆，而"阴阳"则只能导致迷信。其实，这种看法是一种偏见。作为人类把握世界的"思维结构"，无论"因果"还是"阴阳"，都有自己的适用范围。在这个范围之内，它具有真理或科学的意义，而一旦超出了特定的阈限，则都有可能将真理发展为谬误、将科学演变为迷信。关于前者，康德在其著名的《纯粹理性批判》中曾经指出，作为诸悟性范畴之一的"因果"，只适用于经验的"现象界"，而一旦超出了这一有限的范围，便必然会陷入一种"二律背反"的尴尬境地。不仅如此，他还承认，运用"因果"之类的悟性范畴，虽然可以研究包括星体运行在内的物理世界，但对于解释类似毛毛虫这样最最简单的生命现象，却无能为力。而另一方面，由于中国古代的思想家们一直未对"阴阳"的使用能力及适用范围作出明确的分析和科学的限定，而是把它当成一种百病皆医的万宝囊，所以才牵强附会出许多迷信和谬误，以至于人们对"阴阳"自身的价值和意义也产生了怀疑，这便是现代人普遍重"因果"而轻"阴阳"的原因所在。事实上，同重"因果"的西方人一样，重"阴阳"的中国人在漫长的历史岁月中也曾有过惊人的建树，不了解这一点，就不可能真正理解中国古代之科学与文化的独特意义。

事实上，一些敏感的西方学者已开始意识到了这一问题，例如，著名的精神分析学家荣格就曾指出："我们的科学立基于因果论上，而我们都认为因果原理是万古不易的真理。——然而，在《易经》一书所表现的中国思想，似乎专着眼于机会率（chance）。我们认为是偶然性的（即无关宏旨的），中国人却极为关心。而我们所崇拜的因果论，他们似乎不屑一顾。"[1]其实，荣格在这里只说对了问题的一半。的确，由《易经》所引发出来的中国传统的思维结构与西方人大相径庭；的确，对于西方人所奉若神明的"因果论"我们的古人并不那么重视。然而，由《易经》所引发出来的思维结构并非"机会率"而是"阴阳率"；因而，中国古人所注重的不是事物发展的"偶然性"而是其"辩证性"。

让我们的研究从一对简单的图示开始：

因果　　　　　　　　　　　阴阳图

① 转引自吴森：《比较哲学与文化》，台北东大图书公司1978年版，第135页。

通过上述图示的分析可以看出，这两种类型的思维方式至少具备以下三方面的不同特征：第一，在强调"因果"关系的西方人看来，"因"与"果"是两种彼此外在、相对独立的元素，"因"不依赖于"果"而存在，"果"一旦由"因"产生出来，也同样具有了独立自存的属性，前者对后者的制约和影响是外在的、历时的、单向的。而在注重"阴阳"关系的中国人看来，"阴"与"阳"构成并服从于统一的矛盾结构，"阴"不能离开"阳"而单独存在，"阳"离开了"阴"也同样失去了其自身的意义，二者之间的制约和影响是内在的、共时的、双向的。因此，他们有着重元素与重结构的差别。第二，从"因果"关系的角度来看，元素之所以重要，就在于它本身是一种实体属性。可是从"阴阳"关系的角度来看，元素的属性并非是实体性质的，而只是功能性质的。它的功能性质不是由其本身决定的，而是由它所在的结构赋予的。这种重实体与重功能的差别，使得西方人容易产生"原子论"、"单子论"之类的思维成果，而中国人则容易形成"天人合一"、"天人感应"之类的理论框架。第三，由上述特征所决定，西方人习惯于从元素的角度来探察结构，强调研究不同实体之间的机械联系，有着天然的"机械论"倾向。而中国人则习惯于从结构的角度来分析元素，注重研究整体构架中的功能联系，有着素朴的"系统论"倾向。

上述思维结构的差别虽然是抽象的、纯形式的，但它却以一种潜在的力量铸造并规范着中西方不同的科学形态和意识形态。

二

从古典意义上讲，所谓科学，就是将研究对象纳入一定的思维结构和逻辑框架，从而发现其发生、发展、演变和消亡的规律。当这个对象是自然现象时，就是一种古典意义上的"自然科学"；当这个对象是社会现象时，就是一种古典意义上的"社会科学"。显然，这里所谓的"古典意义"，是与近代以来的实证科学相对而言的。正是在这一意义上，中国古代的"自然科学"和"社会科学"均受制于"阴阳"的思维结构。

中国是一个技术大国，理论意义上的科学成就却相当薄弱。在这里，为了说明"思维结构"对民族文化的深刻影响，我们只能以相对突出的中医理论为比较和研究的对象了。古代的中医理论，最为集中地体现在以"阴阳五行"为理论框架的《黄帝内经》一书中。对于这部托名黄帝的古代医书，其真实作者已很难考证，其成书年代也说法不一，或说是战国，或说是秦汉之际，或说是汉代中期。然而无论如何，其思想的完备和系统程度，在浩如烟海的古代典籍中则是罕见的。"黄帝曰：阴阳者，天地之道也，万物之纲纪，变化之父母，生杀之本始，神明之府也，治病必求于本。"（《黄帝内经·素问·阴阳应象大论第五》）以这种思想为基础，该书已初步建立起了一个独立而完整的中医理论体系。

首先，《黄帝内经》从"重结构、轻元素"的立场出发，建立了与西医完全不同的病理学说。中医没有细菌理论，但却讲究寒热、虚实。也就是说，中医不把导致疾病的原因归结为某种单纯的病原体，而将其看作是身体各机能关系失衡的结果。以"阴阳"关系为指南，中医认为，机能亢进、津液淤积等热症多属阳盛，而机能衰退、津液消耗等寒症则多属阴盛。"阳盛则身热，腠理闭，喘粗为之俯仰，汗不出而热，齿干以烦冤，腹满死，能冬不能夏。阴盛则身寒，汗出，身常清，数栗而寒，寒则厥，厥则腹满死，能夏不能冬。此阴阳更盛之变，病之形能也。"（《黄帝内经·素问·阴阳应象大论第五》）不仅如此，阴阳之间还有着一种彼此消长的辩证关系。"阴胜则阳病，阳胜则阴病。阳胜则热，阴胜则寒。"（《黄帝内经·素问·阴阳应象大论第五》)凡一切活力不够，少气、怕冷、懒言、疲倦、易累等症，均属阳虚之症；凡一切功能缺损，血少、面黄、体瘦、骨热等症，均属阴虚之症。阳虚就要补阳，补阳的药能够促进新陈代谢，增强人体活力；阴虚就要补阴，补阴的药能够补充体内的物质消耗，维持机体的正常运作。这就是所谓辩证施医、综合治疗。"阴盛而阳虚，先补其阳，后泻其阴而和之。阴虚而阳盛，先补其阴，后泄其阳而和之。"(《黄帝内经·灵枢·终始第九》)总之，中医的治疗方针并不是从"因果"关系出发，要用一种物质(如抗菌素)来消灭另一种物质(如病菌)，而是从"阴阳"关系入手，采取表里双解、攻补兼施的方法，使原来失去平衡的身体机能恢复常态。难怪有人竟认为，吃中药的意义不在于吃元素，而在于吃阴阳呢！也正因如此，中药的配制和使用方法与西药完全不同，它不讲究"提纯"而讲究"配伍"，即因地、因时、因人、因症而不断调整配方，使阴阳有变而法无定法。所以，那种企图单纯通过化学分析来研究中药成分的做法，实际上与中医的药理思想恰好是背道而驰的。显然，中医的这种理论使其很难进入实证性的现代科学形态，而不得不长期停留在经验性的、前科学的水平上。但前科学并不等于非科学或伪科学。事实上，当我们发现中医所具有的经验性和随意性的缺陷的同时，也应该看到，其"同病异治"和"异病同治"的思想中又确实包含着具体问题具体分析的科学精神，而这种精神对于纠正或弥补西医长期以来逐渐形成的治疗方案程式化和规范化的倾向，显然又有着积极的意义。

其次，中医不仅有着"重结构，轻元素"的特征，而且有着"重功能，轻实体"的倾向。虽然《黄帝内经》在《灵枢·经水第十二》篇中也谈到了解剖问题，但其所建立起来的中医理论，却不像西医那样是以严格的解剖学为依据的。中医也有"藏象"理论，但其所谓的"五脏"、"六腑"则不能与西医的种种器官等量齐观。以五行学说相比附，中医主张肝、胆配木，心、小肠配火，脾、胃配土，肺、大肠配金，肾、膀胱配水。这是由于，木的性能是向上舒展的，故与肝、胆善于疏散的功能相同类；火的特点是炎上的，故与心和小肠开窍于舌、发赤于面的特点相等同；土为生长万物之母，故而比做具有消化和吸收功能的脾、胃；金能发出声响，故而犹如上下鼓动的肺和大肠；水则具有向下流淌的特点，故而与具有排泄功能的肾和膀胱相比附……。由此可见，中医的"五脏"、"六腑"主要是从功能而非实体入手的（六腑中的"三焦"甚至没有与西医相对应的器官）。又如，中医的"经络"学说至今也没有找到解剖学的依据，但却在长期的实践中广泛运用。其实，企图为"五脏""六腑"或是"经络"学说寻找解剖学依据的想法本身就是站在西医的立场上来解释中医。若依照中医重功能而轻实体的角度来看，这种做法根本就没有多大的意义。因为说到底，中医所赖以支撑的思维结构——"阴阳"本身就是功能属性而非实体属性。从宏观的角度来看，"五脏"为阴，"六腑"为阳；而从微观的角度来看，无论是"五脏"还是"六腑"，它们之间又各有其阴阳互转、相生相克的辩证关系。"故阳中有阴，阴中有阳。"（《黄帝内经·素问·天元大问第六十六》）"阴中有阴，阳中有阳……内合于五脏六腑，外合于筋骨皮肤。故内有阴阳，外亦有阴阳。"（《黄帝内经·灵枢·寿夭刚柔第六》）而对于人体健康真正具有意义和影响的，不是这些器脏的实际结构，而是其相互之间的功能关系。不难看出，中医这种重功能而轻实体的思想自有其理论上的局限性，其直接的后果便是限制了外科手术的发展。然而，人体诸机能的健康与协调是否就像西医所理解的那样，都能还原为各个器官的完整与健全呢？恐怕也并非如此简单，"代偿"功能的普遍存在似乎已说明了这一点。更何况，在某种意义上，人体也许正如一个"黑箱"，当我们以解剖学的方式将其"打开"之后，"黑箱"里的秘密便不复存在了。因此，传统中医这种产生于"阴阳"结构的思想倾向，虽有其自身的理论局限，却又在一定程度上弥补了传统西医的不足。

最后，与上述两大特点相联系，《黄帝内经》确立了中医有机论和系统论的理论体系。我们知道，中医的"藏象"理论之所以将人之脏腑与金、木、水、火、土等"五行"相比附，其目的就在于发现一个相乘、相侮的有机系统。例如，木气有余而金不能对木加以正常抑制时，则木气太过便去乘土，同时又反过来侮金；反之，木气不足，则金乘木，土又侮木。照此看来，肝、胆(木)既与肺、大肠(金)相联，又与脾、胃(土)相关，任何一个元素的失衡都可能导致整体功能的紊乱。因此，某一脏腑出了毛病，不仅要对其自身加以治疗，而且要对与之相关的其他脏腑加以调整。所谓"五气更立，各有所胜，盛虚之变，此其常也。"(《黄帝内经·六节脏象论》)而医学的目的，就是要通过"虚则补其母，实则泻其子"(《难经·六十九难》)的方式，使人体的各个器官在相生相克、相反相成的协调运动中达到和谐与平衡的有序状态。从而，中医这种辩证施医、整体治疗的方法便避免了头痛医头、脚痛医脚的被动局面。"病在上者，下取之；病在下者，高取之；病在头者，取之足；病在腰者，取之腘。"(《黄帝内经·灵枢·终始》)这种在西医看来也许是不可思议的治疗方案，其中却包含着有机论和系统论的合理因素。如果说"藏象"理论旨在确立人体有机系统的基本结构，那么"经络"学说则是要解决这些结构之间的能量转换和信息传递等问题。按照这一理论，人体各脏腑与脏腑、脏腑与肢体、肢体与肢体之间，分布着复杂而有序的信息渠道，从而将各个部分紧密地联系在一起。因此，人们可以根据这些经络发现由不同脏腑所传达出来的信息，从而进行诊断，如今人所倡导的"全息诊断法"；人们也可以利用这些经络将信息传达给特定的脏腑，从而进行治疗，如传统所常用的"针灸治疗术"。总之，在中医看来，人体绝不是一些器官的机械组合，也不能用简单的因果关系来加以解释。人体是一个复杂、生动、和谐、有序的生命系统，它有其协调、共生、循环、反馈的辩证规律。因此，尽管中医在诊断和治疗手段方面还只是停留在经验直观的水平上，因而不能与西医相提并论；但其所包含的哲学思想却不乏高明与深刻之处，甚至使西医望尘莫及。这一点，也正是我国这门古老的科学至今仍具有生命力、未来更具有前景的关键所在。而这种生命力和前景，均根植于中国古代独特的思维结构。

按照这种传统的思维结构，不仅人体自身是一个有机的系统组织，而且天地之"阴阳"与人体之"阴阳"也有着同形同构的联系。"黄帝曰：余闻天为阳，地为阴，日为阳，月为阴，其合之于人奈何？岐伯曰：腰以上为天，腰以下为地，故天为阳，地为阴，故足之十二经脉，以应十二月，月生于水，故在下者为阴；手之十指，以应十日，日主火，故在上者为阳。"（《黄帝内经·阴阳系日月第四十一》）尽管这类"天人合一"的思想显得过于粗糙，甚至有牵强附会之嫌，但其所暗含的人与自然之间的有机与系统联系却又是富于启发意义的。按照这种思想，人的健康与疾病，并不仅仅取决于其机体自身的调整，而且与外在的自然环境、与内在的心理状态都有着千丝万缕、甚至阴阳对应的关系。"天有四时五行，以生长收藏，以生寒暑燥湿风，人有五脏化五气，以生喜怒悲忧恐。故喜怒伤气，寒暑伤形，暴怒伤阴，暴喜伤阳。厥气上行，满脉去形。喜怒不节，寒暑过度，生乃不固。故重阴必阳，重阳必阴……"（《黄帝内经·素问·阴阳应象大论第五》）这种将人的生理与心理，乃至与整个自然和社会环境联系起来加以考察的思想无疑具有着重要的建设意义。我们知道，以往的西医模式由于受西方传统的机械论的影响，因而被视为单纯的"生物医学模式"，这种模式在漫长的发展过程中已不断暴露出了其原有的局限。因此，在世界范围内，当今的医学模式正在进行着一种历史性的变革，即由单纯的"生物医学模式"向着"生物——心理——社会模式"转变。不难看出，在这一具有历史意义的转变过程中，中医传统的思维结构显然可以为人类的医学发展提供一些宝贵的材料。

不仅中医的存在离不开"阴阳"，我们的古人在考察其他自然现象的过程中也常常利用这种传统的思维结构，以发现自然中所存在的矛

领导干部国学大讲堂

152

盾运动的辩证规律。例如，对于日有长短、海有潮汐这一现象，晋初的杨泉这样认为："日者，太阳之精也。夏则阳盛阴衰，故昼长夜短；冬则阴盛阳衰，故昼短夜长；气之引也。行阴阳之道长，故出入卯酉之北；行阴阳之道短，故出入卯酉之南，春秋阴阳等，故日行中平，昼夜等也。月，水之精。潮有大小，月有盈亏。"（《物理论》）在这里，古人固然没有深入分析太阳相对于地球之南、北回归线的偏离轨道问题，也没有直接论述月球相对于地球之海平面的引力问题，然而却毕竟发现了太阳和月亮与日之长短和海之潮汐之间的内在联系。进而言之，这种周而复始的阴阳变幻与《周易》中"无往不复"、"否极泰来"等"阴阳"观念的吻合绝不是偶然的。又如，对于雷电云雨等自然现象，古人是这样认识的："阴阳之气各静其所，则静矣。偏则风，俱则雷，交则电，乱则雾，和则雨。阳气盛，则散为雨露；阴气盛，则凝为霜雪。阳之专气为雹，阴之专气为霰。霰雹者，二气之化也。"（《**大戴礼记·天圆篇**》）在这里，尽管古人不会使用高低气压、冷暖气流、正负电荷等现代术语，但其毕竟将这些现象归结为两种相互矛盾的自然力量，而没有将其看成是某种单一的物质实体。更为重要的是，能够透过复杂多变的具体现象而发现其共同的内在本质，这不能不说是中国古人的高明之处，难怪像杨振宁这样的现代物理学家都曾经从《周易》的"阴阳"观念中得到过启示呢！

由此可见，思维是多元的，科学也是多元的，不同的思维结构必然导致不同的科学形态，而不同的科学形态又可能像中医与西医那样，具有相互补充的价值和意义。正因如此，我们才有必要对中国古代的思维结构进行深入的考察和全面的反思，将这种古老的民族心理因素从封建、迷信的历史尘埃中清理出来，并通过修复与转换，使之为人类的科技事业做出贡献。

三

　　不仅人体自然领域中的知识要受到思维方式的影响，而且社会历史领域中的知识也要受到思维方式的制约。因为在古典的意义上，二者只不过是同一事业的两个侧面而已。事实上，我们在《黄帝内经》中已不难看到二者的统一了："《兵法》曰，无迎逢逢之气，无击堂堂之陈。《刺法》曰：无刺熇熇之热，无刺漉漉之汗，无刺浑浑之脉，无刺病与脉相逆者。""上工，刺其未生者也；其次，刺其未盛者也；其次，刺其已衰者也。下工，刺其方袭者也；与其形之盛者也；与其病之与脉相逆者也。"（《黄帝内经·灵枢·逆顺第五十五》）这很容易使人想起《孙子·军争第七》中的用兵之法："善用兵者，避其锐气，击其惰归……无邀正正之旗，勿击堂堂之陈，此治变者也。"《六韬·军势第二十六》亦云："善除患者，理于未生；（善）胜敌者，胜于无形；上战无与战。故争胜于白刃之前者，非良将也；设备于已失之后者，非上圣也；智与众同，非国师也；技与众同，非国工也。"既然"兵法"与"刺法"实为一法，"战术"与"医术"本为一术，那么支配它们的思维结构便应该是一致的了。事实上，中国古代与医学同样发达的兵法也离不开"阴阳"的思维结构。范蠡云："天道皇皇，日月以为常，明者以为法，微者则是行。阳至而阴，阴至而阳；日困而还，月盈而匡。古之善用兵者，因天地之常，与之俱行。后则用阴，先则用阳；近则用柔，远则用刚。"（《国语·越语下》）由于战争的矛盾双方常常并不处于单向制约的因果关系之中，而是处在彼此消长、相互转化的阴阳关系之中，因而特别适合于以"阴阳"的思维结构将其纳入强弱、虚实、远近、明暗、真假等范畴来加以研究，正所谓："兵者，诡道也。故能而示之不能，用而示之不用，近而示之远，远而示之近，利而诱之，乱而取之，实而备之，强而避之，怒而挠之，卑而骄之，佚而劳之，亲而离之。攻其无备，出其不意。此兵家之胜，不可先传也。"（《孙子·计篇第一》）因此，中国古代的许多军事家，如孙武、范蠡、孙膑、韩信、李靖等，都非常善于运用"阴阳"之间的辩证关系来分析和处理战争中的刚柔、奇正、攻防、主客、虚实、劳逸诸种矛盾因素，有的甚至直接用《易》理来推演兵法。

最能体现阴阳思维结构的军事思想，要数著名的《三十六计》了。这部专门采集兵家之"诡道"的谋略大全，借助于阴阳学说中的太阴六六之数，来总结古代军事史上的战争经验。其中一类计谋直接运用"阴阳"概念，将其所包容的矛盾关系辩证地展现出来。例如，"第一计，瞒天过海：备周则意怠，常见则不疑。阴在阳之内，不在阳之对。太阴，太阳。"这就是说，机密要藏在暴露的事物里面，而不应与公开的事物相对立。因此，越是公开的形式，就越容易隐藏机密。又如，"第二计，围魏救赵：共敌不如分敌，敌阳不如敌阴。"这就是说，打击集中的敌人，不如将其分而治之。打击斗志正旺的敌人，不如待其疲惫之后再加以攻击。而另一类计谋则解以卦象，直接用"卦理"来说明谋略中的奥秘。例如，"第三计，借刀杀人：敌已明，友未定，引友杀敌，不自出力，以《损》推演。"这就是说，在敌对的势力已经确定，而盟友的态度尚在游移的情况下，应诱导盟友去消灭敌人，以保存自己的实力。就像《损》卦所揭示的那样，"损下益上，其道上行。"（《周易·损·象》）实现损（敌）与益（我）的矛盾转化。又如，"第十九计，釜底抽薪：不敌其力，而消其势，兑下乾上之象。"这就是说，当力量不能与敌人抗衡的时候，就不能硬拼，而应该采用其他方法来消解敌人，就像"兑下乾上"的《履》卦一样，通过以柔克刚的方式来实现自己的目的。可见，无论是前一种类型还是后一种方式，都离不开阴阳辩证的思维方式，所谓"六六三十六，数中有术，术中有数。阴阳燮理，机在其中。"（《三十六计·总说》）

李泽厚先生曾经指出："中国的兵书那么早就如此成熟和发达，几千年后仍有借鉴价值，正由于它们以这种长期的、繁复的、剧烈的战争的现实经验为基础。"①其实，他在这里只说对了问题的一半。与其他国家相比，中国古代的军事思想确实发达，以至于像《孙子兵法》这样的著作至今仍具有广泛的国际市场；而且这种思想的出现也确实与古代的战争实践有关；然而除此之外，古代兵法的成熟与完善还应该归功于我们民族所特有的思维习惯。正是以"阴阳"为核心的思维结构，使得中华民族的军事辩证法思想呈现出极为早熟而又极为完备的形态。正像传统的中医虽不是严格意义上的自然科学，但至今仍具有实用价值一样；传统的兵法虽不是严格意义上的社会科学，但至今仍具有强大的生命力。然而无论是对于前者还是对于后者，我们都不能满足于就事论事地描述，而应该寻根溯源，透过表面的社会现象来探求其潜在的、深刻的精神根据。

属于这类"科学"的当然不止于军事谋略，外交技巧亦复如此。当我们在汗牛充栋的古代典籍中翻阅《黄帝内经》的同时，也许会发现另外一本同样独特的古代奇书——《鬼谷子》。同《黄帝内经》一样，《鬼谷子》的作者也无法确考，或云为战国时代苏秦和张仪的老师，或云为苏秦本人，或云为六朝时代的伪托者；与此相应，其成书的年代也就大相径庭了。同《黄帝内经》一样，《鬼谷子》也要用阴阳辩证的思维结构来研究人的生死存亡问题，只是这里所说的生死存亡已不再起因于人体各生理因素的平衡与否，而是取决于人与人之间的协调关系。其开篇云："粤若稽古，圣人之在天地间也，为众生之先。观阴阳之开阖以命物，知存亡之门户。筹策万类之终始，达人心之理，见变化之朕焉，而守司其门户。故圣人之在天下也，自古及今，其道一也。变化无穷，各有所归：或阴或阳，或柔或刚，或开或闭，或弛或张。是故圣人守司其门户，审察其先后，度权量能，校其伎巧短长。"（《鬼谷子·捭阖第一》）那么，如何"守司其门户"呢？"口者，心之门户也。心者，神之主也。志意、喜欲、思虑、智谋，此皆由门户出入。故关之以捭阖，制之以出入。捭之者，开也，言也，阳也。阖之者，闭也，默也，阴也。阴阳其和，终始其义。"(《鬼谷子·捭阖第一》)由此可见，所谓"心之门户"者，口也。正是这一张翕动不已的嘴巴，不仅表达着人的思想和情感，而且体现着人的智慧与才能；它不仅是"心之门户"，而且是"存亡之门户"！进而言之，它不仅体现着生存之技巧，而且体现着宇宙之规律！于是，在鬼谷子看来，说话的问题，绝不仅仅是一个外交辞令的问题，它必须被提到哲学的高度来加以研究，其基本精神不是别的，正是大千世界中生生不已的辩证规律——阴阳。正因如此，鬼谷子才将"捭阖"由嘴巴之开合上升为天地之开合，并直接上升为阴阳之间的辩证关系。"捭阖之道，以阴阳试之"(《鬼谷子·捭阖第一》)。只有掌握了这种辩证规律，才能够根据不同的环境、不同的时机，针对不同的对象，制定出不同的游说方案；并在游说的过程中，依照对方的反应而做出合理的调整；知道什么时候该说，什么时候不该说；何事应该明说，何事应该暗说；对谁应该晓之以理，侃侃而谈，甚至耸人听闻，大说特说；对谁应该动之以情，娓娓倾诉，甚至苦苦相求，似说非说……其结果，便是大惊大喜，大开大合，阴阳无常，变化莫测；其结果，便是"可以说人，可以说家，可以说国，可以说天下。"(《鬼谷子·捭阖第一》)由于《鬼谷子》一书中涉及了一些宠君、制友之术，便被不少后代人视为阴谋、诡辩之学，这其实是相当片面的。从实践上讲，上述理论是对于战国时代诸侯之间错综复杂的外交活动的经验总结；从理论上讲，这一思想又是根植于我们民族阴阳辩证的思维结构。我们知道，由于受《周易》的影响，战国之后以"阴阳"为中心的学术派别相当活跃。其中一部分人比较重视从"阴阳"的角度来探讨人与自然之间的关系，可以说是"自然阴阳派"；另一部分人则比较重视从"阴阳"的角度来探讨人与人之间的关系，可以说是"社会阴阳派"。如果说前者的理论结晶是《黄帝内经》的话，那么后者的学术代表则要算是《鬼谷子》了。事实上，也正是由于这两部著作代表了华夏先哲运用阴阳辩证的思维模式在自然领域与社会领域中所分别取得的突出成果，因而才备受世界各国的重视。时至今日，不仅《黄帝内经》在海外的影响日甚一日，而且日本、菲律宾、马来西亚等地也纷纷建立起了有关《鬼谷子》的研究机构，有人将德国的施宾格勒视为现代的鬼谷子，而美国的基辛格则被称作当代的纵横家了……由此可见，正像我们古代的军事思想至今仍具有巨大的影响一样，我国古代的外交谋略至今仍具有强大的生命力。这一切，难道不应该引起我们的深思吗？

阴阳辩证的思维结构对传统学术的渗透和影响是多方面的，除了军事和外交领域之外，兴盛于魏晋的"人物品藻"活动则又是一例。其实，早在《黄帝内经》中就已经开始从"阴阳五行"的角度来品评人物了，只不过那是从自然生理的角度而不是从社会心理的角度罢了。"黄帝问于少师曰：余尝闻人有阴阳，何谓阴人？何谓阳人？……少师曰：盖有太阴之人，少阴之人，太阳之人，少阳之人，阴阳和平之人。凡五人者，其态不同，其筋骨气血各不等。"(《黄帝内经·通天地七十二》)把这种思想扩大到社会心理领域，刘邵在其著名的《人物志》中指出："盖人物之本，出乎性情。性情之理，甚微而玄，非圣人之察，其孰能究之哉！凡有血气者，莫不含元一以为质，禀阴阳以立性，体五行而著形。苟有形质，犹可即而求之。聪明者，阴阳之精。阴阳清和，则中睿外明。圣人淳耀，能兼二美，知微知章。自非圣人，莫能两遂。故明白之士，达动之机，而暗于玄虑；玄虑之人，识静之原，而困于速捷。犹火日外照，不能内见；金水内映，不能外光。二者之义，盖阴阳之别也。"(《人物志·九征第一》)如此说来，不仅人物的筋骨气血与其所禀赋的阴阳之气有关，而且人物的性格气质也是阴阳二气在其身上的体现：阳气偏重的人，应为外向性格，长于行动而短于思考；阴气偏重的人，应为内向性格，长于思考而短于行

领导干部国学大讲堂

动。唯有阴阳平衡的人，才能兼此二美，达到思想和行动的高度和谐。进而言之，不仅性格气质与阴阳有关，而且道德品行也与五行相联。"五常之别，列为五德：是故温直而扰毅，木之德也；刚塞而弘毅，金之德也；愿恭而理敬，水之德也；宽栗而柔立，土之德也；简畅而明砭，火之德也。"（《人物志·九征第一》）正像《黄帝内经》用"阴阳五行"模式来铸造古代的中医理论一样，《人物志》则是运用同一模式来建构古代的人才学说。而无论是前一种理论还是后一种学说，都只能从我们民族特有的思维结构中来寻找依据。

四

特定的思维结构，不仅制约着特定民族的知识体系和科学形态，而且制约着特定民族的信仰体系和意识形态。与西方乃至其他文明古国相比，华夏文明的一大特点就是缺少宗教精神。关于这一点，我们可从早期的生产方式、经济结构等社会历史层面加以研究，但同时也不可无视其民族心理和思维结构上的依据。

在我看来，作为西方世界的思维模式，机械论和目的论实为一枚铜币的两面花纹。因为以有果必有因的思维线索向上推论，西方人便不得不为感性的现实世界找出一个最初的创造者。关于这一点，我们可以从亚里斯多德的"不动的动者"和牛顿的"第一推动者"那里得到最好的印证。作为这种推论的必然结果，"上帝"的出现便是不难理解的了。相反，以有因必有果的线索向下推论，西方人又不得不为感性的现实生活找到一种最终的归宿。关于这一点，我们又可以在但丁的《神曲》和弥尔顿的《复乐园》中得到形象的说明。而作为这类推论的必然产物，"天堂"或"地狱"的存在便是顺理成章的了。我们都注意到，任何宗教都离不开"因果报应"的思想内容；然而却很少有人注意到，所谓"因果报应"恰恰吻合了强调"因果"的思维结构。正因如此，我们才能真正理解，为什么安瑟伦和托马斯·阿奎那等经院哲学家都企图运用"因果"去进行神学本体论的"证明"了。

如果说，西方以"因果"为核心的单向的、历时的思维结构容易指向超验的彼岸世界的话，那么中国以"阴阳"为核心的双向的、共时的思维结构则容易指向经验的现实生活。我们知道，先秦的儒家不搞形而上学，对于怪、力、乱、神之类的东西，孔子等人基本上采取"存而不论"的态度，而将注意力集中在人与社会的关系之中。在他们看来，人与社会是由血缘纽带联系起来的，而血缘纽带的最初形式则应归之于男女之间的阴阳交媾：有夫妇，然后有父子；有父子，然后有君臣。即由"家"扩展为"国"，由个体扩展为社会。在儒家看来，不仅君臣、父子之间的人际关系最初起源于阴阳交媾，而且他们在实际生活中也恰恰体现了一种阴阳互补的辩证法则。在这种关系中，我们既不能用矛盾的一方来取代、吞并、乃至消灭另一方；也不能使二者居于同等重要的地位之上，而应该做到亲而有礼，爱而有别。以君臣关系为例，君为阳，臣为阴，二者的主从关系应该分清，切不可君不君、臣不臣，乱了纲常、坏了礼法。然而另一方面，正如阳不能离开阴而独立存在一样，君虽为人主，但又有其依赖臣民的一面，水可载舟，亦可覆舟，"暴其民甚，则身弑国亡；不甚，则身危国削。"(《孟子·离娄》)因此，最好的办法，应该是"君使臣以礼，臣事君以忠。"(《论语·八佾》)正是在这种"君礼臣忠"、"父慈子孝"、"夫唱妇随"的阴阳关系中，儒家学者才能够将有限的感性生命和无限的社会群体联系起来，以补偿华夏先民渴望宗教的孤独感，从而逐步建立起了崇经重史、厚爱人伦的古代世俗文明。

与儒家学派不同，道家学者不注重人与社会的关系而注重人与自

然的关系，但却同样推崇阴阳辩证的思维模式。首先，在他们看来，自然本身就是受阴阳关系支配的。所谓"万物负阴而抱阳，冲气以为和。"（《老子·第四十二章》）因此，自然界的发展是一种阴阳互动、相反相成的过程。"故有无相生，难易相成，长短相形，高下相倾，音声相和，先后相随。"（《老子·第二章》）其次，不仅自然本身体现着这种阴阳互转的矛盾运动，而且人与自然的矛盾也同样体现着这种阴阳互补的辩证关系。一方面，道家反对"人定胜天"的思想，不主张把人与自然设定为征服与被征服的因果关系，而强调"人法地，地法天，天法道，道法自然。"（《老子·第二十五章》）另一方面，道家虽然强调人对自然规律的服从和顺应，但也并不因此而贬低人的地位，不把自然与人设定为决定与被决定的因果关系，而是主张"道大，天大，地大，人亦大"（《老子·第二十五章》）。正像儒家将君臣、父子的关系纳入阴阳辩证的思维结构来加以考察一样，道家也将人与自然的关系纳入到同一结构中来加以分析。前者追求的是一种人与社会的和谐，后者追求的是一种人与自然的统一，于是才有了庄子的"齐物论"和"逍遥游"。因此，信奉道家的人们虽然不能像儒者那样在有限的个体与无限的社会之间寻求一种精神上的联系，但却可以在有限的个体与无限的自然之间获得一种信仰上的寄托，其共同的结果便是在春秋战国时代确立了所谓非宗教类型的"实践理性精神"。

作为这种精神的发展与延续，汉代的董仲舒自觉地利用"阴阳五行"的思维模式而进一步将儒家的"人人之和"与道家的"天人之和"融为一个体系。在他看来，儒家所讲的人伦之间的阴阳关系与道家所讲的天地之间的阴阳关系本为一体的事情，"天有阴阳，人亦有阴阳"（《春秋繁露·山川颂》）。而他自己的文化使命，就是"变天地之位，正阴阳之序"（《春秋繁露·俞序》），建构起一个天人合一、天人合德的宇宙模式，使"王道之三纲，可求于天"，从而为产生于亲子血缘关系基础之上的儒家伦理找到更为广阔的理论基础，为不曾建立起宗教信仰的华夏民族寻找到更为可靠的精神寄托。

如果说，汉儒有关天人感应的思想多少还带有一些神学巫术色彩的话，那么到了宋儒手中，这种思想则进一步系统化、理论化了。同汉儒一样，宋儒也无不运用阴阳观念来论证仁学理论。二程认为，"阴阳，气也。气是形而下者，道是形而上者。"（《遗书·第十五》）但因"道外无物，物外无道"（《遗书·第四》）故"离了阴阳更无道"（《遗书·第十五》），"盖天地间无一物无阴阳"（《遗书·第十八》）。朱熹认为，"太极生阴阳，理生气也"（《太极图说解》）；"如天之生物，不能独阴必有阳，不能独阳必有阴，皆是对"（《朱子语类九五·程子之书》）。陆九渊则认为，"故太极判而为阴阳，阴阳即太极也。阴阳播而为五行，五行即阴阳也"（《大学春秋讲义》）。尽管他们对于"阴阳"的看法有着形而上与形而下的区别，但却都把"阴阳"看作是宇宙之间永恒不变的规律，而这些做法的最终目的也都是用自然的规律来论证社会的法则，以确保纲常名教的永恒不变。二程认为："万物只有一个天理。"（《遗书·第二》）"天地之化，虽廓然无穷，然阴阳之度，日月寒暑昼夜之变，莫不有常，此道之所谓中庸。"（《遗书·第十五》）朱熹主张："鬼神不过阴阳消长而已。亭（成）毒（熟）化育、风雨晦冥，皆是。"（《朱子语类三·鬼神》）陆九渊则认为："日者，阳也。阳为君，为父，为夫，为中国……"（《大学春秋讲义》）如此说来，无须上帝的告诫，无须鬼神的参与，人们只须"格物致知"，努力发现自然已有的天理，努力挖掘内心固有的良知，便可以处理好人世间的阴阳关系，以达到"致中和"、"道中庸"的境界，从而使有限的感性生命得到无限的升华，最终与无尽的人类历史、无限的宇宙天地融为一体。这样一来，宋儒便在改造和更新汉儒所建造的外在的宇宙模式的同时，又建构起了一个与之相关的内在的主体心性结构，并使二者彼此相通，进一步具有了准宗教的意义。

如此说来，正像中医是一种非实证意义的准医学一样，儒学也是一种非严格意义的准宗教。这种中西不同的文化形态，不仅有着可以相互代偿的社会功能，而且有着彼此完全不同的心理根据。在讨论了中华民族古老的知识系统和意识形态之后，相信我们对于"阴阳"问题会有一些新的看法了，这其中不仅包含着中华民族独特的思维方式，而且也表现出了与西方世界截然不同的文化选择。

民族医药与传统文化

诸国本

诸国本，1935年12月生，无锡人。主任医师。1953—1957年在复旦大学学习。毕业后直接分配至青海省卫生部门工作，1986年调国家中医药管理局工作。先后从事卫生防疫工作10年，中医、针灸临床10年，中医药行政管理20年，学会工作13年。

曾任青海省卫生厅中医处处长、副厅长。

1986—1996年任国家中医药管理局副局长。

1997—2010年任中国民族医药学会会长。

著有《西宁中草药》、《医门清议》、《医道与文采》、《中国民族医药散论》、《医林朝暮》等。

民族医药是我国少数民族传统医药的总称，它包括藏医药、蒙医药、维吾尔医药、傣医药、壮医药、苗医药、土家医药、瑶医药、侗医药、哈医药、畲医药等等在内。从理论上讲，全国55个少数民族都应该有自己的传统医药，但由于各种历史原因，加上近代发掘整理工作进展不同，至今流传下来的民族医药状况是不平衡的。一般而言，历史上有民族文字、有医药文献、有医学体系表述的民族医药如藏、蒙、维、傣、彝、朝、回、哈（萨克）等，容易被发现，容易被认可，容易受重视。有的还建设了医疗、教学、科研院所，继承发展相对较好；另一部分，历史上没有民族文字、没有医药文献，全凭口传心授的民族医药，但由于这些民族人口较多，民间医药资源比较丰富，加上领导部门比较重视，近30年来做了大量的发掘整理工作，用汉文出版了民族医药的概论、医学史、药物学，甚至方剂学、内科学等等，从而使口传变为文传，无形变为有形，如壮、苗、瑶、土家、侗、畲等民族医药，继承发展也取得较大成绩。还有一部分人口较少民族，人口分别在10万人以下，其中有7个民族人口在1万人以下，面临种族延续和生存问题，他们的民族医药资源大部分底数不清，尚待发掘整理。

民族医药和中医药同属我国的传统医药，它们之间既有个性又有共性。有人认为某些民族医药是中医药的一部分，是中医药的民族化或地方化，在相当长的时期内，把民族医药放在中医药的范围之内。在中药领域，把民族医药放在"大中药"的范围之内，以至使民族医药淹没在"中医药"的大概念之中。从客观上讲，这是因为我国是一个历史悠久的、统一的多民族国家，众多的民族长期生活在中华民族大家庭中，以汉文化为背景的主流文化具有较大的吸引力和凝聚力，强势文化往往掩盖了弱势文化。实际上汉文化在发展过程中吸收了各少数民族的文化创造，反过来又给民族文化以巨大的影响，形成中国文化"多元一体"的格局，这一点在传统医药领域表现得十分明显。忽视多元性，就否定了民族文化的民族性和特殊性；忽视一体性，就否定了中华文化的整体性和趋同性。多元而一体，这是中国文化的特色和优势。

◈ 一、民族医药与中医药的区别 ◈

对传统医药来说，医药是文化母体的一部分，是百花盛开的文化园林的一角，各民族医药自有其特殊的文化母体。但文化如水，从善如流。在和平时期互相交流交融，在战乱时期互相碰撞激荡，最后百川归海，有容乃大，互相渗透，相得益彰，显示出民族文化的同一性。中医药和民族医药也是如此。

中医学是以汉文化为背景的传统医学，在历史上一直是中国社会的主流医学。研究民族医药必须了解中医学，以便分别异同，做出比较。

中医学的形成从"神农尝百草"的传说年代开始。《淮南子·修务训》云："神农乃始教民，尝百草之滋味，当时一日而遇七十毒，由此医方兴焉。"到了周代，国家建立了明确的医事制度。《周礼·天官》云："医师上士二人，下士二人，府二人，史二人，徒二人，掌医之政令，聚毒药以供医事。凡邦之有疾病者，疕疡者造焉，则使医分而治之。岁终则稽其医事，以制其食。十全为上，十失一次之，十失二次之，十失三次之，十失四为下。"这里的医师为医之长，以下分上士、下士，府是保管员，史为书记员，徒为勤杂员。一年终了，要考查成绩。这种相当完备的医事制度，反映了医学的专业程度和管理的先进性。但"神农氏所创造之医，为医之经验；黄帝所创造之医，为医之原理。"[1]到战国时期，中医学经典著作《黄帝内经》问始，从此中医学有了基本理论，有了医学体系的形成和表述。因为自从有了人类，就有

---

[1] 陈邦贤：《中国医学史》，引自《中国古代史》，1937年版，第4页。

创伤、病痛和死亡，就有医药的需求和医药的创造。所以，把医学史无论追溯多久都不为过，不少民族医药的医学史就这样尽量把年代推向久远。但一个医学的形成应有可靠的根据，真实的信史应有里程碑式的标志，例如经典著作的形成，著名医家的诞生，重大医药事件的发生，重量级医药文物的发现等等。所以中医学把《黄帝内经》问世作为医学史的正式开端。此后，中医学积累了大量医学文献，不仅是临床经验的总结和药物知识的积累，而且有不断的理论创新和学派诞生。如汉代张仲景的六经辨证和杂病论；金元时期刘完素的火热论，张元素的脏腑辨证论，张从正的攻邪论，李杲的脾胃论；明清时代吴有性、叶天士等的温病学说，都代表了中医学术的重大发展。特别是《黄帝内经》奠定了中医学的理论基础，提出"提挈天地，把握阴阳"、"处天地之和"，倡导"恬淡虚无"、"精神内守"，以达到"志闲而少欲，心安而不惧，形劳而不倦"。如果说，阴阳肇自《周易》，五行始出《洪范》，那么，《内经》的哲学思维基本上源自老庄的道家思想。汉代武帝之后，罢黜百家，独尊儒术，中医学取其中和之义，以"阴平阳秘"为务，将中庸之道贯彻始终。两晋至隋唐，中医学受佛教思想诸多影响，在唐·孙思邈的《千金要方》中屡屡可见。宋明理学，又渗入儒学性理之论。但不管历史之路如何艰难曲折，文化之水如何激荡回旋，中医学的养生思想，"上工治未病"的预防观念，以阴阳、五行、脏腑、经络、气血、四诊、八纲、四气、五味等概念和实践推演的理论框架，千年一线，均一以贯之，万变不离其宗。至1911年为期，中医古籍达13000余种。这是世界上罕见的医药宝藏，也是其他传统医药所难以比拟的。

从哲学和文化层面来看，中国各少数民族的传统医药在天人相应、寒热为患、整体论治、强身防病、草木为药等各个方面，均与中医药有相通之处。在医学的童年时期，均有医巫不分现象。中医学从战国时代扁鹊的"信巫不信医，不治"等"六不治"之后，医巫基本分家；但某些民族医药，至今仍有"神药两解"的遗风。中医药和民族医药的根本区别，有三个方面：

第一，文化背景不同。

中医药的文化背景，粗略地讲，是道、儒、释三家合一，以儒学为主的中华文化。

藏医学、蒙医学的文化背景是藏传佛教文化。

傣医学的文化背景是南传上座部小乘佛教文化。

维吾尔医学的文化背景是古希腊和阿拉伯古典医学与伊斯兰文化的结合。

此外，壮医学的文化背景为骆越文化基础上的壮汉交汇文化、苗医学、瑶医学为蚩尤三苗文化、土家医学为荆楚巴蜀文化，各有其深刻的历史渊源。

第二，医学体系不同。

中医学的医学体系以阴阳、五行、脏腑、经络、气血为核心，以四诊和八纲辨证、脏腑辨证、营卫气血辨证进行辨证论治，以药物的四气五味、归经、升降浮沉作为用药准则，组成一套独特的理法方药体系。

藏医学以地、水、火、风、空五源学说为基础，以隆、赤巴、培根三因素作为生命活动和疾病分析的依据。对神经和胚胎的认识早有发现，验尿诊断是理化诊断的萌芽。利用高原药物和特殊的"佐太"炼制技术成为藏药的一大特色。

蒙医学是在蒙古人民原有传统医学的基础上，接受了藏医学的理论和实践，并立足赫依、希拉、巴达干"三根学说"，具有传承性、引进吸收和创造性的医学。

傣医学以色、识、受、想、行为自然观，以地、火、风、水"四塔学说"为基本理论，以云南南部的热带动植物为基本药材，其哲学理论与南传佛教密切相关。

维吾尔医学以自然界的火、气、水、土四大物质为基础，人体由
胆液汁、血液质、粘液质、黑胆汁四种体液平衡组成。与阿维森纳(即
伊本·西那，980—1037)以《医典》为代表的阿拉伯医学体系密切相
关，而四大物质和四种体液学说源自古希腊医学，阿维森纳是古希腊
亚里士多德学派的哲学家和希波克拉底医学的继承者。直到17世纪
末，西方医学家们一直把阿维森纳视作绝对权威，其《医典》对维吾尔
医药、回回医药、哈萨克医药影响甚巨。

历史上没有文字的少数民族，其传统医药在发掘整理中，除记述
整理了各个不同医种的医学思想、基本技能和基本药物以外，还梳理
出它的基本理论和基本经验。例如，壮医学的基础理论是阴阳为本，
人天地三气同步，脏、腑、骨、肉、气、血、三道(气道、谷道、水
道)、两路(龙路、水路)和巧坞(脑)主神理论。土家医药以天、地、水
"三元"学说与体内气、血、粘液三种物质的相互关系作为理论基础。
这些都分别由壮医药、土家医药工作者通过多年调查总结出来的。苗
医、瑶医、侗医、畲医也都梳理、总结了自己的医药理论和屡试屡效
的医药经验。过去，我们对文传文化比较信任，对口述文化重视不
够。其实，口头的非物质文化遗产的价值与文传文化是相等的。

第三，医技方药不同。

民族医药的医技方药大都有"就地取材，因利就便"的特点，与中
药相比较，中药来自四面八方，所谓"一方吃全国"，以最简单的"四君
子汤"来讲，四味药，党参来自甘肃，白术来自浙江，茯苓来自云南，
甘草来自内蒙。既然来自各地，必有一个加工、炮制、干储、运输的
过程。民族医则尽量用本地草药，而且多用鲜药。藏药的品种较多。
《晶珠本草》一书所载的藏药(去掉一物多用和重复的)约1200余种，其
中大部分是青藏高原的植物和动物，一小部分是进口药，如番红花、
诃子等。但这些进口药材和中药的"南药"在功能主治上不尽相同。诃
子在中药里属于少常用的收涩药类，而藏药里是广泛应用的"药中之

王"。中医用来治疗肝胆病的菌陈是一种菊科植物，藏医用来治疗肝胆病的"蒂达"是龙胆科植物，因为它治疗肝胆病出名，中医就把它叫"藏菌陈"。中医针灸时用的艾绒是菊科植物艾的干燥叶子揉成绒状，藏医艾灸用的灸绒则是菊科植物火绒草。火绒草是高原上常见的一种植物，同属菊科但形态学上和艾有很大差异。

由上可见，中医药和民族医药尽管在自然观、疾病观、使用草药和自然疗法方面有许多相似之处，互相交流十分心通，趋同性比较明显，但从文化背景、医学体系、方技药物方面毕竟有显著不同。所以，民族医药和中医药在学术上是平等相待的姊妹，而并不是主从关系。

二、民族医药和中医药的交叉互补

中华文化是汉族和各兄弟民族共同创造的大民族文化。中医药从民族医药中吸取营养，最突出的例子记载在《黄帝内经》中。《黄帝内经·异法方宜论》云："黄帝问曰：医之治病也，一病而治各不相同，皆愈何也？岐伯对曰：地势使然也。"接下来岐伯解释东方之域，为鱼盐之地，其治宜砭石。西方之域，为沙石之处，其治宜毒药。北方之域，民乐野处而乳食，其治宜灸焫。南方之域，为阳之所盛，雾露之所聚，其治宜微针。"故砭石者，亦从东方来。""故毒药者，亦从西方来。""故灸焫者，亦从北方来。""故九针者，亦从南方来。"古代汉族主要聚居在黄河流域中原之地，其东西南北主要指少数民族地区，砭石、毒药、灸焫、九针应属少数民族的医药创造，是汉族向少数民族学来的。中药里的大部分药材，都产在祖国的东西南北，最早的发现也是少数民族，后来引入中原，载入本草著作，成了中药。据湖南湘西凤凰县苗医药专家欧志安研究，《神农本草经》收载365种药物，其中有120余种是兼用苗语记名的。西汉张骞通西域之后，胡桃、胡荽、胡麻、安石榴、番红花、没食子、橄榄、胡芦巴等传入中原。唐代以后，密陀僧、郁金、阿魏、胡椒等，均为中药学所吸收。唐李珣著《海药本草》（现有辑本）一书，载外来药物124种，其中番药50余种，这些药后来成为中药香料药和南药的一部分。由于李珣是回族，《海药本草》的不少药来自阿拉伯世界和丝绸之路的少数民族，所以回族常以《海药本草》对中药学的贡献而自豪。在药剂方面，唐·孙思邈《千金要方》载有"蛮夷酒"、"匈奴露宿丸"、"西州续命汤"，显然记录了少数民族的医疗经验。中医药被民族医药所吸收，实例甚多。藏医的切脉来自汉地。壮医、瑶医的针灸穴位，除阿是穴以外，几乎全部引自中医。彝医将虎、兔、龙、蛇、马、羊、猴、鸡、狗、猪、鼠、牛十二种动物作为原始十二"尼能"。"尼"是六种家畜，"能"是六种野牲。这是从汉族十二地支、十二属相那里学来的。理由是里面有"龙"，别的动物都可能自创或巧合，龙是汉族独创的图腾。湖北鄂西地区有几种草药，名叫七叶一枝花（百合科植物重楼的根茎）、江边一碗水（小檗科植物八角莲、六角莲的根及根茎）、文王一支笔（蛇菰科植物筒鞘蛇菰的全草）、头顶一颗珠（百合科植物鞭打绣球的全草）、雪上一支蒿（毛茛科植物短柄乌头、铁棒锤的块根）。这显然都是民族民间草药，后经汉族文人取名并修饰过的。

特别是一些民族地区自认为汉族医药著作的医药文献，仔细阅读，原来有的作者是少数民族身份，作品却是地道的中医学著作。例如元人沙图穆苏（又译萨德弥实）所著《瑞竹堂经验方》，蒙医药工作者认为沙图穆苏是蒙古人，《瑞竹堂经验方》是蒙医学著作。维吾尔医药工作者认为萨德弥实是维吾尔人，《瑞竹堂经验方》是维医学著作，待到读过原著，发现沙图穆苏在元代曾以御史身份出任过建昌太守（今江西南城，县府在建昌镇）。他精通汉文化，为官时留心医学，深信范仲淹良医良相之论，退休后考订名医方书，也可能在瑞竹堂坐堂行医，凡临证有效的成方或自拟方，均抄录在案，分门别类，编成一十五卷，取名《瑞竹堂经验方》，全部是地地道道的中药方剂，临床价值较高，至今仍被人应用。再如元·忽思慧撰的《饮膳正要》，医学史称其为民族医药著作，蒙医药学家称此书为蒙医药著作，回医药学家称此为回族医药学著作。认真一读，知道此书确是民族医药著作，其内容、实质是民族的，但严格地讲，是一本以中医学理论为指导的蒙族宫廷菜谱。作者本人是元世祖宫中的一位饮膳太医，其所引用食品原料，大多为草原肉食或当地蔬果，烹饪方法，也是蒙族习惯，所论养生避忌，妊娠食忌，乳母食忌，饮酒避忌，聚珍异馔，皆尽量纳入或附会中医药膳养生理论。又如湖北恩施土家族苗族自治州几年前整理出版的《医学粹精》（汪古珊著，1896年出版）和《玲珑医鉴》（秦子文著，手抄本，秦系民初人）两部医学著作，当初均作为《民族医药文献整理丛书》出版，但通读这两部书，也均是中医著作，反映了恩施地区的土家族、苗族群众，非常认同汪、秦二人的中医药文化，并以此二人为骄傲，是汉文化和民族文化交融的表现。这种文化同化现象，历史上比比皆是，某些少数民族政权的皇室上层、高层贵胄，受汉文化影响极深，出现过不少精通汉文化的高官、诗人、文学家和医学家。清代统治者出身满族，九个皇帝（不包括宣统）和慈禧太后，其汉文化程度之高，非一般士人可企及。为了使汉族臣服，文化造诣"比汉族还汉族"，清朝的灭亡，不在人事而在体制。从清宫医案所见，皇室的中医药水平，也相当可观。

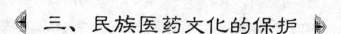

三、民族医药文化的保护

在古代自然经济年代，农牧民日出而作，日落而息，关山阻隔，交通不便。乡里鸡犬相闻，老死不相往来。中央政府鞭长莫及，"修其教不易其俗，齐其政不易其宜"。民族之间，"蛮不出境，汉不入峒"，地域性的传统文化保留较多，破坏较少。"改土归流"以后，社会结构开始改变，人口流动日渐增强，汉文化与少数民族的文化交流日益广深。今天在全球经济一体化，农村建设城镇化的形势下，民族经济大发展，民族人口大流动，民族文化大变化的时刻已经到来。民族医药作为文化遗产和非物质文化遗产需加强保护。这种保护，首先是深入发掘整理，其次是加强医、教、研、药、产业、文化的基础建设，第三是从非物质文化遗产的角度扩大保护，把根留住，反对虚无主义和功利主义。具体建议如下：

1. 全面提高对民族医药的认识。

这个认识的社会基础是民族文化的多元性，各民族一律平等，包括文化平等，尊重少数民族的历史创造。这个认识的法律依据是《宪法》和《民族区域自治法》。《宪法》第21条规定，"国家发展医疗卫生事业，发展现代医药和我国传统医药。"这个传统医药包括中医学、民族医学和其他民间医学。《中华人民共和国民族区域自治法》第40条规定："民族自治地方的自治机关，自主地决定本地方的医疗卫生事业的发展规划，发展现代医药和民族传统医药。"明确提出"自治机关"有"自主地决定"之权，也就是国家的方针政策在民族地区执行时，可通过一定的立法程序有因地制宜、随机处置之权。现在的许多问题出现在国家法规在地方贯彻时缺乏必要的"实施细则"，贯彻上级指示"一刀切"，上下政策"一般粗"。上面要求下面不折不扣地贯彻执行，下面碰到困难把责任推给上面，或者等待上级的新政策出台，有的一等就是三年五年，十年八年，实际是"行政不作为"。中央和国务院对民族医药的政策是"高度重视"、"大力扶持"、"切实加强"、"充分发挥"，加强民族医药的保护、继承和发展。许多民族地区正是根据这个指示，制定了具体措施。

2．实事求是地掌握民族医药的现状，区别情况，分类指导。

民族医药的存在和发展是不平衡的，发掘整理继承的水平也是不平衡的。我们应该调查研究，分析现状，区别情况，分类指导。既不能理想主义，把民族医药当成是桃花源中原生态，又不能按照西医中医标准随意淘汰处理。

3．保护民族医药非物质文化遗产。

民族医药具有重要的文化价值、历史价值和科学价值，其中很大一部分是口头的非物质文化遗产，应在调查摸底的基础上分别制成县级、地市级、省级、国家级四级名录，选定保护单位和保护人，落实保护措施。特别是大部分口头流传的民族医药，应以"保护为主，抢救第一，合理利用、传承发展。"同时要防止毁弃流失、随意滥用，过度开发，损害保护工作。

近三十年来，我国学术界在炎黄文化研究中，从考古学、历史学、人类学、民族学、社会学等角度探索中华文明的源头，明确炎黄二帝是中华民族的人文始祖。"同时也注意到，蚩尤在中华民族发展史上的地位和贡献。有的学者指出，蚩尤是我国冶金业第一人，是我国古代兵器制造业的第一人，是我国天文气象业的第一人。蚩尤被打败之后，其遗族主体迁移到南方，也有部分族众留在中原，融入华夏集团。因此蚩尤与炎帝、黄帝一样，对中华民族的形成和发展做出了重大贡献，不仅是苗族人民的一位伟大先祖，也是中华民族的一位伟大先祖，应该受到尊重。史书记载'蚩尤姜姓，炎帝之裔也'，把蚩尤归人到炎帝系统，蚩尤还僭称过炎帝。因此，炎黄二帝作为中华人文始祖可以代表蚩尤。"①根据张家口历史文化记述，黄帝蚩尤战于涿鹿，现涿鹿县巩山镇龙王塘村有蚩尤寨，当地人民建三祖庙，把黄帝、炎帝、蚩尤作为中华民族三个人文始祖一起祭祀。《史记》载，涿鹿之战后，"合符釜山"，各部落首领拿出兵符合在一起，在釜山公推黄帝为共同首领，为中华民族形成发展统一奠定了基石。诗人李白唱道，"今人不见古时月，今月曾经照古人。"历史上民族文化的交流融通，远不是民族国家出现以后的人们所想象的。古代的"边界"观念并不像今天这么清晰。我坚信"文化如水，从善如流"。文化、文明的冲突是短暂的，文化、文明的交流和趋同是本质的。大文化是如此，传统医药文化也是如此。

---

① 王志光：《炎黄文化研究三十年成果喜人》，光明日报 2010 年 5 月 10 日。

"药食同源，寓医于食"

——中医食养、食疗的伟大实践

赵 霖

赵霖，北京市人，解放军总医院营养科研究员，博士生导师。现任中华中医药学会首席健康顾问，中国食品科技学会常务理事，中国老年保健学会理事、专家委员会委员；中国保健协会健康膳食研究室主任，国家农业部"绿色食品专家库"专家成员，香港特区香港保健协会聘为医学顾问，中央保健委员会预防保健会诊专家，国家卫生部"健康教育首席专家"，国际学术杂志《Trace Elements in Medicine and Biology》(SCI收录)顾问委员会委员。

主要著作：《首席专家赵霖谈——平衡膳食，健康忠告》、《民以食为天》、《食以善人、食亦杀人——我们的孩子该怎么吃》、《蔬菜、营养、健康——三天不吃青，两眼冒金星》(合著)、《连队饮食营养新说》(合著)、《科学饮食防"非典"》(合著)、《中国人怎么吃》(合著)等。先后在国外专业杂志上发表论文8篇，国内专业杂志发表论文90多篇，科普文章300余篇，参加著书8本，译书2本。先后获国家科技进步二等奖一项、军队科技进步二等奖一项、三等奖四项，指导博士和硕士研究生10余名。

　　世界卫生组织（WHO）对影响人类健康的众多因素评估表明：遗传因素对人体健康的影响居于首位（为15%）；膳食营养因素的影响仅次于遗传因素（13%），远高于医疗因素（仅8%），不难看出膳食营养对人体健康的重要性。中医认为"体壮曰健，心怡曰康！"即保持生理与心理平衡，机体内环境稳定，对外界适应性良好的人，才是健康的人。中医称肾为"先天之本"。中医的"肾"有藏精、主生长、发育、生殖，肾主水，主纳气，主骨，生髓等多方面的生理功能。"足少阴肾经"贯穿垂体、肾脏和生殖系统，"肾"关系生长、发育与衰老，中医认为"久病穷必及肾"。精生于先天，而养于后天，精藏于肾而养于五脏，精气不足则肾气衰，肾气足则体健神旺。培补肾精、调整肾的阴阳平衡，有利于慢性病的恢复。中医素有脾胃是"后天之本"之说，脾胃为"水谷之海"，饮食适时适量，劳逸适度，精神愉快、"正气内守"，才能健康长寿。古今医家都注重脾胃功能，主张"调理脾胃，以治百病"。"饮食者，人之命脉也！"则是明代医学巨匠李时珍对膳食与健康关系的高度概括。中华民族自古就有"寓医于食"的传统，"食养"、"食疗"的理念被人民群众广泛接受。

　　2007年5月18日世界卫生组织（WHO）提出的统计报告指出：全球193个国家中，中国国民平均寿命为男性71岁、女性74岁；但平均健康寿命男性仅63岁、女性为65岁，即男性平均有8年、女性平均有9年是带病或残疾生活。报告强调指出，饮食仍是长寿的重要因素。1996年，世界卫生组织在《面对21世纪挑战》的报告中庄严宣布："21世纪的医学不能继续以疾病为主要研究领域，而应该以人类的健康为主要研究方向。"20世纪90年代，在美国召开的"医学目的的再审查"会议尖锐地指出："世界性的医疗危机，源于近代医学模式造成技术统治医学的长期结果。"2005年12月，《纽约时报》就"癌症研究的危机"这一命题进行了调查。被调查的专家指出："过去20年FDA批准的抗癌药中，只有不到1/5能延长生命，但却并非以'年'为单位，而是'月'或'星期'……"人们一直在令人失望地寻找治疗癌症的特异子弹，却忽略了癌症发生的原因。"一个癌字三个口"——"海吃"、"傻喝"加"瞎抽"，癌症研究基金会(WCRF)指出，美国30多万癌症的死亡人口中有1/3与不良饮食习惯有关，还有1/3的患者有抽烟的习惯。

中国幅员辽阔，各地经济、文化发展非常不平衡，国民营养状况可以用以下两句话描述——即"营养不良与营养过剩同在，贫困病和富裕文明病并存。"当前我国成年人体重超重率22.8%、约2亿人，肥胖率7.1%、约6000多万人，血脂异常患病率为18.6%，高血压患病率18.8%，均达到1.6亿人。糖尿病患病率2.6%，人数约2000多万，另外还有近2000万人空腹血糖不正常。国家"九五"攻关期间进行的研究表明：在疾病的预防工作上投资1元钱，就可以节省8.59元的医疗费以及100元的抢救费用，因此一定要坚持"预防胜于治疗"，牢记"营养经济学"。

当历史的尘埃落定，一切归于沉寂之时，唯有文化能够以物质或非物质的形态保留下来，因为它不仅是一个民族自我认定的历史凭证，也是这个民族得以延续并满怀自信地走向未来的根基和智慧与力量之源。中华养生健康理论是沿中华传统文化延伸而来，今天的生存智慧与几千年中华民族祖先留下的文化遗产密切相关。人类最古老的三种文字，唯独中国的甲骨文经发展后沿用至今；人类最古老的四大文明，唯独中华文明的发展未曾断裂。中华民族在历史的进程中，形成了大道运行、天人合一的整体宇宙观；刚健有为、自强不息的自立奋进精神；以人为本、重义轻利的伦理道德观念；贵和尚中、协调和谐的哲学理念。中华民族在统一的多民族国家形成过程中，培育了兼容并包、中华一体、协和万邦、爱好和平的传统。

天佑中华有中医！科学合理地应用中药，在生活中接受和实践食疗的理念，可以收到事半功倍的效果。中医强调"平衡就是健康，调整就是治疗"，讲究"阴平阳秘"，着重功能支配形体，从现代预防医学角度，代表了对人体健康积极的保健意义；中医讲究先救命，再治病。坚持"扶正固本、治病留人"的治疗原则！始终坚持"以人为本"，强调精神对生命的特殊意义和关键作用，从现代临床医学角度，体现了对疾病根本的治疗学意义；中医讲究全面调整与整体调节，立足整体，而整体才是生命的基本特征，从现代康复医学的角度，代表了疾病治疗后完整的康复学意义。中医历来讲究食疗，我国第一部农耕专著《齐民要术》收集谷类、豆类植物十多类，约200余种；蔬菜20多类，100多个品种；鱼、肉、蛋约百余种。形成了以谷物、豆类为主，进食足量蔬菜，以动物性食物作为补充，兼食水果的中华民族传统膳食结构。中华民族几千年生态农业的成功实践，为"寓医于食"——利用饮食养生保健，奠定了坚实的物质基础。

　　1989年，美国参议院召开了有关中国膳食营养调查的听证会，听取了美国康乃尔大学、英国牛津大学、中国预防医学科学院，在中国合作进行了六年的膳食营养调查报告。结果发现，当时中国居民各种慢性非传染性疾病的发病率均远低于西方发达国家，调查结论认为这与中华民族传统膳食结构密切相关。中国传统膳食结构以谷物为主，副食主要是新鲜的天然食品，不作精细加工，糖食用量较少，茶为大众化的饮料，烹调大多使用植物油。国外营养学家认为该传统膳食结构是防止"文明病"发生的最佳膳食。中国传统膳食结构既是由我国人民经济生活水平、人口和农业资源的平衡所决定，也是中华民族几千年生活体验，以及中医食疗保健经验积淀的结晶。古人云"食以善人，食亦杀人"，不同食物其营养素成分含量各异；食品制作工艺不同，导致化学成分也存在明显的差异。此外，食物中还有许多未被认识的生物因子。因此，合理地选择食物才可以得到百般裨益。当前，随着国民经济的发展，饮食结构"西化"倾向日益严重。动物性食物与食油消费量不断上升，谷类与豆类消费量不断下降。1997—2002年，居民所需的十大类食物中，粮食类和豆类消费量分别下降了12.6%和6.8%；奶制品的消费量增长了69.2%；糖类增长了42.1%；植物油类、肉类、禽类和蛋类的消费量均分别上升了20%以上。与此同时，我国城市居民体重超重率、肥胖患病率、糖尿病的患病率不断上升，"文明病"已经登陆中国。

中华民族传统养生理论主张防病在先，古人指出"上工(高明的医生)救其萌芽，下工救其已成，救已成者用力多而成功少，吉凶各半矣。"可见防患于未然，要比有病以后才忙于治疗高明得多。外因要通过内因才能起作用，民谚说"苍蝇不叮无缝的鸡蛋"，形象地描述了增强机体保护性免疫对预防疾病的重要作用。被中医尊称为"药王"的唐代名医孙思邈指出："关中土地，俗好俭啬，厨膳肴馐，不过菹酱而已，其人少病而寿。江南岭表，其处饶足，海陆鲑肴，无所不备，土俗多疾而人早夭"。关中即陕西关中平原，"江南岭表"指的是就广东。唐代的先贤就已经发现饮食结构的差异，导致居民健康水平不同。

于若木同志曾经指出："科学配餐是不用资金投入，就能提高和改善人民健康状况的有效方法。"中医说"有胃气则生，无胃气则死。"并指出"胃气者，知饥也"。因此"调理脾胃，以治百病"成为中医临床治疗遵循的重要原则，并由此得出了"凡病三分治七分养"的科学结论。中国老百姓有句俗话——"要想身体棒，就得嘴头壮"。食疗养生保健的特点是："润物细无声"，"王道无近功"；就是要把食疗养生的理念贯彻在日常生活之中，才能收到实效。而食疗的保健的效果可以描述为："无功可言，无德可鉴，而人登寿域"。

2006年5月29日，荷兰国家公共卫生和环境局发布报告指出："增加鱼、水果、蔬菜的食用量，减少饱和脂肪和反式脂肪的摄入量，可以挽救许多生命。不健康的饮食习惯每年造成13000荷兰人因患糖尿病、心脏病和癌症而死亡；肥胖每年使8000荷兰人因患心脏病和癌症死亡，对健康的危害与吸烟一样严重。约75%的荷兰人蔬菜水果摄入量低于推荐量，但年人均肉类消费达83～85公斤，比推荐量高出了50%。如果荷兰成年人体重平均降低3公斤，就能将因肥胖引起的疾病发病率降低25%。"欧洲食品安全局局长科特尔说：这份报告将成为分析食品和饮食结构风险时的主要参考文件。因为仅仅保证食品安全是不够的，世界各国政府应当鼓励健康的饮食结构，以提高公众的健康水平。所以，我们一定要坚持"先进厨房，后进药房"，依靠营养免疫，筑起防病抗病的大堤。1978—1998年，我国经济高速发展，其中资本的贡献为28%、技术进步和效率提升的贡献是3%、其余69%都是我国人民健康劳动力所做的贡献，所以说"健康就是GDP！"是千真万确的。

1994年，美国医疗开支占GDP的12%；2000年达到GDP的17%（14000亿美元）。克林顿总统离职前曾警告：如果医疗开支不节制、医疗保险体制不改革，2010年以后，美国的医疗费用可能会达到GDP的24%（30000亿美元），这将意味着美国经济的崩溃。所以美国采取了奖励非药物对应疾病，充分利用健康辅助食品的政策，他们将中国的大豆确定为"已确立功能的功能性食品"，每年生产150万吨大豆蛋白，添加在食物中，提高美国人的健康素质。为降低医疗开支，美国政府颁布了《食品补充剂健康与教育法》，明确中草药及相关产品可作为食品补充剂进入美国市场，因为美国当局认识到中医食疗巨大的科学价值。

2007年2月28日，《美国医学会杂志》(JAMA)发表多国科学家对从1990年到2005年10月，全球发表的68项研究结果进行荟萃分析的结果发现：总体上看长期服用维生素的人死亡率增加了5%；长期服用维生素A的人死亡率增加了16%；长期服用维生素E的人死亡率增加了4%；长期服用β-胡萝卜素的人死亡率增加了7%，并且没有证据表明服用维生素C能够延年益寿。美国国立癌症研究会的建议是：应该通过平衡膳食摄取适量的维生素，而不是依靠吃药。食疗在人民解放军胜利的历史上功不可没。朝鲜战争中，志愿军战士一把炒面一把雪、在艰苦的条件下英勇作战，由于维生素缺乏，许多战士患口角炎、口腔溃疡。当时新中国刚刚建立，没有能力生产纯的维生素。科学家在豆腐渣上接种假囊酵母菌，生产"粗制核黄素"供应部队，解决了问题。"粗制核黄素"不仅含维生素B_2，还含B族维生素的辅酶(如FMN、FAD等)，比纯核黄素更有益健康，市场上出售的"维酶素"就是此物。朝鲜战争后期，志愿军进入坑道作战、许多指战员患夜盲症，严重影响部队作战能力。这时朝鲜群众传出中国古代治疗夜盲症的偏方，即把松树的针叶放在锅中煮1个小时，饮用松针水。连续喝六七天夜盲症就可治愈。志愿军卫生部电告全军推广此法，取得明显效果，洪学智司令员在回忆录中还记述了这段史实。

国际社会公认：膳食、营养因素的干预可以有效预防慢性非传染性疾病！2001年，WHO/FAO提出用膳食方法纠正高血压的DASH计划，提倡通过多消费蔬菜、水果、低热量的食物来预防高血压。2003年，世界卫生组织(WHO)、联合国粮农组织(FAO)联合发布了题为"膳食、营养与慢性病预防"的专家报告！该"膳食、营养与慢性病预防"的专家报告，系统提出了膳食和生活方式因素与肥胖、2型糖尿病、心血管疾病、骨质疏松、癌症发病危险性具有相关关系的证据。

美国《公共健康杂志》(Public Health)的研究报告指出：从1974—1997年，对包括美国在内的九个西方国家调查结果发现：大脑疾病(包括阿尔茨海默氏症、帕金森氏症和运动神经元紊乱等)的死亡率增长了两倍。研究人员认为最可能的原因就是食物的农药污染和丧失天然属性的各种食品添加剂，后者似乎是毒性的元凶。因为在被调查的十个国家中，日本的死亡率没有增加。而正是日本人仍旧在食用天然食物，他们的饮食结构比西方健康。而当日本居民移居到西方国家，大量食用丧失天然属性的加工食品如美式快餐后，发病率就超过日本国内的整体发病率。

"中年发福，内藏病机！""发福"是代谢功能下降的表现，古话"有钱难买老来瘦"，正说明了这样一个道理。体脂分为组织脂肪和贮藏脂肪，一般都储藏在皮下和腹部，肥胖者的共性是腰围变大。由于腹部肌群很少参与日常活动，脂肪堆积又抑制了脂肪酶的活性，使脂肪累积加快，出现肥胖者更胖的结果。肥胖可诱发100多种疾病，常言道"体肥痰盛"，"脾为生痰之源"，多食令人气滞。因此"腰带长，寿命短，一胖百病缠"之说并不夸张。人类有两种肥胖，一种叫苹果形肥胖——即"中心性肥胖"，另一种叫梨形肥胖。前者就是长出"将军肚"，腹部脂肪每增厚一英寸，体内就要增加四英里长的血管，从而大大加重心脏的负担。而预防肥胖最简单的方法，就是"量需而入，量体择食"。据美国疾病控制中心(CDC)提供的数据，美国肥胖人口已占总人口64%。美国人把牛奶当水喝，平均每人每年消费100公斤牛肉。2006年，康乃尔大学的柯林·坎贝尔教授公布了27年的研究结果，指出过量饮用牛奶，其中的酪蛋白会诱发癌症和各种慢性病。朝鲜战争时期曾有人解剖了相当一批年龄在20岁左右的美军和北朝鲜死亡士兵的尸体，结果惊讶地发现，竟然有77%的美国士兵存在不同程度的动脉硬化。原因就是这些人从小饮食结构就不健康，在体内埋下了定时炸弹。难怪美国人说："文明人痛快地吞进了'文明病'，用自己的牙齿在制造坟墓。"

2005年6月，美国《儿童青少年医学文献》刊载了哈佛大学的研究报告：对1.2万名9岁—14岁的儿童调查发现：喝牛奶越多、长得越胖。225ml全脂奶含热量150千卡、低脂奶是100千卡，脱脂奶还含热量85千卡，难怪哈佛大学公共卫生学院的沃尔特·威利特博士对铺天盖地的牛奶广告感到担忧，他指出："少年儿童基本的饮料应该是水，世界上许多地方的孩子根本没有牛奶喝，但他们长大成人后却有着健康的骨骼。"

从中美膳食结构的比较可以发现：美国肉类与奶制品占总摄入量40%；而中国蔬菜水果占了膳食总摄入量的44%，谷物和薯类占31%。从美国那里，中国模仿到的是最糟糕的东西——"洋快餐"。2002年2月15日，埃菲社记者在发自北京的报道"中国传统深受西方风尚冲击"中说"从战国时代以来的数千年中，中国的古老传统一直得以保存，但现在却仿佛屈服于不可抗拒的西方生活方式。……从美国那里，中国模仿到的是最糟糕的东西——'洋快餐'"。"洋快餐"三高——即高热量、高脂肪、高蛋白质和三低即低矿物质、低维生素和低膳食纤维的特点，所以国际营养学界称之为"能量炸弹"和"垃圾食品"。2008年1月4日，《多彩膳食健康全解码》一书作者、美国加州大学营养系主任戴维斯·赫伯博士在北京举行的该书中文版发布会上指出："全球都发现中国的营养状况在恶化，中国居民肥胖、糖尿病和心脑血管病的发病率不断增加，重要的原因就是西方不健康的饮食方式——美式快餐等大量进入中国，中国人摄入的蔬菜、水果越来越少，严重影响健康。"《华盛顿邮报》刊载彼得·古德曼的文章《快餐咬了中国文化一口》披露，对28个国家的1.44万名成年人调查发现，在中国41%的受访者每周至少要吃一次"洋快餐"，而在美国该项数据仅为35%。2003年11月，在北京召开的"中国儿童青少年肥胖问题学术会议"指出：经常食用快餐是导致儿童肥胖的主要因素。最新的统计发现，北京市少年儿童肥胖率高达40%，北京市是"洋快餐"的重灾区，该市70%以上的快餐店是"洋快餐"。

美国参议院"营养与健康特别委员会"主席麦戈文在提交国会的报告中指出："现在的营养问题或者说营养不平衡、营养过剩、营养质量已成为关系到人民健康的首要问题，今天的危险已经不是脚气病、糙皮病或者坏血病，我们面临的现实情况要比这微妙可怕得多，千百万美国人塞进肚子里的东西很可能使他们患肥胖病、高血压、心脏病、糖尿病、癌症，一句话，会慢慢的致病。"中国"身土不二"这句成语，渗透了"一方水土养一方人"的思想。我国各地的风味小吃，如包子、饺子、馅饼、馒头、面条、米粉、馄饨、元宵、粽子、羊肉泡馍、兰州拉面、扬州蛋炒饭、武汉热干面、延吉冷面、潍坊朝天锅等，不都正是供应快捷、营养丰富、食用方便、滋好味美的中式快餐吗？1972年尼克松访华，当得知美国贵宾对中国烹饪赞赏不已时，毛主席说："我相信，一个中国菜，一个中药，这将是中国对世界的两大贡献"。

以化肥、农药、机械化、单一种植"四大支柱"为格局的现代西方农业，造成食物单一化，食品营养元素贫瘠化，营养物质不平衡，对人类健康产生了严重影响。为此，有必要重新认识中华民族传统膳食的主要历史经验——"平衡膳食、辨证用膳"是中医食疗理论的精髓，强调膳食平衡，提倡含不同营养成分食物间的互补，坚持"杂食者，美食也；广食者，营养也"这一食物来源多样性的原则。在历史上中国传统膳食结构形成了如下四大特点：

1．中餐有主副食之分，西餐是没有主副食之分的，中国古代先贤教诲我们"食五谷治百病，米粥饭暖胃养气"；"得谷者昌，失谷者亡"；所以"拒绝主食，等于慢性自杀。"

2．《尔雅》一书中说"草能食者为蔬"，"菜"字不就是采草吗？而"蔬者，疏通壅滞也"，食用蔬菜能够通便，疏通肠道壅滞；由于蔬菜中含大量有抗氧化功能的生物活性物质，所以也能疏通体内的壅滞。

3．祖训"可一日无肉，不可一日无豆"，反映出豆类和豆制品在传统膳食中的重要地位。中国古人发明了豆腐，"青菜豆腐保平安"成了国人日常饮食的金科玉律。可以毫不夸张的说，豆腐的发明对中华民族的历史功绩，并不亚于举世闻名的四大发明。

4．中国古代先贤从西方接受了小麦，但拒绝了面包。中国人始终坚持低温烹饪的原则，馒头、米饭、面条、饺子、粥的烹制都是在水环境中完成，比烘烤要低得多，保证了食品安全。瑞典国家食品管理局2002年4月24日公布：斯德哥尔摩大学与瑞典食物安全机构"国家食物委员会"完成的研究表明：汉堡包、炸薯条、薄脆饼、烤肉、炸鸡、饼干、蛋糕等食品中含大量丙烯酰胺(acrylamide)。丙烯酰胺可导致基因突变，损害中枢和周围神经系统，诱发良性或恶性肿瘤。欧洲科学家认为，这一发现解释了西方国家肿瘤高发的原因。2004年3月24日，美国食品药品管理局(FDA)公布了750种食品的检验结果：再度证实炸薯条、炸薯片、爆玉米花及饼干中含这类致癌物质最高。炸鸡和炸鸡块中也有丙烯酰胺，新鲜的蔬菜水果是安全的。从24个国家收集的食品中所含丙烯酰胺的平均数据发现，每公斤煮土豆仅含69微克丙烯酰胺，每公斤炸薯条却含5312微克、炸薯片含4080微克，超标约一百倍。现在发现，含碳水化合物丰富的食物，一旦烹饪温度超过120℃，就可能产生天然副产品丙烯酰胺。

20世纪现代营养学的最大贡献是建立了平衡膳食的理论，强调通过多种天然食物组成的食谱，可以提供基本的营养素需要，支持机体生长发育，保持合适体重；在预防营养缺乏症的同时，减少同营养过剩相关的疾病发生。特别是推荐避免过量消费被认为在慢性非传染性疾病发生过程中，有潜在不良影响的食品与营养素。

中华民族自古就在生活中贯彻平衡膳食的理念，有关传统膳食结构有如下精辟的论述：

五谷宜为养，失豆则不良，

五畜适为益，过则害非浅，

五菜常为充，新鲜绿黄红，

五果当为助，力求少而数，

气味合则服，尤当忌偏独，

饮食贵有节，切切勿使过。

上述论点，不仅有极强的可操作性，即使用现代营养学的观点来看，同样是科学、准确的。下面就介绍一下膳食与就餐的"十大平衡"：

1. 主副食比例适当，膳食的酸碱平衡。

纵观中医文献，自古评论健康状态时，常用精、气、神充足描述身体康健。精、气(氣)是生命的支柱，这两个字中都包含有"米"字，中华民族素有"世间万物米为珍"之语，可见先人从生活实践中已认识到五谷杂粮是须臾不可离的主食。主副食比例适当是保证营养平衡的前提——即人体需要的热量大部分取自碳水化合物，意味着各类主食是膳食中能量和蛋白质的主要来源，植物性食物也提供了部分矿物质、微量元素、维生素和膳食纤维，为满足膳食纤维的需要，应适当选择粗粮。有些人为了减肥，只吃副食不吃主食，这是错误的，殊不知"脂肪只能在碳水化合物的火焰中燃烧"！

每个人都会有这样的体会：吃了过多的鸡、鸭、鱼、肉以后，会感到发腻，这就是"轻度酸中毒"的表现。富含矿物质、膳食纤维的瓜、果、蔬菜、薯类是食物中的碱性食物；而富含蛋白质的鸡、鸭、鱼、肉属于酸性食物。餐饮中应掌握酸碱平衡，不可偏颇，只有平衡方可益补得当。如终日饱食、膏粮厚味，酸碱失衡，将会伤害健康。古人诗云："厚味伤人无所知，能甘淡薄是吾师，三千功行从此始，淡食多补信有之。"过多食用酸性食物，会使人倦怠乏力，甚至记忆力减退、思维能力下降。欲避免上述状态，就得减少筵席上的"山珍海味"，增加蔬菜、瓜果、豆类等碱性食物。为了防止"一顿吃伤，十顿喝汤"，即使会餐和宴会也应搭配合理，注意酸碱平衡。我国古代文化巨人孔子在《论语·乡党》篇中指出："肉虽多，不使胜食气"，即日常膳食应以植物性食物为主，即使肉再多，亦不可食肉超过食谷、食菜，孔子指出了食物中动物性与植物性食物的大致比例，这种模式流传至今。

2．"杂食者，美食也"，食物杂与精的平衡。

从人类的进化历史看，必须有众多不同来源的食物才能满足营养平衡的需要。中国有食用蔬菜140多种，食用豆类20多种，能食用的动植物200多种。不同基因型的植物，能促使土壤中更多的营养素进入自然食物链的循环。中国众多长寿老人以素食为主，食品多而杂，就很有说服力。日常膳食中食物的种类虽然有限，而在实际生活中人类摄取的谷物、蔬菜、水果与采摘的野生天然植物品种则是无限的。膳食偏简求精，实则有害无益；特别是对生长发育不利，偏食易造成微量元素铁、锌、碘、矿物质钙和某些维生素的缺乏。除需注意食品色、香、味以外，更应提倡食品来源多样化。营养学家李瑞芬教授建议，为保持身体健康，每天要吃30种不同的食物。由于微量元素和某些维生素只能从外界摄取，体内不能自身合成，杂食的重要性不言自明。

3．"食宜暖"，膳食的冷热平衡。

古人云"饮食者，热无灼灼，寒无沧沧"，指出了要保持膳食的冷热平衡。"食宜暖"，生冷、凉的食物进食过多会损伤脾胃和肺气，微则为咳，甚则为泄。体虚胃寒之人应少吃生冷食物，特别在夏日更应慎重。民间也强调"饥时勿急，空腹忌冷"。反之，饮食也不可太热，否则易烫伤胃脘、咽喉。华北地区食管癌高发区居民就有喜喝滚开水、热粥的习惯。故唐代医学家孙思邈在《千金翼方》中的论述值得借鉴，他指出"热食伤骨，冷食伤肺，热无灼唇，冷无冰齿。"所以膳食也应当注意冷热平衡。

4．膳食寒、热、温、凉四性的平衡。

根据"药食同源"的传统理论，食物同样有寒、热、温、凉四性之分。如绿豆性寒无毒，清热解毒，生津止渴；菊花苦平无毒，清热明目；羊肉甘苦大热无毒，补虚祛寒。西瓜则有"天生白虎汤"之誉，用于发热、口渴、尿赤。百姓夏天喜喝绿豆汤、菊花茶，并以西瓜为餐后水果；冬天则食涮羊肉，在不同节令，对各种食物的选择正是基于对食物功效的了解。饮食宜忌要随四季气温而变化，这就是中医"天人相应"的生态观。

中医所说的"忌口"，也是由食物的四性所决定。《神农本草经》云："疗寒以热药，疗热以寒药"，能治疗热证的药物大多性寒或性凉，而治疗寒症的药物则性温或热。热性或温性食物，适宜患寒症或阳气不足之人；寒性或凉性食品，适宜热症或阳气旺盛者。前者忌吃有寒凉性的食品；后者忌吃温热性食物。温热性食物能够温补、散寒、壮阳，寒凉性的食品则能清热泻火、滋阴生津。不懂食物之"性"，就很难明白饮食宜忌。体质偏热，如发烧、伴有急性炎症的患者忌吃羊肉与狗肉，以免"火上浇油"。体质虚寒，胃寒、哮喘病人，应忌食猪肉、鸭肉、绿豆、竹笋等寒凉性食物。吃寒性食物时需与热性食物搭配，以保持平衡：如螃蟹性寒、生姜性热，故吃螃蟹时要佐以姜末。如果破坏摄食食物四性的平衡，自然有损健康。

5. "五味调和，不可偏嗜"，膳食的五味平衡。

膳食五味调和才能相得益彰，五味调配得当可增进食欲。辛味宣散，能行气、通血脉，促进胃肠蠕动，增强消化液分泌，提高淀粉酶活性，促进血液循环和新陈代谢，祛风寒、通经络。甜味有补益强壮之功，能消除肌肉紧张，但进食过多易发胖。酸味收敛、固涩，能增进食欲、健脾开胃，但过于嗜酸会导致消化功能紊乱。苦味清泄，如苦瓜味苦、性寒，可清热、明目、解毒、泻火，适宜中暑、目赤、疮疡、疖肿者食用。茶叶苦甘而凉，有清泄之功，可清利头目、除烦止渴、消食化痰。咸味能软坚散结、润下。中医一贯强调食盐不可过量，《素问·生气通天论》中说："味过于咸，大骨气劳，短肌，心气抑。"意指咸味吃得太多，会伤害骨骼，出现肌肉萎缩，心气抑郁。现代医学证明，高血压、动脉硬化、肝硬化、中风及肾脏病的增加与过量摄入食盐有密切关系。中医食疗主张"谨和五味，骨正筋柔，气血以流，腠理以密，如是则骨气以精，谨道如法，长有天命"。意思是说，注意饮食五味的调和，就能使骨骼正直，筋脉柔和，气血流通，人健康方能够得到保证。中医称"酸入肝，辛入肺，苦入心，咸入肾，甘入脾"，"五味入口，各有所归"，描述了食物各归其经，对机体靶器官功能发挥作用的现象。

6."食宜细缓，不可粗速"，就餐速度快慢的平衡。

《养病庸言》一书中说："不论粥饭点心，皆宜嚼得极细咽下"。《医说》中记述说："食不欲急，急则损脾，法当熟嚼令细"。咀嚼是摄食及消化的重要环节，进食时细嚼慢咽，能使唾液大量分泌，唾液中的淀粉酶可帮助食物消化、溶菌酶和分泌性抗体可杀菌解毒。唾液在咀嚼过程中与食物混合、同时细嚼将食物磨碎，都可促进食物的消化和吸收。而缓食又能使胃、胰、胆等消化腺得到和缓的刺激，令其逐渐分泌消化液，避免因"狼吞虎咽"而使消化器官难以适应。因此"食宜细缓，不可粗速"，掌握就餐的节奏十分重要。20世纪60年代，敬爱的周恩来总理曾指示大学生，为了保证健康，每顿饭进食时间应不少于15分钟。

人每天大约分泌1—2升唾液，其中含球蛋白、粘蛋白、氨基酸、溶菌酶、淀粉酶、生长激素、钾、钠、钙等，有助消化、抗菌、抗衰老、消炎、免疫等生物功能。因此，进餐时应该细嚼慢咽，让唾液将食物充分拌和后咽下，不仅有益消化，还有预防消化道癌症的作用。唾液还有解毒防癌的功能，具有使致癌物质转化为无害物质的神奇作用。将唾液加入到强烈致癌物质(如亚硝胺、黄曲霉毒素、苯并芘及可疑致癌物烷化剂、烟油、鱼和海味食物的焦糊物)中后，各种物质对细胞的致突变性在30秒钟内可完全丧失。此外，唾液对化学合成色素，防腐剂等食品添加剂也有明显解毒作用。

7."饮食以时"，就餐时间和饥饱的平衡。

每个人的进食量随年龄、性别、体质、工作种类不同各异，摄食不足，气血得不到补充，就会出现乏力、气短等症状。但"饱食伤肠胃"，饮食过度也会引起"富贵病"。饮食忽多忽少，还会诱发胃溃疡。所以要"吃到八分饱"，"凡食之道，无饥无饱，是之谓五藏之葆"。古人主张"先饥而食，先渴而饮"；饥不可太饥，饱不可太饱，这就要掌握饥与饱的平衡。每日饮食要有规律——即"饮食以时"。传统一日三餐制非常符合科学道理，早餐要吃好，废止朝食论是不可取的，"一日之计在于晨"，上午是脑力、体力活动的关键时间，早餐马马虎虎、瞎凑合，九、十点钟就会饥肠辘辘，大脑兴奋性降低，注意力不集中，工作和学习效率下降。同时，由于胃排空后，夜间分泌的胃酸需要早餐吃下的食物中和，不吃早餐，胃酸就会刺激胃壁，是胃溃疡发生的诱因之一。

科学的吃法应该是"早餐要吃好、午餐要吃饱、晚餐要吃少"。每日三餐的分配要根据生理状况和工作需要来决定。一定要记住，晚餐"少吃一口，舒服一宿"。晚餐进食过多，对健康无益。

8."食前忌动，食后忌静"，就餐前后的动静平衡。

就餐前后的动静的平衡同样也很重要，《论语·乡党》篇中说："食不语，寝不言"。《千金翼方》中说："食勿大言"，"及饥不得大语"。说明古人主张进食前和进食过程中宜保持平静而专致，不可高谈阔论、分心，才能够有利于食物的吸收和消化。古人言"饮食即卧，不消积聚，乃生百疾"，强调饭后一定要适当活动，俗话说"饭后百步走，能活九十九"，说明在进食之后，缓行散步有利于食物消化，可促进健康。

9."胃好恬愉"，进食前后的情绪平衡。

"胃好恬愉"，进食前和进食中保持平静愉快的情绪，有利于消化功能正常进行，否则则会危害脾胃。古人说："食后不可便怒，怒后不可便食"，进食过程中一切反常的情绪都应尽力排除。《勿药元诠》一书也指出："怒时勿食，食时无怒"。民间也有"气恼勿食，忧郁慢用"之语。音乐对于消化功能有很大的影响，《寿世保元》一书中说："脾好音声，闻声即动而磨食"。我国的道家不仅有"脾脏闻乐则磨"之说，还有一整套"音符"和"梵音"的秘传，奏出柔和清悦的音乐配合进食。

现代医学发现人体腹部有复杂的神经网络，被称为"腹脑"。人腹部神经网络非常复杂，约有1000亿个神经细胞，多于骨髓细胞，与大脑细胞数量相等，被称为"腹脑"。当毒素进入体内后，腹脑最先察觉，并立即向大脑发出警报，大脑指挥机体迅速采取呕吐、痉挛或排泄反应。已知体内的神经递质95%来自腹脑，已发现50余种调节胃肠功能的激素。"食后不可便怒，怒后不可便食"。进食过程中一切反常的情绪都应尽力排除。因为"胃好恬愉"，进食前和进食中须保持平静愉快的情绪，有利于消化功能的正常发挥。《素问·举痛论》中说："怒则气上，喜则气缓，悲则气消，恐则气下，惊则气乱，思则气结"。很难设想，人体在气血紊乱的情况下，还能保证消化功能正常进行。

10．进食量与体力活动，能量入与出的平衡。

保持进食量与体力活动的平衡，即能量入与出的平衡非常重要。因为导致肥胖的根本原因是能量的摄入与支出不平衡。如能做到"量腹而受"，热量就不会储存；反之，摄取的热量超过机体需要，结果必然诱发肥胖。李瑞芬教授的饮食秘诀则是："一日多餐，餐餐不饱，饿了就吃，吃的很少。"她将这套饮食习惯称之为"羊吃草"，适用于老年人以及需要减肥的个体。人类花了100万年才从猿到进化到人，人体的结构就是为步行设计的，由于步行运动量容易掌握，不像跑步等其他运动强度太大，过量有副作用。所以，中国有句古话叫"百练不如一走"。此外，为防止热量摄取过多，油脂、糖、酒等"纯热能食物"都应控制，由于小食品，含酒精、含糖的饮料，冰淇淋，果酱，奶酪等都是糖、脂肪和酒精的来源，而油脂热量高，所以，每日摄取量不要超过25克(0.5两)。

21世纪现代营养学提出了"功能食品"的概念，中华民族几千年的食疗实践奠定了现代营养学对食品功能的理解。战国名医扁鹊说："君子有病，期先食以疗之，食疗不愈，然后用药"。汉代医圣张仲景在《金匮要略》中说："所食之味，有与病相宜，有与身为害。若得宜则益体，害则成疾。"被尊为药王的唐代名医孙思邈称"食能排邪而安脏腑，悦情爽志以资气血"。中医自古以来就用食物治病，称之为"食养"、"食疗"或"食治"。历代中医著作都强调以食物预防疾病，《周礼》一书记述，公元前1066年，周代就建立了人类最早的医疗体系，设置有"食医、疾医(内科医生)、疡医(外科医生)和兽医"，并以食医为先。食医的工作是"掌和王之六食、六饮、六膳、百馐、百酱、八珍之齐"。即调和食味，确定四时饮食，预防疾病。这是人类最早的"营养医学"的实践。中国古代早就提出了"以食代药"的主张，民间传诵着"药补不如食补"的名言。春秋战国时代，中医第一部总结性的经典著作《黄帝内经》中就有"食饮有节，谨和五味"的至理名言。文中"虚则补之、药以祛之、食以随之"，指出患者在治疗过程中不能单靠药物，必须配合饮食调理。至宋朝，《太平圣惠方》列出了对28种疾病的食疗方法：如水肿病人食黑豆粥、咳嗽病人食杏仁粥，明确了饮食的治疗学意义。唐代《备急千金要方》中已有"食治"专篇，收载果实、菜蔬、谷米、鸟兽类药用食物154种。清代名医黄宫绣在《本草求真》一书中说："食物入口，等于药之治病同为一理，合则于脏腑有益，而可却病卫生；不合则于人脏腑有损，而即增病促死。"中医认为食物的客观效果与药物有相似之处，历代《本草》中药物与食物均混为一谈。记载了各种食物的性、味、归经、功能和主治。煎熬复方中药就是发挥不同药物的综合治疗效果，这和多种食物搭配烹饪，发挥综合协调作用如出一辙。

在21世纪，人们对生命的期望值不断增加。许多研究显示出食品可以对机体的一个或多个靶目标功能产生有益的影响，认识到食品是有功能的。1996年，欧洲学术界提出了"功能食品"的概念。"功能食品"包括两方面内容：a. 要求能提高或增强已经发现的有关健康功能；b. 要求能通过食用此食品减少人体患病的危险。欧洲营养学界认为功能食品是食品而不是药品，必须是大众的消费水平可以承受的，功能食品可以预防并有意义地减少某些慢性非传染性疾病，这同中医食疗理论不谋而合。欧洲学术界界定了有关食物功能与人类生理学研究的六个主要领域，其发表在《英国营养学杂志》上，包括：

1. 食品功能与机体生长、发育和分化功能；
2. 食品功能与被作用机体的代谢功能；
3. 食品功能与机体对活性氧化物质的防御功能；
4. 食品功能与机体心血管系统功能；
5. 食品功能与机体胃肠生理与功能；
6. 食品功能与机体行为与心理功能。

"天生万物，无一而非药石"，"凡膳皆药"体现了中医生态医学的理念。菊花茶、芹菜能够调整血压；白薯也叫红薯，其含8%的膳食纤维，通便功能很强。李时珍称："红薯食之使人长寿少疾"，"红薯能补中、和血暖胃肥五脏，充粮食延年益寿"。日本东京大学对130种植物性食物抑制胆固醇生成的功效进行研究，发现红薯的作用是其他食物的10倍。进食粗粮也有利健康。膳食纤维包括纤维素、半纤维素、果胶、树胶及海藻多糖等，这些成分不能被小肠中的消化酶消化，在大肠中却可以作为益生元发挥作用。

"得谷者昌，失谷者亡"，米油是米粥熬好后漂在表层的浓稠液体，其味甘平、入脾胃。明代李时珍称："黑瘦者食之，百日即肥白，以其滋阴之功，胜于熟地也"。有个婴儿由于早产，体质虚弱，脸色苍白，连吮吸奶的力气也没有，这样的孩子一般很难存活。但我国营养学家依托中医理论，先给孩子喂米油，以满足其所需热量。再逐步给孩子膳食中加奶粉、蛋黄、鱼肉泥，增加氨基酸的均衡供给。并另加鲜菜汁、果汁以保证维生素和矿物质的供应。调理不足百日，婴儿体重即超过了正常发育的同龄孩子。

中医自古有"以形补形"的理论，象形药食有补益作用，如核桃像脑、所以补脑，豆类像肾和睾丸、所以补肾，中国的杏仁像心脏、所以补心，百合形似肺，所以有补肺之功。我有个同学，年年冬天闹咳嗽、气喘，后来从兰州买新鲜百合回来，每天蒸熟了吃，吃了一个冬天，咳嗽、喘病都没犯。芡实在南方叫"鸡头米"，妇女吃了有补益作用，就是因为芡实的形状像妇女的乳房。

中医食疗还有"以脏补脏"的理论，"天麻鱼头汤"在马来西亚卖得特别火，为什么呢？因为能预防老年痴呆。"黄豆炖猪蹄"可以预防妇女骨质疏松。传统发酵食品也有很好的保健功能，如豆豉含尿激酶，有溶栓作用。做饭的时候并不一定非得放盐，把豆豉粉碎了，加点豆豉粉不是一样吗？用黄豆酿造的酱油也是健康食品，新加坡研究发现，老抽酱油的抗氧化能力是红酒的十倍。近年日本往中国推销"纳豆"，纳豆就是豆豉前发酵的半成品，山东省沂蒙山地区农村的居民就有在家中将黄豆发酵，做成类似纳豆的食物食用的传统习惯。

1999年10月，美国食品药品管理局（FDA）宣布：源自东方的黄豆能减少冠心病风险的健康声明。其正式条文是："每天食用25克黄豆蛋白（即一两豆腐），就可以减少患冠心病的风险"。中医说："大豆性味甘平，不凉不燥，益气养血，清热解毒，宽中下气，健脾，利水消积，通便定痛，是治疗虚劳内伤，消渴水肿，温热伤寒的佳药。为什么现在乳腺癌这么多，就是因为雌激素的滥用。大豆异黄酮是一种植物雌激素，其化学结构与乙烯雌酚类似，大豆异黄酮能促进女性性器官发育和骨骼中钙的沉积；降低血胆固醇水平，防止动脉粥样硬化。它刺激乳房、子宫内膜细胞受体的强度仅为自然产生或人工合成的动物雌激素的千分之一，所以非常安全，而补充异黄酮最好的方法就是吃天然大豆。

绿豆清热解毒、抗炎消肿、保肝明目，有"解百毒"之功。中医学十分重视皮肤病的整体观，即"病于内，必形于外"。老年人皮肤搔痒（"热痒"）是因内热引起的，只须将绿豆加水，稍稍泡煮，饮绿豆汤，同时用绿豆汤擦身，就能够收效。绿豆中还含有一种植物性的抗病蛋白质——脂转移蛋白，体外实验发现其具有抑制细菌和真菌生长，并观察到其对金黄色葡萄球菌也有明显的抗菌效果。绿豆蛋白还具有解毒功能，自古绿豆就有"济世之谷"之誉，对农药、重金属、"瘦肉精"中毒均有解毒作用。

酒既可作饮料和调料，又可活血、养气、暖胃、驱寒。中国自古有"医源于酒"之说，繁体字"医"字写作"醫"，下半部的"酉"字，古汉语中即代表酒。"酒能祛百邪"，所以酒对健康很重要，古人说"酒为百药之长，饮必适量"。咱们现在的问题是"酒杯一端，政策放宽"，喝起来就没谱了。李时珍说"酒能够消冷积寒气，燥痰湿，开郁结，止水泄，……杀虫辟障，利小便，坚大便等"，适量饮酒能舒畅心志、解忧忘愁、振奋精神，可帮助人保持心理健康。所以曹操说"何以解忧、唯有杜康。"还得喝。但是过量饮酒，酒精凶相毕露。李时珍指出："过饮败胃伤胆，丧心损寿，甚则黑肠腐胃而死"。唐代名医孙思邈也告诫嗜酒者："久饮酒者烂肠胃，溃髓蒸筋，伤神损寿"。喝酒喝的多少最好呢？饮白酒半两至一两，血中酒精溶度达到万分之二，此时饮者神清气爽、有欢快感；如果再继续喝，血中酒精浓度达到万分之四时，就出现了酒后吐真言、兴奋多语，喜欢显示自己的孔雀状态；因酒能壮胆，故接着喝，血中酒精浓度达万分之八时，饮者自觉力大无比，出现了狮子状态；再接着喝，血中酒精浓度达万分之十二时，是酒后误事期，此时饮者自控力降低，高级神经活动被抑制，行为失控，出现上窜下跳的猴子状态；如果再喝，喝到血中酒精浓度达万分之十六以上，就发生思维混乱，朦胧困倦的醉酒状态——即狗熊状态，倒头睡觉去了。宋代著名爱国词人辛弃疾曾对酒而发说："物无美恶，过则为灾"，希望大家记住这句话。

古书《淮南子》记载："神农尝百草之滋味，水泉之甘苦，令民知所避就。一日遇七十二毒，得茶（茶）而解之。"表明了茶叶所具有解毒功能。这是人类最早关于茶的记载，当时人们对茶是很敬畏的，所以茶被收集在第一部药典《神农本草经》里。唐代陆羽著《茶经》以后，茶变成了大众化的饮料，成为老百姓居家过日子的"开门七件事"之一，即柴、米、油、盐、酱、醋、茶。中国的绿茶是特别健康的天然饮料，绿茶的茶多酚含量特别高，儿茶酚的衍生物EGCG是绿茶中的功能因子。英国诺利奇约翰·英尼斯中心(JIC)和西班牙穆西亚大学在2005年完成的联合研究发现：茶叶中的多酚衍生物EGCG能攻击人体肿瘤细胞内的双氢叶酸还原酶，其是当今最新的抗癌药攻击的对象。每天饮两到三杯绿茶的人，血液中就含有足够的EGCG，可以使癌细胞的双氢叶酸还原酶(DHFR)失去活性，从而杀死癌细胞。JIC的罗杰·索恩里教授说："这是我们首次清楚而又科学地解释了绿茶阻止癌细胞扩散的原因。"据不完全统计，我国16种中医古籍中，记载有关茶叶的内容约20项，其中描述茶叶所具有的不同药效共219条之多。难怪唐代《本草拾遗》称："诸药为各病之药，茶为万病之药"。绵延数千里的古代"丝绸之路"两侧，蒙、藏、回、维吾尔等少数民族以牛羊肉、奶酪为主食，由于蔬菜缺乏，砖茶成为特需品，故当地有"一日无茶则滞，三日无茶则痛"；"宁可三日无粮，不可一日无茶"的民谚。

　　"遍尝百果能成仙"——中国人非常讲究吃红枣，"一日吃数枣，终身不显老"；"五谷加红枣，胜似灵芝草"；"门前一棵枣，红颜不显老"；"要想皮肤好，粥里加红枣"等许多民谚说明了红枣的健康功能。

　　美国康乃尔大学食品科学和技术系研究证实："每天吃一个苹果可防病是有科学依据的"。康乃尔大学的专家指出："与其他水果相比，新鲜苹果是预防老年痴呆症的最佳选择"。

　　香蕉富含碳水化合物，每百克香蕉可产生90千卡热量。香蕉还富含保障心血管、中枢神经系统和肝脏正常工作的钾。一天吃3—4根香蕉，就能满足机体对钾的需求量；香蕉含的膳食纤维不仅利于通便，还有助于糖和脂肪的吸收；香蕉含大量维生素E和维生素C，维生素B6尤其丰富。高血压患者一天食用5根香蕉，降压药用量可以减半。土耳其等国的居民视香蕉为安眠药，因为香蕉所含的钾和5-羟基色胺的前体物质可以消除焦虑。日本医学专家发现香蕉可以减轻胃溃疡的疼痛，修复受损的溃疡面。香蕉也是使人快乐的水果。我在欧洲做访问学者时，发现营养生理研究所的德国同事加班都带两根香蕉。香蕉和土豆是人类食物中含钾最高的食物，心脏功能不好，往往容易缺钾，所以适当吃些香蕉、土豆是有好处的。

白内障在65岁以上的人群中发病率很高，研究发现：叶黄素可在晶状体中沉积。叶黄素与玉米黄素的高摄入可抑制白内障发展，故叶黄素与玉米黄素与晶状体的清晰程度有关。大量进食含丰富类胡萝卜素的食物，女性患白内障的风险下降22%，男性下降19%。中药枸杞子有明目之功，杞菊地黄丸也有明目功能。香港理工大学研究发现，每日服食少量枸杞，可降低出现老年退化性黄斑症(AMD)的危险。人类眼底黄斑主要由玉米黄素组成，其有助于抗氧化及吸收损害眼睛的脆弱细胞组织的蓝光。参与临床观察的治疗组病人一连28天每日服用15克枸杞，对照组则饮用清水，第29日晨，空腹抽血测定发现：服用枸杞组的患者，血中玉米黄素浓度增加了2.5倍。

古代中医第一个食疗方是"生姜当归羊肉汤"，汉代《金匮要略》将"当归羊肉汤"方收载。中医说猪肉性平、羊肉大热，并认为"羊肉效同人参"，最近谜底得以揭开。原来羊肉中含大量左旋肉碱(2.1g/kg)，其他肉类中则少得可怜(牛肉仅0.64g/kg，猪肉仅0.3g/kg)。由于左旋肉碱可促进体内长链脂肪酸燃烧，有19个国家已将其作为婴幼儿食品的添加剂。中华民族的先贤在对现代科学毫无所知的古代，有如此深刻的洞察力，令我们钦佩不已。

中医说蜂蜜入药之功有五——"清热、补中、解毒、润燥、止痛。"

为什么说消费蜂蜜是爱国行动呢，因为增加了蜂蜜的消费，蜂群就多了，蜜蜂一多，传粉的昆虫就多了，传播的花粉多了，农业就发展了，整个食物链、产业链都被带动了。

老年人腰腿疼，有一个非常简单的食疗方法，即每天早晚各吃两个生栗子，要生吃细嚼，把它嚼成浆再咽下去。坚持一段时间，就会收到效果。古代有首诗形象地介绍了这个食疗方法："老去自添腰脚病，山翁服栗旧传方，客来为说晨与晚，三咽徐收白玉浆。"南方的许多菜肴，如炖鸡、煮肉都要加栗子一起烹饪，这是很有道理的。

古籍《尔雅》称："凡草可食者，通名为蔬"；神农尝百草，将其分为可食的菜和不可食的草，而不宜常食、有药效可医病的则称为草药。"五菜为充"绝非仅仅是为了填饱肚子，而是几千年养生保健的体验！正如《本草纲目》所述："谨和饮食五味，脏腑以通，血气以流，骨正筋柔，寿命可以长久……，菜之于人，补非小也"。《本草纲目》"菜部"前言中曰："五菜为充，所以辅佐谷气，疏通壅滞也"；杨恒《六书统》谓："蔬，从草从疏。疏，通也，通饮食也"，可见古人已了解蔬菜有"疏通壅滞"之功。

自从1498年，葡萄牙航海家瓦斯科·达·伽马发现坏血病后的250年中，它一直是远洋航行的大敌。当时从欧洲启程到达印度洋，最少需要九十天，而且没有中间港口可以停靠。1497—1499年，瓦斯科·达·伽马在去印度的首次航行中，坏血病造成百余位水手中的绝大部分丧生。1520年麦哲伦横渡太平洋到达关岛时，船上几乎所有海员都患了坏血病。16世纪，英国海军的阵亡率与病死率的比例竟达到1：50。

"坏血病"是因长期缺乏维生素C(即抗坏血酸)引起的。令人感兴趣的是，明代郑和率领的庞大中国远洋船队七下西洋，人数多达二万七八千人，每次航行的时间长达2—3年，却从来没有患"坏血病"的记载。从明代史料中了解到，当时中国船队的食谱中，包括有含抗坏血酸丰富的天然饮料绿茶以及用黄豆、绿豆泡发的豆芽。由于船队中配置有运输淡水的"水船"，在船舱中用木盆栽种新鲜蔬菜，保证了船员的营养。中国船员正是食用了富含抗坏血酸(Vit.C)的各种食物，才奇迹般地免遭"坏血病"的威胁。这一历史事实是中国传统饮食结构综合营养功能的生动体现，雄辩地证明中华民族传统膳食结构的深厚的科学内涵！

"姜能疆御百邪"，按中医理论，姜是助阳之品，素有"男子不可百日无姜"之谓；姜含有挥发性姜油酮和姜油酚，有活血、祛寒、除湿、发汗之功；特别是姜有利胆、健胃止呕、辟腥臭、消水肿的作用，与蜂蜜合用对肝病恢复有益。"家备小姜，小病不慌"，"夏季常吃姜，益寿保安康"，"冬吃萝卜夏吃姜，不劳医生开药方"，"四季吃生姜，百病一扫光"，"早吃三片姜，胜过人参汤"，诸多民谚都反映了生姜的保健功效。所以吃菜的时候，那块姜别扔了，吃掉它对健康有好处。

菜花在欧洲被称为"穷人医生"和"抗癌之花"，18世纪中期，欧洲有一种名为"布哈尔夫糖浆"的药液，便是用花菜汁加蜂蜜配制而成，治疗肺结核与咳嗽疗效甚好，救了不少穷人的命。随着研究的深入，科学家发现，菜花防治胃癌、乳腺癌效果更好。菜花不但能补充硒和维生素C，还能提供丰富的胡萝卜素，阻止癌前病变，遏制癌肿生长。乳腺癌与体内雌激素水平过高有关，菜花内含有的含氮化合物吲哚，能降低体内雌激素活性。通过使雌激素失去活性，阻止活性雌激素对乳房细胞的刺激，起到抗癌防癌的作用。

菠菜性凉味甘，入肺、肠、胃经。有养血、止血、敛阴、润燥、通利肠胃、健脾和中、可解酒毒和热毒。并可治尿血，便血、大便涩滞、小便不畅、夜盲等。唐代名医孟诜说菠菜"利五脏、通肠胃热、解酒毒"。《随息居饮食谱》认为菠菜能"开胸膈，通肠胃，润燥活血，大便涩滞及患痔人宜食之"。《儒门事亲》指出：凡老人久病，大便涩滞及不通者"时服葵菜、菠菜、猪羊血，自然通利也"。菠菜是含叶酸很高的蔬菜，哈佛大学研究发现，常吃菠菜可维持正常视力和上皮细胞的健康，防止夜盲症，增强抵抗传染病的能力，促进儿童生长发育。对预防口角溃疡、唇炎、舌炎、皮炎、阴囊炎有很好的效果。美国哈佛大学研究发现，中老年人每周食用2—4次菠菜，可降低视网膜退化的危险。

油菜消肿化淤，身上长疖子，长无名肿物，糊上些捣碎的油菜就能够治好，唐代的名医孙思邈脑袋上长了一个疖子，疼痛难忍，就用这个方法治愈。古代文献记载，油菜外用可治丹毒、乳痈、疮疥、无名肿毒，屡试屡验。

"欲得长生，肠中常清，欲得不死，肠中无滓"。2006年，美国"科学杂志"(SCIENCE)报导：发现乳腺癌的患者中有很大比例的病人有习惯性便秘。如果看到病人脸上黑乎乎的，没有光泽，这个人准拉不出屎来，古人说"面晦者，必便难"。因为通便是一个非常重要的机体排毒过程。如果不能够按时通便，发生习惯性便秘时，肠道内的生态菌群的构成就会发生巨大变化，会产生一种叫"梭状芽孢杆菌"的有害细菌，由于梭状芽孢杆菌的代谢产物非常类似于雌激素，所以它会攻击人体的靶器官乳腺，从而诱发乳腺癌。

生吃细嚼萝卜可以抗癌，抗病毒。古话说"萝卜上市，郎中下乡"，2003年抗击SARS的时候，许多老百姓来电话问："现在有钱人打胸腺肽，钱少的打干扰素，没钱的穷人怎么办呢？"我回答说，可以吃萝卜呀。萝卜里面含有一种叫"干扰素诱生剂"的成分，只要每天生吃细嚼100克到150克萝卜，体内就可以产生足够的α-干扰素，对抗和杀灭SARS病毒。十字花科的萝卜，像白萝卜、水萝卜、卞萝卜、心里美萝卜都有此功能。1996年美国医学研究中心(NIH)宣布，发现补充β-胡萝卜能促进肺癌生长，所以从那个时候开始，化学合成的β-胡萝卜素销售量大幅度下降。1997年，美国医学研究中心(NIH)宣布，我们不主张添加任何营养素预防肿瘤，食用黄色和深绿色蔬菜可以使肿瘤发病率下降20%。所以，预防癌症不能依靠营养素而要依靠食物。植物性食物可以从三个环节来阻断肿瘤的发生，第一个环节是阻断致癌物的前体，第二个环节是阻断致癌物的启动，第三个环节是阻断损伤细胞的癌变。所以多吃蔬菜水果、谷物等植物性食物，就能收到预防肿瘤的效果。

康奈尔大学柯林·坎贝尔教授的《中国健康调查报告》一书指出，富贵病(糖尿病等)就是高蛋白质饮食引起的。为了避免重蹈西方发达国家的覆辙，根据国情调整、优化食物结构，教育民众接受平衡膳食的主张，坚持中华民族传统膳食结构，引导全民族科学、合理地进行食物消费，已是当前刻不容缓的历史任务。

"温故而知新"，历代先贤给我们留下了许多宝贵的遗产——如《齐民要术》、《安平公食学》、《饮膳正要》等许多食疗著作；但现代对传统食品进行系统调查、科学整理、认真发掘的学术成果却寥若晨星。有趣的是国外学者对中国传统食品却倍感兴趣：诸如"中国发酵豆制品的菌种及其演变"，"中国不同地域豆腐的制作机理"，"中国豆腐中微量元素的研究"，"使用天然碱水的兰州拉面"等研究论文不一而足。人类文明中的东西方文明恰好构成一阴一阳的对立统一关系，人类文明的双向性导致两者相互补充、相互渗透，只有将两大文明中的精华结合在一起，才可能出现更加高级、完整的人类文明形式。当前世界回归自然之风劲吹，以食代药，以食治疾的思想受到广泛关注。立足丰富的食品资源，依附古老的中医药学，使中国的"食疗"备受青睐。2005年4月，国际闻名的慕尼黑技术大学成立了"营养医学研究所"，说明"食疗"被西方接受的生动事实。

尽管受到"洋快餐"为代表的西方商业文化的激烈冲击，但是在最广大的普通中国人民的日常饮食中，主食和传统食品却仍旧占据着绝对主导的地位。因为这一膳食结构既符合中国以农业文明为特征的食物结构特点，又由我国经济生活水平、人口、农业和自然环境资源条件的平衡所决定；更是数千年中国人民生活经验积淀的结晶。食疗的保健效果是亿万人民几千年亲身实践的总结，是中华民族宝贵的文化财富。在它形成发展的几千年中，浸透着历代先贤的血汗，凝聚着我们民族的智慧，集中、升华了亿万民众的实践、经验、教训和成功；反映了中华民族对人类健康与疾病这一对矛盾，对人与自然之间关系的深刻认识和总体把握。因此一定要站在东西方两个文明结合的高度，认识中医食疗的深刻内涵，"同国际接轨"，绝不是全盘西化。

我们不能有宝不识宝，捧着金碗要饭吃。在学习和吸收国外先进科技成果的同时，还要走中国特色之路。最后，让我们牢记伟大的民主革命先驱者孙中山先生的教导："我中国近代文明事事皆落人之后，惟饮食一道之进步，至今尚未文明各国所不及"。

中国人的建筑观

王贵祥

王贵祥，清华大学建筑学院，教授、博士生导师，建筑历史与文物建筑保护研究所所长。清华大学校学位委员会委员，建筑学分委员会主席；中国建筑学会建筑历史分会学术委员会委员；中国文物学会古建园林分会副会长；中国紫禁城学会副会长。1981年，于清华大学获工学硕士学位；1989年1月至1990年7月，英国爱丁堡大学建筑系，访问学者。1996年，于清华大学获工学博士学位。2001年10月至2002年5月，美国宾夕法尼亚大学美术学院建筑系，高级访问学者。主要著作：《东西方的建筑空间》(1998年)；《中国古代建筑基址规模研究》(2008年)；《北京天坛》(2009年)。主编：中国建筑史论汇刊。主要译著：《世界新建筑·高层建筑》(1998年)；《文艺复兴建筑》(1999年)；《建筑理论史——从维特鲁威到现在》(2005年)；《建筑理论(上)：维特鲁威的谬误——建筑学与哲学的范畴史》(2007年)；《建筑理论(下)：勒·柯布西耶的遗产——以范畴为线索的20世纪建筑理论诸原则》(2007年)；《建筑与文化》(2007年)；《建筑论——阿尔伯蒂建筑十书》(2009年)。

　　你们的这个会给我出的题目好像是谈建筑的艺术，建筑的欣赏。但实际上欣赏很难有一致的看法，因为仁者见仁，智者见智，这里面有文化的差异，有教育背景的差异。比如说我刚刚去美国参加一个活动，聊起天来了，很多中国人的喜庆的日子，很多美国人很热情去祝贺，穿着白色的衣服，还拿了很多的白花。中国人觉得很扫兴，我的喜庆日子怎么会这样。这就是一种差异，建筑的艺术欣赏也是这样，对同一个建筑，每个人感觉都不一样的。我举两个很有代表性的例子，我和我的老师莫宗江先生出去考察，他看到那些地方的清代建筑，经常摇头，哎呀，太糟糕啦，艺术水平太低了。特别是那些清代的佛像，雕像，哎呀，糟透了，简直是对艺术的亵渎。他经常这样，哎呀，糟透了，糟透了，这是很高的艺术鉴赏水平。另外再看，我们到一个地方去了，地方干部带我们去看一个园子，里面堆满的乱七八糟的石头，你凑近了看，会觉得很堵心的，可是他却说你看多美啊，这显然是低俗的欣赏水平。这就说明建筑的欣赏真的是仁者见仁，智者见智的事情，这里面有文化的背景，有教育背景的关系，也有社会背景，社会阶层的关系，所以我就不从这个角度谈，我想稍微谈一点道理，中国建筑怎么回事，那么我的论题就是中国人的建筑观。我们对中国古代的建筑了解多少呢，我们所受的建筑教育基本上是西方的理论，所以我们的思想很多是西方的传承，我想作为一个比较，很快的把西方人的建筑观介绍一下，这样我们才好进入中国。

很多人知道，西方建筑是非常厚重的，纪念性的，向上的，是富有精神味的，也是非常几何的，讲这些可以说出很多了。最早系统地从建筑学的意义上来讲的是古罗马的一个叫维特鲁威的建筑师，他写过一本书叫《建筑十书》，这是我们所知道的西方唯一一部尚存的古罗马时代的建筑学手稿。从文艺复兴以来，西方所有的建筑理论基本上都是围绕威特鲁维的建筑思想来展开的，也就是说，西方建筑理论的话语体系，都是围绕威特鲁维的建筑思想来的。威特鲁维已经从宗教的那种非常迷茫的方向上分离出来，他非常理性，他的原则很简单：坚固、实用、美观。我们很多人可能会说我们现在的原则经济、实用、美观是从维特鲁威来的。没有这回事。我们后面也会谈到，这个原则在西方延续了很长时间，至少在公元1400年的时间内西方没有太大的变化。到了15世纪，在建筑学领域又出现另外一位大理论家，叫阿尔伯蒂，阿尔伯蒂有很大的一本书叫《建筑论》。他仍然坚持了威特鲁维的建筑原则，即坚固，实用，美观。所以说2000年之间，西方人一直没有跳出这三个原则。那么15世纪以后呢，实际上西方还是沿着这条路在走。比如说在文艺复兴时期一个著名的理论家叫特里希洛。他开宗明义的说，作为艺术的建筑，关注的是人类的居住，为人类生活的适用和愉悦提供一个基础。建筑是为了人的居住的，要方便居住，看着高兴，愉悦。所以，如果说威特鲁维把坚固放在第一位，而特里希洛则把居住放在第一位。建筑师的首要职责是确保这种为居住者而提供的适用，所以实用变成了适用，美观变成了愉悦，其实这说明他的意义就更加宽广了，同时他还加上了便利。那么威特鲁维所说的坚固呢？17世纪已经变成了耐久，启蒙运动开始以后，理性变得地位越来越高了，西方在建筑界越来越强调理性的概念，所以艺术和建筑是由理性来决定的。建筑的理性体现在哪里呢，我们现在讲是功能，而那个时候是什么呢？是造型的比例，所有的东西都是数字的，可以量化的，理性就在比例中间，建筑是比例的产物。这时候就出现了很多的思想家，在强调比例的过程中同时强调了几何的重要性，几何是可以理解的，所以斯卡莫奇。这个大理论家就强调建筑是一门科学，法则就是理性，而且这样一种理性是通过运用几何形式，运用西方建筑中的几何来表达的，它是一种有意识的追求。他的一个基本的观点是，凡是几何的就是适用的，而不是反过来说适用的才是几何的，这跟我们现在的建筑思想不太一样，只要是对称的，只要是几何的，只要是合乎比例的就是适用的，他把理性放在这样一种层次上。

到了16、17世纪，商业的发展，资本主义的萌芽，使人们越来越重视经济，所以我们现在说经济、实用、美观，经济这样一个原则是哪儿来的，显然是16、17世纪来的。而在1501年的时候法国一个建筑学家德洛姆提出了建筑应该更完美更省钱，已经把省钱提出来了，这样就第一次把经济性作为一个概念来提。后来又出现了卫生的概念，卫生的概念当然是很晚才出现的，对于建筑的认识越高，要求也越高。我们看一张图就能看出来当时法国人他们对于建筑的认识：（图1）画面的中间坐着女神的基座叫做理

图1 法国十七世纪的建筑观

性，后面两个护卫神一个是坚固，一个是美观，底下的踏阶是便利，便利就是实用。实用、坚固、美观，围绕着理性，前面两个神，一个是实践，一个是理论。所以理论联系实际这个思想不是中国人创造的，西方人很早就有，这样一个画面很典型的代表了十七、18世纪法国人的建筑思想。如此以来坚固、愉悦、理性的思想就形成了。同时也出现了很多思想，例如：建筑的主观性与客观性，风格与个性，经济、卫生和历史建筑保护的思想，如此等等。

现在我们来看另外两位很著名的建筑师勒杜和布雷。勒杜是法国大革命时期很著名的一个建筑师，他在当时就提出了功能主导下的统一，适用和经济。另一个是法国建筑师迪郎，他提出适宜、经济、坚固、卫生、舒适、对称、规则、简单等建筑原则，认为建筑唯一目的是找到最适合、最为经济的步骤。所以我们现在的口号、经济和实用，在可能的情况下注意美观，不是我们自己的创造，而是我们延续了西方几千年的建筑理念的成果。在19、20世纪，西方的理念也在变化。最主要的就是它对古代的那几个原则——坚固、实用、美观进行了反复斟酌，发现它不能覆盖很多东西。比如说形式和功能，形式有两个方面，一个是造型；另一方面，比如说大家常见的大屋顶，除了美观以外，它还有一个意义（meaning）在里面，建筑是要说话的，它要表明自己是哪个时代的，自己是某个建筑师的，自己是什么地方的。同时它要说自己是纪念性的，是宗教性的，这就是meaning。这就出现了三个基本的原则：形式、功能、意义。从形式的角度，西方人从20世纪初就做了大量的探索。当时美国，欧洲还在谈论传统建筑的时候，他还在谈论一个很简单的形式，就是块、面和线。康德提出要追求一个很简单的半圆，这虽然是一个功能主义的东西，但他也在探索形式。马赛公寓这个建筑，现在批评的人很多。但这是20世纪理念下，形式、功能、意义相结合的产物。落水别墅，它更强调的是形式，当然也包括环境的因素和有机性。所以，20世纪的人除了探讨形式、功能和意义外，他们也在思考建筑的原则除了坚固、实用、美观，它还应该有一些别的思想。比如说文脉（context），建筑不是孤立的，建筑不应该给人很难接近的感觉。建筑应该和周围的环境对话。Context，这个词中文翻译成"文脉"，这个翻译不准。其实它的原意是上下文，这个上下文可以是历史的。比如说在北京，建筑就要和北京的历史对话，一条小街就要和周围的自然环境对话，比如刚才提到的落水别墅，它最成功的地方就在context。它跟周围的自然环境很好的交流和对话。Context，是一个很重要的概念，譬如说我们的国家大剧院，它如果放在上海，或者远郊，就不会看起来不舒服。但是它放在北京的中心，就缺少和周围环境的对话，和故宫的对话，和北京几千年历史的对话。这是context的问题。除此以外，建筑还有一个意志的问题，建筑有某种意愿（will）在里面。比如说我们50年代建人民大会堂，建十大建筑。这就是要表达我们中国人民刚刚站起来时的一种民族精神。建筑有意志，建筑师也有意志。我想做什么东西，我要表达什么东西，这就是一种view。所以，意志也是一种理念。除了意志，还有结构，结构也是理念，包括材料和材料的表达。所以建筑的理念不仅仅是坚固、实用和美观，其实还有个性、形式、功能、意义、结构等涵盖很广的东西。以上是对西方建筑理念的一个很简单的回顾。

那么下面就有一个问题，西方人的思想从哪里来的，西方人的思想绝对不是空穴来风，它是有一个来源的。坚固、实用、美观的来源，按照西方人的说法，就是直接从柏拉图来的。威特鲁维的建筑三原则和柏拉图的哲学三原则是对应的，哲学三原则是什么呢？真，善，美。按照英国人史密斯·卡彭对"美"的分析，柏拉图提出来和谐、均衡、数字，说到力量，说到身体，说到形式，说到存在，说到实在；而说到"善"的时候，要说到亲切，跟中国人的善很接近，然后实践，过程，效用，特别重要的是效用、有用、作用，所以跟建筑的功能关联很大；说到"真"的时候，包括知识、心灵，还有品质、高贵、等级。所以真、善、美跟建筑的三原则坚固、实用、美观是紧密相连的，善跟实用是关联的，美跟美观、愉悦是关联的。真实，包括好几个概念：材料的真实，结构的真实。建筑上也有这么一个流派，叫做结构主义，主要是表现结构的，要表现出结构的真实性，是没有任何伪饰的东西，表现出结构的真实性，不但表现出结构本身，还要表现出结构的过程，所以要让结构的过程表现出来。还有材料的真实性，是真材实料，石头就是石头，木头就是木头，不加掩饰。现在看到最近翻译的一本书，斯克鲁顿的，叫做《建筑美学》。他就说如果你在一个很好的厅里面看到有一根大理石的柱子，你就会说哎呀，太美了，太喜欢了。这时如果有人告诉你说，这是人造大理石。你马上会觉得，哎呀！我上当了。结构的真实，材料的真实，包括建筑本身的真实和合理，都跟真有关系。所以坚固、实用、美观跟真、善、美是有关系的。

建筑不是浮在空中的，建筑跟一个民族的文化，理念，思维方式是紧密相关的。我们对中国建筑的理解，也要放在中国人的思维模式、价值观念、哲学观念上。和西方人的真、善、美一样，我们中国人也有很多贯穿很多年的哲学理念，例如仁、义、中庸、中正、德行、知行、礼乐、孝廉等等。我从中抽取了几个思想，我们从这些思想的角度来理解中国的建筑，是不是比简单的看中国建筑有多美多精细要来得实在一点。

领导干部国学大讲堂

一、体正中和的人伦象证
——中庸与正名

第一，中国人在建筑中要表现什么呢？体正中和在中国古代哲学中就是中庸和正名，即中正。这几组和西方的善的概念，和我们中国人的仁的概念比较接近。但是，我们中国人的善和西方人的善不一样。西方人的善首先要有作用，有效用，中国人的善则不谈这个，中国人的善里面更多的是一种伦理的内涵，伦理就跟仁的概念有关系了。仁的概念就是要有一个楷模的作用。儒学的终极不是神，也不是佛家的空无，它的终极是要和圣人的结合。所以叫做止于至善。中国人的善首先是谦让，是中庸，是一箪食，一瓢饮，在陋巷，人不堪其忧，回也不改其乐这样一种非常圣人化的东西。中国人的义也跟善有关系，讲的是乐善好施，是热心相助，已所不欲，勿施于人等等。这个跟西方人的善不很相同。首先要居正，居正才能表现出善来，行端坐正。中国人的思维，行为和建筑都要表现出"正"来。举个例子，有个皇上的话，他说"朕宫中尝辟一室，名为损斋，屏去声色玩好，置经史古书，其中朝夕燕坐，亦尝作记，以自警记曰，尝谓当天下之正位，扶域中之万微"。皇帝是天下的表率了，他要扶天下之万微，所以他要居正，这其实给我们揭示了一个建筑上的基本概念，一定要正。古代中国人的仁和义呢，仁的最高境界就是中庸，子曰："中庸之为德也，其至矣乎！民鲜久矣。"中是什么，我们不过分追究它的哲学概念。它有一个居中的问题，中者，不偏不倚，过犹不及。庸，就是平常的意思。所以臣子说："不偏之为中，不易之为庸。中者，天下之正道，庸者，天下之定理。"中庸和正是有关系的。而中呢，还表现一种人的情绪，"喜怒哀乐之未发谓之中，发而皆中节谓之和。中也者，天下之大本也，和也者，天下之达道也。""由是也，以性情言之，则曰中和，以德言之，则曰中庸。"所以中和，中庸，中正，这都是中国人的表现人伦道德的规范，跟善有点关系。善就是好啊，我们中国儒家的这种善的最高境界就是跟圣人的结合统一，达到仁的境界，中庸的境界。还有一个理念，就是阴阳的观念。"万物负阴而抱阳，冲气以为和"，这是老子的话。就是建筑也好，人也好，都有一个背负，一个面向，这就达到一个建筑上的框架，就是背阴、面阳、和合。中而和，应该是中国人生活和建筑理念的一个很高的标准。"居处就其和，劳佚居其中，寒暖无失适，饥饱无过平"。这样一个概念就基本上把我们中国建筑作了一个定义。我们中国建筑凡是带有一种比较正统的观念的，和人有关系的，比较重要的建筑，例如宫殿、寺庙、衙署、陵寝、住宅，一般都是要对称的。大部分情况下都是坐北朝南的，主要建筑一定要做得很正。因为在族群中间，按照人伦的阶梯，长辈或者是高等级的比较重要的人一定要坐在中轴线上最重要的位置上，然后其他部分的人坐在各自位置上。然后在他的前面，负阴抱阳，一定要有比较空阔的空间。这样基本上形成中国人的基本的建筑观念，这是中和、中正。

还有一种概念叫圆，圆润。中国建筑讲究圆润，因为中和的最高的境界就是圆润。所以中国建筑里头经常有一种理想化的建筑——辟雍。辟雍的本意，辟是一种玉，雍就是圆和，也是中和的意思。圆而中，中而和，所以辟雍是中国建筑最高的一种典范。皇上在辟雍里头去讲学，因为皇上代表一种人伦的规范。辟雍周围有一片水是环绕的圆形，后面叫"彝伦堂"。彝者常，伦者理，都是伦理的东西。另外我们再看中国建筑，凡是最重要的建筑，代表中国人的人格地位的在建筑命名上，都体现了中正，中和，都体现了和的概念。我们知道的紫禁城，故宫主要的建筑。大殿：太和，中和，保和，都是和。两翼的

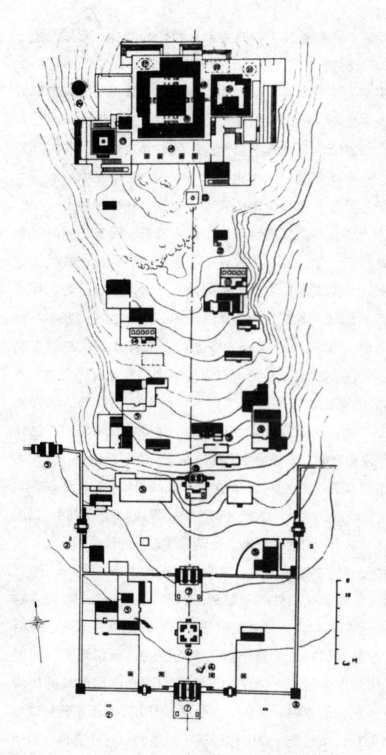

1 山門
2 制碑
3 隔閣
4 幢竿
5 白臺
6 碑閣
7 五塔門
8 琉璃牌樓
9 三塔水口門
10 白臺西方五塔
11 白臺東方五塔
12 白臺鐘樓
13 白臺單塔
14 大紅臺
15 千佛閣
16 圓臺
17 六方亭
18 大紅臺翠樓
19 萬法歸一殿
20 戲臺
21 八方亭
22 落伽勝境殿

图2 河北承德市普陀宗乘庙平面图

建筑：体仁，弘义，都跟伦理宗教有关系。西郊的园林，颐和，还是和。圆明，表现一种圆。万方安和，还是和，但万方安和不是那个和，它又代表天下太平，这是中国人的一种祈求。其实皇上每年都祈求风调雨顺，天下太平。中国人以和为贵，和确实是中国人一个相当高的一个理念。所以我们从建筑上看，他的所有的表达上，其实都是体现一个中正，一个人和的。这个建筑居中，这个天下正中，北京本身的位置选择就是要表达这个位置是天下居中的，在中轴线上。我们知道中国有一个大儒，叫做朱熹。他就说过：冀都，乃天地间好一个大风水。我不是宣扬风水，而是古代人一个思维，它在选址的时候，有一个面向和朝向，两翼的护卫。天地间好一个大风水。当时北京还不是一个全国性的都城，冀都是指北京这一片。为什么说他好呢？背依燕山，左侧的砂，砂是一个风水的概念。右边有太行。左边有渤海，山水对应。前面，左边是泰山，右边是华山，青龙白虎。中间嵩山，案山。风水讲案山，前面有一个案子，就像坐下看书。远处衡山，湖南的衡山。所以他就说北京是正中的，中国的正中地方。这样一种思想是朱熹提出来的，朱熹是南宋的，偏安一隅。恰恰是在元代人进来，选北京也这么说：北京是最正最中，中国的最中心。元人说，北京好，是如坐厅堂，燕山为背，太行为俯，挟山带海，庭院广阔，直达九州，元代人认为这个地方是最好的。还是这样的，为什么把宫殿从元到明到清都把中轴线定在这个地方。它要表现一种中和，太和。

我们看，凡是中国代表性的建筑都是这样的。寺院，祭祀性建筑，住宅，都是居中的建筑，都经过对称的处理。园林是最可以灵活的，但是在宫殿里的园林，如慈宁宫是太后住的，母仪天下，也要正，中正。文化一变异就不一样了，上页那幅图是藏传佛教的建筑（图2），它就不受过分的影响，灵活自如一点。下页那幅图是紫禁城内的慈宁宫花园（图3），虽然是一座园林建筑，但是仍然有非常强烈的中轴线。慈宁宫是退休的妃子们住的地方，这些人曾经是母仪天下之

图3 慈宁宫花园

人，必须强调这个正。我们比较一下，西方的建筑的对称的观念很晚才出现。当时罗马的广场，非常的自如，当时有个概念是均衡，没有对称。对称实际是文艺复兴以后提出来的，可能局部是对称的，但整体间并不在乎，非常随意，没有表现人伦这个道德，中正人和。这是第一个概念，中国人讲究中正，人和，建筑都是对称的，和合的。

二、"卑宫室"的建筑思想：
与奢侈对立的节俭观——仁与义

其实贯穿中国人思想最多的，恰恰跟西方相反，西方人强调坚固，而且强调一种讲究装饰，要有纪念性，要持久。中国人从来没有把持久放在一个很重要的位置，中国人讲的是卑宫室：一个帝王，一

个有道德的人，一个有人伦规范的人，他的建筑要小，不能过分地追求土木，追求大。实际上说到人，实际就是约己，约束自己。核心还是仁义，跟西方的善有点关联，有点像。

"卑宫室"的主张是孔子提出来的，他的核心是约己予人。如果帝王没有约束，他的权力很大，他就会把全国的财产拿来个人享受，所以必须理念要约束他，才能让他接近儒家的人伦道德的要求。他自己说："非饮食而致孝乎鬼神，恶衣服而致美乎黼冕，卑宫室而尽力乎沟洫。禹，吾无间然矣"。我和大禹没有差别，大禹是人们的典范，我跟大禹的观点一样。吃的要简单，自己平常吃饭要简单，但是我要留出好东西献给鬼神。不强调服装的华美，但是强调服装的装饰，因为装饰，表达人的身份。宫殿建筑要卑小，要把力量放在疏通水道、灌溉上。因为中国是农业大国，自古就是这样，中国的自然灾害很多，中国历代的帝王都非常重视水利，所以水利的重视，沟渠的重视恰恰和"卑宫室"是对应的，这种对应反映了两种建筑思想：一种节俭，一种奢侈。这里边包含了礼、乐、孝、廉、智、信等等思想。中国人最高的建筑境界是什么呢？并不是说古代的建筑多伟大，多么高，装饰多好，像西方16世纪，追随古代，都说罗马建筑伟大，希腊建筑伟大。中国建筑谈论古代时从来不说它伟大，都是说它简朴。墨子说尧舜的时候，他就说："堂高三尺，土阶三等，茅茨不翦，采椽不斫。"茅草屋顶，用土阶，根本不加石头铺装。而他认为比较坏的，像夏桀、殷纣那样建筑花费很大的，这样形成一种很基本的概念：节俭是一种美德，建筑应该是卑小的。这种卑小成为许多人的观点，卑小到什么程度呢？最极端的是墨子的观点。墨子说："为宫室之法曰：高足以避湿润，边足以圉风寒，上足以待雪霜雨露，宫墙之高足以别男女之礼。"中国人的建筑不是用来看的，不是为了好看，首先把美观从理念中排除了，不再作为一个标准。中国人讲美观，但不把它当作一个标准，强调的是一种人伦道德、一种礼仪。建筑就是合用，便于生。墨子还批评了当时追求奢侈的建筑思想："当今之主，其为宫室，则与此异矣。必厚作敛于百姓，暴夺民衣食之财，以为宫室。台榭曲直之望，青黄刻镂之饰。为宫室若此，故左右皆法象之。是以其财不足以待凶饥，振孤寡，故国贫而民难治也。君实欲天下之治，而恶其乱也，当为宫室不可不节。"他认为宫室大规模建造会造成政治危机。管子比他稍微有一点经济头脑，管子是齐人，齐鲁思想在中国古代思想是很有特点的。他也反对奢侈，他说："国侈则用费，用费则民贫……台榭相望者，其上下相怨。"过分的建台建榭，彼此都会有埋怨。但是他还是主张要建，如果不建，皇帝的钱就变成私藏了，老百姓穷，不如拿出来建，老百姓还能分一杯羹。"百姓无宝，以利为首，一上一下，唯利所处。利然后能通，通然后成国。……美垄墓所以文明也，巨棺椁所以起木工也"。在他来看，大兴土木，造成一种财富的流动，这样贫困的百姓才有衣食之源。管子是很早的经济学家，很有经济头脑，它比墨子实际一点。"故上侈而下靡，而君臣相得，上下相亲，则君臣之财不私藏。然则贫动肢而得食矣。"就是必要的土木工程给老百姓带来福祉。另外有一些人，真正代表帝王的利益的，像苏秦这样的人物，过去叫法家的。他认为建筑是一种身份的象征，代表了帝王的身份。所以他强调，建筑是一种精神性的东西，明得意。建筑表现的是一种得意，他就认为建筑就是帝王自己意愿充分地放开，所以建筑他怎么想就怎么做，甚至认为建筑建造的让帝王感觉到好看，非常愉快就行。西方人强调delight，他更像是一个公众性的，这里向着帝王的，还是有差别。他的美观不是为老百姓的。所以故宫我们现在随便去欣赏他，现在说多美，古代老百姓是进不去的，当时只是为帝王的，那么这种奢侈的思想很多帝王都有，我们就不再说了。但是我们主张还是要说，中国的主流的思想都是卑宫室，包括孟子，说："堂高数仞，榱题数尺，我得志，弗为也。"如果建筑很高让我感到很高兴，让我感到趾高气扬，我是不会去做的。孔孟是人伦道德至上的，他强调节俭是和他的人伦道德对应的。包括后来的一些帝王，凡是表达自己是圣王的，都要强调自己的节俭，最典型的是李世民。李世民在它最盛的时候，特别有钱的时候，建了一个宫殿，完全用草作屋顶，就是想表达自己和人伦道德最吻合的，建筑的原始阶段就是这样的，左边的图是西方原始的建筑，是一本很重要的西方著作中想象的最初的建筑，就是在几棵树上，搭一个木头，建成一个斜坡屋顶。右边是我们中国的原始的，都很接近，最初人们造房子就是用自然材料搭起来遮风避雨的地方。这是西方的早期建筑，民间建筑，跟我们现在的没有什么差别，坡屋顶，便于雨水排泄，同时结构好做一点。中国建筑基本就是这种坡屋顶。中国这种结构让它越来越来成熟，并且中国在木结构上达到的水平不亚于西方在石结构上的水平。西方有上百米的石结构，我们曾经有上百米的木结构，中国历史上最高的木塔140多米，140米什么概念，四十多层。中国木结构达到很高的水平，但是中国的日常大量的还是这种坡屋顶，便于防雨、防雪，很理性。

中国的历来主要的精力都放在治黄，治水，中国是个多灾的国家。历史上大的灾难相当多，旱灾、水灾、蝗灾。从秦代，有秦渠、汉渠，一直到毛主席老人家，都是关注黄河。李约瑟说，中国的历来政府，统治者，都是水利工程型官僚政治体系，很有意思。因为中国必须搞集中，不搞集中就不能搞大水利，修运河，修黄河，修都江堰，中国的体制跟这个有一定关系。李约瑟虽然是科学家，但是他讲的很有政治意味。

三、大同理想：井田制、
均田制与"五亩之宅"——仁与德

大同理想是中国人的很早的一种思想，它也反映在建筑上。大同首先是孔子的理想，是孔子仁与德的一种追求：老有所养，壮有所用，幼有所长，鳏寡孤独废弃者皆有所养。残疾人必须有人照顾，东西可以随便摆在那里，供大家分享。自己有力气，不使出来效力就好像很不好，这是他的理想。孔老夫子确实是万世师表，你要仔细去读他的东西，就能体会到。他为中国人确定了非常好的思想典范和行为典范，过去我们对他确实有点不公道。其实孔子塑造了中国人的思想。50年代有一个很大的哲学家叫汤因比，在英国爱丁堡大学讲学，他当时就在课堂上讲：50年代的中国，主导中国人的行为和思想的不是马克思而是孔夫子。这句话很有道理，这是一种文化，中国人几千年的文化已经被孔夫子塑造得非常成熟了，那时候是人跟人之间的礼仪非常规范，尊老爱幼，尊敬师长，彼此谦让。

大同思想就是这样的。另外一个方面就是体现在井田制度上，井田是一种理想化的土地分配制度，一个900亩的地，中间100亩分出来，其中20亩，一家两亩半的宅子，中间有80亩的地是公田，公田大家都来种，先种公田，公田种的交给国家，然后再去种自己的。家家户户都是互相依托的，这就是井田制的思想，后来又变为孟子的一种住宅理想："五亩之宅，树之以桑，五十者可以衣帛矣。鸡豚狗彘之畜，无失其时，七十者可以食肉矣。百亩之田，勿夺其时，数口之家可以无饥矣。"有一个八口的家，有一个五亩的庭院，这个宅院要种上树，养上鸡，养上狗，养上猪，是非常好的一个环境。这种理想后来发展成为家庭内部的和睦相处，人与人之间的相互依赖，后来发展到所谓四世同堂。明代嘉庆皇帝给河南一个人赐一个匾，他们已经十几代住一个大宅子，表示这家人非常和睦，家庭内部一个很好的场面，实际上代表了中国人的住宅理念。这样一种理想还是被统治者继承，沿用。从北魏到唐代的四五百年的时间，统治者实行的是均田制，"诸民有新居者，三口给地一亩，以为居室，奴婢五口给一亩。男女十五以上，因其地分，口课种菜五分亩之一。"这个也反映古代文人的一种理想。古代文人也是这样的，想要一个比较舒适的环境。陶渊明的住宅就是这样："方宅十余亩、草屋八九间。榆柳荫后檐，桃李罗堂前。"最好是一个十余亩的宅子房子，前面有榆柳，桃李，非常好的环境，可能很简陋，是草屋，但是有很大的面积，过得很优哉。白居易也是这样的：十亩之宅，五亩之园，有水一池，有竹千竿。勿谓土狭，勿谓地偏。十五亩还觉得是土狭，这够奢侈的，所以这就是古人的居住理想。为什么我们江南园林有那么多院子，他是从这个理想来的。我有一个宅子，宅子旁边有一个花园，这个花园是陶冶性情的地方，琴棋书画，一种非常自然怡人的生活方式。中国人的居住理想并不是那种非常强调美观，耐久，倒是主张蝉噪虫鸣，雨打芭蕉，一个非常自然的环境。

四、营邑、立城、制里、割宅：
中国古代城市规划思想——礼与刑

下面我们看一下第四点：中国人的规划思想。建筑不是一个孤立的东西，放在一起，形成中国人特有的规划思想。这个规划思想是反映的是中国人礼与行，礼是一种等级，一种规范，行是一种管理，一种遏制。城市规划的主要还是通过礼与行表达的，把大家管理起来，所以就需要一种约束，一种限定，这种限定最开始就是坊。最近我刚刚看的西方的一本书，说的城市有两种，一种是网格化的，一种是自然地生长的，就是有机的。中国大部分还是网格化的，代表一种政治的管理的，就是划出网格的，网格为什么要划出坊，坊是从那里来的？他是从防过来的，防就是预防，防范。中国人要把居民组织起来，"五家为比，十家为联"。基本的思想是："量地以制邑，度地以居民"，就是把地划成很多方块，形成一个城。在城里，继续量，量出来供人居住。这个概念在汉代变成了一种规划思想，后来被腰斩的大儒晁错曾经说："古之徙远方以实广虚也，相其阴阳之和，尝其水泉之味，审其土地之宜，观其草木之饶。"相其阴阳就是看风水，风水在古代还是有的，现在把它炒作没什么意思，但是在古代历来都要看一看风水。就是先把这个地方看一看适不适合人居住，地平不平，阴阳关系好不好，太阳日照情况怎么样，天气情况好不好，水有没有被污染等等。"然后营邑立城，制里割宅"，先围出一个城来，分成里坊，在里坊内再分出宅，"通田作之道，正阡陌之界"，就好像把这个城市像田一样划出道路来，做出横平竖直的路，"先为筑室，家有一堂二内，门户之闭，置器物焉，民至有所居，作有所用。"晁错就是这样一种规划思想。

　　"营邑立城，制里割宅"，把宅、城、里这三个层次都给谈到了。古代中国人就是这样一种思想，它是一种grid（网格），这种网格化带有一种人为的设计在里面，后来唐代也还是这么想的，"每十户以上共作一坊，每户给五亩充宅，并为造一两口室宇，开巷陌，立闾伍，种桑枣，筑园蔬，使缓急相助，亲邻不失。"中国人的思维就是彼此要互相帮助，不能老死不相往来，这个互相帮助在里坊是最适当的，这就基本是中国古代的居住思维。

50年代的时候，我记得课文上讲北京城在一片绿色的海洋中，每个四合院都长着好几百年的大树，现在是不可能的了。因为房子和树都被推倒了，所以说过去的那种住宅方式和自然结合得非常好。河北的一个堡子，像一个立方一样的城堡，一家一户围出个院子，中间一些巷陌小道，在重要位置上有个庙，家家户户门进去都有院子，这是中国人的理念，每家都有自己的一片小天地，有自己的树，蝉噪虫鸣，下雨刮风四季阴晴都感觉得到，村里还有一个公共的水塘可以养鱼洗衣服…所以坊这个概念，也就是中国人基本的生活模式，划分成许多方块的组团，再划分成许多院落。坊的目标是为了防，是一种防御，"君子之道，辟则坊与，坊民之所不足者也。大为之坊，民犹逾之。故君子礼以坊德，刑以坊淫，命以坊欲。"坊、防是意思相同的。

五、大壮与适形

第五，刚才说的是接近制度层面的，下面讲更接近中国人艺术层面的，中国人谈到建筑时不谈美观、不谈坚固、也不谈实用，而是有自己一套体系。即建筑要大，要雄伟，从根本讲要适形。战国时《吕氏春秋》里说："室大则多阴，台高则多阳。多阴则蹶，多阳则痿，此阴阳不适之患也。是故先王不处大室，不为高台。"房子不能太大，太大了阴气会重，也不能太高，高了阳气会太重，后来汉代大儒董仲舒提出，"高台多阳，广室多阴，远天地之和也，故人弗为，适中而已矣。"建筑不要过高不要过大，适中而已。中国建筑确实从来不盖过大过高，除了宗教因素，比如塔要盖得很高，很少有帝王宫殿或者住宅过于高大的。大家最近去参观故宫，皇上住的养心殿是没有多大的，不像凡尔赛宫那样一个宽敞的大厅。但是适形往往不能表现皇上的威严和表仪天下的身份，因此还有一个和它互补的思想叫大壮，这个思想在《易经》上有表述，"上古穴居而野处，后世圣人易之以宫室，上栋下宇，以待风雨，盖取诸大壮"，大壮是六十四卦里的一卦，上面是个雷(震)，下面是个乾(天)，卦象上讲好像是天上在打雷，给人一种震撼，所以帝王的宫殿要大而壮。汉高祖刘邦的故事就是一个体现，萧丞相营造未央宫，"高祖还，见宫阙壮甚，怒，谓萧何曰：'天下匈匈苦战数岁，成败未可知，是何治宫室过度也？'萧何曰：'天下方未定，故可因遂就宫室。且夫天子以四海为家，非壮丽无以重威，且无令后也有以加也。'高祖乃说。"因此天子之居，"必以众大之辞言之，必以威武之形出之，必以华丽之彩饰之，以显示天子的威势"。

大壮包括两个层面，一个层面是尺度的大，另一个层面是等级森严。我们看中国古代的建筑，宫殿就是代表大壮的，大家经常形容故宫的轴线非常艺术，它的艺术就是把皇权充分地表达出来了，比如大家从大前门进入狭长的千步廊，一条窄窄的通道往前走，走到一个横广场天安门看见侍卫兵，钻过一个压抑的端门，进了端门远远看见午门，这午门是杀人的地方，很紧张战战兢兢的，过了午门看见太和门，太和门突然一小又是一种收缩，过了太和门见到太和殿，豁然开朗，太和殿在空中半悬着，白栏杆黄瓦很刺眼，想象一个古人经过这样一个空间序列，腿一软自然就跪下了，这就是建筑艺术。就是通过一个序列，通过一个开合一个收缩，把建筑的氛围烘托出来了。中轴线是表现大壮的，而周围的一个又一个院落都是很小的，和四合院没什么区别，院子并不大，很舒适的环境，这是适形。

另外还有等级，等级包括一个大建筑群的等级，和小范围的等级。正房是长辈住的，厢房是晚辈住的，大壮卦的卦像里说"非礼弗履"，因此大壮和适形分别代表两个方面，一个代表礼，一个代表乐。古代的统治者并不是说不想盖大，比如齐宣王为大室可容纳三百户，三年而未成，古人盖房子不像西方人，西方人盖一个堂一百年也没人埋怨，因为他们是盖给神的，我这辈子给神贡献完了别人接着贡献，而中国人很现世，三年就受不了了。很多人有意见，"鲁哀公为室而大，公仪子谏曰：'室大，众与人处则哗，少与人处则悲，愿公之适'"，人太多了吵，人太少了孤单，还是大小合适最好。所以中国的院子都是大小适度的，山西的院子狭窄，北京的院子稍微宽一点，这样的院子保存了不少。我们系有些老先生进行乡土建筑研究，我们发现有些地方非常好，包括黄河边上的宅子，设计得非常好，每个院子都很舒服，就是大小适中的建筑，并没有太复杂的，组成群以后也是低矮平铺开的，一家一个小院子，南方地形比较复杂稍微自如一点，北方一般比较规矩。

大壮与适形，很典型的中国思维，不像西方人强调坚固，强调美观，强调实用，西方人讲建筑为了delight，就是愉悦，中国人的建筑是为了便生，是给当世人而不是为神造的，另外也便于生活，多少有点实用便利的思想。隋炀帝也这么说，"夫宫室之制，本以便生人，上栋下宇，足以避风露，高台广厦，岂曰适形。"这句话很短但反映了他作为皇帝的建筑概念。但是很多皇帝说一套做一套，隋炀帝本身盖的房子就很雄伟，大概一百多尺高比现在太和殿大多了，李世民看到后说这么奢侈的房子，隋炀帝如何不亡国。过去一旦皇帝亡国罪过往往在建筑上，怪宫殿盖得太奢侈便一把火烧了，等他皇帝坐稳了觉得空着别扭便会照原样再造一座。所以东方人的思维是便于生活而并不像西方人那样强调坚固持久，也并不追求monumental纪念性。

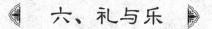

六、礼与乐

　　下面讲礼与乐。礼是什么？礼就是一种仪式，规范，自古就有。下面这段话说得很有意思，虽然不是说的我们的建筑问题，但是很值得我们理解中国思想。荀子在谈到祈雨仪式的时候说："雩而雨，何也？曰，无何也，犹不雩而雨也。日月食而救之，天旱而雩卜筮然后决大事，非以为得求也，以文之也。故君子以为文，而百姓以为神。以为文则吉，以为神则凶也。"非常好的一段话，但他还要想去拜神，要求雨。他说求雨是什么呢，就是你求雨不要以为它神，要以为它文，什么叫以为文，它是一个符号，一个仪式，必须要这么走，这么走就对了。但你要是真信它，说你求了就来雨了，那就是凶，那就不好，那就不对。这是典型中国人的思维，儒家的思维。说明儒家思想还是孔子说的，信神如神在，敬神如神在，中国的儒家其实是唯物的。这句话也很典型，荀子是儒家的大家。他这点是我们理解中国文化非常好的一把钥匙。非常繁缛的这些礼节，它并不是真正地去求神，它只是一种仪式，这种仪式就是礼仪。礼是对人有一种约束，人们经过礼的规范以后，就知道自己的行为方式，就知道自己应该怎么做。所以礼代表一种等级，就是说，尊卑是一种礼，而车幅，旌旗，宫室，饮食，包括房屋包括车、吃饭，这都是一种等级的工具。所以，建筑是一种礼的工具。这种礼到宋代以后变得非常强化。它已经禁锢了，变成三纲五常，特别对女性的一种约束。像司马光说，"凡为宫室，必辨内外，深宫固门内外不共井，不共浴室，不共厕。男治外事，女治内事。男子昼无故不处私室，妇人无故不窥中门。男子夜行以烛，女子有故出中门，必拥蔽其面。"就过分了。其实原来唐代并不是这样的，这不是真正儒家的本意。我们有很多都是扭曲的，包括对孔子的理解，很多都是扭曲的。比如"唯女子与小人为难养也，近之则不逊，远之则怨。"据有关的研究，其实是把那个读错了，"唯"原文是"微"，有一个"若不"的意思，应该是：如果没有女人，小孩是很难养的，你要对它亲近，就闹起来了，你要远了就不高兴。但是我们把它戴到孔子头上，说孔子瞧不起女性，其实是在误读。包括那个话，叫"民可使由之不可使知之"这很多人都误读。其实它原意叫：民可，使由之，不可，使知之。如果老百姓都非常的有本分，就让他去吧。如果不是那样，那就教育他。说"民可使由之，不可使知之"。就说不能让老百姓知道，这跟孔子这样一个教育家怎么吻合呢？所以我们对孔子有很多的误读。到宋代很多东西都扭曲了。

礼的思想体现了一种规范，乐的思想表现为人的性情，所以一个是理性，一个是性情，这个跟西方建筑思想是一样的。一个非常理性，非常规范，一个非常有性情的，非常感情的东西。建筑要适合人的居住，适度、舒适、大小合适，所以这"和"跟"适"在中国的乐论里谈了很多。它一方面表现人的审美趣味，一方面表现一种对建筑的理解，也表现对音乐的理解。你比如说音乐，音乐和建筑是通的，大家说建筑是凝固的音乐嘛，"声出于和，和出于适。和适，先王定乐，由此而生。""和"和"适"这两个东西。建筑上也是讲"和"与"适"，叫"居处就其和，劳佚居其中，寒暖无失适，饥饱无过平"，"适"就是到忘掉了那种感觉，就是最好的"适"。"忘足，履之适也"。如果你走路，老想着脚上那个鞋，肯定不适啊。根本你忘了脚上穿着鞋的时候，那个鞋最适中了。"忘腰，带之适也。"你忘掉了腰带，带就使最适中的时候。"忘知是非，心之适也。"忘知是非，你没有是非了，你的心最适。"不内变，不外从，事会之适也，始乎适而未尝不适者，忘适之适也。"一种非常好的哲理在里头。那么建筑也是这样，大小的适中、中和，是最好的一种状态。所以，"适"，"礼"，"乐"，说到底是一种中国人的建筑观念，非常人文化的建筑观念。

七、形与势、美与巧——
知（智）的体现

还有，中国人也讲一些美学观点。中国人，你说他不谈美观，不谈愉悦，但是中国人的建筑看起来又很好，它也有它一些规矩在里头。除了仁义以外，中国人还讲"智"和"仁"，"智者乐山，仁者乐水。"智和仁是对应的，"智者动，仁者静；智者乐，仁者寿"。那么这个里头蕴含了建筑的一种形式的美。比如说，"形"和"势"，一般的说"形"和"势"这个概念，中国人在很多方面都谈，军事上谈，城市上谈，自然景观谈，建筑上也谈。风水有两派，一个叫形势宗，一个叫理气宗。我认为形势宗还有点道理。刚才说那个北京，北京乃天地间好一个大风水，那是形势宗的。就是根据周围的山形水势，周围的砂水关系，周围的水口走向，朝山案山的关系来看一个地方的风水。这种形势是一种审美趣味，一种环境感觉，它很有意义。但理气宗就是那种，这个人的生辰八字，根据天上的星神游年，与星神的游年对应，来定你的吉凶，这个就是胡说八道了，这个没有任何道理。

形势宗，"形"和"势"的关系在中国谈得很多，最典型的有两句话："远为势，近为形，远观是势，近观是形，千尺为势，百尺为形"。研究风水的一些人注意到，"势聚乎粗，形在乎细，势可远观，形须近察。"在一定的距离，中国建筑讲一个势，所以中国建筑讲一个组合的概念，起伏跌宕，一个组群的概念，他不是一个单体。梁思成有一个很好的比喻：看西方建筑就像看油画，站在一个距离刚好去观赏他，看中国建筑就是看卷轴画，徐徐展开，逐渐展开才能看全貌。看故宫的时候，老远看不见故宫，先看到大清门，然后千步廊，远远看见天安门，过了天安门再看端门，一点点展开。到颐和园先看见东宫门，它故意挡你，好多树和山挡着"欲通则塞，欲疏则密"。中国有自己一套的思维模式，远处看大的感觉，近处看小的感觉，看形。所谓远就是千尺，千尺为势，千尺大概是三百米，这时候看不见细部，就看群落关系，起伏跌宕的关系。到大概三十米，一百尺的时候，必须看细部了，包括斗拱，彩画。

另一个中国区别于西方的一个方面，就是中国人不过份讲究"美"，而讲究"巧"。中国的建筑艺术观念最强调的不是"美"，而是"巧"，比如巧夺天工，小巧玲珑，鬼斧神工，独具匠心，妙若天成等。中国人的建筑艺术审美趣味，在于创作上的精妙和灵巧。昨天电视上看故宫瓷器的介绍，那个非常艺术，但是作为中国艺术最基本的追求必须要达到的不只是美，主要是巧，巧到瓷器那么薄，还要能彼此镶嵌上，不仅镶嵌，还要转，天干地支，阴阳八卦能对上。所以到了明清，中国的艺术品都是精雕细刻的，一个雕刻品，比如象牙雕刻可以雕出很多层来，当然这种艺术从建筑学的角度来讲，糟透了，太琐碎了。西方人说，中国的艺术传到了巴黎的宫殿，巴黎人学的洛可可的东西，可能受到清代宫廷艺术的影响。有智慧的人创造物，而巧者就是工匠。对工匠的要求不要求艺术上的水平，而要求精细，实际上是工艺上的东西。所以明清的东西不耐看，而唐宋，北魏的建筑与雕刻都很耐看。山西一个非常偏僻的唐代的小殿，非常小，三间殿，一看就给人一种唐味，曲线非常好。但是清代特别工整，特别琐碎，特别细致，这就是巧，过份追求匠的层面。

早期建筑比较简单，比较古拙。梁思成先生，林徽因先生非常喜欢早期建筑，因为特别符合艺术审美的那种大气，到晚期建筑比较琐碎。其实中国也讲美，只是美在古代中国人看来是不言而喻的事情，而巧是需要工匠创造表达的，势是设计者要综合把握的，形要经过巧妙的塑造。中国建筑分早期晚期。早期比较潇洒，曲线很飘逸，到晚期，变得工整，琐碎。这是形和势的关系

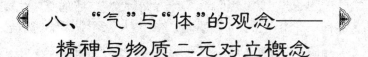

八、"气"与"体"的观念——
精神与物质二元对立概念

再来谈一下"气"和"体"。在精神和物质二元的观念在中国就体现为"气"和"体"。

中国人观念里有"气"的概念。中国人讲天地山川有钟灵毓秀之气，文章诗歌有浩然之气，绘画有生动的气韵，人有气质，气是中国人理解事物的一种方式。气是中国风水术的基本依据。"气遇风则散，界水则止，古人聚之使不散，行之使有止，故谓之风水。"好的风水要藏风纳气。"噫而为风，升而为云，降而为雨。"气有物质性的一面，它可以化成风，化成雨。也有艺术性的一面，气表现的是气韵，气派，气质。建筑其实也有气，建筑是"气"和"体"的对应。"体"是物质的存在，"气"代表精神。

孟子说过一句很有意思的话："孟子自范之齐，望见齐王之子，喟然叹曰：'居移气，养移体，大哉居乎'。"房屋能改变人的气，而"养"只能改变人的身体，意思就是建筑能改变人。这是孟子的思想，气和体带有一点二元对立的意味。

九、毫微向背和整与缺——
与中与正相关的概念

我再讲两点：还有中国建筑不同于西方建筑那种过于讲求完美的做法，有自己的审美趣味。比如讲究向背关系，讲究整和缺。组群里要有向有背。所谓向背，如果大家走在路上，如果大家彼此认识，站在一起就要有一个相互的向背朝向。如果大家不认识，就是自然的，就没有一个朝向。同时过于中正完满时要有一点缺。这是中国人的伦理。中则正，满则负。这种思维反映在建筑上。一方面要保持房子的完整。中国古代特别禁忌东益宅，西益宅。方方正正的一个房子，不宜东边或西边随便增加，这称为"凶"。张衡专门论这种关系。它强调圆满和完满，但是还要留出一点缺憾，故意少一点东西。大家会发现，故宫西北角上的护城筒子河的河岸抹去了一角，可能还有别的因素，但可能有一条就是不能太方正圆满。古人讲，"为屋不成，欠三瓦以应天。"就是说不能过于圆满，满则盈，就走向反面了，这是一种哲学的理念。包括篆刻艺术上的破角，绘画艺术上的飞白可能都跟这个有些关联。园林也是这样，有些地方放松，有些地方处理得比较紧。

❦ 十、托体同山阿—— ❦
天人和合、巧于因借的思想

最后再讲一点。中国讲究一点"和合"。这种"和合"表达在中国园林中就是"巧于因借"。建筑本身并不过分追求高和大，而是通过跟自然的借用。叫做"托体同山阿"。这是陶渊明的诗，这里拿来指中国建筑。中国的建筑本身的规模和尺寸并不特别雄伟，包括太和殿才60多米宽，30多米高。但是中国的建筑还是很有震撼力，就是因为借用了自然的气势。大家一到颐和园，马上看见西山的塔，其实西山远在颐和园外面，但是觉得整个西山好像在里面。苏州园林有些将虎丘的山与塔作为借景的。秦始皇建阿房前殿，本身不足以贯通天地，把南面的山峰作为阙，所谓"表南山之颠以为阙"，这些都是巧于因借。

中国的很多大山大川，但真正有名的是点缀有建筑物的山。建筑在平地上平平淡淡的，一旦放在山上，登山到了一半才看到，感到一种自己与天地齐的感觉。这就是托体同山阿。大家去泰山，真正顺着天梯到南天门，有一种兴奋的感觉。长城之所以伟大，就是因为借山势，如一条苍龙蜿蜒万里，把整个中国的山川都纳入其中，长城给人的感觉就是与天地山川的契合。中国有特别多这样的例子。还有崆峒山，武当山。武当山是最典型的，武当山主峰像一个乌龟，周围城墙环绕，像个蛇，是典型的古代玄武的形象，周围七十二个山峰都朝向这个玄武，古人觉得非常神秘。"七十二峰朝大鼎"，非常险要奇特。包括藏族的建筑，如布达拉宫之所以伟大也是跟与对山体的巧借有关。

好，就谈到这里，谢谢大家的时间！

问：夏宫为什么是对称的？

答：西方人和中国人在审美方面有共通的一面。西方人的对称跟中国不一样，西方文化中强调人，西方的传统建筑以人为一个模仿的对象，建筑也是艺术，艺术需要模仿。最高的艺术应该模仿人，因为人是上帝造的，而人是对称的。特别是文艺复兴之后，人的地位特别高。模仿人，模仿人的比例的建筑成为古代的典范，强调对称性。后来的17世纪出现古典主义，所谓古典主义强调世界的秩序，受牛顿思想的影响，世界万物都是有秩序的，是上帝所制约的。在人间，国王是秩序的最高代表。国王既然代表秩序，国王的建筑就应该讲究秩序，所以应该对称，讲究比例，讲究竖五段、横三段的非常严谨的比例，非常对称的轴线。这符合国王君权的身份，也符合西方的理性的秩序。而中国讲究的是人文道德的一种正，模仿人的对称性追求并不见于中国古代的文献中。

问：中国除了木建筑，有没有什么石结构或其他形式的建筑？

答：很多人都问中国的主流建筑为什么是木结构的，西方的是石结构的。这是文化取向造成的。按中国的文化取向，五行里土木是最重要的，土木在阴阳性理上是比较适中的，木代表向上的阳气的生命力，活力。土是适中温和的，这两种用来做房屋很适合。不是说中国没有石头。西方也不是说没有木材。但是价值取向不一样，西方的建筑讲究持久，因为主要是为神建的，所以要持久，而石才是持久的。中国都是现世的人，不需要持久但是需要适当而舒适，阴阳和合。中国很早就会用石头。汉代就有用穹隆顶和拱券顶做的坟墓。最典型的就是隋代的赵州桥，比西方早几百年。施工技术很高，但中国人不把石拱穹隆等技术用在建筑上，因为建筑是为人的，讲究阴阳和合。中国古代相信石头阴气太重。以前的老太太会说，不要坐在石头上，会伤身体。中国建筑晚期的佛殿也有用砖的，那是为了不用木梁，这是追求用一种谐音，"无梁(量)殿"，无量寿佛，砖石拱券和穹隆可以实现无梁，所以明代出现了用砖的殿，这是唯一在大建筑上用砖的例子。当然民间用砖的例子还是有的，如硬山墙，是为了防止雨水对山面上的木构架的冲刷与侵蚀。

漫谈中华服饰文化

袁 仄

袁仄，男，北京服装学院教授、学术带头人、硕士生导师。中央工艺美术学院文学硕士，香港理工大学哲学硕士。任教澳门理工学院、复旦大学上海视觉艺术学院。曾任教育部服装设计与工程专业指导委员会秘书长、中国流行色协会理事、中国服装设计师协会理事等职。从事服装设计、服装史论等教学科研20余年。著有：《百年衣裳——20世纪中国服装流变》、教材《中国服装史》、《外国服装史》及《民间服饰》、《人穿衣与衣穿人》、《世界时装大师》等。论文：《中山服初考》、《清王府服饰与衣冠之治》等。先后参与国家项目、北京市社科项目研究；曾担任国际国内服装设计大赛评委和专业媒体顾问。

一、重温"衣冠王国"

"衣食住行"衣为首，服饰是人类基本实践活动之一，也是人类文化的一个重要组成部分。

中国是世界历史上最悠久的文明之一，中国有着灿烂的服饰文化历史和传统。中华民族的服饰在各族之间，长期的交流、融合而共同发展壮大。所谓"黄帝、尧、舜垂衣裳而天下治，盖取之乾坤"(《易·系辞下》)就是古人记录中国服饰与文明同步的见证。中国是丝绸的故土，中国是东方服饰文化的策源地，东方服饰主要指中国为代表的服饰，经过漫长的历史长河，中国的服饰创造了无数优秀作品，凝结了古代劳动人民的智慧，中国传统服饰是世界文化的宝库，也是人类文化宝库中的珍贵遗产。

屈原《九歌·山鬼》有这样的辞句："若有人兮山之阿，披薜荔兮带女萝"，描绘出人类以树叶蔓草遮体的早期装束。而考古学家在距今大约5万至1万年前的北京周口店山顶洞人遗址中发现了长约82毫米，直径约3.3毫米的磨制骨针，它证明了山顶洞人已经开始使用兽皮缝制简单的衣物。沈从文在那本《中国古代服饰研究》重要著作中高度评价骨针的发现："山顶洞人的文化遗物，在服装史上的重要性具有划时代意义。证实我国于旧石器时代晚期的开初，北方先民们，已经创造出利用缝纫加工为特征的服饰文化。"骨针作为中国服饰最早的实证，开启了中华的服饰文化史。

晚些时在仰韶文化遗址中出现的纺轮，则标志着中国原始手工业的发轫，也证明当时人类的原始衣料除兽皮外，已开始有麻、葛和丝所织成的衣料，中国是世界上最早养蚕织丝的国家，桑蚕业自古就是中国农业的重要组成部分，具有六七千年的悠久历史。《礼记·礼运》中记述："昔者，先王未有宫室，冬则居营窟，夏则居橧巢。未有火化，食草木之实、鸟兽之肉，饮其血，茹其毛。未有麻丝，衣其羽皮……后圣有作，治其麻丝，以为布帛。"

中国的先民在先秦时期就创造了我们民族的基本衣着形制，上衣下裳和深衣，还包括丰富的冠帽、鞋履、配饰等。尤其是中国的丝绸，以及服饰曾令西方垂涎，罗马时期的中国丝绸与黄金同价，伊斯兰的创始人称丝绸是"天国的衣料"，其织物之精美、提花纹样之丰富，至今仍令人叹为观止。故，历史上我们就被称作衣冠王国，其含义不仅是指我们的纺织面料的精湛，且指吾民族的衣着讲究，尊崇服饰礼仪，亦谓之礼仪之邦。

从先秦到汉唐，从明清到民国，中国的服饰经历了几千年的发展和演变，创造了丰富多彩的中华服饰形态和文化。这是中国的自然条件和历史文化造就的中华传统服饰，同时也是与异族服饰文化交流的结果。珍视中国的服装传统，学习中国的服装历史无疑是重要的；知晓中华服饰传统的形式要素，领悟中华服饰的精神内涵是必要的。历史学家钱穆说："研究历史，所最应注意者，乃为在此历史背后所蕴藏而完成之文化。历史乃其外表，文化则是其内容。"

我们有着五千年的衣冠服饰历史文化，我们不能想像一个有优秀服饰文化传统的国度里，如今却将传统服饰文化止步于现代工业文明的浪潮中。虽然，西方文化伴随工业文明的输入，传统服饰受到猛烈的冲击，生产方式与生活方式的改变，社会语境发生重大变化等。但是，更重要的是过去的半个多世纪以来，在观念上不断地所谓破旧立新，把传统文化的形式与内涵统统"拆"除，这是一种非常可怕的文化流失。文化的流失还表现在教育的迷茫和传统文化教育的缺失，这种整体的传统文化的缺失将是中国服装的悲哀。

在一个经历文化断裂的地方，我们所有的人都或多或少的大脑缺氧，正由于断裂与缺氧，某种程度丧失自己的语言能力，所以今天重提传统服饰的话题，实际上是对自己历史文化的重新认识，我们重温中国服装史的目的，不仅仅是知晓某朝某代的某种穿戴，更重要的是通过服装来领悟中国文化在传统服饰上的烙印，并将文化烙印在自己的心坎上。

值得注意的是，中国除了以汉族服饰为主体的文化历史外，我们还拥有极其丰富的少数民族的服饰文化，各少数民族在与自然环境的生存斗争中同样创造了灿烂的服饰文化。并且，由于中国地域广阔，地理气候的不同差异，造就东西南北民族服饰的丰富多彩、异彩纷呈，这些丰富的各民族服饰同样是华夏民族服饰的宝贵财富。

20世纪以来，中国的服装发生了深刻的变化，清末民初的西风东渐将西方服饰引入华夏大地。中国的服装逐步融入到现代世界的潮流之中，但在经历国内各种政治和意识形态的风风雨雨后，到上个世纪末，国人的传统服饰几乎消失殆尽，同时，这样的现象也激起民间学界、业界和有识之士的深深忧虑，人们开始思考中华服饰遗产的保护与传承。在接受西方现代服饰语境的同时，理应更加自信，更好地继承中国服饰传统的薪火，以全新的目光来审视后现代时期的服饰传统和当代文化。

二、绚丽多彩的中华服饰

纵观中国服装历史，中国的服饰灿烂辉煌。

中国古代服装诞生在原始社会进入奴隶社会的历史巨变时期，其后经历了中国历史上奴隶社会向封建社会演化的过程，即历史上的商和周。这个时期在中国服装史上具有非常重要的地位，中国古代服装形制和冠服制度就是在这一历史时期中奠定并完善的。

从先秦的商代开始，有史可考的记载证实了最早的汉民的衣冠和服装，已经具有相当完整的冠帽与上衣下裳。上衣下裳是当时的服饰形制，也是华夏民族的主要服饰形制。上衣，为交领右衽，腰系带。大襟右衽确立了汉民族的服装基本形态。下裳，保护下体的衣服，裙之意。殷商时的甲骨文、金文的衣字亦为交领右衽的上衣形象。华夏文化圈周围的夷狄则是左衽，《论语·宪问》中"微管仲，吾其披发左衽矣。"意唯交领右衽才是华夏汉文明装束也。

西周和东周时期的服饰形制除了上衣下裳外，出现上衣下裳连成一体的"深衣"，这两种形式在此期间都已发展得比较完善。深衣有曲裾和直裾二种，尤其以曲裾深衣，独具特色。小口大袖，领和袖口(即祛)通常为宽缘，"衣作绣，锦作缘"；腰间束丝织物大带，流行佩玉，面料纹样有浓郁楚国文化的风格，这种样式一直盛行到汉代。《礼记·深衣篇》称深衣为"可以为文，可以为武，可以摈相，可以治军旅。"深衣不仅为汉民穿着，并影响到周边其他民族的衣着，那种以为深衣即异族服饰的看法，显然是历史的无知。

秦代，始皇嬴政统一中国的同时，也统一了律令、文字、度量衡等各种制度，其中也包括衣冠之制。秦代男子崇尚穿袍，《中华古今注》曰："袍者，自有虞氏即有之。故《国语》曰袍以朝见也。秦始皇三品以上绿袍、深衣。庶人白袍皆以绢为之。"著名的秦兵马俑也向我们证实了秦"以袍为贵"的史实，同样也展示了辉煌的秦军风采，七千个陶俑士兵不仅相貌各异，服饰也不尽相同。

"汉承秦后，多因其旧"，在服装上，汉代大体上保存了秦及东周的服饰形制，仍以穿袍服为贵。汉代的服饰丰富多彩，织物精美，纹样奔放。汉朝服饰衣袖趋大，从此汉民族崇尚宽衣博带。衣袖宽博，汉人衣着挥动舒卷衣袖，以衣袖的流动表现语义及礼仪。在以宴饮乐物为主题的画像砖石上汉舞女的穿着更是潇洒自然，有翔鸾舞凤飞燕惊鸿之感。长沙马王堆汉墓的发掘，是汉代服饰考古的重要实证，出土的服装虽然历经两千年，依旧保存完好，色泽鲜艳。墓主人所穿服饰，虽然色彩、纹样不一，但款式大都属"深衣"之制。

魏晋南北朝时期，战乱相循，几无宁岁，频繁的战争和南北民族的大迁徙使汉族与西北少数民族的服饰互相交融，汉装中融入了许多"胡族"服饰的特征，如裲裆、裤褶等都是当时典型的"融合"之作。李泽厚曾有这样的评价："人们并不一定要学那种放浪形骸、饮酒享乐，而是被那种内在的才情、性貌、品格、风神吸引着、感召着。"此时的衣衫朝着宽大、舒适的方向发展，宽衣博带、大冠高履，无不表现出魏晋人简约玄远、超然高逸的气质。

唐代是我国封建社会政治、经济、文化的高度发达的时期。唐初兵车弓刀、开疆拓土，服装主要类似隋代风格，紧身窄袖襦裙等。颇有意味的是，唐男子穿紧身窄袖的圆领袍服为尚，圆领袍、幞头成为唐男子装扮，这是汉以来未曾有过的形制。随后，异族服饰与妆容大为流行，色彩鲜艳大胆，外来纹饰盛行，因此，唐代既是中国服饰历史上最辉煌的时期，也恰是中国服饰"胡"化最盛的时期。盛唐时，服饰华美之风趋于极端，肥硕成为流行，女装色彩更趋艳丽，款式宽松，尽显妩媚奢华。大唐文化与外来异质文化的交融，使唐代服饰更为雍容大度、百美竞呈。

宋代的冠服制度，承袭晚唐遗制，重视旧有传统。宋代服饰风格受当时程朱"理学"的影响，色彩相对质朴、淡雅，而款式也相对趋于拘谨，形成宋代服饰独特的"理性之美"。褙子、半臂、襦裙等是那个年代女性的衣饰。著名的《清明上河图》画卷中，向我们充分展示了北宋时期市井百姓的服饰：有梳髻的、戴幞头的、裹巾子的、穿襕衫的、披背子的、著短衫的……形形色色、不一而足。宋的纺织生产更趋精湛，其中缂丝是宋代极为精美的一种织物，大多用于装饰，又名"刻丝"，意思是"用刀刻过的丝绸"，有文人赞誉其为"雕刻了的丝绸"。

蒙古族入关后，建立元朝，其除仍保留其固有的衣冠形制外，也采用汉族的朝祭服饰，如冕服、朝服、公服等，但因元朝政体仍保留了较多的蒙古旧制，官员因事而设，官制人数都不确定，所以衣制并不确定。元以长袍为主，男子公服多从汉俗，近乎宋式，"盘领，俱右衽"。蒙古男子服有"质孙服"、辫线袄等。元朝中后期，棉花已在全国广泛种植。松江是元朝棉纺织业中心，那里织出的"乌泥泾被"远近畅销。

明代废弃了元朝的服饰制度，上采周汉，下取唐宋，整顿和恢复汉族礼仪，确立了汉服制的基本风貌。男子官服拟恢复唐宋时期的传统款式，但加以缝缀"补子"（文官绣禽，取其智慧；武官绣兽，取其勇武）以区分等级；妇女服饰，主要有衫、袄、霞帔、背子、比甲及裙子等。值得一提的明代的纺织业非常发达，当时南至福建，北及山西，丝绸都有较大生产，尤其是江浙一带，《天工开物》称其为"十户之内，必有一机"。另外，棉的种植业已从闽、广一带推广到江淮和黄河流域，其中苏州、松江地区的棉纺织业最为发达。因此，当时社会中有"买不尽的松江布，收不尽的魏唐（今浙江嘉善县）纱"等民谣广为流传。

清代满族作为"逐水草而居"的游牧民族的服饰特点，如缺襟袍、马蹄袖等的设计均是为方便骑马射猎等习俗。满族统治者入关后，推行剃发之令，强迫汉族剃发易装，称："遵依者为吾国之民，迟疑者为逆命之寇，若惜爱规避，巧言争辩，绝不宽贷。"因剃发易服之故，清初满汉民族矛盾尖锐，后为缓和矛盾，清推行"十从十不从"的法令，因此，妇、孺、隶、伶、婚、丧等服饰不在易服此列。清男子剃发蓄辫，服装有长袍、马褂、袄裤，清官员着袍褂、补服，开衩之袍，也叫"箭衣"。女子服装分满汉，满人的袍服、马甲和汉女的袄裙、衫裤，清代服饰风格繁缛、艳俗。

1911年辛亥革命的成功，推翻清王朝的同时，也摒弃了清代服制，中国服装与封建王朝的冠服制度从此彻底决裂。1912年，民国政府发出《剪辫通令》及《服制》法令。民国的服制明确西洋服饰作为民国礼服，西式服装首次以法律的方式步入中国服装领域，从此西装革履与长袍马褂并行不悖，中西服饰争奇斗艳，传统中式服装亦开始向现代生活方式的要求改良、演化。近代中国最具有代表性的女装就是旗袍，西风东渐后逐渐发展变化的民国改良旗袍，使旗袍更加修身、婀娜，两侧开衩，面料更加时髦，工艺上运用腰省、胸省、归拔，款式上更是追求多变，高领、低领，双门襟、长袖、短袖等，堪称中国近代服装发展史上的一朵奇葩。民国男装中的中山装也同样成为20世纪最流行最重要的中国男子服装。

三、《舆服志》和《服制》

"服制"作为着装的礼仪始终是中国古代典章制度、法令礼俗中的重要内容。

中国自古以来就有衣冠礼仪之邦的美誉，服制作为着装的礼仪始终是古代典章制度中的重要内容。历代政权所形成的国家典章规制中都详细且严格的制定了有关服饰的法令和礼俗等规范。

纵观服饰历史的发展,中国历朝历代对服饰礼仪都有严格的规定,所谓"改元易服",就是中国传统观念中对服饰代表的礼仪功能、社会政治功能的客观反映。历史上各朝各代都有大量的服饰礼仪的记载,如《舆服志》便属此类，各朝对服饰的穿戴要求十分讲究，有时甚至繁琐。如清代的《舆服志》对皇室各式人等在各式场所穿衣戴帽的严格规定已近刻板。每每紫禁城里换装，立刻由清宫东侧东华门的宫廷办事机构流传出去。这种传播宫廷消息的方式，后来发展成由民间报房出版的一种简报，因为所刊消息来源于清宫，所以称"宫门钞"或"宫门抄"。有了宫门抄的最新换装报道，北京城的大小官员随即应声而动，老百姓们也随百官后纷纷响应，新的季节就在这全城大换装中悄然而至了。衣装在旧时社会之重要也就不言而喻了。

辛亥革命后成立的中华民国，同以往的朝代一样颁布了新的服饰礼仪制度。1912年10月（民国元年），民国北京政府就颁布了《服制》、《礼制》等重要法令，由此中国历史上第一次确定了用西式服饰作为中国的礼服，无疑这是具有划时代的意义。在这个服制中，最显著的特点就是用西洋服饰作为礼服。尤其是大礼服的选择，基本上照搬了西洋服式，完全是英国绅士式，以燕尾服为主，加以硬胎黑色礼帽、衣领系活动的折角硬领及黑色西裤。男子常礼服也采用中西两式，即《服制》中的甲乙种；其中西式常礼服又分昼夜两式，昼式礼服"长与膝齐，袖与手脉齐，前对襟，后下端开"。晚常礼服"长过胯，前对襟，后下端开叉"。乙种常礼服是中式长袍马褂再加西式礼帽。这就确立了民初那种中西糜集、西装革履与长袍马褂并行的服饰风格。《服制》规定的女子礼服较简单："长与膝齐"的中式绣衣加褶裥裙。耐人寻味的是，民初服制的选样，基本上采用西洋服式，虽然其中不乏亦中亦西、不中不西的组合，但这种将西式服饰"拿来"的举措无疑是中国服装历史上的首次。不过，到1929年，南京国民政府颁布了民国新服制，民国初年的爱德华式燕尾服、圆筒帽被废除了。随后，民国逐渐确立了中山装的国服地位，而女装中旗袍成为女性的"国服"。值得注意的是，这样的国服概念并非由官方拟定，而是在民间由于穿着的普及而约定俗成。

中华人民共和国成立之初，百废待兴，当时并未制定和颁布服饰制度。这是中国历史上首次未有颁布改元易服的服制条例，但是，当时的领导人在正规场合穿着中山装,这相当于从客观上确立了中山装为新中国的礼仪服制。中华人民共和国没有制定新的服饰制度，但却成功地推行了新的服饰和审美标准——并未依靠政府法令，而是依靠意识形态的力量，并非指令性而是引导性地同样完成了改元易服的历史使命。在政治信念的支撑下，高亢、兴奋的革命热情催生了新一代的时尚，这是具有政治意义的"时尚"，革命军人和工农干部的打扮成为时髦的样板，惟有体现着装者的的革命倾向才是"时尚"的服装，中山装、列宁装和工农的装束成为新的时代符号。

至上个世纪80年代，中国迎来了改革开放，同样由于国家领导人带头穿西服而间接确立了西服在新时期中国服制的重要地位。中共领导人带头穿着西装，这在国内外引起极大关注。当时西装在中国人民的生活中出现似乎与改革有关，穿西装成为了一种改革的政治信号。很快，从北京到地方，上行下效，各级领导纷纷定制西装，百姓追随效仿，随即在全国范围内掀起了"西装热"。西装的流行，是对盛行多年的中山装、军便装的反动。而这次"西装热"的带领者是在北京的政治领袖，真可谓西服再度东渐华夏大地。不过，这一波"西装热"的深度和广度远远超过了预期，这也许是政治领袖们始料不及的。从高层领导人、电视台播音员、到平民百姓都选择西装，就连农民兄弟也换上西装下地扛活、抹泥刮浆，这实在是中国特色的西装大普及。也许可以说，西装，成了中国改革开放的符号，也标志着在世纪末的中国迎来了又一个辉煌的春天。

虽然新中国没有制定明确的服制，但客观地讲，中山装及现在的西装一直都作为国礼服出现在正式场合。一般而言，礼仪服饰应包括男式礼服和女式礼服。由于我国长期以来缺乏相对稳定的服饰礼仪制度，一方面男士沿用西服，缺乏中国的民族特色；另一方面女士缺乏合适的礼仪服饰，导致了中国礼服制的混乱和不统一。

若从其他国家来看，如日本、印度、东南亚及西亚一些国家都有具备自己民族特色的服装，亦充分体现了其民族性和历史性的特点。而中国的服装在这方面就尤显不足。所以，21世纪的中国的服饰如何彰显自己的特色，对中国当代礼仪服饰的话题浮出水面。

服饰制度代表着民族性格及民族特征，是体现民族性的表象符号，所以礼仪服饰应该是民族的、开放的、国际的。倘若在对传统服饰文化研究的基础上提出的新时期服饰文化，既要体现民族性特征，又要有国际化视野，能够拓展、强化国服体系，使新时期的中华服饰既能增强国际识别性，又能凝聚民族力量；同时它还承载着民族特色，体现着当今中国的新形象。

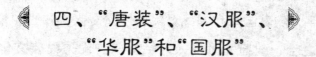

四、"唐装"、"汉服"、"华服"和"国服"

辛亥革命推翻帝制，中山装和旗袍一度成为民国时期国人心目中的"国服"并延续到建国后。其后，由于种种社会和历史的原因，中国的国家礼仪服饰制度出现了断层，来自西洋服饰文化体系中的西服系统逐渐成为国家领导人在重大场合中的着装趋势。不仅如此，尤为尴尬的是今天参加某些中国场合活动的西方人穿的是颇具东方文化符号的中式礼服，而国人却是清一色的西装革履。

上个世纪的百年，中华大地风云波澜，服饰也随之起起伏伏、破破立立。直到上个世纪末叶，由于中国经济的崛起，人民生活的日益富裕，人们遂开始关注自己的服装。人们开始思考：我们作为有五千年衣冠王国美誉的国度，今天我们穿什么？在清一色的西服的场合中，人们惊诧地发觉，我们民族竟然没有自己的服装。

人们思忖：虽然欧洲的工业革命令西方服饰成为现今世界上最主要的服饰形态，但这并不意味着世界服饰也必须全球一体。文明之间的交流恰恰标志着服饰文化的进步，而世界各个民族服饰文化的差异性也自然成为当今世界服饰文化宝库中的瑰宝。

期间，民间有些对民族元素服饰的探究和尝试，如对旗袍的改良；蜡染、扎染、蓝印花布设计的服装、传统服饰的论坛研讨……寻求新时期中国服饰的思潮悄然涌动。

恰逢2002年APEC会议的举行，其会上推出的"唐装"，曾一度被国人欣喜和自豪，该唐装也一度风靡神州大地。唐装的风靡从某种意义上讲，令国民的民族自信心的大增。但鉴于该唐装在设计上的瑕疵，以及商业上的恶性运作，很快将该服装沦为地摊货，逐步被国人、被市场否定。

此后几年，随着国家和国民对民族传统文化认知的加深，随着越来越多有识之士、政府和领导人开始对保护优秀民族文化遗产的重视，对包括优秀服饰文化制定遗产抢救与保护的有关政策、法规，都对重新认识民族服饰的探究带来新的契机。在2008年北京奥运会的临近，民间的"汉服"热兴起。呼吁国人重新穿着"汉服"，并有不少汉服倡导者身体力行地予以实践，同时建议中国奥运代表团出场式穿着汉服。"汉服"倡导者主张恢复两千年前汉代的服饰形制，以宽袍大袖为"汉"族正宗。民间"汉服"热的升温与呼吁，无疑是对当下国人对自身无民族服饰穿着的忧虑。

当年以唐代服饰为模本创建出来的日本和服，以及同样借鉴唐代服饰而诞生的朝鲜服，它们作为"国服"依旧散发着自己的魅力，展示着其民族性和历史性的特点。而中国这个曾经衍生出其他国家礼仪服饰的泱泱大国在现代化进程的今天却没有可以代表本民族的国家礼仪服饰。服饰代表着民族性格及民族特征，是体现民族性的表象符号，民族感和时代感呼唤我们创造新的能够代表国家形象的当代中国服饰，包括国家礼仪服饰。2006年上海某大学举行了"国服"论坛；同期在民间又提出"东方国服"概念……约近一个世纪前，中国服装业的宁波"红帮"为民国的男装改良提供了最重要的支持，孙中山先生曾穿着其设想的国服访问宁波。而今"红帮"后人又继续为中华服饰、中华国服进行认真的调研和研发，呼吁在服饰上寻回我们民族的文化软实力，探寻新的中华"国服"。据不完全调查显示，国民对新国服的需求达六成以上。2009年的全国人大、政协会上，有人大、政协代表提案"国服拉动内需，设计中华国服"……对新的中华国服的呼声日隆，对中华服饰文化传统的认识、思考、探究，业已启动。任重而道远，能在21世纪发掘新中华服饰文化的宝库，创造新时代的民族服饰，无疑是有挑战意义的。

花中四君子与中国理想人格

邸永君

邸永君，字默深，笔名朝天，号太史堂主。1957年5月生于河北固安，史学博士，中国社会科学院研究员。喜读书，耽文辞，工诗赋，嗜金石，通音律，好风雅。从事清代庶吉士制度、翰林院制度和翰林群体研究近20年，出版《清代翰林院制度》、《清代满蒙翰林群体研究》、《蚕食与鲸吞》等专著，前者获"郭沫若中国历史学奖"；另有其他著述6部、各类文章计200余篇问世。注重对传统文化载体源流的梳理与魅力之展示，发表相关文章30余篇，其中20篇于2007年由中华书局以《品物记——重温古人的优雅生活》书名结集推出。已连续9年为《中国社会科学院报》春节专版撰写生肖主旨散文，曾连年获"《中国社会科学院报》好作者"一等奖。

所谓"四君子"，最初是丹青界对梅、兰、竹、菊等四种花卉题材的总称。明代画家黄凤池辑有《梅竹兰菊四谱》，自此，遂有"四君子"之名目。文人墨客往往通过为梅、兰、竹、菊吟诗作赋并画影图形等艺术手法以比附人中君子的高风亮节。在此过程中，依托梅、兰、竹、菊而逐步形成了既相辅相成，又各自独立的文化系列。笔者近来偶来雅兴，对四君子系列的来龙去脉予以浅释，匆匆奉上，以飨读者。

◆ 一、只留清气满乾坤 ◆

　　梅花是我国传统名花之一，位居"四君子"之首，又与松、竹并称"岁寒三友"。她集色、香、姿、韵等诸多绝妙于一身，且不畏严寒，早春独步，迎凄风而怒放，伴白雪而盛开。而梅文化，是国人在植梅、育梅和赏梅过程中逐渐形成的一种文化现象。其源远流长，底蕴深厚，内涵丰富，品位高洁，值得一表。

（一）百花魁首

　　梅亦作楳，按生物学分类，属落叶乔木，归于蔷薇科樱桃属，别名春梅。我国为原产地，最初生长于鄂西、川东一带。据明李时珍《本草纲目》引陶弘景《名医别录》记载："梅实生汉中山谷"，而"襄汉川蜀江湖淮岭皆有之。"性喜温暖湿润，对土壤适应能力很强。其叶卵形，边缘有细锐锯齿。花开先于叶生，单生或双朵齐出，有五瓣。花色有白、红、淡绿、淡红等，以红色和淡红色为主，具清香。核果球形，未熟时青色，成熟后呈黄色，味极酸。梅树享寿很长，一般可活数百年，甚至千年以上。

　　梅花通过数千年人工培植，已是拥有数百个品种的大家族，主要分果梅和花梅两大系统。果梅可分青梅、白梅、花梅、乌梅等。而花梅以观赏性为首选，按其生长姿态，可分为直脚梅类、杏梅类、照水梅类、龙游梅类；按花型花色，有宫粉型、红梅型、玉蝶型、朱砂型、绿萼型和洒金型等。其中宫粉型最为普遍，品种最多。玉蝶型别有风韵，绿萼型香味最浓，尤以成都"金钱绿萼"为最佳。

俗语云：花木管时令。古人以五日为一候，三候为一气，并有"二十四番花信风"之说。所谓"花信风"，即伴花开而来之风。以二十四种花对应自小寒至立夏六节气二十四候的时间阶段，是先人通过长期观察总结对大自然形成的规律性认识。而梅花代表小寒第一候，从而位居二十四番花信风首位，可见其在群芳谱中的地位。

（二）高洁品性

我国植梅历史，为时甚早。《诗经·召南》有"摽有梅，其实七兮"之句，记述了当时已有青年男女抛梅定情的风俗。表明梅花走入先民日常生活，至今至少已有三千年。初，梅的主要价值在于实用领域，梅文化的物质文化属性明显。梅果可供鲜食和药用，还可制蜜饯和果酱。此外先民曾用梅作为烹饪调料，类似于醋的角色。《左传》记载，"水火醯醢盐梅，以烹鱼肉"，即是明证。

随着审美意识的增强，梅文化逐渐升华为以赏花怡情为主的精神文化层面。据《西京杂记》载："汉初，修上林苑，远方各献名果异树，有朱梅、胭脂梅。""汉上林苑有同心梅、紫蒂梅、丽友梅。"梅始以花闻天下。西汉末年，名士扬雄撰《蜀都赋》，有"被以樱、梅，树以木兰"之记述，表明两千年前，梅已在巴蜀大地人工培植。

魏晋南北朝时，以咏花为题材的诗词曲赋甚多，而传世者尤以咏梅者最盛。刘宋名士陆凯，于梅花初绽之际，自荆州撷梅花一枝并赋诗一首，托驿使持赠友人范晔。诗曰："折梅逢驿使，寄与陇头人；江南无所有，聊赠一枝春。"以梅为传情信物，并附诗佐之，自陆凯始。刘宋武帝刘裕之女寿阳公主，日卧于含章殿檐下，梅花落于额上，成五出花，拂之不去，号梅花妆，宫人皆效之。似是用梅花图案化妆美容的开端。梁简文帝萧纲撰有《梅花赋》，描述梅花"或承阳而发金，乍杂雪而披银。吐艳四照之林，舒荣五衢之路。既玉缀而珠离，且冰悬而雹布"，细腻而准确；文人墨客咏梅之作从不同角度、不同侧面入手，或咏其风韵独胜，或吟其神形俱清，或赞其标格秀雅，或颂其节操凝重。洋洋大观，不可胜数。

唐代，牡丹地位突兀，吟咏牡丹者多在文人得意之时。然梅以标格自立，往往为失意者所钟爱。唐明皇妃江采苹，性喜梅花。据《梅妃传》载，"所居栏槛、悉植数枝……梅开赋赏，至夜分尚顾恋花下不能去。上以其所好，戏名曰梅妃"。诗人借爱梅、咏梅以写闺怨、传友情、托身世，极具苍凉悠远之意境。李白、杜甫等诸多名家均有咏梅诗篇。杭州孤山之梅，唐时已闻名于世。诗人白居易离杭时，曾赋诗云："三年闷闷在余杭，曾与梅花醉几场；伍祖庙边繁似雪，孤山园里丽如妆。"

时至宋代，国势衰微，士大夫无奈之余，多以对梅花傲物之美、坚贞之性之赞颂而标榜气节。北宋处士林和靖隐居杭州孤山，不娶无子，而植梅放鹤，称"梅妻鹤子"，成千古美谈；其咏梅花名句"疏影横斜水清浅，暗香浮动月黄昏"，乃梅花传神写照，脍炙人口。南宋大诗人陆游《卜算子》中有"无意苦争春，一任群芳妒，零落成泥碾作尘，只有香如故"的描述，是借咏梅抒发自己怀才不遇的寂寞和不畏挫折永葆气节的情操。不少诗人还将雪、梅并写。王安石《梅花》云："墙角数枝梅，凌寒独自开。遥知不是雪，为有暗香来。"的确，雪因梅而衬其洁，梅因雪而显其香。宋代诗人卢梅坡曾写道："梅雪争春未肯降，骚人搁笔费平章。梅须逊雪三分白，雪却输梅一段香。"成为咏梅的千古绝唱。元明清乃至现当代，梅花以冰中孕蕾，雪中竞放的孤傲品格，一直为无数仁人志士所喜爱。

南宋时，范成大赏梅、咏梅、植梅、记梅，于苏州搜集梅花品种12个，并于淳熙十三年（1186年）写成中国乃至世界首部梅花专著《梅谱》，使后来同好有所本也。

(三)婀娜身姿

梅花清癯典雅，象征隐逸淡泊，坚贞自守；梅干老辣苍劲，象征不畏权势，刚正不阿。与古人冲寂自妍、不求识赏的孤清品格正相符合。所以画家常以清逸来表现梅花的神韵。梅有"四贵"，即贵稀不贵密，贵老不贵嫩，贵瘦不贵肥，贵含不贵开。故稀、老、瘦、含为画家笔端展示的梅之四美。元代画家王冕，隐居九里山，植梅千株，自题所居为梅花屋。冕工于画墨梅，花密枝繁，行笔刚健，有时用胭脂作无骨梅，别具风韵。其《墨梅》诗，更是名扬天下。诗曰："我家洗砚池头树，个个花开淡墨痕。不用人夸好颜色，只留清气满乾坤。"乐曲之以梅为题，首推《梅花三弄》，又名《梅花引》、《玉妃引》，乃表现梅花的佳作。据《神奇秘谱》记载，此曲最早是东晋名士桓伊所奏笛曲。借物咏怀，通过颂扬梅花之洁白、芬芳和耐寒等特征，以象征具有高尚节操的人，曲调在不同徽位上重覆三次，故称三弄。琴曲《梅花三弄》，以梅花凌霜傲寒，高洁不屈的节操与气质为表现内容，据明杨抡《伯牙心法》，"桓伊出笛吹三弄梅花之调，高妙绝伦，后人入于琴"。"梅为花之最清，琴为声之最清，以最清之声写最清之物，宜其有凌霜音韵也。三弄之意，则取泛音三段，同弦异徽云尔。"时至今日，此曲仍广为传布，成为旷世神品。

(四)国花之争

按国际惯例，一般会以某种花卉为国家代表，名曰"国花"。我国自1994年开始评选国花，因分歧巨大，至今未有定论。呼声最高者为梅花与牡丹。考察历史，清光绪二十九年（1903年），慈禧太后曾指定牡丹为国花；1929年，国民政府曾确定梅花为国花。而比较二者短长，可谓各有千秋，各具风韵。

一般认为，牡丹自秦汉时从芍药中分出，隋唐时始大盛于天下。唐代诗人白居易在《牡丹芳》中写道："花开花落二十日，一城之人皆若狂。"表明当时世人对牡丹之爱已如痴如狂。诗人李浚在其《摭异记》中，形容牡丹花"国色朝酣酒，天香夜染衣"，从此牡丹得国色天香之名。她象征着华贵雍容，娇艳美丽。当代，牡丹在国人心目中也具有突兀地位。2005年秋，中国花卉协会在成都会议上建议牡丹为国花，并上报到全国人大常委会，望能得到批准。同年，中国园艺学会、北京园林学会和上海风景园林学会联合在北京召开"中国国花评选研讨会"。大部分代表支持选牡丹、梅花为"双国花"，但引起持"一国一花"主张者的强烈反对。

平心而论，梅花所具有的文化品格，与中华民族精神最为相符。梅树长寿，而牡丹命短；梅树花后有果，而牡丹花谢无实；梅具四德，初生为元，开花如亨，结子为利，成熟为贞；梅花五瓣，象征五福：快乐、幸福、长寿、顺利、和平。牡丹是贵族的世俗爱物，而梅花为文人的精神寄托。梅的铮铮铁骨、浩然正气，正是我中华民族万年之魂。所以，笔者以为，若采用"一国一花"方案，梅花应是当之无愧的首选。

二、寸心容得许多香

兰花，是国人最为喜爱的传统名花之一。其叶常青，花洁雅，味幽香，素有"空谷佳人"、"王者香"、"香祖"、"天下第一香"等美誉。其生于深山，隐于幽谷，象征着处困厄而不改其操的大德君子、临危难而不移其情的仁人志士。而中国兰文化，是指国人在采兰、养兰、赏兰等过程中逐渐积累形成的一种文化现象。其因先民与兰花的接触而产生，又伴随着对其认识的深化而发展。源远流长，精深博大，颇值一书。

（一）空谷佳）人

兰花，又称兰草，依生物学分类，属多年生单子叶兰科植物。兰科共750属余种，而兰属有70余种，分为附生、地生、腐生等众多类型。其根肉质肥大，无根毛，有共生菌，具假鳞茎，俗称芦头。外包有叶鞘，常多个假鳞茎连在一起，成排同时存在。叶线形或剑形，革质，直立或下垂，花单生或成总状花序，花梗上着生多数苞片。花两性，味芬芳。

野生兰花生长于热带或亚热带植被丰茂的山坡地带，性喜阴，忌阳光直射，喜湿润，忌干燥，喜肥沃、富含大量腐殖质、排水良好、微酸性的沙质壤土，宜空气流通的环境。因纬度及海拔高度不同，造成气候土壤等条件各异化，久之便形成不同品种。目前，按国际通用标准，可分为国兰与洋兰；按生存方式，可分为着生兰与地生兰；按适宜温度，可分为温性兰与凉性兰；按形态，可分为单茎兰与复茎兰；按苗源，可分为野生兰、杂交兰与复制兰等；按花期，可分为春兰、夏兰、秋兰、寒兰和报岁兰(墨兰)等；按瓣型，主要分为梅花瓣型、水仙瓣型、荷花瓣型、蝴蝶瓣型、素心瓣型等。而中国传统意义上的兰花，则专指兰属中的少数地生兰，其中尤以春兰、夏蕙为典型代表。春兰于春季开花，夏季展露芳容，花期长久，观者赏心悦目，香气浓郁，闻者沁人心脾。

（二）王者之香

兰花在我国古籍中，现身甚早。《易经·系辞上》有"同心之言，其臭如兰"之语；《诗经·溱洧》有"方涣涣兮；仕与女，方秉兰兮"之句。时至两千余年前的春秋战国时期，更有孔子咏兰、勾践种兰、屈原吟兰之美谈。

孔子咏兰，见于《孔子家语》。子曰："芝兰生于幽谷，不以无人而不芳。君子修道立德，不以困穷而改节。""与善人居，如入芝兰之室，久而不闻其香，即与之化矣……是以君子必慎其所处者焉。"最为经典的记载在《猗兰操》，中有"孔子自卫返鲁，隐谷之中见香兰独茂；喟然叹曰：芝兰当为王者香草，今乃与众草为伍。止车援琴鼓之，自伤不逢时，托词于兰"之语，这也是以兰为"王者香"的出处。

勾践种兰，乃据《越绝书》。春秋时，越王勾践为吴王夫差所败，退居浙江会稽山，卧薪尝胆，励精图治，在会稽山种植兰草，韬光养晦以惑吴王。这是中国最早人工栽培兰草的记载。至晋代，书圣王羲之在会稽山勾践种兰处附近筑兰亭，邀集当时名士四十一人，曲水流觞，赋诗饮宴，并乘兴挥毫，以行书写成《兰亭集序》，成为书法传世珍品。

屈原吟兰，见于《离骚》、《九歌》、《九章》等诸多诗篇中。屈原将念君爱国之志，匡时济世之情，通过吟咏兰花予以表达，触物以起情，索物以寄志，且用比兴之法，将物我、情景融为一体。尤其是《离骚》中所写之滋兰、佩兰、纫兰、搴兰、刈兰等活动，表明他对兰花寄以无限深情与希望。"余既滋兰之九畹兮，又树蕙之百亩……枝叶之峻茂兮，愿俟时乎整吾将刈。"他以兰为友，将兰作为知音："时暧暧其将罢兮，结幽兰而延伫。"他将兰作为佩物，表示自己洁身自好的情操："扈江离与薜芷兮，纫秋兰以为佩。"他又担心兰在秋风寒露中枯萎而从俗，变节而不芳："时缤纷以变易兮，又何可以淹留？兰芷变而不芳兮，荃蒕化而为茅。"在《九歌·湘夫人》中，屈原写道："沅有芷兮澧有兰，思公子兮未敢言。"屈原爱兰、颂兰，发"寄蕙以情，托兰以讽"之滥觞。

其后，文人雅士多有养兰、咏兰以抒情明志者。儒释道虽旨趣不同，但在爱兰方面绝无分歧；兰花也早已走出国门，在日本、朝鲜和越南等邻国光大。

（三）文化意象

古往今来，兰花以其近乎完美品格为历代文人雅士所激赏，与梅、竹、菊并称为"四君子"。宋人王学贵曾云："挺挺花卉中，竹有节而啬花，梅有花而啬叶，松有叶而啬香，唯兰独并有之。"的确，兰花有叶、有花、有香，且四季不衰，持之以恒。乃与人中君子之境界颇相吻合，集中体现了文人雅士的价值追求和审美情趣。历代士子以兰明志，以兰示节，以兰寓心，故而吟颂兰花的诗、词、曲、赋、书、画等作品汗牛充栋，不可胜数。唐代，诗仙李白曾高歌："为草当作兰，为木当作松；幽兰香飘远，松寒不改容；松兰相因依，萧艾徒丰茸"。宋代大文豪苏轼曾咏兰曰："春兰如美人，不采羞自献；时闻风露香，蓬艾深不见；丹青写真色，欲补《离骚》传。"明人张羽《兰花》诗云："能白更兼黄，无人亦自芳；寸心原不大，容得许多香。"清人郑燮有《折枝兰》诗云："晓风含露不曾干，谁插晶瓶一箭兰；好似杨妃新浴后，薄罗裙系怯君看。"

兰花入画，概始于唐代。至宋朝，画兰之作渐多。据说苏轼曾画兰，且花中夹杂荆棘，寓意君子不得已而与小人同处。南宋时，士大夫常以画兰花来寄托宋邦沉沦后不随世浮沉的气节。宋元之交，画家赵孟坚擅画兰，至今有两幅春兰画卷真迹存世，藏于北京故宫博物院。其中一幅有孟坚题诗："六月衡湘暑气蒸，幽香一喷冰人清。曾将移入浙西种，一岁才华一两茎。"表明此画作于湖南，而兰花则是自浙江引种。孟坚是宋宗室，宋亡后，隐居画兰，以彰气节，兰花无疑成为忠贞高洁之象征。孟坚堂弟孟頫，亦书画大家，后屈身仕元，有弃宋之愧，故而从不画兰。清人画兰者众多，尤以郑板桥最痴。其题兰诗不下七八十首。在《折枝兰》中，板桥写道："多画春风不值钱，一枝青玉半枝妍。山中旭日林中鸟，衔出相思二月天。"板桥擅画兰，书法亦佳，时人蒋士铨有"板桥作字如写兰，波磔奇古形翩翩；板桥作兰如写字，秀叶疏花见姿致"之赞。

正因兰乃国人之崇高审美对象，观照所得、思虑所积，久之使兰字成为美好的代名词。如以兰交喻志同道合之人，兰襟喻诚挚之友，金兰喻情投意合，进而形容结为异姓兄弟或姐妹，兰谱喻义结金兰后所交换之谱贴，兰客喻佳宾贵客，兰魄喻高尚之精神，兰质喻高尚品质，兰衰喻时贤亡故，兰章喻妙文华章，兰闺、兰室喻佳人寝室，兰姿喻美丽姿容等。成语典故中，亦不乏蕙风兰影。如芝兰之室，代指高雅芳香的美好环境；兰心蕙性，喻女子善良贤淑的品格；兰芳石坚喻高风亮节；芝兰玉树喻才貌出众；兰薰桂馥，颂积德长寿后嗣昌盛；金兰契友，代指异姓兄弟姐妹；兰因絮果，代指不美满的婚姻；兰摧玉折，代指贤人亡故、志士夭折等。

（四）滋兰养志

因爱兰者日众，除士大夫养兰以自娱外，亦多有以滋兰育兰以为生计者。久之，经验积累，学问乃成。至南宋时，赵时庚所撰首部兰花专著《金漳兰谱》问世，分为叙兰容质、品第高下、天地爱养、坚性封植、灌溉得宜五部分。明李时珍《本草纲目》将"兰草"与"兰花"、"蕙草"与"泽兰"予以区分，并分别说明其药性。清代，区金策撰《岭海兰言》。民国时，吴恩元撰《兰蕙小史》，皆是兰文化领域的重要文献，使兰友有所依凭也。

在已进入市场经济时代的今天，从物质财富角度言之，兰花作为一种商品，其经济价值不可低估，同时也是兰文化必要的物质依托。但更重要的是精神财富。若只想通过养兰来获取经济收益，便是对兰文化的矮化甚至亵渎。已融入国人的血液的以兰明志、以兰育人、以兰会友的理念，才是兰文化的灵魂。我们确信，随着国人文化修养和生活品位的不断提高，中国兰文化必定更加高洁典雅，更加厚重深沉。

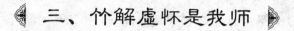

三、竹解虚怀是我师

　　竹文化，是指在对竹子进行培植、应用以及欣赏过程中逐渐形成的一种文化现象，可分为物质文化和精神文化两大范畴，二者相辅相成，不可分割。它依托竹子而产生，又伴随着时代变化而发展，与国人携手已有数千年之久，可谓源远流长者也。

（一）人之挚友

　　从生物学角度言之，竹属多年生禾本科植物，其根茎和躯干皆木质化，有明显的节。我国有250余种，主要分布于长江流域和华南、西南地区。其生命力旺盛，适应性强。山野路旁，庭院庙宇，皆可随遇而安。其处热不燥，遇寒不凋，四季茂然，终年苍翠；栉疾风而扬其劲节，沐冷雨而秀其英姿；映月色而显其窈窕，偎瘦石而衬其轻盈。依窗而立，疏影婆娑增静谧；临池而长，柔身映水更清嘉。

　　回顾历史，我国无疑是世界上最早育竹和用竹的国家。在7000年前的浙江余姚县河姆渡原始社会遗址内，考古学家已发现了竹子的实物，足已证明其与先民生活有着密切关系。竹子在古代有多种用途。其光滑柔韧，坚固轻盈，取之不尽，用之不竭。当洪荒满目，文明初启之时，竹子作为武器，曾助我们与野兽搏斗；作为建筑材料，曾帮我们抵挡风雨；作为食物，其笋可作美食充饥；作为"布"料，其皮可制作衣冠。随着科学技术的进步，竹子的用途不断扩展，作用更加彰显。至春秋时期，我们的祖先已制造出利用杠杆提水的竹制工具"桔槔"，后又发明了用竹筒提水灌溉的"筒车"。竹子在武器发展史上也起过重要作用，从竹弓、竹箭到抛石机，再发展成宋代的火药箭、竹管火枪，皆离不开竹子的协助。竹不独产于我国，但国人对其喜爱程度之甚，人与竹相互关系之密，则举世无匹也。且因竹林具有调节气候、涵养水源、保持水土、减弱噪声、净化空气、防止风害的特殊作用，而备受青睐。无论是园林建设、民居环境之营造，还是作为书写材料形成文献，以及制作各种生活用具的材料，均可证明其与先民生活的息息相关，不可分离。断无哪一种植物能像竹一样，对中华传统文明产生如此深远的影响。

（二）史载汗青

因竹为先民造福多多，几不可离，所以创造特定符号予以记述和表示便顺理成章。1954年，在西安半坡村发掘的距今约6000年左右的仰韶文化遗址中，发现出土陶器上已有"竹"字符号。而象形符号是汉字的主要源头之一，象形而成之"竹"字，堪称汉字中的活化石。

至商代，先民已摸索出竹材的不少用途，其中之一便是用作竹简，即将文字刻写于竹片之上，再用绳索将散片串在一起，"书""册"乃成，汉字"册"即由此而来。竹简为我们保存了大批珍贵文献，如《尚书》、《老子》和《论语》等等，皆曾刻写在竹简（当然还有木简）之上。更有《竹书纪年》，乃战国时魏国史书，原无书名，后人以其编年体体例，命名为《纪年》；而原本刻于竹简之上，所以又称为《竹书纪年》。以竹为简，需先将青竹用火烤干，届时水分溢出，颇似人之流汗，故古人以汗青代称史籍，意境至为深远也。殷商时期，用竹简所成之书称"竹书"，用竹书写之信函称"竹报"。而"笔"之发明，便是用动物之毛加上竹杆儿所制成，在文化史上亦具有开拓性意义。竹子的另一项重要用途成果是造纸。早在9世纪，我国已开始用竹造纸。当然竹纸的大发展还是此以后。关于用竹造纸，明代宋应星所撰《天工开物》中有详细记载，并附有竹纸制造图。中国文化之发轫、拓展与繁荣，均仰仗于竹之承载，其对保存和传播文明、对光辉灿烂的中华民族历史文化之形成，发挥过不可替代的推动作用。另，晋代戴凯之和元代李玄先后有专门介绍竹子的著述《竹谱》行世，对竹各方面知识介绍颇详，表现出古人对竹子的关注与倾心。

对汉字中竹部文字情况予以考察，可略窥先民用竹之古老历史。将竹子进行加工而制成物品，多用"竹"字衍生出竹部文字以名之。随着人类对竹之用日益广泛，竹部文字亦随之大增。《辞海》(1979年版)中，共收录竹部文字209个，如日常生活之箸、筷、笼、箪、筻、簋、筐、篮、笥、箱等；科技领域之算筹等；文化领域之笔、籍、簿、简、篇；音乐领域之笛、笙、竽、箜篌等，皆与我们日常生活息息相关之内容。历代各类字典中之收录则更为可观。成语典故之中，亦竹影婆娑，俯拾即是。诸如"竹报平安"、"衰丝豪竹"、"竹苞松茂"、"竹林之游"、"青梅竹马"、"日上三竿"等等。涉及社会生活的各个领域，折射出竹在数千年中华文明史上于生产、文化、艺术以及日常生活等各个方面发挥的重要作用。

(三)竹解虚怀

在古代士大夫精神生活层面，竹之地位颇为尊贵，其与松、梅并称为"岁寒三友"，又与梅、兰、菊合称为"四君子"。可见竹在先民心目中的地位。的确，竹之形态、性情皆堪赞美。其秆挺拔秀丽，其叶潇洒多姿，其形千奇百态，其质优雅至美。每当雅兴相随而漫步于青青翠竹之下，流连于竹林之间，冥思遐想不禁油然而生。

竹无牡丹之富丽，无梅花之清雅，无松柏之伟岸，无秋菊之奔放，但其虚怀寂静的特征，高风亮节的品格，朴实无华的外貌，却为他物所难匹也。且不苛求环境，不炫耀自身，悠然恬淡，默默无闻，把绿荫奉献大地，将美好留给人间。古人将其亦柔亦刚、坚韧有节等等生物形态特征予以归纳升华，并比附于人中君子，故而成为有德之人精神风貌的实物参照和楷模，并随着其内涵的不断丰富，逐渐升华为中华民族品格、禀赋和美学精神的重要象征。翠竹不但可美化人的生活，更能陶冶和升华人的情操。其不畏逆境，不惧艰辛，中通外直，宁折不屈的品行，正是竹子特殊的审美价值所在。在精神文化方面，竹文化内涵十分丰富和独特，影响着中国人的审美观和审美意识以及伦理道德，对中国文学、绘画艺术、工艺美术、园林艺术、音乐文化、宗教文化、民俗文化的发展，有着极其重要的促进作用。

（四）文化意象

青青竹林，淡淡篁叶，古往今来不知令几多骚人为之吟诗作赋，令无数墨客为之画影图形，形成了中国不可或缺的竹文化意象。作为文学的重要题材，《诗经》中就有大量咏竹诗，直接提及者有五首，出现七次；间接提及者则有数十首之多。如《诗·卫风·淇奥》中"瞻彼淇奥，绿竹猗猗"便是。此后，历代皆有咏竹赋竹的诗文，留下了难以计数的杰作，形成了中国独特的竹文学系列，在中国文学殿堂中独树一帜，异彩纷呈。

在中华传统文化领域，一向认为诗画一体，书画同源。表现竹子的诗画中，不乏佳作名篇。据《太平御览》，书圣王羲之子徽之曾"暂寄人空宅住，使令种竹。或问暂住何烦尔？啸咏良久，直指竹曰：'何可一日无此君！'"宋代名士苏东坡曾作《于潜僧绿筠轩》有云："可使食无肉，不可居无竹。无肉使人瘦，无竹令人俗。人瘦尚可肥，俗士不可医。"东坡还曾称颂道："食者竹笋，居者竹瓦，载者竹筏，炊者竹薪，衣者竹皮，书者竹纸，履者竹鞋，真可谓不可一日无此君也。"清代"扬州八怪"之一的郑板桥，酷爱并擅长画竹，题于竹画之诗数以百计，独领风骚。郑板桥画竹，不仅仅表现客观对象的天然特征，且衬托出作者对人格之追求。曾赞美"竹君子，石大人，千岁友，四时春"；其《竹石图》题诗之"咬定青山不放松，立根原在破岩中。千磨万难还坚劲，任尔东南西北风"，更是家喻户晓，妇孺皆知。我国传统的绘画艺术自古就重视画竹，绝非偶然。竹子高尚的精神风貌和特殊的审美价值，不但激发出艺术家无限的创作灵感，而且也成为他们推崇和仿效的楷模。

竹与中国古典音乐也有着密切联系，竹是制作乐器的重要材料，中国传统的吹奏乐器和弹拨乐器基本上都是由竹制造而成。历史文献和考古资料证实，自周朝以后，历代皆使用竹定音律。故此，晋代就有以"丝竹"为音乐之代称，且有"丝不如竹"之说；唐代曾将演奏乐器的艺人称为"竹人"，可见竹是中国音乐文化中不可替代的物质载体。月色黄昏，牛背上响起牧童暮归的悠扬笛声，顿时成为夕阳下最优美的一景；漫漫长夜，才子佳人口对长箫，缕缕绯恻缠绵便成为穿越时空的激情流淌。竹音吹沉了一轮秋月，吹皱了一池秋水，吹出了我中华千万年的凄美爱情。

四、此花开尽更无花

菊花，是我国传统名花之一，每当深秋时节，万花纷谢，唯有菊花凌寒怒放，生机勃勃。而菊文化，是国人在采菊、育菊、赏菊的过程中形成的一种文化现象。其源远流长，内涵丰富，影响深远，值得回味。

(一)根植华夏

菊，亦作"鞠"，以身姿为低头鞠躬之式，故有此名。因开花于秋季，故又称"秋菊"。依生物学分类，属菊科，菊属多年生草本植物。其由舌状花和筒状花聚缩而成，舌状花是花瓣，围绕于花序四周；筒状花即花心，位于花序正中。野生菊花大多为黄色，因而得黄花、金花、金蕊之名。菊花依花序大小、形状和颜色不同可分不同种类。比如依花序大小，分大菊系、中菊系和小菊系。而大菊系又可分为圆盘型、荷花型、牡丹型、绣球型、纽丝型等；中菊系又可分为桂花型、梅花型、茉莉型、荔枝型等；小菊多为满天星。按花期可分为早菊(9—10月)、秋菊(11月)、晚菊(12月)及五月菊、七月菊等。

菊花原产于我国，野生菊花分布较广。而人工栽培菊花，已有不下3000年的历史，《礼记·月令》中就有"季秋之月，鞠(菊)有黄华"之记载。汉代时，将菊花作为药用植物栽培；晋魏时期已大量种植，后逐步发展为观赏花卉。宋代是菊花发展的鼎盛时期，宋代刘蒙泉所撰《菊谱》，收有菊花品种163个，乃我国首部菊花专著。明代王象晋所撰《群芳谱》，收录菊花品种270余个。世界上许多国家的菊花皆源自中国。公元4世纪，中国菊花传入朝鲜，再入日本，至今已有1600多年的历史，日本培植的菊花，已成为四季常开、品种繁多的花卉。17世纪末叶，荷兰人来我国经商，将菊花带回欧洲。18世纪中叶，法国商人又从我国搜集许多优良品种回国。19世纪英国植物学家福均，将我国和日本优良菊种进行杂交，在英国广泛传播。后又从英国传入美洲，菊花得以遍布全球，成为世界各国所喜爱的名花。

(二)养生佳品

古人很早便发现菊花可食。战国时期，爱国诗人屈原曾在《离骚》中，有"朝饮木兰之坠露，夕餐秋菊之落英"之句；《神农本草经》中有"菊服之轻身耐老"之语，足以证明先人曾食用菊花，并对菊花的药性功能有所了解。汉代时，据应劭撰《风俗通义》记载，河南南阳郦县甘谷村，谷中水甜美，山上多菊花。一股山泉从花丛中流过，花瓣散落水中，使水含菊花清香。村上三十多户人家，皆饮用此山泉，多有享寿一百三十岁者，最低者也有七八十岁。汉武帝时，每到重阳节，皇官中皆饮菊花酒，"云令人长寿"。据医书记载，菊花味甘苦、性微寒，多用来疏风散热、平肝明目、解毒散肿、降低血压。明代李时珍对菊的药用性能作了详细考察，认为菊有利五脉，调四肢，治头目风热，脑骨疼痛，养目血，去翳膜，主肝气不足的功效。当今，菊花茶已成老少皆宜的补品，可缓解眼睛疲劳，是终日与电脑为伍的白领一族的护眼佳品。菊花种类很多，外行一般会选择既白又大的菊花。其实花小且颜色泛黄的菊花反而是上选。

（三）花中君子

晋代以降，菊花渐从食用过渡为观赏。士人爱菊，不独因其高洁、韵逸，而且色彩缤纷，形质兼美，更由于它开放在深秋季节，傲霜挺立，凌寒不凋，因此被诗人誉为"花中君子"，以象征忠贞不屈的意志和坚定顽强的精神，"凌霜留晚节"，是菊最可贵之处。晋代诗人陶渊明，因爱菊而名闻天下，其"采菊东篱下，悠然见南山"乃传世咏菊名句，几乎是妇孺皆知。因此，菊花又得"东篱菊"之雅号。除黄菊外，当时，已有白菊现身。据清人刘灏等所纂《广群芳谱》，"九华菊，此品乃渊明所赏。今越俗多呼为大笑，瓣两层者曰九华，白瓣黄心，花头极大，有阔及二寸四五分者，其态异常，为红色之冠"。唐代诗人刘禹锡有诗云："家家菊尽黄，梁国独如霜。"亦是咏白菊之名句。至宋时，菊花品种更多。宋人所编《菊谱》即有五六部。列举的品种达160余种。菊花栽培也由露天自然栽植过渡到整形盆栽。南宋范成大在《范村菊谱》中提到，苏州一花匠，能使一棵菊株上开出数十朵花，当与当今所谓大立菊相仿。当时，尚有用小菊结扎成宝塔、门楼等形状的扎景。此外，自宫廷渐至民间，每年均有"赛菊会"、"菊花会"等观赏活动。至明清两代，菊花栽培技术日益提高，品种日益繁盛，出现数百个艳传一时的名贵品种，并命名为"黄鹤楼"、"赛西施"、"帘卷西风"等，多别有韵味。种菊专著达三十余部。当代，爱菊者日增，种菊者日广，菊品日新月异，已达数千种，为古今中外花卉奇观。

（四）文化意象

文人墨客喜将菊花作为诗赋吟咏、丹青描绘的对象。农历九月初九，是一年一度的重阳节。因九为阳数之最，九月初九是两阳相重，故名重阳。《西京杂记》云："菊花舒性，并采茎叶杂黍米酿之。至九月九日始熟，就饮焉，故谓之菊花酒。"因此，自古又称九月为"菊月"。古人在重阳节，有登高饮菊花酒的习俗。唐代诗人岑参遭遇安史之乱，于颠沛流离中写成《行军九日思长安故园》云："强欲登高去，无人送酒来。遥怜故园菊，应傍战场开。"借重阳怜菊以抒发思乡之苦。

不少诗词采用拟人手法，赋予了菊花安于贫穷、不慕荣华、独具风骨的君子品性。"黄花晚节香"，就是古人用菊象征人的品质的高洁。宋周敦颐的《爱莲说》云："菊，花之隐逸者也。"菊花的淡泊、超然与孤傲，使它很自然成为隐士身份的象征。晋陶渊明归园田居，种菊、采菊，以菊下酒，"秋菊有佳色，裛露掇其英。"因不为五斗米折腰而隐逸山林，与菊相伴，过着自由闲适的生活，成为爱菊始祖。而菊花以纤瘦身影和淡淡幽香，乃滋润具有自由意识的士大夫的精神营养。我们品读气节高尚的前辈们的作品，字里行间似乎可见到菊花的身影，可闻到菊花的清香。宋代大词人陆游《晚菊》云："菊花如志士，过时有余香。粲粲滋夕合，英英傲晨霜。"的确，菊花之归隐，绝非弱者之逃避，而是志士之刚强。其不畏严寒、不萎尘泥，具有了志士的刚烈品性。陶渊明《和郭主簿》云："芳菊开林耀，青松冠岩列。怀此贞秀姿，卓为霜下杰。"唐代诗人白居易曾赞曰："宁可抱香枝头老，不随黄叶舞秋风。"南宋遗民郑思肖，曾赋诗咏菊以明志。诗曰："花开不并百花丛，独立疏篱趣无穷。宁可枝头抱香死，何曾吹落北风中。"他颂菊自喻，抒发的是血泪与生命的体验，每每读之，令人感佩。菊花寒秋兀立，寂寞无依，给人以落寞之感。宋代女词人李清照有"东篱把酒黄昏后，有暗香盈袖。莫道不消魂，帘卷西风，人比黄花瘦"之句，以菊花反衬词人因相思而憔悴伤感之状，成为艳词绝响。

菊花仪态万方，气宇轩昂，悠悠千余年间，赢得了历代画家的青睐。菊花入画，盖始于五代，徐熙、黄筌皆曾画菊。宋人画菊作品存世者不多。元代画家苏明远、柯九思亦皆有菊画。因桂花亦在秋季绽放，所以古人多有将菊花与桂花相伴入画者，以示德之不孤。明代画家吕纪绘《桂菊山禽图》，便是实证。古人还以松、竹、梅、兰、石为五清，画家常将菊与石相配共同入画，二者相得益彰。明代画家陈淳，曾画《菊石图》，现藏于首都博物馆，属菊画珍品。近人吴昌硕，亦画有《菊石图》，颇受世人珍视。

"不是花中偏爱菊，此花开尽更无花。"俗话说，谁笑到最后，谁笑得最好。通观一年花讯，梅花称首，而菊花殿后。百花凋零后惟见菊花怒放，怎能不令人心生敬意，称道不已。

综上所述，梅、兰、竹、菊已升华为一种偶像型品格，也是古人"观物比德"理念的具体体现。"四君子"美好清丽之意象已深深根植于世代国人心中，鼓舞激励着炎黄子孙对完美人格和理想境界的追求，直到永远。

漫谈文房四宝

郭海棠

郭海棠，女，1946年生，山西省交城县人，中共党员，1969年大学本科毕业，1983年在中国轻工业管理干部学院任教，1986年调国家轻工业部工作，高级工程师。现任中国文房四宝协会会长、中国文房四宝杂志社社长兼主编、国家科委秘密技术专家组专家、首届文房四宝艺术大师评审委员会主任、肇庆市端砚协会名誉会长。

撰写《端砚考察记》、《洮砚考察记》、《文房四宝》、《宣纸》、《书画纸》、《毛笔》、《徽墨》、《宣纸与书画纸的定义与区别》在《中国文房四宝》杂志和《中国大百科全书》刊登。2009年8月被中宣部、国家新闻出版总署授予"在中国大百科全书（第二版）编撰出版工作中做出重要贡献奖"荣誉称号；2009年担任首届中国文房四宝艺术大师评审委员会领导组组长兼评委会主任，在全国文房四宝行业中组织评审中国文房四宝艺术大师44名；组织举办全国文房四宝艺术博览会26届，2010年荣获"中国轻工业优秀特色展会"国家级奖励。作为专家组组长，带领专家组在全国评授文房四宝特色区域25个。

文房四宝(纸、墨、笔、砚)及文房用品用具，绚丽多彩、技艺精湛、功能奇特，受到历代文人雅士的推崇，被称誉为国之瑰宝。之所以称"宝"，主要体现在它具有历史、实用、艺术、收藏与珍品价值。

文房四宝的历史价值。主要表现在它的历史悠久和历史作用。纪元105年，东汉时，蔡伦发明了造纸术，制造出植物纤维书写用纸，时称"蔡侯纸"，成为中国古代四大发明之一。墨、笔、砚的发明则更为久远。历史上的文房四宝经过不断地提高、改进，传至唐代已集珍品之大成。历经宋、元、明、清各代能工巧匠的继承发扬，进入现代化的今天，已经实现了产品系列化、丰富多彩。以宣纸、徽墨、端砚、湖笔为代表的文房四宝，已成为中华民族的优秀文化传统与艺术瑰宝。文房四宝的历史作用，主要表现在促进了印刷术的发明和出版事业的发展，成为图书典籍、文献资料出版的媒介和载体；成为书画艺术的载体；成为传播文化知识的重要工具。中国文房四宝先后传播于世界各地，为推动全人类的文明进步，作出了重大的历史贡献。

文房四宝的实用价值。使其源远流长延续至今。文房四宝的发展与书画艺术的发展密切相关。历史上展现了文房四宝制作名家与书画家相结合、文房四宝——笔墨纸砚之间相结合、书法与绘画相结合、相辅相成、相得益彰的繁荣局面。晋代书圣王羲之与唐代柳公权都曾向宣州著名笔工陈氏、诸葛氏求过笔，写过《求笔帖》。唐代大诗人李白赞过上党墨，白居易赞过宣笔。柳公权、黄庭坚、欧阳修、苏东坡、蔡襄等大书法家赞美过端砚、歙砚。南唐后主李煜赞美过宣纸与徽墨(李廷珪墨)。有些书画家本人既能制纸，又会造墨。张大千在抗战期间曾经亲自指导过夹江书画纸提高质量，其产品被称为"大千书画纸"。"书画同源"，这与文房四宝有着密切的内在联系。中国的"文人画"熔诗、书、画、印为一炉，能够主宰中国画坛数百年，决非偶然，这是由中国书画艺术自身发展规律而决定的。因此，文房四宝的特殊功能是现代的纸、笔、墨水所无法取代的，有极强的生命力。如现在流行的硬笔书法也仍然是奠基于毛笔书法的功底的，徐悲鸿大师的绘画艺术正是传统国画与近代西洋画相结合的产物。从普及文化角度来看，通过文房四宝进行书画学习和创作，是广大青少年继承传统文化、加强美育的必修课；也是老年人陶冶情操，锻炼身心的重要生活内容。

文房四宝的艺术价值。在于它是物质文明与精神文明相结合、天然美与人工美相结合的艺术品。文房四宝本身便具有独立存在的艺术价值。保存下来的古代的文房四宝已成为今日的国宝。各种宣纸以及经过精益求精，加工成虎皮宣、染色宣、洒金宣、描金笺、蜡笺等均为国际上佳品。正如郭沫若题词所言："宣纸是中国劳动人民所发明的艺术创造，中国的书法和绘画离了它，便无从表达艺术的妙味"。徽墨丰肌腻理、色泽如漆、墨名高雅、造型别致；四面铭文图案，隽雅大方，金银彩色，装潢精美。湖笔、宣笔小至蝇楷毛锥、大至斗书椽笔，因书体画派不同，选毫用材、式样各异，铭文雕绘极为洗练隽秀，装饰典雅。端砚、歙砚则有天然美的斑纹，晕色和石眼，柔美多姿。如端砚名品的鱼脑冻、蕉叶白、青花、玫瑰紫、冰纹等。加之名师因材施艺，独具匠心的造型和精美的雕琢，推出太史砚、兰亭砚、雕花砚、蛋形砚、淌池砚等珍品。文房四宝产品的结构虽然简单，但是制作过程却极为复杂而细致，是创造性的艺术结晶。文房四宝不仅在外观上有其独特的审美感染力，并具有丰富的艺术欣赏内涵。所以，唐代以来直至清朝，文房四宝的珍品被列为御制和贡品，曾受到历代帝王，如李后主、宋徽宗、明宣德、清康熙、乾隆等皇帝的珍爱。

文房四宝的收藏价值。体现了文物的价值。作为历史文物，目前发现最早的毛笔已有2200余年历史，最早写有文字的纸已有1800余年。我国保存下来的千年以上的帛画、绢画、纸画及壁画、佛经古籍等，均与文房四宝有着直接关系。宣纸不腐不蛀、不老化褪色，被称为"千年寿纸"。用宣纸和书画纸进行书画艺术创作或印制典籍文献，得以完整地保存在千年以上，已使国际上图书馆学者及收藏家惊奇不已，认为是现代的纸、墨水、颜料所达不到的寿命。这就是古老的中国造纸术和文房四宝在现代市场竞争中的优势。徽墨以及各种书画颜料均能历久不褪，而各种名砚的保存期又均在万年以上。由于中国文房四宝富有收藏价值，不仅为历代王公贵族、文人墨客、书画家所收藏，也流传海外，曾被各国收藏家所珍爱。

文房四宝的珍品价值。乃是全面地反映了其综合价值。历史上的文房四宝珍品均系名家、名店所制，优选上等原料，采用各自绝技，经过精美艺术加工，品质臻于高雅境界。文房四宝采用传统手工技艺制作，其选料考究，工艺精湛，是先进文化的代表之作。如宣纸质量要求韧而润、光而不滑、折而不损、洁白细密、白而不俗、细薄均匀、吸水性强、着墨容易，用于书画则墨韵清晰、层次分明。徽墨则选用麝香、犀角、珍珠等名贵材料。要求成品香味浓郁、坚而有光、质细而润、色黑胶轻、入纸不晕、浓淡皆宜、刚柔相济、书画自如。湖笔、宣笔要求柔软而富有弹性，"制笔之法以尖、齐、圆、健为四德"。珍品的管材选用紫檀、象牙、雕漆、玳瑁等，装潢富丽典雅，增加了附加价值。端砚、歙砚的石质优美、幼嫩、滋润、细腻，纹理细密，易于发墨，贮墨不涸。加以造型艺术、精美的雕花、铭文，成为文房四宝中价值最高的至宝。又如印鉴中的田黄石章，色黄如蜡而透明，称田黄冻，价比黄金。以上具有独特性能的中国文房四宝是以中国独特的原材料、独特的技艺、独特的艺术风格而制成的珍品。它们曾经多次获得了国际荣誉，如1911年泾县小岭曹唐义发的"鸿记"宣纸在南洋国际劝业会上获"超等文凭奖"；1915年泾县小岭"桃记"宣纸在巴拿马国际博览会上获金奖；1929年上海李鼎和毛笔在马尼拉工商博览会上获奖；1935年泾县"汪六吉"宣纸在伦敦国际博览会上获大奖。

综合文房四宝的价值可以看出：文房四宝是我国传统文化宝库中一颗璀璨的明珠与国之瑰宝。制造文房四宝所用的动物、植物、矿物资源是国家的宝贵财富，必须加以珍惜和保护。而创造文房四宝珍品的能工巧匠和中国文房四宝艺术大师更是人才难得的国宝和"活宝"，理应受到尊敬和爱护，创造有利于他们发挥才干的工作环境，评授中国文房四宝艺术大师，提高他们的社会地位。愿文房四宝行业的发展，能够做到人尽其才，物尽其用，使传统文化艺术与现代化、国际化相结合，提高其地位，增加其价值，为推动与繁荣社会主义先进文化，弘扬民族传统文化做出应有的贡献。

◆ 文房四宝 ◆

纸(专指宣纸、书画纸)、墨、笔、砚的总称，是中国独特的传统书写与绘画必备的文具与载体。

广义的文房四宝还包括为书画与文房四宝配套服务的相关用品用具，有：国画颜料、书画印泥是书法与绘画不可缺少的用品；各种质料的笔筒、笔洗、笔架、笔挂、笔帽、笔套、笔帘等均是保护毛笔、洗涤毛笔、放置毛笔、为毛笔服务配套的系列产品；印章是书法与绘画的印鉴，起证明作用；各种质料的水滴、水盂、水丞等为研墨注水的用具；墨床是放置墨锭的文具；镇尺、镇纸是书写绘画时压纸的文具；书画毛毡是书写绘画时铺垫在纸下，起吸水和托垫作用的用品；绫绢及其他装裱设备与用品是装裱字画的用品与设备；画钩、画轴、画框、各类画材、画具、臂搁、砚盒、印床、印规、刻刀、调色盘、画筒等等相关产品。这些产品造型精巧艺术，古香古色，是文人书房中书写与绘画不可或缺的配套产品，以上产品统称为文房用品用具，属文房四宝范畴。

词源：文房一词最早起源于南北朝时期，意指官府掌管文书之处。唐代以后文房则专指文人书房。宋代时，文房则包括了宣纸、徽墨、湖笔和端砚。北宋雍熙三年(986)苏易简撰《文房四谱》(又名《文房四宝谱》)，对这四种文具的品类进行了论述，自此文房四宝蜚声文坛。文房四宝的制作历史悠久，墨、毛笔、砚可追溯到约5000年以前的新石器时代的仰韶文化时期。其品类繁多，历代都有著名的制品和艺人，以安徽泾县(古属宣州府)的宣纸、歙县(古属歙州府)的徽墨、浙江吴兴善琏(古属湖州府)的湖笔、广东肇庆(古称端州府)的端砚最为著名。

文房四宝是中国古代劳动人民的伟大创举，是聪明智慧的结晶，历史悠久，均具有上千年的历史，均采用纯天然原材料，用传统手工技艺制作，工艺精湛，具有鲜明的地方特色和民族风格。文房四宝中的毛笔圆尖齐健、得心应手，墨点墨如漆、万载存真，纸墨韵万变、纸寿千年，砚细腻温润、贮墨不涸、发墨如漆，是具有使用价值、欣赏价值、艺术价值与收藏价值的文房珍品。今日的文房四宝百年之后将是珍贵的文物。文房四宝主要服务于中国书法、绘画与篆刻三大艺术门类。没有文房四宝，书家、画家则无法表达其艺术造诣；没有文房四宝，就没有唐诗、宋词、元曲、明清小说；没有文房四宝，中国的汉字与汉文化将无法延续至今。文房四宝是中华文明之母，文化之根。在2008年北京奥运会上，将文房四宝作为开幕式开篇，引起世界人民的关注，使文房四宝享誉全球。

将适量清水注入砚堂，用墨锭在砚堂上进行研磨，生成墨汁，然后用毛笔蘸上墨汁，在宣纸或书画纸上书写，即完成一幅书法作品。文房四宝——笔墨纸砚四位一体，相互作用，相映成辉。书写、绘画记载了中国五千年的文明与历史，它为书写、绘画、记载中国五千年的文明历史与文献得以长久保存，起到了至关重要的作用，为中国文化艺术的传播与发展做出了巨大贡献，是中华民族的艺术瑰宝与国粹，文房四宝也因此而享誉全球。

新中国成立以来，人民政府对这一传统产品的生产与发展十分重视与关怀，曾拨巨资对宣纸、端砚、歙砚的生产设备进行改造，大大促进了名纸、名砚的发展与提高。尤其是改革开放以来，文房四宝行业犹如雨后春笋、蓬勃发展。无论从产品的产值、产量，还是质量均达到历史最好水平。1986年经国家经委批准，国家民政部正式登记，于1988年6月在北京成立了中国文房四宝协会，负责全国文房四宝行业管理，由国务院国资委主管指导。

1988年6月经国家新闻出版总署批准，由中国文房四宝协会主办，于1989年正式编辑出版——《中国文房四宝》杂志。《中国文房四宝》杂志是协会会刊，是海内外唯一一本专门研究文房四宝历史、现状与发展的社科类综合性季刊。自1989年创刊以来，集权威性、史料性、知识性、趣味性、艺术性为一体，以其内容高雅、格调清新、图文并茂、印制精美而深受广大读者喜爱，具有极高的欣赏与收藏价值。欲了解并得到更加丰富、更加深层次文房四宝及其相关产品等方面的知识，请查阅《中国文房四宝》杂志。

❖ 书画纸 ❖

中国传统的手工书画用纸，是中国传统文房四宝之一。

书画纸的定义：书画纸是指产自安徽省泾县境内及其境外其他地

区，采用青檀皮、桑皮、楮皮(也叫构皮)、水竹、三桠树皮、雁皮等具有长纤维2—3年生的绿色嫩枝的韧皮与龙须草(或藤、麻类)等长纤维植物为原料，按皮、草不同比例配方，用传统特种手工技艺或用机械仿手工技艺加工制作，供书画、裱拓、水印、古籍印刷、装潢等用途的普通书画用纸称书画纸(也称仿宣纸)。

纸是我国古代"四大发明"之一。纸的制造、使用和普及，方便了人类的文化交流、知识的传播，促进和推动了世界文明的发展与进步。我国在汉朝以前并没有纸，19世纪末在商朝殷都的废墟中发现了刻有文字的龟甲和兽骨，人们把这种文字称之为甲骨文，这是我国发现的最早的文字，是一种比较成熟的文字。商朝的文字在当时世界上是先进的，我们今天所用的汉字就是由甲骨文演变发展而来。春秋战国至秦统一文字，人们把文字刻写在竹片和木片上叫作竹简和木简(也叫木牍)。由于竹木简笨重，搬运不便，所以未能广泛应用。在西汉时，就已出现用蚕丝制造的"絮纸"，也叫"丝绵纸"，当时取名为"赫蹄"，这就是我国最早的动物蛋白纤维纸。动物蛋白纤维制作的纸价格昂贵，易虫蛀，难以长久保存，不易推广。现存世界上最早的植物纤维纸是1957年西安市灞桥镇在汉墓中发掘的"灞桥纸"，由大麻纤维制造，间或混有少量苎麻，距今已有2200多年的历史。东汉年间，蔡伦在总结前人造纸经验的基础上，采用树皮、麻头、破布等作原料造出了质量较高、适合于书写与绘画的第一批植物纤维纸，当他把这批纸献给汉和帝时，汉和帝大加称赞，封其为龙亭侯重用，并下令推广，这是我国造纸历史上的重大飞跃，在当时和以后的造纸业中均产生了巨大影响，这种纸也被人们誉为"蔡侯纸"。

从唐代开始，造纸业已非常发达，造纸原料除用麻、楮皮、竹皮、桑皮、藤皮外，还采用了瑞香皮、稻禾秆等原料造纸。到明、清时，我国造纸技术已达到历史最高峰。

不论是早期的麻纸、蔡侯纸，还是楮皮纸、桑皮纸、藤皮纸等等，用现在的定义衡量，实质上都属今天的书画纸。现存故宫博物院的历代名纸，据专家鉴定分析，纸中均含有麻类植物纤维成分，实际上仍属今天的书画纸。质量上乘的书画纸完全可与宣纸相媲美。

20世纪80—90年代，产自全国各地著名的书画纸有：广西都安龙凤牌书画纸、河北迁安令支牌书画纸、浙江龙游寿牌书画纸、四川夹江书画纸、四川洪雅龙须(或竹料)雅纸、四川长纤维大千书画纸、福建绿阳仿宣纸、云南腾冲仿宣纸、浙江温州皮纸、山东临朐托裱书画纸、湖南浏阳贡纸、福建连史纸、毛边纸以及产自安徽省泾县境内的各类书画纸等。

书画纸比宣纸洇的效果更为明显，可书写，但更适宜于作画，物美价廉，是初学者的首选书画用纸。

◆ 宣纸 ◆

指产自安徽省宣城(古称宣州府)一带的书画用纸。宣纸因产地而得名，是中国传统的手工书画用纸，是中国文房四宝之一。

史传东汉蔡伦去世后，其弟子孔丹欲画一幅老师的画像作纪念，但因没有称心的纸，难以如愿。后来，他在山涧中发现倒在溪水中的檀树被久泡发白而未朽，遂以檀树皮造纸，经过多年努力，造出洁白、细腻的纸，终于如愿以偿。词源：宣纸一词的最早记载见于唐大中元年(847)张彦远(约815—875)所著的《历代名画记》，载有"江东地润无尘，人多精艺，好事家置宣纸百幅，用法蜡之，以备摹写。古时好拓画，十得七、八，不失神采笔踪"。说明宣纸在唐代已被使用。另据泾县《小岭曹氏宗谱》记述，宣纸造纸术在唐代以后传袭到唐姓、梅姓，宋末又由曹氏从南陵传至泾县小岭，一直延续至今。但是，关于宣纸的起源，众说不一，有的说起源于唐大中元年，有的又说起源于元明之际，宣纸究竟起源于何时，还有待于进一步考证。

宣城当地并不产纸，宣纸的主要产地在宣城周围的泾县、广德、郎溪等几个县，其中以泾县所产宣纸质量最佳。这几个县在隋唐时期归宣州府管辖，所产书画用纸又都到宣州府集散，因而统称宣纸。经过时代的变迁，其他几个县的造纸逐渐停业，只有泾县的宣纸延续至今。宣纸的加工流程是：将青檀树韧皮与长秆沙田稻草经过水泡浸渍，石灰发酵，缓和蒸煮，日光漂白，石碓打浆，竹帘捞纸，榨帖炕焙等18道主要工序，100多项操作，费时300多天抄造而成。其加工特点是：以温和方式，逐步剔除原料中的非纤维素杂质，而又保存纤维大分子原有的结构形态，所产宣纸以其质地柔韧、洁白细腻、墨晕清晰、百折无损、不蛀不腐、纸寿千年而著称。宣纸是我国古代造纸术向前发展与进一步科学化的产物，是书法绘画用纸中的高级书画用纸。

20世纪80年代，人们习惯地把中国所有的手工书画用纸统称为宣纸，认为宣纸是书画用纸的通用名称，这是实质性的概念模糊。其实，中国的手工书画用纸包括：宣纸与书画纸两种。

其中宣纸与端砚一样，均是因产地而得名。2002年5月由国家质量技术监督局与中国文房四宝协会在杭州联合组织对宣纸原产地域产品国家标准进行审定，对宣纸赋予了更加确切的含义，凡是符合该定义标准生产的纸才能称为宣纸，否则称为书画纸。为了恢复宣纸的原本含义，维护宣纸的声誉，2002年8月6日国家质量监督检验检疫总局以75号文发布公告，对宣纸实行原产地域产品保护。

宣纸新的定义：是指采用产自安徽宣城地区所辖泾县及其周边地区的青檀树皮与沙田稻草为原料，利用泾县特有的山泉水，按照严密的传统工艺配方，以特殊的手工传统技艺加工制作，在泾县境内生产出的具有润墨和耐久等独特性能，供书画、裱拓、水印等用途的高级书画用纸(亦称生宣)。

宣纸有生宣、熟宣、半生半熟宣之分。

生宣：即生产的原纸，未经胶矾、染色等再加工处理的宣纸。生宣具有洇的效果，宜书宜画，适用于大写意与书法。宣纸按原料(皮与草)配比的不同可分为：特种净皮、净皮、棉料共三大类；生宣还可按规格、厚薄、纹路的不同进行各种分类。按规格有：四尺、五尺、六尺、八尺、丈二匹、丈六匹等；按厚薄有：单宣、夹宣、三尺贡、四尺贡等；按纹路有：罗纹、龟纹等。

熟宣：生宣经胶矾、染色、洒金、洒银等再加工处理后，不漏矾便制成熟宣。熟宣具有不洇的效果，适宜于工笔画、小楷书法。产品有：云母笺、五色宣、仿古宣、素宣、瓦档对联等。

半生半熟宣：用拉浆的方法将生宣从澄清的凉的熟豆浆汁或白芨汁、糯米汁加适量骨胶等填充材料的浆液中轻轻拖出、晾干后，便制成了半生半熟宣。产生了介于生宣与熟宣之间略洇的润墨效果。产品有：净皮豆腐笺、净皮煮硾宣、玉版宣等，宜于小写意，以画兼工代写。

21世纪，产自安徽省泾县境内著名的宣纸有：红星牌、汪六吉牌、曹光华牌、汪同和牌、曹氏牌、金星牌、鸡球牌、三星牌、千年古宣牌等宣纸。

宣纸为何被誉为千年寿纸？首先是由制作宣纸原材料的特点而决定。宣纸是采用青檀树皮与长秆稻草均采用其植物表皮，且用2—3年生的嫩枝条韧皮制作，植物嫩枝条的表皮具有韧性，拉力强，耐日晒，耐风吹雨打等特点。其次是采用手工传统技艺制作的各道工序等均以减少对植物纤维的破坏为原则实施工艺。如采用弱碱性石灰发酵，而不是用火碱(NaOH)去烧；在打浆时采用石锤碾或捣，将纤维分离，忌用切割，以防破坏纤维；漂白工序则尽可能采用摊晒日光漂白，减少使用漂白粉等强氧化剂。正是由于制作宣纸的原材料考究，工艺精湛，才使宣纸具有了"千年寿纸"的美誉。

宣纸（包括书画纸）为何有韵味？也即有洇的效果。这是物理学所讲的一种毛细现象。即传统手工技艺采用竹帘捞纸，竹帘的细纹空隙，在捞纸时，纸纤维在竹帘的排列与植物表皮的褶皱均形成了毛发一样细的管道，在用墨时，墨水会沿着毛细管道扩散，从而使宣纸（书画纸）有了洇的效果。由于是手工捞纸，纸纤维的排列无规则，呈网状，使墨液能够均匀扩散。

若用机械造纸，由于传送带的拉力使纤维规律排列，经纬方向毛细管道长短不均，而使书法、绘画韵味效果差，易变形。

熟宣为何不洇，韵味小？是由于经过加工的熟宣用胶矾等物质将宣纸上的沟痕凹凸处填平，将毛细现象破坏，宣纸就不会有洇的效果。

生宣为何要放置越久越好用？原因在于宣纸在放置的过程中，工艺中使用的化学物质、漂白剂等挥发，纸浆中的一种悬浮分离剂——杨桃藤汁风化，使纸变得柔软，毛细现象恢复，洇的效果明显，这就是宣纸放置久后好用的缘故。

墨

固体研磨颜料，通常为黑色块状，中国传统的文房四宝之一。用油烟、松烟、碳黑等制作的墨，呈块状者称之为墨锭，呈液态状者称之为墨汁。广义的墨还包括：用矿物颜料或化工颜料、名贵中药材等制作的彩墨、药墨、仿古墨等。主要用于书写、绘画、拓碑等。墨是中国古代印刷的重要材料。

简史：中国新石器时代的彩陶和商代卜辞甲骨上遗留有黑色的纹饰和文字，原始的黑色颜料直接取于自然物质。陕西临潼姜寨村仰韶文化墓葬出土一套完整的绘画工具，其中的黑红色矿石，须用研石压住在砚上兑水研磨后得到液体颜料，是固体墨的雏形状态。春秋、战国时期的竹简、木牍、帛书上的字迹，经考证是用墨书写的。湖北云梦睡虎地秦墓出土的古墨残块，是迄今能见到的人工制作固体墨的最早实物。早期墨用手工制作，个体较小，须以研石压住研磨。秦、汉时期制墨集中在隃麋、延州、扶风（今陕西千阳、延安、凤翔）等地。东汉之后墨形渐大，能直接握持研磨。三国时韦诞（179—253）制墨被评价为"一点如漆"；北魏贾思勰著《齐民要术》第一次系统记载墨的配方和制作工艺。公元六至七世纪，造纸和制墨向高丽、日本、吐蕃等传播。唐代，易州（今河北易县一带）、绛州、潞州（今山西长治一带）以制墨著名。唐末，易水墨工李廷珪迁徙黄山，利用优质松树资源，改进工艺和原料，制成丰肌腻理的墨锭，中国制墨工艺趋向成熟。至迟在南唐，出现模具制墨，墨的内在质地更加坚致；棱线规正，纹饰清晰，造型渐趋丰富。宋代制墨全面成熟，名家迭起；基本原料出现重大突破，桐油烟逐渐取代松烟，成为制墨的主要色素原料；墨的专著形成。完整的工艺和理论一直在制墨手工业中传承。

明代黄山一带徽州地区的"徽墨"自成工艺体系，被推为中国书画墨的代表品种。罗小华、程君房、方于鲁、邵格之、汪中山等为时人和后世所重；有《程氏墨苑》和《方氏墨谱》传世。明中期和清代康熙、乾隆年间是中国古代制墨的全盛时期，墨的造型中融入绘画、书法、艺文，以及雕刻艺术、工艺技巧等，墨的功能由书画工具拓展为艺术品。清代徽州制墨业最有声望的曹素功、汪近圣、汪节庵、胡开文，形成"徽墨四大家"。曹素功1864年迁沪。19世纪六七十年代，谢崧岱、谢崧梁借鉴传统制墨的配方和工艺，生产液体墨汁；在北京开设

"一得阁",曹素功在1914年获得东京博览会金质奖章;胡开文超顶漆烟徽墨1915年获巴拿马国际博览会金质奖。20世纪50年代以后,上海墨厂(徽歙曹素功)、安徽歙县老胡开文墨厂和北京一得阁墨汁厂、安徽屯溪胡开文墨厂成为当代的墨苑名家。上海墨厂的"雨中岚山"高级油烟书画墨被遴选为国家礼品。除中国之外,古埃及、古希腊和古罗马也曾使用墨,但均没有保留下来。

原料:(1)基本原料:包括色素和连接料。黑色色素原料有:用桐油配和其他油料、漆等炼成的油烟,用松树木材熏炼成的松烟,用天然气或煤焦油炼成的色素碳黑,以及各种色彩的矿物和化工颜料。连接料是动物胶。(2)添加原料:麝香、冰片等香料,金箔,动物胆,及其他数十种中草药,都有添香、增色、发彩、坚墨、防腐的作用。

种类:有油烟墨、松烟墨、色素碳黑墨、彩色墨、药墨和用传世或仿古墨模复制的仿古墨,以及书画墨汁、练习墨汁等。油烟墨墨彩浮艳,含紫玉光泽,墨韵氤氲;松烟墨墨色雅致。

制作工艺:(1)炼烟:包括油烟和松烟的炼制;(2)和料:用文火熬胶,投入色素原料和添加原料制成坯料;(3)制作:坯料经过反复锤敲,搓拓成浑然无缝隙的墨果,压入墨模成型;(4)晾干:用平放、入灰、扎吊等方法自然晾干,不能直接地吹风、日晒、烘烤;(5)描金:墨晾干后按墨面纹样描饰金、银、彩色。

墨模雕刻艺术:墨的艺术性主要出于墨模雕刻,以在方寸版面上表现工细精微的造型见长。墨模取石楠木、棠梨木为材,主要造型技法有阳刻、阴刻两大类。平底浅浮雕除刻出凸起0.1—0.2mm的阳文外,底平面包括阳文底缘须处理平正光洁,是墨模的基本造型技法。

使用和保藏:墨在砚中和水研磨成流体墨液。新墨存放若干年胶性平和易磨,墨色醇和。保藏易放入盒中,储于隐蔽而不潮湿,温、湿度适宜又较稳定之处。墨汁不易久藏。

徽墨

　　安徽原徽州地区所产墨的总称，中国文房四宝书画墨中至宝，是中国书法与绘画必备的用品。徽州的州府在歙县，三国吴时设新都郡，晋代改称新安郡，隋代设歙州。宋徽宗宣和三年将歙州改为徽州，管辖歙县、黟县、休宁、婺源、祁门、绩溪六县，歙县别称新安。徽墨的创始人是李廷珪。唐末易水（今河北易水）著名墨工奚超率子廷珪避乱南迁至歙州，因以黄山古松烟制出佳墨，深得南唐后主李煜的赏识，封廷珪为墨务官，并赐国姓"李"，于是李廷珪名声大振，成为徽墨的宗师。

　　宋代墨的主产地为徽州，徽人家传户习，形成了徽墨基地，并辐射全国，宋代是历史上墨业发展的最好时期。

　　明代，徽墨三个主产地歙县、休宁、婺源由于发展需要，形成了三大派别，并各具特色，制墨的原料也由松烟改为桐油烟，继而创造了漆烟墨，漆烟墨以"拈来轻，磨来清，嗅来馨，坚如玉，研无声，点墨如漆，万载存真"而著称，代表人物有罗小华、程君房、方于鲁等。

　　清代，清墨不论在产量、质量、品种、工艺技术、装潢艺术、包装等方面都达到了最高峰，康、乾盛世是徽墨发展的鼎盛时期，代表人物曹素功、汪近圣、汪节庵、胡开文等被称为"清墨四大家"。

　　当代，以徽墨生产为中心，并辐射全国。2010年在北京由中国文房四宝协会举办的第25届全国文房四宝艺术博览会上，安徽歙县老胡开文墨厂生产的李廷珪牌徽墨，安徽黄山屯溪胡开文墨厂生产的胡开文牌徽墨，上海墨厂生产的曹素功牌徽墨，北京一得阁墨厂生产的一得阁牌墨汁，安徽省绩溪县良才墨业有限公司生产的艺粟斋牌徽墨、安徽红星墨业有限公司生产的红星牌墨汁，安徽绩溪胡开文墨业有限公司生产的苍佩室牌徽墨，以及安徽绩溪曹素功敏楠氏墨厂生产的敏楠氏牌徽墨被评为21世纪名墨八大家。目前徽墨的生产，主要产地在歙县、屯溪、绩溪、旌德、上海等地，生产企业已有近30家。徽墨的原料以桐油烟、松烟、碳墨为主。

毛笔

毛笔的结构主要由笔头与笔杆组成，是中国传统的文房四宝之一宝。

定义：选用各种具有锋颖的动物毛、发，梳扎成锥形状笔头，粘结在竹管或木管等不同材质的一端，制成用于书写、绘画的文具，称之为毛笔。

沿革：毛笔的起源可追溯到新石器时代。1980年陕西临潼姜寨村发掘一座距今5000多年的古墓，出土文物中有凹型石砚、研杵染色物和陶制水杯等。从彩陶的纹饰花纹可辨认出有毛笔描绘的痕迹，证实了在5000多年以前，就已经有了毛笔或类似毛笔的笔。商代甲骨文中也出现人手执笔的象形文字"聿"。在湖南长沙左家公山和河南信阳长台关两处战国楚墓中分别出土的一支竹管毛笔，是目前发现最早的毛笔实物。

湖南长沙出土的毛笔，竹杆粗0.4cm，杆长18.5cm，笔头长2.5cm，为兔箭毛制成，笔头夹在劈开的竹杆头上，用丝线缠捆，外涂生漆。由此可见，毛笔在战国时期已被广泛使用，只是没有统一的名称。东汉许慎著《说文解字》中有："楚谓之聿，吴谓之不律，燕谓之弗，秦谓之笔，从聿从竹”的记载。

晋代张华《博物志》有蒙恬造笔之说。史传秦国大将蒙恬将军在灭楚战役中，途经中山(即今安徽省宣城一带)发现那里的山兔肉肥毫长，可以造笔，便取山兔毫与竹管为原料，在原始竹笔的基础上，蒙恬将笔头插入竹管，这是一大改进与重要贡献，制成了第一批改良后的秦笔。自秦国蒙恬造笔后，关于笔的各种称号才统称为“笔”。汉代毛笔的制作有了进一步发展，在笔杆上已有刻字或镶嵌工艺。因山兔毫产自中山(古宣州一带)，后人将用此毫制作的笔称之为宣笔。有诗为证，唐代诗人白居易曾在《咏宣州笔》中赞道：“江南石上有老兔，吃竹饮泉生紫毫，宣州之人采为毫，千万毛中拣一毫。”宣笔起源于秦代，闻名于晋代，唐代名声大振。

至元代、明代，浙江湖州涌现出一批制笔高手，如冯应科、陆文宝、张天锡等，以山羊毛作笔毫，风行于世，世称“湖笔”。自清代以来，浙江吴兴县善琏镇一带(古属湖州府)制作的湖笔以选料考究、做工精细、得心应手而闻名于世，成为中国毛笔的集中产地，善琏镇制笔历史悠久，距今已有2000多年历史。全国各地也有不少名笔陆续出现，如：上海李鼎和毛笔、安徽六安一品斋毛笔、江西文港周虎臣毛笔、邹紫光毛笔等。在安徽、江苏、江西、浙江、山东、湖北、四川、陕西、山西、河南、河北、辽宁、北京、上海、天津等地也都有毛笔的生产。

1949年新中国成立后，尤其是1978年改革开放以来，名笔更是层出不穷。2010年4月在北京由中国文房四宝协会组织举办的第二十五届全国文房四宝艺术博览会上：浙江双羊牌湖笔、浙江千金牌湖笔、浙江鼎成牌湖笔、浙江练市金塔牌湖笔、安徽三兔牌宣笔、杭州芝兰图牌毛笔、上海虎牌毛笔、苏州金鼎牌毛笔、江西励牛堂牌毛笔、江都龙泉牌国画笔被授予21世纪“国之宝”中国十大名笔称号。

毛笔的分类：毛笔按笔头所用原料可分为羊毫、狼毫、紫毫、兼毫四大类。

羊毫笔：一般选用1—2岁的公山羊胸毛制笔。羊毫质地柔软，有弹力，经久耐用称之为软毫，清代开始盛行羊毫笔。

狼毫笔：选用黄鼠狼（黄鼬）的尾毛制成，性刚健有弹力，称为硬毫。据传五代以后开始用狼毫制笔。

紫毫笔（即兔毫笔）：选取兔的脊部及尾部的紫毫制成的笔称紫毫笔。兔毫有紫色、花白色之分，用紫毫制的笔笔性柔而健，若兼用花白毫，则脆而坚劲。兔毫笔属硬毫类。

兼毫笔：选用两种以上弹性不同的动物毛，按一定比例配方制作的笔称为兼毫笔。兼毫笔的特点是介于柔毫与硬毫之间，刚柔相济，软硬适中。如七紫三羊（即以七份兔毫与三份羊毫混合制成）、五紫五羊等，还有狼羊毫、紫狼毫、鸡狼毫、鹿狼毫等各种软硬程度不同的兼毫笔。（本文中的"狼"指黄鼠狼）

毛笔按用途可分为写字毛笔、书画毛笔两类。

写字毛笔的笔头一般在1寸以内，分为大楷、中楷、小楷三种，多用于写字，也可用作工笔画、小写意等；书画笔是近代形成的，1925年北京李福寿选用长锋兼毫而制成，这种笔粗大充实，吸墨多，刚柔相济，利于书画家创作时一气呵成。

按规格用途可分为：大楷、中楷、小楷、楂笔（也称抓笔，写最大字用的笔）、斗笔（大笔）、椽笔（大笔）、提笔（专供写匾额用的大笔）、联笔（写对联用的大笔）、屏笔（写屏条用的长毫笔）、圭笔（比小楷笔小的毛笔）、笋尖笔（笔头如笋尖）、枣心笔（笔头如枣核状，行草书法用）、鸡距笔（笔头粗而短、形似鸡足而得名）、长锋笔、中锋笔、短锋笔等。

选料：制作毛笔笔头的原料一般以山羊毛、黄鼠狼尾毛、山兔毛、石獾毛、香狸毛为主，猪鬃、马尾、牛尾、鸡毛、鼠须、胎发等也广为使用。由于竹管制笔，原料充足，取材方便，物美价廉，所以毛笔杆多用竹管，如：青竹、紫竹、斑竹、罗汉竹等；也有用红木、牛角、骨料、象牙、玉石、陶瓷等做笔杆的，更显华贵。

制作工艺：各类毛笔的制作均须经过选料、脱脂、配料、梳洗、顿押、卷头、拣齐、扎头、装头、干修、粘锋、刻字、挂绳等几十道工序。简单概括为：水盆（在水盆中操作的工序）和干活（装头、干修等无水工序）两大工序。

毛笔的质量标准：概括为四德，即圆、尖、齐、健。

圆：指笔毫聚拢时，丰满圆润；

尖：指笔毫聚合时，锋颖尖锐；

齐：指笔毫发开，将笔尖挤扁，内外笔毫长短一律，排列整齐；

健：指笔毫劲健有弹力，在书写绘画时，笔毫能够很快恢复原状，不变形。

笔之四德，是古人检验毛笔质量的一种基本标准与方法，简单而且易行。

毛笔的使用与保养：新笔在使用之前，先用温水泡开，切忌硬性撕散或用开水浸泡，以免掉头或断锋。毛笔用完后立即洗净，并挂在笔挂上晾干，以备下次使用。新笔在包装时还应放少许杀虫剂，如樟脑等，以防虫蛀。

砚

一种研墨泚笔的文具，俗称砚台，是中国传统文房四宝之一。砚台按其材质不同可分为：石砚、陶砚、瓷砚、漆木砚、玉砚、金属砚六大类，近百个品种。

中国名砚：中国古代有四大名砚即：端砚、歙砚、洮砚、澄泥砚。中国当代有十大名砚即：端砚、歙砚、洮砚、澄泥砚、松花砚、苴却砚、红丝砚、徐公砚、易水砚、思州砚。

贺兰砚、天坛砚、石城砚也很著名。

沿革：砚的起源可追溯到新石器时代。1980年，陕西临潼姜寨村发掘古代文化遗址时，在一座距今5000多年的古墓中发现了一块石砚，掀开石盖，内有一支石质的磨杵，砚旁有数块黑色染料和一只陶质水杯。1955年广州华侨新村汉墓出土的石砚8件和1973年湖南长沙沙湖桥和湖北江陵凤凰山汉墓出土的石砚，说明砚作为一种研墨的工具，在秦汉时已经问世。汉代时的砚多为圆形三足，盖部多雕刻鸟兽等花纹；北朝则盛行方形四足砚式；隋唐以来盛行龟式、展式、箕式，同时还有将秦汉时遗留下来的佳砖、名瓦，加工刻制成砖、瓦砚，一直延至明清。

砚石的形成：古人云：四方上下皆曰宇，古往今来称为宙。就是说宇宙是空间与时间的统称。150亿年前宇宙发生大爆炸，随着星云体积的膨胀与温度的下降，约在60亿年前形成了银河系与太阳系，星云温度继续下降，挥发物质逐渐冷凝，经过不断的演化，约在46亿年前形成了地球。地球在形成过程中，经历了无数次复杂的物理与化学变化，经历了海陆交替，几经沧桑的地质变化。

由于地球自转产生的离心力，将地球上较轻的物质甩到了最外层。并按照由轻至重、由表及里，愈向地心则愈重的规律，使较轻的、易熔的、碱金属铝硅酸盐向表层富集。较重的、难熔的、铁镁硅酸盐及重金属等则下沉，从而产生了地球的圈层结构。地球是由大气圈(氧气、氮气、二氧化碳等)、水圈(H_2O)、生物圈、土壤圈、岩石圈组成的。而地壳又是由土壤圈、水圈、岩石圈组成。岩石圈又是由火成岩、沉积岩、变质岩三大类岩石组成。

沉积岩(也叫水成岩)是由成层沉积的松散沉积物固结而形成的岩

石。只有河流冲击物的细粉砂状淤泥经过数亿年的沉积、压固、胶结、石化等一系列地质成岩作用，形成的具有粉砂状泥质结构的板页岩才适合于做砚台使用。澄泥砚就是按照大自然形成沉积岩的原理，将河流淤泥形成的粘土，利用人工的方法，在高温高压下使粘土在较短的时间内固结、石化而烧制的陶砚。

凡是由河流淤泥经上亿年的沉积、压固、胶结、石化等一系列地质成岩作用形成的沉积岩中的板页岩，只要具备四个要素，即细、腻、润、缜密。因为只有细才能不损毫；腻(也即具有一定硬度与耐磨擦性)才能易于发墨；润(即湿润)才能使贮墨不涸；缜密：石质均匀致密才能坚实耐用。具备以上特点的石头，不论砚石产于何地，均可作为制砚的材料。至于石质的优劣决定于矿体所含成分的不同或浸泡河水时间的长短不同，砚石的质地也略有区别。经轻度变质的砚石，质地更加缜密，结实耐用。

制作工艺：砚的制作工艺一般分为开采砚石、选料、锯料、制坯、设计制图、雕刻、配砚盒、打磨、浆墨、退墨、上蜡、包装(成品)等工序。

采石：选择具有细、腻、润、缜密特点的砚石进行开采。砚石质量的优劣关系到砚的使用、欣赏、艺术与收藏价值。

选料：(也叫围料)按石质石品的优劣分等级进行选料。

锯料：(也叫裁切)将砚石有瑕疵、裂痕、毛病的部位用锯切掉。

制坯：(也叫制璞)将裁切剩余的有用砚石，根据需要或天然形状，初步制成不同大小、不同形状的毛坯也叫石璞，以备雕刻使用。

设计制图：根据石质的特点，巧用石色、石品花纹进行设计，将设计好的图案用毛笔绘到石璞上。在制砚设计中制图与雕刻两道工序同等重要，尤如建筑工人盖高楼大厦需要工程师预先设计好图纸一样重要。制砚设计要求继承传统，不断创新，构思巧妙，创意新颖。

雕刻：是制砚很重要的工序。石砚雕刻的刀法有高浮雕(深刀)、浅浮雕(浅刀)之分，还有细刻、线刻、通刻之别。雕砚工根据不同的砚材施展不同的技艺与刀法，要求因材施艺，充分利用资源，精雕细琢，最大限度地增加砚台的艺术与经济价值，根据砚石的特点雕出各具特色的精品。

配砚盒：雕刻完毕且未经打磨的砚台，根据其形状、大小、厚薄配制木盒。要求包装精美，一是为保护砚台，二是为进一步增加砚台的珍贵感。

打磨：将雕刻好的砚台在水中作业，用油石和细砂纸进行打磨，直至平滑光洁为止。

浆墨：为了使砚台纹理更加清晰、颜色更加深沉，将雕刻打磨好的砚台用稀释后的墨汁浸泡1—2小时。

退墨：浆墨约1—2小时，墨液基本渗人砚石之中，然后将砚石表面浮着的墨色洗净擦干。

上蜡：小型砚台可用电烤箱微微加热、用蜡轻轻擦拭；大型砚台可用高温电吹风将固体蜡吹热熔化在砚台上，擦拭均匀即可。上蜡的目的，其一是为了砚台美观光亮；其二则是为了保护砚台中的水分不再散发，使砚台长久保持湿润状态。但是在加热上蜡的过程中要掌握好火候，温度不宜太高，要适度，否则容易烧爆。

包装：上蜡后的砚台(成品)，加上说明书一起放进包装盒内。至此制砚工序全部结束。

中国古代四大名砚：

1. 端砚：因产于广东省古端州(现肇庆市)而得名，为中国古代四大名砚之一，分紫端和绿端两种。据记载，端砚的生产始于唐，盛于宋，精于明，繁荣于清，衰于清末民国，而兴旺于今。端砚石质细腻、娇嫩、滋润、致密坚实，色泽典雅，深受历代文人墨客所推崇，被誉为名砚之冠，群砚之首，尤其是采用老坑端石制作的砚台具有极高的艺术收藏价值。端砚石中有优美的石品花纹，如：鱼脑冻、蕉叶白、青花、天青、火捺、翡翠(斑)、冰纹、冰纹冻，以及各种罕见的石眼(鸲鹆眼、鹦哥眼、珊瑚眼、鸡翁眼、猫眼、象牙眼、绿豆眼……)。此外，端砚以老坑、坑仔岩、麻子坑三大名坑为主，其次还有宋坑、梅花坑、绿端……以及斧柯东诸坑砚石。

2．歙砚：因产于安徽省古歙州而得名，为中国古代四大名砚之一。又因其优质砚石出自今江西省婺源县龙尾山(婺源县古属歙州府管辖)，故又称龙尾砚。歙砚石质坚韧、晶莹、细润、纹理致密；石色有黑色、苍黑色、苍碧色、淡青碧色、绿色、淡青绿色、黄褐色等；石品主要有金星、金晕、银星、银晕、罗纹、眉子、锦蹙、玉带、枣心、豆斑等。具有发墨性好、下墨快、不拒墨、不损毫、易于洗涤等特点。

3．洮砚：又称洮河砚，为中国古代四大名砚之一。产于甘肃省洮河流域古洮、岷二州的交界之地，因濒临洮河而得名。洮砚始于中唐，也有始于北宋之说。质细坚密、碧绿如玉，磨而不磷，素有蓄墨贮水、不耗不变之誉，这是洮石的主要特点。雕刻多为深刀，砚盖有的是石盖，交口吻合灵巧、严密，盖上又可任意雕饰。

4．澄泥砚：澄泥砚制作采用黄河、汾河流域的淤泥，按照大自然形成沉积岩的原理，采用人工的方法，在高温高压下，使粘土在较短的时间内固结、石化而烧制的陶砚。为中国古代四大名砚之一。始制于唐代，至宋以后，产地颇广。但以山西绛州(今新绛县)与山西五台定襄河边镇烧制的澄泥砚为最佳，其次为泽州(今山西晋城)、山东拓沟等地。澄泥砚因属陶砚，以泥质为原料，可塑造出不同的砚形，同时也可以雕刻，又可烧成各种颜色。品类有：鳝鱼黄、绿豆沙、蟹壳青、玫瑰紫、虾头红、鱼肚白等。

我国地大物博，砚石资源丰富，除上述四大名砚之外，还有吉林的松花砚、四川攀枝花的苴却砚、山东的红丝砚、徐公砚、河北的易水砚、贵州岑巩的思州砚，与端砚、歙砚、洮砚、澄泥砚被公认为中国当代十大名砚。

当代还有很多名砚，如：河南的天坛砚、方城黄石砚、灵宝虢州砚；山东鲁砚：紫金石砚、淄石砚、砣矶石砚、金星石砚、燕子石砚等；江西星子金星砚、修水赭砚、玉山罗纹砚、石城砚、婺源龙尾砚（也称歙砚）；贵州织金砚、梵净山紫袍玉带砚；山西晋砚（又称绛州砚）、五台文山石砚；辽宁本溪辽砚；广西柳州柳砚；云南洱源凤羽石砚；北京门头沟潭柘紫石砚；江苏扬州漆砂砚；广东恩平砚；湖南浏阳菊花砚、湘西水冲石砚、沅州黎溪石砚；甘肃嘉峪石砚；四川嘉陵峡砚、夔州砚、万州砚、天波砚、泸州砚；浙江江山西砚、衢州衢砚、绍兴越砚；安徽灵璧县磬石山砚、宿州乐石砚；宁夏贺兰砚；福建将乐县龙池砚（北郊玉门岭一带）、海棠石砚（产于县北郊海棠洞）、建州砚（建瓯县古称建州）；台湾螺溪砚……等近百种。

玉的鉴赏及其方法

汪 哲

汪哲，国内知名珠宝玉器鉴赏家，宝玉石鉴赏专业教授。从事珠宝玉器鉴定、收藏和教学三十多年。其教学的玉文化课程在2005年评为上海市老年教育系统优秀特色典范课程，并荣获一等奖。本人评为上海市老年教育系统《我心中的好老师》荣誉称号。现为上海市地质学会宝玉石专家委员会委员；上海宝玉石行业加工协会理事；上海交通大学海外继续教育学院古玩珠宝玉器特荐专家；上海第一、第二、第三届玉器节专家评委和发言人。

行业贡献主要包括：1998年发表《古玉器辨伪新说》，系统提出了古玉器辨伪的一整套实战方法；2004年发表《市场识玉》，对不同产地的白玉用形差、色差、位差、浊差四差理论来予以快速判别；2004年提出的识玉四步法——玉材分析、痕迹判定、包浆沁色、综合评估受到业内广泛好评和普遍应用。

市场上有不少东西常带有玉字，如翡翠玉、岫玉、汉白玉、独山玉、密玉、京白玉、河磨玉、蓝田玉、和田玉等。许多人认为，带有玉字的就一定是玉，实际上这里的误解很深。有人带着良好的愿望去买玉，结果买回一堆坑瓦石（石英石的一种）。有人想买正宗和田玉，经朋友介绍，花了大价钱，更有国家宝玉石鉴定机构开具的正规和田玉证书，兴高采烈的带回来，但经行家一看，根本不是和田玉，而是价值与和田玉相差极大的青海玉、俄罗斯玉、韩国玉。顿悟之后找到商家，商家也很客气的告诉他，只要你去鉴定机构开出青海玉、俄罗斯玉、韩国玉的证书，保证全额退款，并赔偿损失。带着希望，他跑了多家鉴定机构，终于弄明白了一点："和田玉只是软玉的代名词，并不代表产地的名称。也就是说：不管产在青海、新疆、俄罗斯、韩国等地的软玉，都可以叫和田玉。"退款已没有可能性，他产生了极大的困惑，这和田玉的鉴定究竟发生了什么？国家机构的鉴定威信在哪里？对于一位普通的玉器爱好者而言，面对一件自己喜欢的玉器，他想知道：是玉吗？什么产地的？质量在什么档次？什么年代加工的？工艺如何？市场正确价位是多少？其实这些问题要真正理解并彻底搞清楚是有相当难度的，尤其在断代方面是要显示很深功力的。学玉识玉，仅仅靠看看书、看看图录照片、看看幻灯片，对照一下形制，纹饰就认为自己已经懂了，那是要吃大亏的。识玉，除了理论必须过关外，更注重的是实践。需要大量的看不同产地、不同等级的原生玉料，比较它们之间的细微差别，找出规律性的东西。这就是对玉材的认识。大量的看古玉、仿古玉、现代工艺玉、真品、赝品，反复比较、反复揣摩、反复体会，甚至更深入玉器制作工坊，看制作工人怎么开料？怎么出坯？怎么设计？怎么划线？怎么水作？怎么打磨？怎么抛光？特别是亲眼目睹精心加工制作出一件件西汉玉器，那么你会感触良久，深深反思，明白这里的水很深，学问很大。

我们从最简单的知识开始，慢慢把大家引入玉的世界。在讨论问题之前，我们有必要把白玉的正确定义搞清楚以便我们把玉与石头分开，一上来对玉建立一个通俗易懂、简单明了的概念。现代科学明确告诉我们：玉是透闪石矿物集合体，常呈毛毡状与显微叶片变晶结构。但这是要在高倍电子显微镜下才能看到，一般老百姓不具备这个条件。在市场上，在普通场合，能否借助简单辅助工具用肉眼一下子看出来，从而得到正确的结论，实践告诉我们，这是完全可以做到的，只要掌握一些小技巧，静下心来，你会得到意想不到的收获。大自然赋予玉有一种特殊的结构纹理。如果我们用聚光灯横向照射玉器的时候，它的重要特征就会马上显露出来。我们左手拿玉器，右手拿聚光灯横向照射玉器的同时，再慢慢移动灯光，这时你就会看到玉的晶体内部有一种明暗交隔的云絮状纹理。如果是白玉，那么内部出现的云絮状纹理是这样的：明是指浓白絮状像天上白云一样的部分，暗是指相对淡色透明像西湖藕粉用开水冲好以后的糊状感觉。在肉眼看上去整个玉的内部就充满着这两种东西。如果再通俗一点，就很像刚烧好的稀饭。米粒就是云絮，粥汤就是浆糊状藕粉（为方便起名叫藕粉冰点，简称冰点）。玉的内部看上去就像烧好的一锅粥。而且更令人叫绝的是：不同产地的玉像不同的粮食烧出来的不同的粥。简单来说，和田仔玉中的云絮状纹理像用上好的糯米烧出浓稠的糯米粥；于田山矿玉中的云絮纹理像细长条泰国米烧出来的粥；青海玉中的云絮纹理像北方地区烧的水多米少的稀清的白小米粥；韩国玉的云絮纹理是小冰块网纹状结构，很像加了麦片的籼米粥；江苏梅岭玉的云絮纹理非常像荞麦粥；而俄罗斯玉中的云絮纹理由于云絮冰点成团块状且云絮冰点色差很大，所以非常像昨晚剩下的粳米干饭早上用开水泡开再旺火一煮形成的饭泡粥。注意：实践证明，只有玉才有这种粥样特征，这是玉的特征的普遍性。实践又证明：不同产地、不同坑口的玉的云絮纹理是有所不同的，这就是不同产地玉的特殊性。据此，我们又可以用大量的实践经验，观察不同的云絮状纹理，进而来判断这块玉出自什么产地？什么坑口？这是一门新兴的学问，一经问世，已经显示出不同凡响的商业利用价值。

除以上玉的最重要的特征之外，玉的其他一些特征也不容忽视，如果用肉眼看玉，它的明显特征是：

1．具有典型的温润均匀的油蜡亚光(打磨好的正规成品)。

2．玉体大都是半透明，也有一小部分是不透明的。也就是所谓的僵性玉或称僵斑玉、石子玉等。

3．摩氏硬度达到6~6.5度，不吃刀(用一般金属刀具刻划不动)。

4．手摸上去有明显的粘涩感(刚打磨好的成品或刚挖出的仔玉)。

其实市场上真正符合科学标准的玉是很少的，公认的就是新疆和田玉。因为和田玉属于成矿条件优越的卡拿矽镁岩成因。按地矿部的标准，矿物中的透闪石含量超过90%才能称为玉，而和田玉中的白玉、黄玉、青白玉、青玉、墨玉其透闪石含量均超过90%，尤其是和田玉龙喀什河仔玉中的顶级羊脂白玉，其透闪石含量甚至达到99.5%以上。正因为和田玉美名在外，产量稀少，故市场价位很高，且往往有价无货。在市场上你要找普通白玉(青海白玉、于田白玉、俄罗斯白玉等)很容易，但你要找一块正宗的和田玉龙喀什河枣皮红或桂花皮羊脂白玉却非常困难，有人寻寻觅觅好多年，连其踪影都没看到。至于近年新发现开采的辽宁河磨玉、甘肃玉因透闪石含量比例不稳定，故争议较大。而俄罗斯贝加尔湖糖皮白玉、白皮白玉、灰皮白玉，因其产量大，块度大，价格适中，质量尚可，目前占据着市场主要地位，也是不得不承认的事实。另外近年来开采的俄罗斯布里雅特蒙古自治共和国软玉矿区附近原始森林河流中的布里雅特仔玉、山流水玉因其质地细腻温润，油蜡性好，小团块云絮状纹理致密均匀，品质接近和田玉而价格适中，故市场前景看好。另外青海山矿玉、韩国玉、江苏小梅岭玉因透闪石含量均超过90%，所以它们也是真玉，但因其价格与和田仔玉相差巨大，对市场的冲击太大，我们就有必要认识它们。这是我们的当务之急，也是广大玉器爱好者心里迫切希望要解决的关键问题。

从产出情况看：有山矿玉、山流水玉、戈壁风沙玉、山谷堆积层砂砾玉、古河道干砂坑仔玉、水坑仔玉等。

从产地看：有和田玉龙喀什河仔玉、喀拉喀什河仔玉、喀什叶尔羌河仔玉、于田新坑山矿玉、密尔岱山矿玉、且末山矿玉、青海山矿玉、俄罗斯山矿玉、甘肃山矿玉、四川龙川山矿玉、江苏小梅岭山矿玉等。

在这里仔玉与山矿玉，不同产地的山矿玉，价位差很大，一定要搞清楚。笔者经过多年实践，总结出如下一些经验供参考：

一、和田玉龙喀什河仔玉

我们应该从表面特征及内部特征两方面去考虑。

表面特征主要看以下几个要点：

1. 砂眼麻皮坑本色原生皮。仔玉表皮上到处充满像皮肤毛孔一样的细小砂眼。整个表皮又是即润泽又凹凸不平的麻皮坑表面。这是仔玉在河流中经水冲、砂磨，许许多多年滚磨的结果。而且，笔者发现一个规律：云絮状纹理越细，表皮砂眼越小，麻皮坑原生皮越细腻；云絮状纹理越粗，表皮砂眼越大，麻皮坑原生皮也越粗。

2. 砂眼麻皮坑色沁原生皮。一部分仔玉在河里遇到其他矿物，由于复杂的渗透作用，玉的表皮会出现许多色彩斑斓的色沁皮。许多人将色沁皮作为仔玉的一个重要特征来予以取舍，这是很有道理的。但关键是要区分真皮和假皮。笔者发现，真皮上面经常出现深浅变化明显的"圈点"，"圈线"；而假皮则做不出，只是硬生生地浮在表面的一层颜色。真皮颜色变化很大，有时一块色沁皮上出现许多种颜色，而且颜色是非常自然舒服的。有时候在色沁皮上会出现一条生满细脚的蜈蚣样的条纹，有时弯曲，有时直走，笔者把它取名"蜈蚣纹"。

原生皮上经常出现的则是一只只像蜘蛛一样的色沁点，笔者把它取名为"蜘蛛纹"。色沁皮的变化，举不胜举，这是大自然的造化，太神奇了。

内部特征：

仔玉的云絮状纹理短而且致密，精光内蕴，油蜡光泽强。内部质地温润细腻，玉感极好。用手轻轻盘玩，一会儿，它就精光内蕴，丝绸般的油蜡光泽显露无遗。而且越盘越好，越佩越好，用内行人的话来说："一件好的仔玉配件，它是你生命的一部分，与你同呼吸，共命运，伴随你度过人生的每一个瞬间"。它是"活"的，它是有"生命"的。一个"活"字代表了仔玉所有的内涵。

二、和田玉龙喀什河山流水玉

内部特征与仔玉差不多，但原生皮特征与仔玉完全不一样。由于山流水玉在河道的上游，冲到河中的历史比仔玉短得多，所以它的原生皮既有大起大伏的凹凸不平，同时又非常润泽，笔者给它取名："苦瓜皮"。它与山矿玉表面参差不齐的毛口表皮是完全不同的。两相一对照，将一目了然。

三、于田老坑山矿玉

于田山矿玉主要产在昆仑山中段的于田地区境内。比较著名的海拔4200米的阿勒玛斯矿，清朝时称戚家坑。由于是山矿玉，所以表面都是参差不齐的毛口表皮，内部特征是所有玉料中最容易识别的。它的云絮状纹理长且松散，灯光照进去，像树木的纹理一样，长条状，长丝状云絮纹理历历在目，很好辨认，一看就明白。于田玉与和田玉比较，密度相对小，硬度差一些。上机器水作加工时，极容易沿长条、长丝状云絮纹理裂开。所以，碰到于田玉，工人上机器干活得小心对待。于田玉玉质不错，油性也好，价位也不高。

四、俄罗斯贝加尔湖玉

经过多年亲历实践与研究，笔者发现，俄罗斯玉不是铁板一块，它也有许多亚种。简单而言可以分为：

1. 贝加尔湖老坑糖皮白玉（俗称俄贝老糖白玉）；
2. 贝加尔湖新坑糖皮白玉（俗称俄贝新糖白玉）；
3. 贝加尔湖白皮白玉；
4. 贝加尔湖灰皮白玉；
5. 布里雅特仔玉；
6. 布里雅特山流水玉等等。

由于市场上出现最多的是贝加尔湖老坑糖皮白玉(市场上简称糖白玉),所以笔者重点对它进行展开。糖白玉外表与其他山料玉一样也是参差不齐的毛口表皮。如从中间锯开,则有几层颜色变化,最外面是一层浑浊米泔水一样的玉,玉里还满布糖色蜘蛛点;第二层是深糖色玉;第三层是浅糖色玉,再下去就是白玉。而且越往中心,玉质越细腻,质地越好。也有一部分是从深糖色玉一下子就过渡到白玉。经反复研究发现贝糖玉有它独有的特征:它里面的云絮状纹理呈团块状,冰点明显,且比较大。另外夹杂许多蟹爪纹、结构松,密度相对小,硬度差一些,行内俗话称"饭泡粥"。另外在水作加工时,感觉糖白玉容易起性,容易产生崩口与崩点。打磨时容易形成凹凸不平的平底麻皮面。在侧光下看,明暗相间平底麻皮坑非常明显,行内俗话称:"俄料打磨面"。正因为有如此明显的特征,所以行内高手,对糖白玉的判断一拿一个准。

五、青海老坑山矿玉

青海玉表面特征也和其他的山矿玉一样,是参差不齐的毛口表面。如淋上水,青海玉的感觉就出来了。它特别透明,水性重。青海玉的内部结构特征也非常明显,灯光照进去,点状细小松散的云絮状纹理是它的典型特征。水性重,油润性差,而且里面经常有比两侧玉组织更为透明的玉筋,呈条状分布。成品有毛玻璃感觉,盘玩时,"干,水",很不容易盘活。

了解了玉材产地的简单分析判断方法,这只是第一步,还远远不够。因为每一个产地产出的玉也有好、中、差之分,我们必须学会货比货，以锐利的眼光来判断同一产地玉的优劣。自古以来，人们注重对玉的纹饰、造型、做工的研究，很少有人会涉及产地及玉材优劣的研究。而事实上，你要去市场识玉、买玉，就回避不了这个问题，非得在玉材的认识上下点功夫。

我有一个朋友，去上海藏宝楼市场买玉，看上了一块他认为材质、做工俱佳的玉牌。摊主说这是一块清朝乾隆年间好的和田玉牌，开价人民币六万五千块。我朋友仔细观察后回答他，玉牌做工很好，但阴刻线里可见新工特征崩口和崩点，阴刻线底部高速旋转机械加工引起的拉丝锐角硬痕到处可见，就凭这一点可以判断玉牌是新工。摊主眨着眼睛摇着头说："好眼力，是新工。但材料是和田山流水玉。这样吧，你诚心要，算五万元，怎么样？"朋友继续用聚光灯照着玉牌，仔细看玉牌的结构，心里有了底。告诉摊主，里面是明显的团块云絮状纹理，冰点大，而且有蟹爪纹。这是开门见山的俄罗斯贝加尔湖糖白玉中的白玉部分。虽然玉质不错，但它是俄料。摊主瞠目结舌，嘴里不断啰嗦着："厉害，怎么看出来的？"甚至还要求我朋友教会他怎么看玉材的产地与质量。从做工到材料，"西洋镜"全部拆穿了，经协商，最后以人民币五千五百元成交了那块优质贝糖白玉仿古玉牌。这个真实的故事，进一步说明了玉材认识上的重要性。那么如何来挑选好的玉材呢？下面推出挑选白玉的几个关键之点：

1．看质地，云絮状结构纹理越细腻越致密，质地越好。

2．看润性，玉材一定要油润，粗粗干干的，是绝对盘玩不出的，越油润越好。

3．看色度，玉材一定要油润白，而不要僵白、干白，越油润白越好。

4．看透度，以润泽的半透明为最好，太透滑向青海玉，不透明就成僵斑玉。

5．看均匀性，玉材内部云絮状纹理一定要均匀，不要一边粗一边细，越均匀越好。

6．看完好性，玉材内部不能有任何僵块、杂质与裂痕。如有，应该在设计时尽可能避开他们。

以上所述如果能在实践中运用好，你会在玉材的认识程度上有所提高。如准备几块典型的高质量白玉样品，去市场买玉时用来做参照物，将会受益匪浅。

第二部看老加工还是新加工。实际上很多玉文化爱好者到这里就开始感觉到难度大了，有一种无所适从的感觉。这里尤其要指出的是：假如第一步看下去玉材不是仔玉，而是俄罗斯贝加尔湖玉（以糖白玉为主）、青海玉或于田新坑玉、且末新坑山料玉，那就没有必要讨论到第二步了，因为这些玉材的开采历史都没有超过30年。市场上大批的仿古玉器实际上就是用这几种材料做的，显然它们的年纪也不会超过30年。

这里特别要提及一种材料，就是产在辽宁岫岩细玉沟溪坑里的河磨玉，它尽管产在岫岩，但与大名鼎鼎的岫玉完全不同。岫玉不是玉，而属于玉石类，地矿学把它称为蛇纹石。而河磨玉（属溪坑仔玉）及其父本岫岩山坑黄料玉（属山料黄玉，因颜色青黄而得名），倒是地地道道的钙镁透闪石，属软玉系列。河磨玉云絮状纹理粗且杂乱，颜色大多以青黄或青色为主。但河磨玉有它的特殊性，以清色（本色），混色（杂色透明部分）和僵斑（杂色不透明部分）三部分组成，三者合为一体，俗称"皮夹肉，肉夹皮"。因其颜色浓郁，丰富多彩，清色部分往往以青黄色或青色为基调，很像出土古玉没有受沁的开窗部分的本色玉。混色部分往往以咖啡、土黄、褐土黄、褐红、褐青、黑褐等颜色为基调，很像出土古玉受沁部分的土沁颜色。而杂色僵斑部分往往不透明又以灰白底子加褐土黄、褐灰基调为主，很像出土古玉先受石灰沁再受其他色沁以后的感觉。尤其让人头疼的是，制作好的河磨玉仿古玉器，经一段时间人手盘玩后，它也同样会像出土古玉一样，不断地变颜色，而且变得越来越油润，越来越漂亮。这也就是有些河磨玉仿古高手及自我炒作高手在河磨玉仿古玉器上不断骗人成功，而受骗者至今还蒙在鼓里的原因所在。经笔者多年实践发现：不论是河磨玉、仿古玉器还是其他玉种的玉器都可以人工做沁、人工盘玩形成包浆。这些仿古高手把加工打磨好的玉器，经过一段时间的油浸，人手盘玩，都会不断变色，不断产生包浆，进而变得油润起来。所以经盘玩会变色和起包浆产生油润感的玉器，光凭这一条不是检验古玉的惟一标准，这是被实践所反复证明了的事实。正因为河磨玉有如此接近古玉的优势，所以不少仿古玉行家竭尽全力利用河磨玉的巧色，制作足以乱真的假古玉，进而充斥市场，引得不少战国、西汉玉器痴迷者整天在河磨玉、仿古玉器摊位上驻足，幻想得到一件价值连城的真古玉。由于这是一批对玉的知识相当肤浅，而期望值又极高的战国玉器爱好者，所以，市场业内人士风趣的称他们为"战国派"。他们玉器知识匮乏，钱财雄厚，而对古玉的渴求使得心情常常处于激动和亢奋之中。在市场上一遇高仿古玉便情绪激动，热血沸腾。强烈的占有欲惯性常常把理智抛到九霄云外。这些人以惊人的价格买进假古玉，而事后知道上当受骗后捶胸顿足的例子也不胜枚举。

那么老加工、新加工到底怎么看？有没有简单易学的方法能够一目了然看得清呢？回答是肯定的。在论述这个问题之前，我们还是要把在这个问题的误区谈一谈。不少玉文化爱好者看玉是凭感觉的，如果一件玉器看上去包浆浓厚，缝隙里有垢，就认为是老工；一件老玉器看上去干干净净，就总是心里忐忑不安，总认为不可靠，其实这都进了误区，是跟着感觉走看玉器的典型表现。其实看老加工还是新加工，是看玉器表面上的加工痕迹，像公安局刑警看案发现场的作案痕迹一样。所有加工成成品的玉器，它上面都有许许多多自己会说话的加工痕迹。只要你看懂了这些加工痕迹，你也就拿到了识玉的金钥匙。当然，这不是一朝一夕的事，是要下点苦功的。

大家知道真玉很硬不吃刀，所以玉不是用刀雕出来的，那么玉是如何加工的呢？古人早就告诉我们："他山之石，可以攻玉"。经过考证，"他山之石"实际就是一种硬度达到8度以上的石榴石类矿物。古人将它敲碎敲细与粘性大的细泥拌成琢玉砂浆，然后用骨片等辅助工具蘸着砂浆进行琢磨加工。也有把琢玉砂浆做成各种形状的磨玉工具，烤硬成型，直接用来琢玉。古人琢玉操作的艰辛程度是可想而知的。正是由于采用的只是人工研磨法琢磨玉器，在古玉器的加工表面上就留下明显的只有用这种方法才能形成的特殊痕迹。笔者经过仔细的研究，发现不同朝代和不同地区的古玉，在形制、纹饰、用材上差别很大，有它们各自的特殊性。由于所采用的都是徒手研磨和简单的人力驱动机械的运转琢磨，所以它们留下的痕迹有一些特殊规律可寻，不管阴线、阳线、弧面、平面、四面，其切割部分，都是比较润泽的呈现圆润的光滑过渡。而任何表面都会呈现一种既凹凸不平，同时又有非常润泽的感觉，在侧光下慢慢晃动手中玉器，这种感觉将可以一目了然。我把这种步步到位的凹面与凸面一致的表现形态形象地称为："桔皮纹"或"波浪纹"。对于"桔皮纹"在人工研磨过程中是如何产生的，笔者是做过验证的。其来历在于古人所用砂浆，里面研磨材料的颗粒粗细不均，且混有细泥，人工琢磨时，用力也不可能全部均匀，这样玉器表面的磨损也就不相同，有深有浅，凹凸不平。正因为是人工研磨，冲力小，玉器纹饰线条清晰、圆润、凹槽处光洁润泽，而且也有"桔皮纹"。古人爱玉如命，常佩身上，常常盘玩。由于人体的分泌物、大气的侵蚀、人手的盘摸，长年累月，玉器的表面会形成浓厚的包浆，正是"桔皮纹"上的浓厚包浆，或者充满浓厚包浆的"桔皮纹"表面，形成了古玉的明显的具有招牌式的典型痕迹特征。如果一块玉被泥石流裹夹进水流湍急的河流，经在泥沙中不断翻滚摩擦，多年以后，它也会形成自然"桔皮纹"。由于自然界沙子摩擦剧烈，所以河中仔玉形成的是较粗的"麻皮凹陷桔皮纹"。这也是从另一面印证了"桔皮纹"形成的过程。

现代工艺采用的工具是高速旋转的玉雕机。金刚砂磨头夹在机器上作高速旋转，被加工的玉件用手捏着碰触磨头进行琢磨，在玉件接触磨头的一刹那，会产生很大的冲击力，这种冲击力容易使玉件被加工表面边缘产生细小的崩缝，其形态呈放射状，有时冲力大了边缘甚至会崩掉一小块，即使崩缝没有使小块玉料掉下来，在放大镜下也可以看到崩点的折光裂缝，笔者把它形象地称作"白花起壳"。因为崩裂部位的下面已经断开，光线无法透过去，在放大镜下，显出一个个小白点。至于现代打磨工艺，大多数采用手工加机械打磨。一般都是先用钉耙手工耙过，然后用砂条手工打磨，再上机器火漆加金刚砂或金相砂皮卷纸打磨，生牛皮皮轮加刚玉粉打磨，最后是布轮抛光。故而玉器表面出现的是精细打磨面，表面比较平整，尤其经布轮抛光后，表面经常出现玻璃刺光。这种精细打磨面的玉器表面与老加工研磨工艺并充满老包浆的"桔皮纹"柔和舒服、润泽油蜡、老气横秋的表面感觉是完全不同的，两者放在一起对照，可以说是泾渭分明，一目了然。

我们总结了老工、新工的关键加工痕迹特征：

发现老工加工玉的磨料一般是摩氏硬度达到8度的石榴石细沙粒，而新工加工玉的磨料一般都用摩氏硬度达到10度的金刚石细沙粒，而玉的硬度为摩氏6.5度。这样老工就行成了8度对6.5度产生的磨削痕迹特征，而新工也形成了10度对6.5度产生的磨削痕迹特征。这是两种完全不同的痕迹特征，需要加以深入浅出的研究。为了把复杂问题简单化，我们把老工与新工的痕迹特征归纳总结为宏观痕迹特征与微观痕迹特征。特列表如下：

宏观痕迹特征:

老工	所有老玉老工的表面都遵循一个规律:不论凸面、凹面、平面、弧面上都带有浓厚的老包浆,而且有包浆渗透层,给人以表面上即凹凸不平,同时又非常润泽的橘皮纹、波浪纹感觉。当然有粗、中、细之分。
新工	所有老玉新工的表面也遵循一个规律:所有的表面都是现代砂条加刚玉粉从粗到细的精细亚光打磨面。一般没有包浆,即使盘出了包浆,也是建立在精细亚光打磨面上的包浆。

微观痕迹特征:我们以玉器加工痕迹中阴刻线上的一个船形盘刀痕为例进行微观分析,发现所有老工与新工的船形盘刀痕上的船舷上都有崩口、崩点、崩缝,即所谓三崩现象,而船底有好几条拉丝痕迹。经过多年观察发现老工与新工的三崩与拉丝痕是完全不一样的。

	崩口	崩点	崩缝	船底拉丝痕底槽痕迹
老工	崩口里有泥馒头状感觉,存在汗沁积淀,包浆浓厚	崩点带黄色汗沁(俗称缸豆开花)存在汗沁积淀,包浆浓厚	崩缝有汗沁积淀,有包浆渗透感觉	拉丝痕底槽是坦口圆角,有汗沁积淀,存在浓厚包浆
新工	崩口底部参差不齐的毛玻璃感觉,无汗沁,无包浆	崩点呈白点,无汗沁,无包浆	崩缝呈白线,无汗沁,无包浆	拉丝痕底槽是锐口锐角,无汗沁积淀,无包浆

笔者认为,材料产地与质量的判别、玉器表面新老加工的判别,这是在市场上识玉的两把金钥匙。在市场上只要用肉眼加聚光灯加放

大镜，很多玉器一上来就过不了这两关，其他鉴定方法就大可不必了。读者可从最基础的方面慢慢体会与实践，很快就会有所进步。至于市场上那种粗制滥造的垃圾仿古件，看几遍就会产生厌恶，我想，绝大多数人都会一看就知道是假货。

有关断代，那是一项复杂的工程，不是几句话能讲清楚的。限于篇幅，也不可能展开很多。留待下次再述。想买玉的朋友很重视价位，认为很多玉器的价位水分太大，事实也的确如此。譬如翡翠，有些商家打出：翠玉5折、3折、2折，甚至1折，这个就是此地无银三百两了。既然一折也可以卖，那么其水分是可想而知的。俗话说："黄金有价玉无价"。从古到今，玉的价格是随行就市，很难有定量定尺的标准。但市场也有价格的规律，一般认为，玉材价钱加上加工费就是成本，加一定百分比的利润就是市场价。多看多了解多熟悉情况，这个问题是不难解决的。

略谈古琴音乐艺术

李祥霆

> 李祥霆，满族，吉林辽源人，1957年起师从查阜西学古琴，从溥雪斋、潘素学国画，1958年考入中央音乐学院，从吴景略学古琴。1963年毕业留校任教，1989年到英国剑桥大学作古琴即兴演奏研究并在伦敦大学亚非学院音乐研究中心任客座研究员，教授古琴和洞箫。1994年11月到中央音乐学院继续任教。现为中央音乐学院教授、国家级非物质文化遗产传承人、北京古琴研究会副会长、英国东方美术家协会会员、中国音乐家协会民族音乐委员会委员、中国国际文化交流中心理事、台北和真琴社顾问、日本吟咏道八洲庄鹰洲会名誉顾问及北美琴社顾问。

一、发展简史

古琴是我国古老的弹拨乐器，在古代只叫做琴，近代为区别于其他乐器，才习惯地叫做古琴或七弦琴。古琴有大量的音乐遗传和理论文献，还有几百年以至一千多年前的古代良琴保存到今天。

我国第一部诗歌总集《诗经》的《国风》中就提到："窈窕淑女，琴瑟友之"。《诗经》是两千五百年前编辑成书的，古琴从产生到流行于人民之中并被写到诗里收入《诗经》，要经历一个较长的时间过程。所以，说古琴有三千年左右的历史是比较符合历史发展的实际的。

从现有的材料看，开始古琴大约弦数不定。有五弦琴、七弦琴，还有九弦琴、一弦琴等。前不久在湖北出土的战国前期的琴，是十弦。完善的琴应是在西汉以后发展形成的。根据现有文字材料来推断，东汉蔡邕至晋朝嵇康之时，应是古琴乐器走向完善的飞跃时期。

古琴有七条弦，主要定成C、D、F、G、A、c、d，称为正调。另外还有根据五声音阶关系的其他定弦法和不按五声音阶定弦的数十种定弦法。它是等弦长、一弦多音的无品拨弦乐器，音域有四个八度。古琴的弦很长，每弦有十三个泛音，都很清晰纯美。因此常常用泛音演奏一个完整的乐段。

由于古琴整个琴身就是一个共鸣箱，面板就是指板，出音孔开在琴的背面，所以古琴的音色就非常独特。它含蓄、深沉而音韵悠长。

古琴比钟、磬、笙等产生得晚，与瑟同时期。在两千多年前，人们对它的表现力就已经尊崇到了神话的程度。例如先秦著作《韩非子》曾记述了春秋时期琴家师旷弹琴引来玄鹤合鸣舞蹈的事迹。历代都有以琴为中心的动人故事、传说。

两千多年来，出现过许多伟大的琴家。春秋时期的孔子就是其中之一。他所教授的课程"六艺"中的"乐"，就有弹琴咏唱诗歌的项目。

俞伯牙和钟子期更是许多人所知晓的。伯牙弹琴子期知音的故事，在《吕氏春秋》中有明确的记录。通过这个记载可以看到，最晚在秦代以前，古琴已可以用独奏的形式，用纯器乐的手段，来表现人对客观世界的感受，沟通人的思想感情。这也是先秦音乐思想、音乐水平的一个反映。

汉代名琴家不少，而东汉的蔡邕尤为重要。他能作曲，作有《春

游》等曲，称为蔡氏五弄，可惜失传。所幸的是，他所撰的《琴操》一书传到了今天。《琴操》记录了四十多首当时弹奏、吟唱的琴曲的曲名和内容。现在保存的一些古琴曲的根源可以在这里找到，实在是音乐史上的重要文献。

晋代的琴家嵇康更为突出。他在政治上有主见，鄙视腐朽的司马氏政权。在文学上和音乐上有创造，写作颇丰。他在被害临刑时，还要来了古琴，最后一次弹奏《广陵散》，成为千古传诵不绝的逸闻奇事，也为我们考察《广陵散》提供了一种重要材料。嵇康所作的《琴赋》向我们展示了琴的艺术所达到的水平、所占的地位、所具有的技巧、所产生的影响，并证明当时的琴已经有了标示泛音和音位的"徽"，是完善的琴了。这是现在所知西汉琴和唐代琴之间有关琴的具体情况的重要材料。

隋代丘明传《幽兰》一曲是现存唯一的一件唐人手抄的文字谱，文字谱是用文字把演奏过程逐一记写下来的古琴专用谱，是世界最早的乐谱。此谱传到日本，被日本视为国宝，清代晚期才有复制本传回我国。唐代出现的减字谱是在文字谱的准备之下改进形成的，这种记录演奏指法的谱子，是把演奏指法的名称、术语简化成笔画很少的、类似符号的字谱，一直沿用到天。大量的数百年上千年古琴曲正是用它记录流传下来的。唐代有不少造琴名家，如雷威、雷霄兄弟以及郭亮张越等。从传到今天的唐琴看，工艺、造形、音响，都令人叹服。这个时期能弹琴的诗人、文学家不少，琴家也不少。从不少著名诗人写下的许多描写古琴的诗也可以看出当时琴的水平是高的。然而很可惜的是，当时的琴谱（即收录古琴曲谱的专书），竟然一种也没有留下来。其原因固然主要是因为还没有印刷书籍出现，但不可忽视的是官方典礼排斥古琴，使它未得到很好的发展。再则晚唐五代社会动乱，文化被破坏，书籍散失，所幸在史料方面还有宋人记下的宝贵的文字。例如记下了薛易简这位盛唐时期的琴家，并说他曾在宫中供职。

僧人颖师更是一位高手，李贺曾有诗赠他。尤其是韩愈的诗，写出颖师所奏的琴曲的深度和难度，反映了颖师高度的艺术造诣。

南宋的不朽琴家郭楚望是非常值得重视的。他一方面有高超的琴艺，培养了造诣甚高的弟子；一方面能创作，并有寄托爱国思想的作品《潇湘水云》传世。再有文学家姜白石，特意创作的琴歌《古怨》，传到今天。这是一部个性鲜明、音乐优美的声乐作品。由于有姜白石自己谱写的古琴指法，可以说比他另外的那些"俗字谱"记下来的创作，对其原貌的探求要容易些，所以也很可贵。

元代耶律楚材是一个极爱古琴的人。他记下了一位琴艺很高的琴家：姓苗，号栖岩老人。栖岩老人对《广陵散》的演奏使耶律楚材惊服。

明代古琴有很大发展。朱权虽是一个藩王（朱元璋第十七子），却对古琴的发展作出了不朽的贡献。他主持撰辑了《神奇秘谱》（1425年刊行），为我们保存了音乐史中的至宝。这是现存最早的一部琴谱。它所收的四十多首器乐化琴曲，多是唐宋以前的珍品。就其历史价值来说，是有特殊意义的，因为现在世界上，这些是最古的器乐曲了。声乐派（琴歌派）的代表扬抡所著《伯牙心法》（1609年前刊印）收了大量的琴歌。琴歌派一直与器乐派琴曲并存，并且有许多珍品。

清代琴艺由兴盛而走向衰落。《大还阁琴谱》、《五知斋琴谱》中许多明以前的琴曲有了极大的发展，成为更深刻细致的作品了。但到了晚清，则弹琴人减少，演奏曲目日窄，演奏水平高的日少。

近代四川张孔山一系，对《流水》作了较大发展。湖南杨时百撰辑了巨篇的《琴学丛书》，是一部有系统的综合性琴书，并且对《幽兰》、《广陵散》作了突出的研究。

现代琴家中查阜西先生在理论研究和文献整理有突出的贡献，管平湖先生和吴景略先生在演奏方面有突出贡献。

二、宝贵的遗产

流传到今天的古琴文献中，有140多种琴谱，共收不同传曲传谱上千首。其中有结构宏大的大曲《广陵散》、《胡笳十八拍》等，有精制的小曲《酒狂》、《关山月》等，还有感情浓郁的琴歌《古怨》、《苏武思君》、《阳关三叠》等。现在琴人能演奏的不到百曲，虽然不足全部的十分之一，但比起其他民族乐器的古代曲目来，仍是一大笔财富。

在古琴音乐中保存和发展了中华民族黄河长江流域固有文化的宝贵传统。隋唐时期，虽遭外来音乐的强烈冲击，华夏民族自己固有的音乐艺术却在古琴上顽强地延续下来了。这一点值得我们格外重视。《旧唐书·乐志》讲："自周隋以来，管弦杂曲将数百曲，多用西凉乐。鼓舞曲多用龟兹乐。其曲度皆时俗所知也。唯弹琴家犹传楚汉旧声及清调、瑟调、蔡邕杂弄。非朝廷郊庙所用，故不载。"如果说《幽兰》有许多特殊的音调反映了隋唐时代西域音乐的影响，则《广陵散》应是"楚汉旧声"未受外来音乐干扰的实例。

在古琴文献中除乐曲而外还有可贵的历史资料和理论遗产。蔡邕《琴操》所记述的琴曲中有的可以反映当时的艺术思想深度和理论深度。例如《琴操》记述的伯牙老师成连先生，把伯牙一个人放在海岛上，让他领略海涛、山林之态，为他海上"移情"的事迹，表明了最晚在汉末已经认识到音乐的思想、生活、技巧三方面的表里关系。成连为伯牙"补""生活课"，而伯牙在此中又产生灵感，创作了《水仙操》，很发人深思。

唐人薛易简（725左右—800左右）在《琴诀》中说古琴音乐"可以观风教，可以摄心魂，可以辨喜怒，可以悦情思，可以静神虑，可以壮胆勇，可以绝尘俗，可以格鬼神。"说明这时对古琴音乐的社会功能进行了细致的探讨。宋人朱长文撰辑的《琴史》记录了他以前的众多琴家的历史材料，其中至少隋、唐、宋三个时代材料是可信的，可以从中看到当时作为艺术的古琴音乐在社会生活中的体现，是很可贵的。

元以后《琴声十六法》："轻、松、脆、滑、高、洁、清、虚、幽、奇、古、淡、中、和、疾、徐。"反映当时对古琴艺术的美学思想演奏技巧、艺术表现等方面提出的理论。"轻、松、脆、滑"是属于演奏美学方面的，是对音乐的美好，旋律的流畅的追求。"高、洁、清、虚、幽、奇、古、淡"是属于艺术表现方面的，是对风格、意境、韵味、气质几方面提出的概念。"中、和、疾、徐"则是属于演奏技巧的几个基本方面了。明末清初的徐谷共又进而提出《二十四琴况》，共二十四条，更细致地说明了古琴演奏艺术的诸方面要求(但因为过细，难免有些琐碎)："和、静、清、远、古、淡、恬、逸、雅、丽、亮、采、洁、润、圆、坚、宏、细、溜、健、轻、重、迟、速。"

三、表现的思想内容

现存的上千首古琴曲的内容是丰富多彩的。其中主要大约有下面五种类型：

1．表现中华民族气节和人民正义斗争的。

例如《神奇秘谱》中的《广陵散》，是东汉时期古曲，表现了战国时期韩国剑工匠为韩王铸剑，到期未成，被韩王杀害。工匠的儿子聂政长大立志报仇，经过顽强的努力，终于机智地刺死韩王并自杀身死，音乐甚为激昂慷慨。

《苏武思君》(应是明代以前的作品)，这是一首琴歌，音乐深刻感人，歌词热切有力。李焕之同志将它改为大合唱，取得了国际赞誉。

2．表现劳动人民的生活、思想的。

《矣欠乃》(这是明代谱本，也应是明代以前的作品)。表现船夫拉纤的劳动。有拉船的劳动号子音调多次出现，并一次比一次激动。整个音乐忧郁不平，是很有形象很有深度的重要琴曲。在古曲中，这样直接、具体地表现劳动的作品，是罕见的。

《渔歌》表现渔夫在大自然中自食其力，勤劳乐观的情感。音乐中有很显然类似唱歌的音调。这一曲虽然在描写渔夫，却是寄托了作者对现实不满、向往遁迹山水生活的心情。

《雉朝飞》是写一个七十岁的牧人，早晨在田野中看见雉鸡成双而飞，感叹自己已是暮年，尚未有妻。反映了封建社会中贫苦的劳动人民的生活遭遇。这在很古的时候是一首琴歌，在清代谱本中已经有了器乐曲的《雉朝飞》。

3．表现社会上不同人的遭遇所产生的复杂感情。

《胡笳十八拍》是一首较大型的琴曲，见于《五斋琴谱》。表现了蔡文姬的苦难：幸存、别子、还乡的悲欢交织的矛盾心情，音乐深刻细致。

《秋塞吟》表现王昭君别离故国远嫁异族的悲凉情感，音乐娓婉细腻很有特色。

《阳关三叠》是在唐代诗人王维《送元二使安西》一诗的基础上发展成一首琴歌的。近些年被改成合唱，影响更广。

《忆故人》是晚清出现的琴曲，表现山中月下，徘徊叹息思念友人。音乐结构完整而有逻辑性、婉转曲折，非常感人。

4．表现具有哲理性的思想感情活动。

《墨子悲丝》：墨子看到洁白的丝被染成不同颜色，从而感叹人类也是在社会上由纯洁而变成形形色色，产生悲思，这首琴曲含蓄而有深度，令人信服地表达了这种内心活动。

《鸥鹭忘机》根据的是一则古代寓言：有一个老人常在海上闲游。日久，海鸥与他接近，相友好。后来他的妻子知道了，要他捉一两只回来。他第二天再去，海鸥再也不理睬他了。乐曲表现的是一种在人们忘却害人的动机时，海鸥悠然无虑、自由飞翔的情绪，同时隐约有惆怅之感，好像孕育着可悲的结局。

5．表现大自然的景物并抒发人的内心感情。

《流水》一曲描绘了水流自山泉至长江大海的种种形态，并表达了人对这壮丽的大自然的赞叹。

《平沙落雁》是通过对秋爽天高、水远沙明，雁阵的飞翔、鸣叫、盘旋、降落、起飞的种种描写，造成一幅雅致清秀的图画。使人产生安宁闲适之感。

四、古琴音乐的表现形式和艺术手法

1．古琴的音乐发展手法和曲式结构是按照乐曲的内容和思想感情的发展逻辑而决定的。

由于内容的不同，古琴曲的曲式是多种多样、极不相同的。这固然是因为前人没有进行总结，没有根据总结出来的曲式再去创作，但主要还是因为内容的需要决定了所形成的曲式结构。正如小说有风格、笔调的相同，而绝少结构的相同。比如《流水》，是在描写山泉汇成江海的过程中完成乐曲的发展。几次出现的歌唱性旋律，起到对比、联结、承启等作用，并用以表现人的感受："智者乐水"。乐曲各部分的关系截然不同于欧洲音乐作品根据通行的曲式所建立的各部关系。《潇湘水云》是由云水苍茫的环境中引出人的危亡深忧，又逐步发展到爱国的激昂之情。在结尾情绪转为怅惘并在云水迷蒙中结束的部分也并不是开始部分的再现，不论是音乐材料和形象，都不是前面那一部分的再现。它不是先呈示再展开，然后再现。而几乎是一开始就在展开，直到乐曲结束。这是它自己的内容所需。

2．在艺术表现上，古琴曲常有重要的旋律两次或两次以上的出现，但却不是再现，更不是A、B、A三段体的再现。

而是发展关系、是音乐内容的推进。同时，多次出现的旋律也并不就是一般意义上的"主题"。例如《潇湘水云》的两次"水云声"，是两次把乐曲引向高潮，并不是要强调它而给以再现。两次"水云声"所引出的部分才是重要的，被强调发挥的。《梅花三弄》的两个主要旋律各自出现三次，是音乐的发展，并不是"再现"的效果，也不是"回旋"的作用。因为这三次出现的中间的音乐既不是对比用的插部作用，也不是新的音乐材料的展开，又不是为前后音乐作一个联系。而是与三次出现的主要音调同样重要的一个发展环节。第一个主要音调出现三次以后，才出现第二个主要音调。各主要音调之间的音乐有一部分也有主题性质，另外几部分也不是插部性质。这样就构成了这一曲的独自的结构。《忆故人》有一个很形象的音调，多次出现，印象深，有独立性，但结构很小，音型单纯，与前后音乐界线分明，所以并不是主题。它在此曲中很重要，它是对于可称为主题的部分起到画龙点睛的作用。

3．古琴音乐的发展手法也很丰富，并且有它独特之处。

例如它的扩充、模进、变奏等关系，是由思想感情支配产生出来的。所以其结果是前后连成一体、贯成一气，给人以一气呵成、自然推进之感，而无雕凿痕迹。有的两个成为对比鲜明的形象都是由一个基本材料变成的，《梅花三弄》的两个主题就是这样。

4．古琴曲的一些过渡段落、连接部分不只是为了过渡和连接，而是有它重要的推动乐曲发展的作用，有它独立的生动形象。

如《潇湘水云》的"水云声"，《梅花三弄》的三次泛音乐段之间，"第二主题"之外的音乐，《忆故人》中多次出现的"放合"音型等等。

5．强弱是音乐的重要因素，而古琴音乐除强弱之外还有虚实。

这就比只有强弱的表现更细致、更鲜明。大约也正因为虚实的运用，使古琴曲方整的乐句和规矩的节拍成为次要的形式。而变化拍子的普遍和自然地配合内容、感情需要，成为主要的形式，是古琴音乐的传统，是最基本和普遍的。

6．滑音在古琴艺术表现上是一个极为重要也极有特点的方法。

它不是一般的装饰，不是一种过渡，不是一个经过音，而是强调地表现音乐内容、思想感情，以及风格、气质的重要方式。它的表现使音乐如同歌唱，如同倾述，有浓厚的语气感。这也是古琴音乐表现上极为普遍和突出的。

五、琴 歌

琴歌是古琴音乐的一种重要形式。明代有很大一批琴人是每弹必唱、必声乐琴曲为崇尚的琴歌派。似乎琴歌派到了明代是一个最盛时期，明代这一派的琴谱之多和影响之广都表明了这一点。在全部古琴音乐遗产中，琴歌的数量占了近一半，是应当重视的。

琴歌是为专门用琴伴奏而写的声乐曲，其历史可追溯到春秋时期的歌诗。琴歌的艺术形式和风格与戏曲、民歌、说唱，有鲜明的不同点，完全是一种独特的艺术形式。琴歌中有不少作品甚为完整、深刻、富于感染力。如宋代的《古怨》、元代的《黄莺吟》、明代的《苏武思君》、《渔樵问答》、清代的《阳关三叠》等。有的还由琴歌发展为器乐曲，如《胡笳十八拍》、《渔樵问答》等。

我国古琴艺术已有三千多年的历史。它在历史上一直处于最为尊贵的地位，作为音乐艺术它具有很强的文学性、历史性、哲理性，是现在最古老的活着的成熟的音乐文化，影响极为广阔而深刻。其久远而丰富的音乐、学术、乐器遗产不但为今天日益增多的专业人士所关注，为日益增多的爱好者所欣赏、研习，还在2003年经我国申报，由联合国教科文组织评定，公布为"人类口头与非物质文化遗产代表作"。然而，不能忽视的是，近二三十年，在甚大的范围内对这一中华民族智慧的结晶产生了极大的误解甚至误导。例如说"古琴音乐的特质在于静美"；古琴音乐的"最高境界"是"清微淡远"；古琴音乐"最简单的才是最好的"；"古琴音乐不是艺术，是道"，"古琴不是乐器，是道器"；"古琴是只弹给自己听的"以示高贵，反对把古琴作为人类文化艺术来对待，反对把经典琴曲演奏得鲜明感人，反对公开演出。这类或玄虚或神秘的说法在社会上、在互联网流传甚广，已令人们感到古琴艺术高不可攀、深不可测、神秘不可知，令人们或望而生畏或敬而远之，有害于古琴艺术的继承、保护、传播，故不得不辩。

自我1957年起师从恩师查阜西先生，1958年进中央音乐学院师从恩师吴景略先生开始，在我所接触的诸前辈琴家及奉读他们的文章，听他们的言谈，欣赏他们的音乐，没有一位发表过上述那些奇谈。这些前辈所代表的是20世纪中国琴坛的艺术存在，这是三千多年琴史的最近展现，是明明白白地告诉了我们古琴音乐特质的。

我们再从现存的两千多年以来的历代文献，包括当前琴坛所能听到的经典琴曲来看，都可以充分说明古琴音乐的特质，正如唐代琴待诏薛易简《琴诀》所示：志士弹之声韵皆有所主。其善者，可以观风教，可以摄心魂，可以辨喜怒，可以悦情思，可以静神虑，可以壮胆勇，可以绝尘俗，可以格鬼神。这是唐人对当时古琴艺术社会存在的总括，既可体现所承继其前的历史发展，也符合其后至今的古琴音乐、实际。

20世纪50年代前后曾经有把古琴艺术比喻为清高静雅的兰花的观点，但充满艺术光彩、崇高思想、坚定意志、真挚感情的《梅花三弄》、《流水》、《潇湘水云》、《广陵散》、《胡笳十八拍》、《忆故人》、《酒狂》、《离骚》等等诸多经典绝不与兰花相类。笔者经过长时期思考，于2000年尾形成了《琴乐之境》一篇，或可近于古琴音乐的实际：

> 琴之为乐，宣情理性。动人心感神明。或如松竹梅兰，云霞风雨。或如清池怒海，泰岳亚峰。或如诗经楚辞，宋词唐诗，或如长虹骊日，朗月疏星。其韵可深沉激越，欣然恬淡。其气可飘逸雄浑高远厚重。乃含天地之所有，禀今古之所怀。相依相比，相反相成。此其境。

以兰花为喻及静美说显然都与古琴音乐实际不符。现存最早记述古琴的文献见于《尚书·益稷》。"夔曰：'戛击鸣球，搏拊琴瑟以詠，祖考来格'。"文字极为简短，却可以从中知道早在三千年前的夏商或更早些，曾把琴作为祭祀祖先的典礼乐器。既然是与其他乐器相配合来进行庄严神圣的敬祖典礼，所奏的音乐应是崇高稳重或明朗流畅。是对于先祖的怀念、祝愿、赞颂、祈福。距今2600年前的晏婴在论述他的"和"、"同"观时，以音乐为例说明成双组合性质却相反的音声表现，以证"和而不同"，又要谐调于一体的"相济"才有意义。共列十组："清浊、小大、短长、疾徐、哀乐、刚柔、迟速、高下、出入、周疏。"其中"清浊、小大、短长、高下、出入、周疏"相依又相异的六组，所表现出的是变化着的音乐外形。而另外四组中的疾、乐、刚、速，则是音乐中明显的活跃、愉快、坚定、热情等内心感觉。晏子在此虽然没有指明是在说琴的表现，但在当时"八音"之中最被重视、最有表现力的是琴，其他乐器在当时是不可能有如此多的变化对比表现的。由此可知这时的琴的音乐实际存在着"疾"、"乐"、"刚"、"速"的表现的。

在晏婴此议的尾部说："若琴瑟之专一，谁能听之"，进而强调琴瑟这两种经常共奏的最谐调的乐器，也必须和而不同。如果相互无异至"专一"，两者完全相同，则犹如用水去配合水，即"以水济水，"是无法成为美味的，是无人愿尝的，这样状态下的琴瑟共奏是无人愿听的了。则可以确定上面十种相反相成和而不同的事例是举琴乐的实际表现。

《左传·鲁昭公元年》(前541)医和曾说"君子之近琴瑟，以仪节也、非慆心也。"主张君子是为了规范礼节而听琴瑟，而不是为了内心的愉悦，这也恰恰表明了当时的琴具有鲜明生动美妙的音乐性质、音乐表现，所以才要提醒君子不应忘记听琴弹琴是自己的身份、地位的需要，而不可把琴作为艺术去欣赏、去求心理享受。这是医和从君子的品德要求来看琴，实是恰是提示对琴乐的艺术感染力的警惕。

公元前3世纪的吕不韦在他的《吕氏春秋》中所记：伯牙鼓琴，钟子期听之。方鼓琴而志在太山，钟子期曰："善哉乎鼓琴，巍巍乎若太山。"少选之间，而志在流水，钟子期又曰："善哉乎鼓琴，汤汤乎若流水。"虽然我们不能就将它看作是春秋时期的伯牙与钟子期之间的演奏与欣赏的史实，但却可以肯定的是公元前3世纪时人们对琴乐的了解和欣赏中得到了"巍巍乎"、"汤汤乎"的或雄伟或豪迈的精神感受，亦即琴乐中已经具有"雄伟"、"豪迈"的形象和意境，并为千古以来人们所称道。

与吕不韦同时代的韩非，在他的《韩非子·十过》中记下了一则极具神话色彩的关于春秋时期名琴家师旷为晋平公弹琴而惊撼天地的故事：平公提觞而起为师旷寿，反坐而问曰："音莫悲于《清徵》乎?"师旷曰："不如《清角》。"平公曰："《清角》可得而闻乎?"师旷曰："不可。昔者黄帝合鬼神于泰山之上、驾象车而六蛟龙、毕方并辖。蚩尤居前、风伯进扫，雨师洒道、虎狼在前，鬼神在后、腾蛇伏地、凤凰覆上，大合鬼神，作为《清角》。今吾君德薄不足以听之，听之恐有败。"平公曰："寡人老矣，所好者音也，愿遂听之。"师旷不得已而鼓之。一奏之，有玄云从西北方起，再奏之，大风至，大雨随之。裂帷幕，破俎豆，隳廊瓦。坐者散走，平公恐惧，伏于廊室之间。晋国大旱，赤地三年。平公之身遂癃病。

虽然这只是传说，但我们可以确定的是，韩非的著述是他的思想、认识的反映，是当时社会存在所促成的，是韩非所处的公元前两、三世纪时琴乐给人们的影响所形成的。在这段记述中可以清楚地看到当时有极悲之曲，而且其惊人的感染力能对人的精神、心理造成极大的冲击和激荡。

生活于公元前156年至公元前141年前后的韩婴在他的《韩诗外传》中有一项关于孔子向师襄子学琴的记述：孔子学鼓琴于师襄子而不进，师襄子曰："夫子可以进矣。"孔子曰："丘已得其曲矣、未得其数也。"有间，曰："夫子可以进矣。"曰："丘已得其数矣，未得其意也。"有间，复曰："夫子可以进矣。"曰："丘已得其意矣，未得其人也。"有间，复曰："夫子可以进矣。"曰："丘已得其人矣，未得其类也。"有间，曰："邈然远望，洋洋乎、翼翼乎，必作此乐也。黯然而嘿，几然而长，以王天下，以朝诸侯者，其惟文王乎。"

我们可以先不去探究这个记载所反映的学习中，一首乐曲是否可以那么具体的表现出文王的气质和形象，但可以相信的是《韩诗外传》撰者所处的时代，琴乐已有表现"洋洋乎、翼翼乎"这类阔大昂扬精神和情绪音乐实际。即琴乐在这时的艺术状态是具有活力有分量的。

公元前一世纪的桓谭《新论·琴道》篇记载了战国时期雍门周以琴乐打动孟尝君。先设想孟尝君死后，家国没落，坟墓破败的凄惨之境，令孟尝君先生悲痛。再以琴曲打动其心，以致"孟尝君歔欷而就之曰：'先生鼓琴，令文立若亡国之人也。'"足证终于推动已被人生悲剧警示的孟尝君泪落涕流的琴曲，是一首表现鲜明、感染力强的悲哀之作。而在《琴道》篇的另一条记载"神农氏为琴七弦，足以通万物而考理乱也。"更是明指琴是可以反映对大自然的感受、对人生社会的体验的。

蔡邕（132—192）是东汉末琴坛大家，亦是历史上留有盛名的人物，在他的《琴操》一书中所载的四十七首琴曲中有歌诗之《伐檀》为民生苦痛、世事不平而"仰天长叹"。有十二操之《雉朝飞》写孤独的牧者暮年之悲哀，有《霹雳引》的"援琴而歌，声韵激发、像霹雳之声"，有河间杂歌之《文王受命》称颂文王的崇高功德，有《聂政刺韩王曲》对聂政英勇坚毅之气的歌颂等等，都是当时社会文化生活中的琴曲，表现了浓厚而强劲的社会正义精神和昂扬情绪，皆是其时琴乐的实例。

嵇康（223—263）作为历史上著名琴人无人能否定。其名之盛更因临刑弹《广陵散》而千古传诵。嵇康在他的《琴赋》中对琴所作的赞颂，明确的宣称是"八音之器"中的最优者，即最优越的乐器，并从很多方面加以充满感情的描绘："华容灼爛、发采扬明、何其所也。""新声嘹亮、何其伟也。""参发并趣，上下累应，足甚足卓碟硌、美声将兴。""（门达）尔奋逸，风骇云乱"、"英声发越、采采粲粲"、"洋洋习习，声烈遝布"、"时劫掎以慷慨，或怨嬺踌躇。环艳奇伟，殚不可识。""口差姣妙以弘丽、何变态之无"、"变用杂而并起，立束众听而骇神。""诚可以感荡心志而发泄幽情矣"。这里所摘取的文句，无不呈现着被充满激情的琴乐所陶醉而激动不已的痴迷之状。这是一位真实的历史人物发自深心的赞美与惊叹，无可怀疑的是他被琴乐所打动的真实记录。

唐代是中国历史上文化艺术最为辉煌的时代，古琴艺术同样辉煌。在现存的一千多首与琴有关的诗作及不少其他文献中，可以清楚地看到当时古琴文化的诸多侧面。正如本文开始部分引述的薛易简《琴诀》所提出的，琴乐全面而深入的表现人在壮阔的自然环境中，在丰富的社会生活中的思想感情、生活体验。而且琴乐及其给人们内心带来的典雅、优美、鲜明、热情、壮伟的气质是其主流。谨摘几例为证：

大诗人韩愈《听颖师弹琴》最为典型：昵昵儿女语，恩愿相尔汝。划然变轩昂，勇士赴敌场。浮云柳絮无根蒂，天地阔远随飞扬。喧啾百鸟群，又见孤凤凰。跻攀分过不可上，失势一落千丈强。嗟余有两耳，未省听丝竹。自闻颖师弹，起坐在一傍。推手遂止之，湿衣泪滂滂。颖乎尔诚能，无以冰炭置我肠。诗中有"昵昵儿女语"的委婉，"恩怨相尔汝"的鲜明，有"划然变轩昂，勇士赴敌场"的壮伟，有"跻攀分过不可上，失势一落千丈强"的强烈变化，有"喧啾百鸟群，又见孤凤凰"的巧妙对比。还有"浮云柳絮无根蒂，天地阔远随飞扬"的灵动峻逸。诗人被琴乐震撼得感情强烈起伏。对于音乐给他带来强劲的思想冲击，产生了如同冰、炭同存于胸间，令人不堪承受的艺术感染。正与今天我们演奏和欣赏《广陵散》时最佳状态相合。

女道士李季兰的《三峡流泉》诗，写她听萧叔子弹琴的切实感受，一如当年住在巫山之下、大江之滨、日闻波涛之况："玉琴弹出转寥复，直似当时梦里听"。曲中有"巨石崩崖指下生，飞波走浪弦中起"之势，有"初疑情涌含风雷，又似呜咽流不通"的强烈变化与对比。这样的琴乐实际，自是其艺术本质的力证。

再如李白的《听蜀僧弹琴》诗中"为我一挥手，如听万壑松"所展现的旷远豪迈之气。而韦壮的《听赵秀才弹琴》中"巫山夜雨弦中起，湘水清波指下生"隐隐有巫山神女入梦、娥皇女英涕泪的浪漫深切的痴情，"蜂簇野花吟细韵，蝉移高柳迸残声"的明确优雅秀美之趣。他的《赠峨嵋山弹琴李处士》诗中的"一弹猛雨随手来，再弹白雪连天起"的大气磅礴，所展现的精彩演奏更令人惊叹不已。这样的琴乐自然是激情四射的。

成玉磵的《琴论》是宋代琴学文献中甚可宝贵者。其中讲到："调子贵淡而有味，如食橄榄。若夫操弄，如飘风骤雨一发则中，使人神魄飞动。"十分明确而有力地指出"操""弄"一类大型琴曲有能使人神魄为之激扬的震撼之力。此亦正与唐薛易简《琴诀》中"辨喜怒"、"壮胆勇"的境界相一致。说明琴乐于宋代仍是与悠远的琴艺传统一脉相承，充满活力、灵气与豪情的成熟的艺术。

　　元代契丹贵族后裔耶律楚材，公元1229年被任命为相当于宰相职位的中书令。他的汉文化素养甚深，善诗文尤酷好琴。他幼时即"刻意于琴"，后在多年的追求中产生了极大的转变："初受指于弥大用，其闲雅平淡自成一家"。但他却是爱棲岩的琴风"如风声之峻急，快人耳目"。虽然怀之二十年之后终于在汴梁找到棲岩老人，可惜棲岩却逝世于将会面的旅途。幸好棲岩老人名叫兰的儿子的琴艺深得棲岩的"遗志"，而得以在六十天内以两人对弹的方法将五十多首"操""弄"一类大曲的"棲岩妙指""尽得之"。耶律楚材在他作于公元1234年的《冬夜弹琴颇有所得乱道拙语三十韵以遗犹子兰》中写道："昔我师弥君，平淡而不促。如奏清庙乐，威仪自穆穆。今观棲岩意，节奏变神速。虽繁而不乱，欲断还能续。吟猱从易简，轻重分起伏。"可见耶律楚材所欣然受之的是激情奔涌的快速琴曲，起伏分明的强弱变化对比。而且"一闻棲岩意，不觉倾心服。"他未把平淡之琴奉为最高境界，而是将之与棲岩之峻急谐和以对："彼此成一家，春兰与秋菊。"并且"我今会为一，沧海涵百谷。稍疾意不急，似迟声不跼"。可以相信这位元朝贵胄是极有音乐修养和艺术气质的文人。在他另一首专写弹《广陵散》的长诗中又一次直爽而有力地写上了他对充满激情的音乐表现的巨大感动，所描绘的形象和感受明显与薛易简《琴诀》、韩愈、李秀兰之诗作完全相一致，更与我今天所演奏的《广陵散》的音乐表现相吻合。

　　虞山琴派的出现是明代琴学琴艺的一个伟大的丰碑，其创始人严天池的历史功绩所形成的日渐广阔的影响也是令人肃然起敬的。一些人将虞山琴派旧纳为"清微淡远"，并不符合客观实际。我们认知和讲述虞山琴派的艺术风格、琴乐思想时，必须以严天池先生自己的著述为依据，即他在《松弦馆琴谱》所附的《琴川汇谱序》中肯定语言所提出的："琴之妙，发于性灵，通于政术。感人动物，分刚柔而辨兴替。"我们不能不承认这明显是与薛易简《琴诀》中所说的"可以观风教"，"可以摄心魂"，"可以悦情思"，"可以格鬼神"的艺术性表现相一致的。严氏指出"琴道大振"的琴乐表现是"尽奥妙，抒郁滞，上下累应，低昂相错，更唱迭和，随性致妍。"则是进一步明确其琴乐在艺术表现上的深刻、精美、通畅、明朗，演奏技巧上的丰富、灵动，而求达到琴人相和、得心应手，以入美妙之境。这是严天池先生琴乐观念明白而肯定的宣示，怎能无视？

明末清初琴坛出现的艺术奇峰徐青山，在他的《二十四琴况》中详细地从各方面提出了琴乐的审美取向及其途径。其中属于悠然平缓范围的是和、静、清、远、淡、恬、雅、洁、润、细、轻、迟十二项，另外八项：逸、亮、采、坚、宏、健、重、速属于热情、浓郁、雄健、强烈范围，而另外的古、丽、园、溜则在这两个范围的意境中都可兼有。可以看出徐青山的《二十四琴况》所反映的琴乐实际表现及美学观念的取向中热情、浓郁、雄健强烈占有三分之一比例，似乎居于少数状况次要地位。但属于悠然平缓范围的恬、雅、洁、溜四项也是具有"发于性灵"而能"尽奥妙，抒郁滞，上下累应，低昂相错，更唱迭和，随兴致妍之功"的，艺术真实本质扣人心魄的力量是和数量多少没有必然联系的。

已故琴家管平湖先生之师杨时百是一位清末民初跨19、20世纪的伟大琴师。他所撰辑的《琴学丛书》具有重大的学术意义、艺术价值、历史影响。他所教授成琴坛巨人之一的管平湖先生对中华文明所作出了不朽的贡献。杨时百在他的巨著中曾有用"清、微、淡、远"四字表述严天地的琴学宗旨，但他接着强调了"徐青山继之，而琴学始振"，并将徐氏的"二十四况"加以引述，同时对那些否定琴乐"感人动物"，否定琴乐"发于性灵","随兴致妍"者进行了忧心的责难，其时"声日繁、法日严、古乐几已"者，否定琴乐在继承，传播中的发展，否定艺术的发展所推动而丰富完善起来的演奏方法和理论。他们认为所想的古乐已临灭失的境地。杨公取笑这种人都是"下十成考语"的门外汉，都"未有过于"他们，并且进而说这种人就恰是"文字中之笨伯"。

要想琴乐表现"可以壮胆勇"，"可以辨喜怒"，可以表现仁人志士的正义、坚强、雄伟、激越之情，就必须有充分的音量、有强弱变化幅度，故而音质佳而有大声者才是上等良琴。杨公告诉我们"有九德然后可以为大声"，并引徵元代陶宗仪所著《琴笺》，在古代"凡内廷以及巨室所藏，非有大声，断级者不得入选。"而且更进一步指出实例"武英殿所陈奉天故行宫数尽及宣和御制乾隆御题者，皆有大声也。"

至此，已可相信一系列文献所展示的古琴音乐的艺术存在、艺术观念，是一脉相承的，是全方位寄托和反映人们的真诚、善良、美好的思想、感情和生活的。显然能达到这一目的琴乐表现才是最高境界。同时，从古琴音乐自身来看，不管是传世琴曲还是近五十多年来，经过时间检验被社会文化、学术所肯定的古谱发掘，即打谱的成果，同样有力地证明古琴音乐的特质绝不是"静"、"美"两字。"清、微、淡、远"这一清末才出现的观念可以是一种欣赏取向、思想类型，不但不是最高境界，也不是一种根本的客观实际。千百年被广泛传播，有着崇高的文化地位和深远影响的经典琴曲，如《梅花三弄》、《流水》、《广陵散》、《胡笳十八拍》、《潇湘水云》、《渔歌》、《酒歌》等等，都是呈现着鲜明生动而强劲的艺术美，或热情、或弄情、或深情、或豪情，其感染力"动人心感神明"恰可当之，都雄辩地证明着古琴是有着充分艺术性而且是具有文学性、历史性、哲学性的活着的古典音乐。否定古琴音乐是艺术，否定古琴是乐器，既不合乎客观的历史存在，也不符合今天古琴艺术在人们心中所能产生日益增加影响的现实。同时如果硬是把这些经典琴曲弹得"清、微、淡、远"，必定令人不知所云。而如果都把最高目标定位古琴只弹给自己听，不许传授，不许演出，那要不了太久古琴行将灭绝，虽然这是不可能的，却是不可不反对的。这种主观臆造的理论指导的行为是不能妨碍古琴艺术健康的保护、继承、传播的，因而必须明辨。

漫谈文物艺术品收藏与鉴赏

张忠义

张忠义，1948年生，从事收藏鉴定三十余年，现为首都师范大学中国书画艺术鉴定研究中心学术委员、中藏协鉴定咨询专家委员会专家、中国收藏家协会副秘书长、书画收藏委员会常务主任，《中国收藏拍卖年鉴》主编，清华大学等多所大学客座教授，并任多家文博单位、美术馆、拍卖公司艺术顾问，任多家报刊杂志及电视台艺术顾问，并多次受邀赴国外讲学鉴定。对中国书画真伪鉴定、中国艺术品市场等领域有独到见解，在业内享有较高声誉，社会影响广泛，也是近现代名人信札手稿收藏大家。在《人民日报》等主流媒体发表论著百余篇。有《书画鉴赏与艺术市场》、《中国书画精品赏析》等多部著作问世。

著名文物专家、国家文物鉴定委员会副主任史树青先生这样评论张忠义：

"事实证明，由于熟悉贴近市场，他对书画作品真伪的市场参考价格估计准确，由于对市场的深层矛盾了解把握，对艺术市场的研究有独到之处，所以对市场趋势的预测常有超前意义。"

"他是业内公认少有的理论联系实际、紧密联系市场，深受收藏家和艺术品投资人欢迎和信任的专家学者。"

从2009年起，中国文物艺术品市场进入了"亿元时代"。2010年文物艺术品拍卖市场延续2009年的火爆态势，继往开来，再创新高，充分显示了收藏家、投资人强劲的购买力以及对传统文化和民族艺术品的推崇。中国文物艺术品收藏、投资已经吸引了全球注意力。中国综合实力的发展和人民生活水平的提高使得我国精神文化的消费占有越来越大的比重，文物艺术品的收藏、鉴赏已成为当下的热门话题。笔者拟从以下七个方面作些阐述，求教于大家。

一、什么是文物？什么是文物艺术品？ 什么是收藏？什么是鉴赏？

讨论问题，首先要对一些基本概念取得共识。文物在《辞海》中的解释是："遗存在社会上或埋藏在地下的历史文化遗物。"一般包括：1．与重大历史事件、革命运动和重要人物有关的、具有纪念意义和历史价值的建筑物、遗址、纪念物等；2．具有历史、艺术、科学价值的古文化遗址、古墓群、古建筑、石窟寺、石刻等；3．各时代有价值的艺术品、工艺美术品；4．革命文献资料以及具有历史、艺术和科学价值的古旧图书资料；5．反映各时代社会制度、社会生产、社会生活的代表性实物。《中华人民共和国文物保护法》第2条同时还规定："具有科学价值的古脊椎动物化石和古人类化石同文物一样受国家保护。"简言之，文物是人类社会活动中遗留下来的具有历史、艺术、科学价值的遗物和遗迹，主要分两大类，一是可移动文物，即文物藏品、流散文物，二是部分不可移动文物，即文物史迹。也可以说，它是历史上物质文化和精神文化的遗存，是重要不能再生产的文化物品。只有文物能够突破时间和空间的限制，给历史以质感，并成为历史形象的载体。文物所具有的认识作用、教育作用和公证作用，构成了文物特性的表现形式。

艺术品则是艺术家通过审美创作活动所生产的产品。不同时代艺术家会创作不同的艺术品，相同时代艺术家也会创作不同的艺术品。这是因为，艺术是人类以情感和想象为特征的把握事物的一种特殊方式，即通过审美创造活动再现现实和表达思想情感，在想象中实现审美主体和客体的互相对象化。它是艺术家知觉、情感、理想、意念等综合心理活动的有机产物。历史上某些艺术品具有文物属性，则被称为文物艺术品。文物艺术品与当代艺术品最大的区别就在于它的历史性和科学文献价值，就在于它的不可再生性。

收藏，《现代汉语词典》解释为收集、保藏。我的理解，收藏有狭义和广义之分：狭义是指对物件的收集和保存，广义是指对人类历史发展过程中所创造的物质产品和精神财富的集合与传承。从非物质层面讲它是一种兴趣、癖好、情怀，是一种文化，是一种生活方式，是人的生命的律动，是人类区别于其他有生命物种的一种高级复杂的物质活动和精神行为。

鉴赏则是人对文物和艺术品的一种了解、判别、认识、交流活动。这里包含两重意思，就是鉴定和欣赏。鉴定主要是分辨真伪，判明年代。欣赏主要是分别高下，评判价值。因为文物产生于一定的历史环境，在自然和历史的变迁中，产生这样或那样的变化，给人们认识它的年代与价值造成很大困难。只有通过鉴定和欣赏才能去伪存真，去粗取精，才能还其本来面目。人们的思维活动和感情活动一般都从艺术形象的具体感受出发，实现由感性阶段到理性阶段的认识飞跃，既受到艺术作品的形象、内容的制约，又根据自己的思想感情、生活经验、艺术观点和艺术兴趣对形象加以补充和丰富。离开人们的鉴赏，文物艺术品便无从发挥作用了。

二、中国文物艺术品收藏鉴赏的历史及现状特点

我国古代先民，历来就有收集、珍藏和研究古代文物艺术品的传统。相传夏禹所铸的"九鼎"，在夏王朝灭亡以后，"鼎迁于商，载祀六百"。商朝珍藏了六百年以后，由于"商纣暴虐，鼎迁于周"。周"成王定鼎于郏鄏，卜世三十，卜年七百，天所命也"。(《左传·宣公三年》)战国时"九鼎没泗水彭城下"(《史记·封禅书》)。秦始皇统一中国后，巡行天下，"过彭城，欲出周鼎泗水，使千人没水求，弗得"(《史记·秦始皇本纪》)。现存的汉画像石、画像砖都发现有"泗水捞鼎"的生动图像。夏朝的"九鼎"成为王权的象征，历代统治者皆欲得之。秦失鼎，意味着将失天下，国祚不永。可见中国文物收藏，由来已久。

对中国历史上文物艺术品收藏，普遍认为出现过四次高潮，即北宋、明末、清初、清末民初。

北宋时期，由于最高统治阶级的提倡，收藏之风大盛。特别是宋徽宗非常迷恋并大力搜索古代文物，官僚和士大夫阶层也竞相效尤，收集和研究文物之风大炽。一批金石著作，如《宣和博古图》、《考古图》、《金石录》、《集古录》等也陆续完成，我国传统金石学在宋代的"收藏热"中形成了。明末，由于资本主义萌芽在中国出现，文物艺术品交易活跃，催生了官僚和商贾的收藏热情。也产生了诸如扬州八怪

等大批流芳千古的民间艺术家。清朝初年，特别是乾隆皇帝的大力提倡，宫廷收集了各种古代文物，门类多、数量大。此外，文人学者为著录宫廷所藏还编写了《西清古鉴》、《西清续鉴》、《石渠宝笈》、《宝笈续编》等大型著作。与此同时，民间一批金石著录和研究著作相继出版，成为"收藏热"繁荣的标志。清朝末年，特别是1840年以后，由于帝国主义列强的侵入和洋务运动的兴起，在各地修铁路、开矿山的过程中，屡有重要文物出土。不少达官贵人和文人学士，利用他们的为官之便或雄厚的财力，竞相搜集出土重器，并有相当一部分流往国外，形成又一次"收藏热"。

中华人民共和国建立后，经过一段文物艺术品收藏封闭期和毁坏期。1978年随着中国改革开放，特别是近二十年政治经济的全面发展，文物艺术品拍卖这种新的交易形式引入，久违的"文物艺术品收藏"又重回人们的生活中。"抑之既久，其发必速"，新一轮的"收藏热"在全国波澜壮阔展开，我们把其称为中国历史上第五次收藏高潮，其参加人数之多，影响范围之广是空前的：到2009年，中国参与各类收藏投资活动的有近9000万人，全国的民间藏馆有300多个；各地收藏组织有500多个。交换市场设置之普遍，收藏门类之多样，在我国收藏历史绝无仅有，并且出现许多与以往收藏高潮完全不同的特点：

首先是大众收藏和高端收藏同步进行。

北宋和乾隆盛世这两次高潮是由皇帝和皇室收藏引领的，晚明时期与清末民初是由民间收藏推动的。以往的收藏，或是最高统治者偏爱和提倡，官僚、贵胄趋炎，或是文人、商贾热衷，少数人追随的行为，其规模毕竟有限。而当今的"收藏热"，则是普通群众自下而上开始的，几乎成为全民的行动，其中更有一部分是文化精英。过去我们是收藏书画、器物、古籍、珠宝、玉石等等，现在像印章、票证、商标、扑克牌及各种当代艺术品都有人收藏。普通民众收藏的大部分是一般的艺术品，精英和国家收藏的则是文物艺术品，公藏和民藏相辅相成，此起彼伏，合力作用，共同演绎创造了这一次高潮，这是第一个特点。

第二是媒体的积极参与成为此次高潮的显著特点。

媒体的宣传力和影响力，它的广泛、深入介入，对这次高潮的形成起到了推波助澜的作用。报刊、杂志、广播、电视，甚至包括网络这些现代媒体把对文物艺术品收藏和文化艺术市场的鼓动作用发挥到了极点，铺天盖地、声势浩大、影响广泛。

第三是全球一体化。

过去的四次收藏高潮都是处于中国内部，具有明显局限性，然而这一次高潮是伴随着国家的改革开放，打破了文物艺术品收藏的封闭状态，改变了过去与世界隔绝的状况，使中国文物收藏完全暴露在全世界的大环境中，不可避免地成为了世界收藏的一部分。全球一体化，互相牵动、互相影响的特点明显。

第四是金融资本的特性凸现。

当然凡是收藏都离不开钱，但这一次高潮，大量的银行、保险、基金、企业，甚至包括国外流动资本等一些操控性质的资金大量介入，则是过去从未有过的。它们最主要的目的不是收藏、鉴赏，而是为了投资获得利润。也就是说，文物艺术品的投资功能已经超过了它的收藏功能。对于当今的"收藏热"，不少人是抱着投资、增值和保值的目的参与其中的，希望自己在"收藏热"中捡到"大漏"而"一夜暴富"，所以现在收藏和投资已经成为了一个不可分割的整体。

第五是此次收藏热中，出现了一个特殊群体——专门进行文物鉴定的鉴赏家。

历史上的收藏家，不仅有雄厚的财力基础，而且有深厚收藏素养。往往收藏家就是鉴赏家，诸如乾隆皇帝本人，就是精于各种古代文物的鉴赏家。而我们目前出现的"收藏热"中，不少人因缺乏关于收藏素养和知识的准备，带有很大的盲目性。因此必须借助于鉴赏家的经验学识指导收藏投资，才能获得成功，因而鉴赏家成了文物艺术品市场不可或缺的重要组成部分。当今鉴赏家可以分为博物馆专家、考古学专家、收藏家和实战型专家四类，他们各有所长。博物馆专家，接触馆藏品较多，对经典流散文物有专攻，有先发优势，往往在行内享有较高的声誉；而考古专家，对不可移动文物有研究，对出土权威标准器物较为熟悉，鉴赏工作显得证据充分；而收藏家由于真金白银的付出，经验教训的积累，对所藏门类的痴迷，对擅长的门类研究最深，经常会一望而知真假；实战型专家主要指艺术品市场中介中的一部分人，如拍卖公司业务主管，他们虽然自己不收藏，但工作需要，每年接触无数文物艺术品，征集、辨别、定价……实践出真知，他们有后发优势，长年累月，用心钻研，也会成为专家。但尺有所短寸有所长，上述四类专家都有不足，在当今各种作伪方法、作旧手段层出不穷之际，必须互相学习，取长补短，强调理论紧密联系实际，对鉴赏品进行全方位、多角度的分析、研究，才能增强鉴定结论的精确性和权威性。

第六是市场的火爆成为文物艺术品收藏投资最强有力的推手。

特别是文物艺术品拍卖成为了一种市场标志，对收藏投资起到了明显的引导作用，甚至对全社会都造成了巨大冲击。以市场为导向这个指引点十分明确。我们可以看一下最近几年拍卖市场上中国文物艺术品的最高价：元青花瓷器罐《鬼谷子下山》，拍了2.28亿元。明永乐鎏金铜释迦牟尼坐像佛1.21亿元。乾隆御制"水波云龙"宝座8578万港币。而占据整个市场半壁江山的书画类，更有突出表现，古代书画已有十余件过亿元，2010年秋拍中，王羲之《平安帖》，3.08亿元人民币成交；宋佚名《汉宫秋图》1.68亿元，八大山人《竹石鸳鸯》1.19亿元，陈栝《情韵墨花》1.14亿元。近现代徐悲鸿《巴人汲水图》1.17亿元，李可染《长征》1.06亿元。这些不断出现的高价艺术品成为市场火爆的开路先锋和中流砥柱。

第七个特点是文物、艺术品、收藏鉴赏知识空前大普及。

国家相关机构和民间组织大规模兴办各种学校、培训班、鉴定班，许多媒体也开办文化文物收藏投资系列讲座，全国范围内形成新的产业链和一个前所未有的文物艺术品收藏投资知识储备、文化传播、信息交流热潮，使普通民众对中国历史、中国美术史和中国文物的关注、学习研究日渐深化，现在连农村老太太都知道旧物贵重，中国传统文化、历史文物也在全球受到热捧。

第八个特点是空前繁荣的负面标志——极度混乱。

首先是赝品泛滥。我曾和其他专家一起，多次参加各种鉴定会、研讨会，市场流通的文物艺术品假的比真的多，不仅书画，各门类都是如此，各种造假防不胜防；其次是炒作盛行，艺术家耐不住寂寞，自我吹嘘，二三十岁未见多少功力就敢自称大师；第三是投资人用资金进行操作，中介和媒体有偿配合；第四是全社会浮躁、浮夸成风，拍卖公司公布的交易价格、交易数量掺杂水分，这种极度混乱也是空前繁荣的一个负面标志。

◆ 三、文物艺术品收藏鉴赏的原则 ◆

这里所指文物艺术品收藏是专指那些可移动文物，即流散文物，文物藏品，具有历史、艺术、科学价值的各时代的艺术品、工艺美术品，诸如现在艺术品市场最热的历代书画、瓷器、玉器、古籍善本、文玩杂件等等，根据个人经验，我总结了几条原则，力图探索文物艺术品收藏鉴赏可循的规律。

第一个原则是高端原则。

所谓高端指的是什么呢？就是历史上名家名作，例如宋徽宗的《写生珍禽图》。宋徽宗在历史上不是一位好皇帝，但是他却是一位伟大的艺术家和一位伟大的收藏家，在中国美术史上占有重要地位，他的《写生珍禽图》是其作品典型风格的代表。这幅作品2002年在中国嘉德的拍卖会上，创造了当时的最高价——2530万元人民币。我当时在拍卖现场，谁买走了不知道，因为拍卖公司有给卖家和买家保密的责任。2009年，北京保利的拍卖会上，这幅画再次出现。原来是比利时大收藏家尤伦斯在2002年买入此画，2009年金融危机时他拿来拍卖，结果拍出了5510万元人民币！

第二个原则是精品原则。

艺术家的作品不可能都是精品，许多是一般作品。无论收藏什么门类，我们都主张精品。中国家喻户晓的画家齐白石有一幅名为《蝇》的画，1997年中国嘉德的拍卖会上以2万元人民币起拍，最后拍到19.8万元。齐白石的画作当时是两三万块钱一平方尺，但这幅画只有0.4平方尺，是香港著名大收藏家张宗宪先生买的，我问他为什么花那么大的价钱买这幅画，他说齐白石画苍蝇绝无仅有，题材独特；尺幅虽小，苍蝇腿上纤毛毕现，而且"蝇"与"赢"谐音，暗喻彩头，精致之极。这就是大收藏家卓越的眼光。

第三个原则叫做潜力原则，包括有潜力艺术品门类和有潜力艺术家。

我五六年前，应报刊杂志之约，曾预测书画市场潜力品种，多次明确提出：古代书画、书法作品和信札手稿有巨大潜力，并撰写了《古代书画必然升值的十个理由》这种预测是有根据的，作为艺术品它能够不朽必须有三个条件：其一，要记录历史；其二，要风格独特；其三，要以情感人。现在古代书画和书法作品价格已经涨得很高。有潜力的艺术家怎么判断呢？其一是已经在美术史上具有重要地位，社会已经承认他的作品；其二是目前虽尚未成名，但是他的底蕴、内涵、人品预示着他将会成为名家。这是一个很复杂的情况，根据我的理解，要想真正成为艺术大家，也必须有三个条件：其一，必须经历苦难，否则没有生活经历和阅历；其二，必须有生活文化积累，不学习理论、不做学问不行；其三，一定要献身艺术。譬如说起一个艺术家，多大年纪了，喜欢不喜欢钱啊，如果他对钱的兴趣超过了对艺术的兴趣，那就没有太大希望，一个艺术家必须视艺术为生命。

第四是低价原则。

任何的艺术家和艺术品都有它的价值内涵和价格外延，每件作品的价格都不可能永远上扬，永无止境。而且同一件作品的价值判定和价格认同会因时因地而相异，其价格既有必然性，也有偶然性，所以低价收藏也是必须强调的一个原则。

第五是物以稀为贵的法则对文物艺术品的收藏同样适用。

乾隆时期御用画家金昆、郎世宁的《大阅第三图·阅阵图》，所绘人物千篇一律，从艺术上讲水平非常有限。它2001年第一次上拍就拍出了1695.4万元港币，2004年第二次拍了2830万元，2009年第三次拍了6000多万元。其贵重之处就在于它记录了历史上乾隆阅阵场景，符合稀缺原则。

第六是系列原则。

系列原则主要解决体系和完整的问题，就是搞文物艺术品收藏最好有重点，不要面面俱到。投资也是一样，投资家你再有钱，也不可能什么都投。《陈独秀等致胡适信札》十三通，2009年在中国嘉德拍卖会上拍卖，最后成交价格是554.4万元，国家首次行使优先购买权将其收购。透露了什么信息？就是成规模、成系列贵重，如果单独的几封信分别拍卖，再把总和相加就不会有这么多钱的。

第七是长线原则。

我们说长线是收藏，短线是投机，想今天买，明天卖的，就是投机。我举个例子，徐悲鸿的一幅油画《放下你的鞭子》，2007年在香港苏富比拍卖了7200万元港币，是当时徐悲鸿单件作品的最高价。长线是其中的一个原因，五十多年没有人见过这张画，而这张画的题材和内容都很独特。1939年，抗日战争爆发以后，徐悲鸿在新加坡一个广场上看到当时知名女星王莹为宣传抗战，正在街头演出著名剧作家田汉改编的独幕剧《放下你的鞭子》，之后徐悲鸿就画了这幅画，送给了新加坡的好友黄孟圭。黄孟圭去世后，他的后人曾找到新加坡博物馆，希望博物馆收藏，因于各种原因没有成功。他的后人还找过新加坡收藏家陈之初。当双方要签订收藏合约时，陈之初又去世了。后来这画到了一位亚洲收藏家家手里，据说买入的价格也就是10万，你想想10万和7200万是个什么样的差别。无数事实证明，艺术品收藏投资，长线最佳。艺术品与房地产不同，房地产七十年后资产趋向于零，而艺术品则不然，时间越长，它的历史和文献价值、稀缺特性会更加突出。

最后一个原则是喜爱原则。

虽然放在最后，但却是文物艺术品收藏投资最重要的原则。因为文物艺术品是精神产品，文物收藏不是收藏金钱，也不仅是收藏物质形态，重要的是收藏人的历史、人的生活、人的情感，收藏特别讲究情感交流与精神欣赏，这样才能物质精神双丰收。一定要喜爱才能收藏，如果刚入市就指望赚钱，反而会让自己陷入亏损的境地。无论是哪种艺术品形态，古玩、玉器、瓷器、书画、钱币等等，它们都蕴含了深厚的历史、人文印迹，需要细细品鉴才能收获快乐。

四、文物艺术品收藏投资的风险及误区

　　根据个人经验，我总结了文物艺术品收藏投资的五种风险和十个误区：

　　第一，收藏投资的最大风险是赝品。

　　近十年我大概参加了起码五十场以上有偿和无偿的鉴定会，与其他专家一起到各地去鉴定，感触颇深，真品越来越少，赝品越来越多，这种形势应该说是很悲观的。如果你用真品的价格，买到赝品那就是最大风险。

　　第二，保存管理风险。

　　一般文物艺术品对保存条件都有要求，诸如温度、湿度、光照等等，不少门类的文物艺术品，还要防灰尘、防有害气体、防微生物与害虫，因为它们会从物理破坏与化学破坏不同方面损毁文物艺术品，譬如中国古代书画，虽有"纸寿千年、绢寿八百"之说，但前述各种因素发生作用，都可能使其寿命缩短，甚至断裂、霉烂、彻底毁掉。

　　第三，流通变现的风险。

　　流通有风险，到目前为止虽然有很多人收藏投资艺术品，但是能出得起大价钱的人还是少数。股票，市场不好的时候可以斩仓出局，但是文物艺术品不是马上就可以兑现，有的时候砍掉一半价格还是找不到买主。文物艺术品收藏投资还是小众市场，文物艺术品的长线特征决定它急需变现时会遇到问题。

　　第四，诚信风险，包括艺术家、鉴赏家和中介的诚信。

　　一幅画本来就是他在二十年之前送给某人的，某人现在缺钱拿去卖了，可是这个艺术家不承认那画是他的。因为二十年前他的画风还是比较幼稚的，水平也低些，他不愿意承认这一点；鉴赏家也有专业局限，术业有专攻，如果一个鉴赏家样样精通，就要打问号，好比看病，内外科、五官、肛肠、妇科样样都看，你敢相信吗？还有个别专家只认钱，给钱就真，不给钱就假。再比如古玩店、画廊标"虚价"，拍卖公司"假拍"等等，艺术家、鉴赏家与中介都存在道德风险。

第五，资本炒作风险，这个风险很高。

当代艺术品近两年的暴涨暴跌就是最明显的例子。资本是非常敏感的，看好一个画家以后就到处收他的作品，收到一定储量以后就开始上拍卖会作价。很多人跟进之后，资本就出货，如果你是高位跟进的，麻烦就大了，这有如股票市场的坐庄，是资本运作的一种方式，应该尽力回避的。

以上五种风险作为外部环境，是需要认真防范的。而作为文物艺术品收藏投资的主体，主观认识和实际行动上存在的误区，将更加危险。我列出十个误区，并用破折号表达出克服误区的正确方法：

1．一夜暴富——得失随缘。

2．半途而废——坚持到底。

3．浅尝辄止——博学深研。

4．误听故事——明辨是非。

5．盲从他人——实事求是。

6．贪婪侥幸——见好就收。

7．孤芳自赏——合作交流。

8．全面出击——突出重点。

9．孤注一掷——量力而行。

10．自以为是——谦虚谨慎。

那么我们该如何对待文物艺术品收藏鉴赏呢？我觉得用这五句话很好："博学之、审问之、慎思之、明辨之、笃行之"。它出自《礼记·中庸》第十九章：这说的是为学的几个层次，或者说是几个递进的阶段。"博学之"意谓为学首先要广泛地猎取，培养充沛而旺盛的好奇心。"博"还意味着博大和宽容。惟有博大和宽容，才能兼容并包，使为学具有世界眼光和开放胸襟，真正做到"海纳百川、有容乃大"。"审问"为第二阶段，有所不明就要追问到底，"尽信书不如无书"，要对所学加以怀疑、审问。问过以后还要考察、分析，进行逻辑思考，是为"慎思"。"明辨"为第四阶段。学是越辨越明的，不辨，则所谓"博学"就会鱼龙混杂，真伪难辨，良莠不分。"笃行"是为学的最后阶段，就是既然学有所得，就要努力实践，使所学最终有所落实，做到"知行合一"。只有有明确的目标、坚定的意志的人，才能真正做到"笃行"。

五、文物艺术品的鉴赏及实例

文物艺术品的收藏鉴赏是知识密集型、智慧密集型活动。所谓鉴就是鉴定的意思，文物艺术品鉴定的具体内容一是辨伪，二是断代。它们之间有着密不可分的内在联系，应辩证地对待。在鉴定过程中，客观因素占主导地位。各种藏品和流散文物的鉴定，是文物鉴定的重点。如书画、瓷器、玉器、铜器、金银器、珐琅器、漆器、文献等等，都是文物鉴定的主要对象。文物真伪之所以能辨别，是因为在一定历史条件下产生的文物，都不能离开时间形式而存在。超时间、跨空间地再制作一件与某件文物完全相同的物品，一般是不可能的。

文物艺术品的类别不同，鉴定方法也不同。虽然具体方法很多，但基本方法可归纳为传统方法和现代科学方法两大类。

传统鉴定方法是自古以来，人们在研究、鉴定文物中不断探索、总结、发展、再总结、再发展的科学成果。而现代科学方法则是利用当代各种科学仪器，采用物理、化学手段对文物进行检测，根据检测结果进行分析判断，从而做出结论。目前有些文物门类科技手段应用较广（比如瓷器），有些门类还处在探索阶段（比如书画）。就书画的鉴定而言，虽然已经开始探索多种科技手段，但目前还处于试验阶段，现在广泛应用的还是传统经验鉴定法。虽然不同的传统经验鉴定者鉴定一件书画作品，具体步骤会有所不同，但主要内容大同小异，都会包括四个方面：第一，看画风；第二，看内容；第三，看材质；第四，看装裱。看画风是解决书画艺术家个人风格问题，就是用被鉴作品表现出的风貌与人们头脑中此前已经建立起来的同一位艺术家风格标准去进行比对，从而做出判断；看内容是要解决个人风格和时代特色两方面问题，画的内容是否与时代相符，是否与艺术家惯例相符，比如画的内容是大炼钢铁，那只能是大跃进时期产物，再比如花鸟画家王雪涛如果画人物，就会遇到质疑而格外小心；看材质与看装裱，主要解决时代特征问题，因为不同时代的书画材料和装裱形式是不同的，它们无疑都是判别真伪的参照物。碰到复杂情况，还要进行考古参照和文献考据，只有全面分析、综合判断才能得出正确结论。当然也有一些一眼假的东西，具备一定学识，就可以判定。比如唐寅的虎，我就见过五六幅，其实根本就不用细看。唐寅、生于庚寅年，字伯虎。因为他是属虎的，出于对自己属相的避讳，从来都不画老虎，所以唐寅画的老虎肯定是赝品。

所谓赏主要指欣赏，是对作品的优劣、深浅、好坏进行感受和作出结论。这往往会与鉴赏者的学养、喜好、所处环境相关联。欣赏中主观意识占主导地位。因此要求鉴赏者不但要对藏品体验、感悟，还要学习研究；不但要能与历史对话，还要知道它的现实意义；不但有广博的知识还要有高深的修养；最重要的是真正的鉴赏家，同时也应该是艺术家，要在藏品原有内涵上进行二次或三次再创造，完成行动上的创举和思想上的升华。

文物艺术品欣赏过程大体可分三个阶段：即心理机制进入鉴赏注意状态，类似期望的情感产生；随着鉴赏的深入，情感和理解交错展开，出现精神上的愉悦；欣赏者展开想象空间，通过回忆、关联、遐思、艺术再创造获取新的灵感，达到超越自我、升华自我的全新境界。

　　"有一千个读者，就有一千个哈姆雷特。"虽说对文物艺术品的欣赏会因人而异，但还是有共同标准的，共同标准就是真善美。欣赏文物艺术品，表面看是个体的精神活动，实际上却融会着丰富的历史和现实的社会性内容。见解是主观的，但却寄寓着客观性。这就是诸多文物鉴赏家对某件文物能够取得共识的基本原因。共识应该是绝对的，差异则是相对的，所以，文物鉴赏提倡"求同存异"。

　　以中国书画的鉴赏为例，有它自己的特点。中国画有一个从实用转向审美的过程。最早的时候叫兴教化、助人伦，唐太宗那时命令一些书画家，把他的功臣画出来展示，告诉人们，这都是有战功的、对他忠心耿耿的。现在一些宣传部门还讲要用书画这种形式教育人、启发人、感染人，这个功能依然有。中国画史上非常有名的谢赫的"六法论"（气韵生动，骨法用笔、应物象形、随类赋彩、经营位置、传移模写）讲的是书画创作，同时也是我们欣赏和鉴定的主要依据。

　　比如现存北京故宫的张择端《清明上河图》，这幅画实际上是宋徽宗年代写实主义风俗画，具有很高的历史文献和艺术价值，而且一直到目前为止，对《清明上河图》这幅画的研究仍在进行。我们搞鉴定，有时也要参照《清明上河图》上一些非常具象的东西，对宋代的一些文物艺术品进行判断。画中人物的服饰就是宋代人物的服饰，船的式样，包括屋顶的结构、土墙的建筑都是宋代的风格，其文献的价值是非常之高的。从欣赏角度看，这幅画结构非常严谨，繁而不乱，长而不冗，每一个段落都非常分明，他选择一些很有形象性，又具有本质特征的事物绘画，可以说是诗情画意。这幅画据齐藤谦《拙政文化卷八》统计，光是大大小小的人物，就1659人。中国古典小说《三国演义》里面描写的人物是1195人。《红楼梦》描写的人物是925人。《水浒传》描写的人物是785人。那么在这一幅画上，他画出来的人物要比我们几大名著任何一部人物都多，而且人物因为限于篇幅，最大的不足三厘米，最小的就像豆粒那么大，但如果拿放大镜仔细来观察的话，各个形神兼备、美不胜收。

书法我们以王羲之的《兰亭序》为例，晋代王羲之最突出的成就就是变汉魏以来质朴的书风为笔精墨妙，开创了颜美流畅的行草书先河。有人评价王羲之的书法是清风拂袖，明月入怀，这比较学术也比较抽象，说得通俗普通一点，就是平和自然，笔势也比较委婉含蓄，我们能感到它像行云流水一样。《兰亭序》实际上是一篇纪实的书法作品，东晋穆帝永和九年(353)三月初三，王羲之任会稽内史，邀请了谢安等42人在绍兴搞了一个活动，叫兰亭休憩，就是大家喝酒、做诗。《兰亭序》实际上就是为这些人做的诗写的一篇序文手稿，一共是28行，324个字。唐太宗对王羲之的书法酷爱有加，千方百计把《兰亭序》收集到手，为了宣扬和推广王字，他就命令当时几个非常著名的大的书法家，欧阳询、柳公权、冯承素、虞世南等几个人临《兰亭序》，赏赐大臣。《兰亭序》真本作为殉葬品和他一起埋入了昭陵。现存故宫的《兰亭序》，是冯承素的摹本(也叫神龙本)。《兰亭序》乃酒后一气呵成，书法潇洒飘逸，骨骼清秀，点画遒劲，疏密相间，布局也很巧妙，尤其突出的是在重字的别构上，里面有20个"之"字，但都有不同的体态和美感，没有一个是一样的。宋代米芾在评论王羲之《兰亭序》的时候写了这么一句话："二十八行三百字，之字最多无一似"，他也佩服得不得了。除了"之"字之外，还有其他一些，如"事"、"为"、"以"等，都别出心裁，自成妙构，确实不愧为"天下第一"。

明代文人画家徐渭，字文长，号天池山人，青藤道士，浙江绍兴人。中国古代的文人要出人头地，一定要走仕途这条道路，要考试。

他虽然才气十足，但屡试不中。中年时，到浙闽军务总督胡宗宪那去做幕僚。后来因为胡宗宪牵扯到了明代大贪官严嵩的案子被当作其同党逮捕入狱。他曾经一度发疯发狂，晚年生活潦倒，以书画为生，非常贫困。徐渭是在中国美术史上开辟水墨大写意新纪元的代表人物，对后世的影响极大。清代的石涛、八大山人、扬州八怪，近现代的齐白石、潘天寿、李苦禅，这些成就卓越的大写意花鸟画家，都从徐渭这吸收了营养。徐渭的代表作《墨葡萄》现存北京故宫博物院，用草书的笔法入画，不求形似求神似，中国画墨分五色在这里面表达得淋漓尽致。虽然只用墨，但却可见浓黑色、灰色甚至白色，而且他用墨的时候用水，水分用得比较多，所以感觉到浓淡相宜，水气淋漓。这幅画率真、任性，不经意间却变化万千。画简但意繁，包含的内容非常丰富。中国画诗、书、画、印的特点在这里集中表现出来。他的题诗"半生落魄已成翁，独立书斋啸晚风。笔底明珠无处卖，闲抛闲掷野藤中"是这幅画不可缺少的部分，看似歪歪扭扭的书法恰恰表达了他坎坷的人生。具有非常强的感染力和穿透力。所以这幅画在美术史上叫做中国文人画大写意的巅峰之作。

近代傅抱石和关山月合作的《江山如此多娇》，现悬挂在人民大会堂正厅之上，是尺幅非常巨大的山水画。1959年新中国建国十周年的时候，作为一项政治任务由这两位画家创作。初稿由周恩来总理审查，当时画上没有红日，周总理建议画一轮红日，表达东方红，太阳升，画家接受了意见，创作了第二稿，周总理和其他人审阅，感觉很好，只是觉得红太阳比例画得有些小，建议再大些。画作完成后，毛泽东主席在上面题写"江山如此多娇"六个字。这是毛主席在中国画上唯一的题款。这幅画采取中国画传统的三段式，近景、中景、远景，近景青山绿水、草木葱茏，一片江南景色。远景冰山雪地、雄浑壮阔，一派北国风光。中景，中原沃野千里，长江、黄河横贯，把整幅画统一起来。这幅画的创新在于同一幅画上超越了时空概念，既有春天的景色，又有冬天的景色；既有北国风光，又有南国景致。整幅画可以感到山峦起伏、连绵不断、浩浩瀚瀚、郁郁苍苍。我们看到的是一轮红日从东方喷薄而升，普照大地。江山一统，繁荣昌盛。

六、文物艺术品收藏鉴赏的意义

我们中华民族五千年文明不断线，文物艺术品收藏鉴赏起了至关重要的作用。因为各种文物艺术品都包含着深厚的历史价值、艺术价值、科学价值和经济价值，具有很强的欣赏、研究功能，可以说没有收藏就没有历史，没有传承就没有文明。

从宏观讲，文物艺术品收藏利国利民，任何一个国家，不知道她的过去，就不理解她的现在，不熟悉过去和现在，就无法预见未来。文物用生动鲜活的实例记载历史、弘扬文化、以物育人。传统文化的博大精深可以使人见贤思齐，知耻后勇，可以增加全体国民爱国情怀，提高民族自信心和民族自豪感，有利于中华民族伟大复兴。中国历史上许多大收藏家，都是伟大爱国者。许多看似个人的收藏行为，最终都融入国家和民族之中。近现代著名的收藏家张伯驹先生，为文物艺术品收藏事业穷其一生。当年倾家荡产，卖掉自己居住的宅子，同时把夫人潘素的首饰卖掉，凑齐220两黄金，就为了买一幅古画《游春图》，目的是不让这件国宝落到外国人手里。而他千方百计收藏的另一幅国宝《平复帖》，即使自己身遭绑架的时候，也嘱咐家人不能出让《平复帖》去救自身的性命。1956年，他把自己所藏《平复帖》、《游春图》等二十二件文物艺术品无偿捐给了国家，成为故宫博物院镇馆之宝，千秋万代激励后人。

从微观层面讲，收藏既是个人物质活动也是精神行为，欣赏文物能使人入神超妙，自古以来，艺术品的欣赏被视为最高的审美活动之一。收藏活动也被人们视为高尚的精神追求。人们总结收藏有十种乐趣："寻觅之乐、获得之乐、休闲之乐、发现之乐、研究之乐、交友之乐、捡漏之乐、增值之乐、成名之乐、奉献之乐"。而且收藏还可以成为一种治疗高血压、胃病、神经衰弱、精神烦恼的良方，有20多个国家已经把收藏作为心理治疗的正式科目。收藏鉴赏治疗疾病，民间有传说，历史上也有记载。例如清初画坛"四王"之一的王时敏，78岁高龄时，因偶感风寒，整日咳嗽不已。他的弟子王翚带着新作《溪山红树图》来看望他，王时敏见画后精神为之一振，王翚见老师很喜欢就将画留下。王时敏整日观赏，画中云雾缭绕，山峦苍茫，茂林参差，飞瀑直泻，楼台掩映，满目红树，溪水蜿蜒……不知不觉间竟忘却了病痛之苦，咳嗽症状也随之消失。王时敏欣喜之余，提笔在画上写道："余时方苦嗽，得此饱玩累日，霍然失病所在，始知昔人嗷愈头风，良不虚也。"此《溪山红树图》为王翚仿黄鹤山樵王蒙的一件极具特色的代表作，现藏于台北故宫博物院。

再如清末光绪年间，建昌大绅士章寿春，知天命之年却患上精神抑郁症，服了不少方剂，不见效果。章绅士逢人便说："我怕活不到来年春天了，如能看到明春百花争艳，那真要谢天谢地了。"儒医李小山和著名国画家邓腊礼听闻后，决定"以画治病"。邓腊礼精心绘制了一幅《春景图》，以细墨淡彩之笔，绘出春意盎然的山水图。李小山则在画卷上角题了一首《咏春词》："春景妍，蜂蝶跹翩，百鸟闲春喧。柳荫下，驾着小船，摇过沙滩，飘然到前川。口诵庄子《逍遥篇》，何等安闲，何等自然。富贵功名身外物，金玉良田，带不到阎罗殿，倒不如把它抛一边。身心清静，不是神仙，胜似神仙"。李、邓二人将此画送到章寿春手里，寿春爱不释手，他每每观赏画卷时，心灵犹如在画间散步，仿佛看到繁花似锦，鸟语啾啼，花香扑鼻的第二个春天。再细细揣摩颇有哲理的题画词，心境豁然开朗，其抑郁症竟渐渐消逝于九霄云外？

由此看来，收藏不仅能增长知识，启迪智慧，提高素质和修养，增加风采和风度，更有益健康，可以延年益寿。我有一个粗略的统计，艺术家、收藏鉴赏家的寿命大都比较长，平均比普通人高十岁。历史上唐代的柳公权88岁、欧阳询85岁，在那个年代的年龄这么大是很稀罕的。齐白石95岁，刘海粟98岁。历史上最大的收藏家，乾隆88岁，是最长寿的皇帝。他之所以长寿，当然有很多原因，但是全身心地投入艺术欣赏是一个最重要的原因。宋徽宗寿命不长，他去世的时候53岁，但跟艺术、收藏没有关系，是金兵入侵把他掳走了，受尽凌辱折磨而亡。刚去世的当代收藏家王己千96岁，王世襄95岁。由于优秀作品能展现超常的意境和趣味，可以让人展开想象的翅膀，以理想主义、浪漫主义塑造未来，使人从精神层面脱离真境进入神境，既延长了人的生命长度，也拓宽了人的生命宽度，获得至高无上美的愉悦和无尽的遐思，成为永恒。

◈ 七、文物艺术品收藏投资的前景 ◈

应该说，任何事物的发生发展都有因果关系。文物艺术品收藏投资也有其自身规律。据笔者观察，参与者由近及远、由表及里、由浅入深的过程，文物艺术品价值被认同由高端向低端、由中心向边缘、由局部向整体的过程都是这种规律的体现。中国文物艺术品收藏投资目前正处在大范围生发、辐射阶段，正处在螺旋式推进发展阶段。中国文物艺术品收藏虽然高潮迭起，但还处在方兴未艾之中。

近年来，很多机构对各种投资产品的回报率进行了统计研究，虽然统计的口径各有不同，但是人们惊奇地发现，在艺术品、股票和房地产三种投资品种中，艺术品的投资回报率全部高居榜首，艺术品投资已经成为最坚实的投资保值工具。从国际经验看，一个国家，人均GDP达到3000美金，文物艺术品收藏投资将获得普及。据有关统计，2009年中国大陆的人均GDP已超过3000美金。全球范围内，艺术品投资都得到认同，并始终长盛不衰。现在全世界盗窃和购买名画，仅次于贩毒、军火走私和洗黑钱，交易额达到60亿美元，这也是一个反面的证明。

在当下文物艺术品收藏投资人群中，投资比重已大于收藏，而收藏投资兼顾者越来越多。中国虽然已成为世界第三大文物艺术品交易中心，但与西方成熟艺术品收藏拍卖市场相比，还有很大差距。特别是文物艺术品价值体现方面，潜力巨大。就在中国多件艺术品价格跨入亿元台阶的时候，西方艺术品却在亿元美金的台阶上交易。随着中国综合国力的不断提升，经济的发达程度的增强，全体人民生活水平的不断改善，各种政策制度的配套，弊端混乱的治理，国际艺术品市场与中国艺术品市场互动的提高，中国的艺术品市场必将与世界接轨。只要世界范围内和平安定，中国保持健康可持续发展，中国文物艺术品收藏投资事业必将兴旺发达，一个更加光辉灿烂的前景是完全可以期望的。

漫谈中国的太极拳

陈占奎

陈占奎，1938年生，中国著名武术家、技击家、太极拳大师、国家级裁判。现任北京大学教授，兼任国际技联国际级裁判、俄罗斯武术气功中心顾问、北京武协委员、北京技击研究会常委、中国武术技击学校总教练、北大武术技击研究会会长、中国书画名家研究会副理事长、中国科学养生委员会专家等职。

武术专长散打、陈氏太极拳、杨式太极拳、通背太极拳、武当太极拳、八卦掌、形意拳、通背拳、大成拳等。

著作有《中国武术实用腿法》、《张三丰太极拳》、《中国太极拳与防身用法》、《48式太极拳及防身应用》、《三十二式太极剑教学》、《中华传统健身功精粹》、《太极拳太极剑入门与提高》、《少年武术》、《散打》、《剑术》、《刀术》、《枪术》等。

1998年获得中国武协高级武术段位称号，作为名人载入《世界名人录》、《世界专家人才大辞典》中。

一、太极图说

马克思说："人民最精致、最珍贵和看不见的精髓都集中在哲学思想里。"闻名古今中外的太极图就是我国人民思想宝库中的精髓，在漫长的历史岁月里和丰富多变的现实生活中，一直像一颗晶莹的珍珠一样，闪闪发光。在太极图里充满了丰富的辩证法思想。

太极图以圆圈为外形，说明任何事物都是相互对立、相互依存的矛盾统一体，太极图的圆形，由于相互连结的黑白两鱼的对比和流线的旋转，使人感到是一个运动变化的圆，这种图形是协调矛盾的统一体，在宇宙中具有普遍性。

圆的运动是自然万物普遍的形式。首先，从宏观世界看，太阳、地球、月亮都是圆球体，并且都按照一个椭圆的轨迹运行，在无限宇宙里存在着许许多多的圆形星体。再从微观世界看，物质的基础都是由分子、原子构成的。而原子又由原子核和电子组成，原子核里还有基本粒子，通过放大两百万倍的仪器可以看出它们都呈圆球状，而且电子也是在一个椭圆的轨迹上围着原子核周而复始地运行。

圆的运动能协调矛盾的差异，转化矛盾双方达到阴阳的平衡。虚与实、形与神、阴与阳偏差混乱就会导致死亡，协调平衡就利于生存。通过均匀、对称，有规律、有节奏的圆形运动，这种运动的典型代表就是太极拳运动，因此长期系统地从事太极拳运动能对人的大脑产生协调的良性刺激信号，这种长期不断的协调良性刺激信号就能改善大脑对人体的调节机能，改善人体的阴阳平衡，从而改善人体的健康水平。

太极图圆的外形，给人们一种灵活的信息。初看它，它是静态的，凝视它，它就变成动态的；初看它，它是平面的，凝视它，它就变为立体的，是一个既有绝对运动，又有相对静止的统一体。

太极图以圆为形体，而圆是一个既无始点，又无终点的实体，从中人们可以体会到宇宙是一个由无限具体事物组成的，在空间和时间上也都是无限的物质世界。两条阴阳鱼，头尾交接密切结合。明代医学家张介滨说："环中者天之象也。"即表示着天、地生成和演化的规律。

阴阳鱼表示阴阳两仪。其阴原指山的北坡，河的南岸。其阳指山的南坡，河的北岸。后来阴阳的涵义愈来愈扩大并愈来愈抽象，凡属对立的事物和性质，如人之男女、生物的牝牡雌雄、天象上的日月阴晴等等，皆可用阴阳加以概括。阳代表雄、积极、进取、光明、刚健等事物和性质；阴代表雌、消沉、退守、幽暗、柔弱等事物和性质。阴阳学说认为：宇宙的万物万象，分为阴与阳两大类，一切事物的形成、变化和发展，全在于阴刚二气的运动。阴阳的观点也就是唯物辩证法对立统一的观点。

阴阳鱼表明，阳渐生至极盛时，阴已萌生，阴渐长至极盛时，阳已起薄，充分体现了辩证法矛盾同一性及其含义。唯物辩证法认为，矛盾双方在内容、性质和地位方面都是对立又统一的，好与坏、先进与落后、胜利与失败都是相比较而存在、相斗争而发展。战争双方当一方力量失败时，另一方力量则胜利或增强。太极图中所显示的阴阳变化充分反映了这一辩证思想。

太极图圆圈内两条鱼各占一半空间，一边由大到小，一边由小到大。这种结构显示着，一切客观事物的进程都是在阴阳、动静、进退、消长、虚实、相对和绝对的辩证的状态中发展变化的。两条阴阳鱼首尾互抱，说明宇宙间万事万物的内部都同时存在着相反的两个方面，即存在着对立着的阴、阳两个方面。而阴和阳，每一个方面都以另一个方面作为自己存在的前提，即：没有阴，阳不能存在；没有阳，阴也不能存在。正因为两者既对立又统一，才能产生变化，生成万物。《周易·系辞》说："日往则月来，月往则日来，日月相推而明生焉，寒往则暑来，暑往则寒来，寒暑相推而岁成焉。"所谓往来，就是阴消阳长，由白天变黑夜，由黑夜变白天，天气由热变冷，由冷变热，反映了矛盾双方的同一是在矛盾斗争中的同一，依存是在斗争中的依存，而不是静止、僵化的依存。说明矛盾斗争性是绝对的，同一性是相对的思想。

两条阴阳鱼首尾互抱，说明一切事物或现象有阴与阳两个方面，在一定的条件下向其对立面转化。"生生之谓易"。易，即阴阳相易，也就是阴极生阳，阳极生阴，阴变阳，阳变阴，阴阳互相转化，是事物发展的必然规律。

从太极图的整体结构上看，大面积的黑白色块浑厚统一，表示分中有合，阴阳统一，表明世界上的万物是普遍联系的整体特征的辩证法思想。在图案的结构变化上，大块的黑色中有小块的白色，而大块的白色中包含有小块的黑色，表示阴阳相互包含，相互作用。

两条阴阳鱼，各画着黑白不同的两个"鱼眼"。白色鱼的眼用黑色小圆表示，黑色鱼的眼用白色小圆表示，太极图中加圆的辩证含义在此又体现出来。两只"鱼眼"，分别代表"阴中阳"、'阳有阴"，这就是说，对立面的双方本身又可一分为二，分解出与自身相对立的方面。"阴"中可分出"阳"，"阳"中又可分出"阴"，"你中有我，我中有你"，另一方面，它又揭示了矛盾双方互相转化的内因。宇宙间一切物质和事物总是运动变化、发展的，而一切事物的变化发展的根本原因不是在事物的外部，而是产生于事物的内部，在于事物内部的矛盾性。两个"鱼眼"象征着事物变化是由事物所包含的阴阳、动静等矛盾引起来的。

太极图中双鱼、双眼的颜色不同，深刻地反映了在任何事物的矛盾同一体的两个方面中，力量对比是不平衡的。在任何一方的结构内容方面也不是单一的，而是又包含着各种因素，正因为存在着矛盾的不平衡性，双方才有对立和斗争，才会引起力量对比的变化，使事物发生运动和转化。两只鱼眼又反映了在组成事物两方面的许多要素中，又有主次之分，眼区代表主要方面，决定着鱼的行动方向，而其他则处于次要方面。眼区（包括鱼头部的各组成部分），反映了唯物辩证法中，主要矛盾和次要矛盾、矛盾主要方面和次要方面区别联系和转化的思想。

在太极图中，双鱼的走线是S型，暗含着一切事物以螺旋式或波浪式的方式发展，表示着事物曲折前进的过程。S曲线旁视之为波浪形，俯视之乃成螺旋状体，可以说，S曲线是"否定之否定规律"的"代号"，它揭示了事物发展的基本方向和道路。

否定之否定规律告诉我们：任何事物发展的完整过程，都是由肯定、否定到否定之否定。从内容上看，是自己发展自己、自己完善的过程。从表现形态、发展态势上看，则是一个螺旋式的波浪式发展规律，表现出万物万事前进性和曲折性的统一。

上升性和前进性是事物发展不可逆的基本方向利基本趋势。在由否定之否定发展链条中，每一个环节、每一否定，都是一次"扬弃"，舍弃了以前发展环节中过时的消极的东西，保留和发扬了其中积极的成果。每一次否定，都产生出新的东西，把事物推向更高的发展水平或阶段，并为事物的进一步发展和完善创造了条件。

事物在其发展中，经过对立面的两次否定、两次转化，就表现为一个周期，表现为"三个环节两度否定"的有节奏性的运动。如，团结——批评——团结、实践——认识——实践、分析——综合——分析等，这都是"三个环节两度否定周期"。每一周期的终点，同时也就是下一个周期的开端。事物的前进发展，就是一个周期接着一个周期，循环往复以至无穷的过程。

太极图中S线位于两鱼之交界，说明了事物的发展的前进性、曲折性，其原因是由于阴、阳二气的相互作用，体现了对立统一对事物发展的核心作用。从S线的走动过程分析，从任何一个鱼尾向鱼头方向观察，其变化角度是：变化平缓——变化加快——变化最快——变化减慢——变化平缓等，这个过程可以概括为由渐变S曲线向突变S曲线的发展，再回到渐变S曲线的肯定——否定——否定之否定过程。而线的快、慢变化反映了，要实现质变需要一个由量变的积累过程。当事物经过量的积累达到质变以后，事物在新质的基础上又开始新的量变，这就是量变——质变——量变，这个不断发展过程在S曲线中的体现。

以太极命名的太极拳，深受中国人民和世界人民喜爱，源远流长，经久不衰。太极拳的哲学依据即太极哲理，太极拳运动之动静、虚实、刚柔、开合等均遵循阴阳哲理的变化，通过调息养神，达到强身健体、祛病延年的目的。太极理论和太极拳术是一门博大精深的学问，让我们继续努力，各学科同力合作，挖掘我国优秀文化遗产的宝库，认识太极图的深厚奥秘，让这颗珍宝明珠放射出更加灿烂光芒！

太极图

二、中国太极拳

太极拳是中国传统拳术，它全面而深刻地体现了中国文化的特点。如果说武术是中华瑰宝的话，太极拳则可称为宝中之宝。它具有健身、防身、医疗、观赏等多种作用。它的动作缓慢、柔和、园滑而自然，如春风拂柳，似行云流水，深受国内外人民的喜爱。

（一）太极拳的源流与发展

太极一词始见于易传《系辞上》，《易子辞上》。"易有太极，是生两仪，两仪生四象，四象生八卦⋯⋯"周敦颐论太极讲："无极而太极。太极动而生阳，动极而静，静而生阴，静极复动。一动一静互为其根，分阴阳二极立⋯⋯阴阳太极也。"阴阳交感，化生万物，万物生生变化无穷。以太极命名拳术，意味着太极拳运动之动静、虚实、刚柔、开合等无不遵循阴阳哲理之变化，它是一项博大精深的运动。它涉及哲学、心理学、生物学、运动学等多种学科，同时融武术、导引、气功、中医为一体，是典型的中国传统健身术。

太极拳到底产生何时？到底谁人所创？武坛一直众说不一，争论不休，但难以定论。有人说太极拳是明末清初河南陈家沟陈王庭所创，未免武断，但如果全盘否定他的贡献也不妥；明史记载是宋末张三丰所创，史料证据还不够充足；尚有其他种种说法。我们认为，太极拳源远流长，它源于我国古代的导引、吐纳和《皇帝内经》中的养生法，孕育于汉代的"六禽戏"、"五禽戏"之中，形成于唐宋时期。在陈王庭之前，太极拳已在民间流传着，但还不够系统，影响还不算大。陈王庭在古传太极拳的基础上，又吸收了戚继光拳术32势而创编了陈家太极拳即陈式太极拳，陈氏家族又不断改进创新。陈氏家族第十四代陈长兴将老架难度大的动作加以简化而改编成新架。陈清萍在新架基础上又创小架，称赵堡架。陈式太极拳的特点是柔中寓刚，刚柔相济，运动量大，技击性强。

清代后期河北永年人杨露禅（1799—1872）师从陈长兴，将陈式太极拳进一步柔化而创杨式太极拳。后经其子杨班侯、杨健侯，其孙杨澄甫修订而定型为当今的杨式太极拳。其特点是端庄中正、舒展大方、柔和自然。

清代后期满族人全佑（1834—1902），在杨式杨班侯小架基础上又进行了改编，经其子吴鉴泉（汉姓吴，1870—1942）改进而创吴式太极拳。其特点是川寓步型，斜中寓正，柔和轻灵。

清代后期河北永年人武河清（1812—1880）师从杨露禅学陈式老架，又从陈新萍学赵堡架，合二而一创武式太极拳。其特点是动作紧凑，虚实分明。

清末民初河北完县孙福全，字禄堂（1861—1932），精通形意拳和八卦掌，师从郝为真习武式太极拳，融太极、八卦、行意于一体而创孙式太极拳。其特点是步法灵活，进退相随，迈步必跟，退步必撤，转身以开合相接，动作圆活自然，习练方便。

新中国成立后，国家体委在杨式传统太极拳基础上，整理创编了24式、88式和48式太极拳。其特点是注重了外形演练的的艺术性和观赏性，向竞技体育方向发展。

近年来，太极拳运动在国际上发展很快，国际交流、竞赛活动日益频繁。总局为了适应太极拳国际发展的需要，以及国际竞赛的要求，在保持传统的前提下创编了杨式、陈式、吴式、孙式、武式等太极拳竞赛套路和综合的42式太极拳、剑竞赛套路以及太极推手对练竞赛套路。它的特点是动作规范、统一，符合竞赛要求。太极拳竞赛套路的诞生是太极拳发展史上的一件大事，是太极拳深入人心、在世界上开花结果的体现，也是它进一步向竞技体育方向发展，争取使它早日进入奥运会的一个重要步骤。

太极拳的内容按其运动形式可分为套路（含器械）、推手和站桩，当今太极拳以套路为其主要运动形式。其动作包括揽雀尾、云手、倒卷肱、金鸡独立、白鹤亮翅等；其技法有棚、捋、挤、按、采、肘、靠等；其派别可分为杨式、陈式、吴式、孙式、武式和武当六大派，还可分为传统类、新中国国家类、竞赛类三种。

（二）太极拳的主要特点

太极拳最大的特点就是时时处处的每一个势子，每一个姿势都要分阴阳。所谓分阴阳就是分虚实，虚为阴，实为阳，其动静、刚柔、开合、松紧、化放、伸缩、吞吐都是即对立又统一的阴阳变化。可以说太极拳就是阴阳拳。

太极拳的其他特点如下：

1. 全身放松。

太极拳与气功有着千丝万缕的联系，严格地说太极拳相当于气功中的动功，亦称静行动，因此练习太极拳与气功基本一样，要求全身放松。松则通，松气才能畅通，犹如地下之沟渠，不塞而水行；输送之管道，不堵而流通；松使身肢放长，筋骨舒张，使气易于从骨缝中入骨入髓；松还意味着用意不用力，不用拙力，不用僵劲；推手时的松，可以化力蓄劲、以牵动对方的重心，引进落空，达到"四两拨千斤"之功效。

2. 缓慢柔和。

太极拳套路的练习，从始至终都要缓慢柔和地进行。缓慢柔和利于意识的培养，利于以意导气，以气运身；缓慢柔和利于身体的放松，松则利于内气的畅通；缓慢柔和便于调整呼吸，使呼吸逐渐做到悠、长、细、缓、匀，以提高呼吸系统的机能和调养内气；缓慢柔和使运动量得到有效的控制，使能量消耗得到节制，符合生理保健要求而避免了运动的流弊，缓慢柔和，使太极拳适合各种年龄、不同性别和各种体质的人练习，尤其对体弱和有慢性病的人来讲更是一种良好的体疗手段。

3．和谐完整。

所谓和谐完整，是指在太极拳的练习中，从头到脚全身各部位都要与手所指示的动作密切配合，做到"一动无有不动"，不但在动作上的进退起落、上下左右处处相呼应，协调完整，同时在意识和呼吸上，也尽可能地与每一个姿势的虚实、动静相结合，使全身得以平衡发展。

4．连贯圆活。

所谓连贯是指太极拳套路的动作与动作之间，势子与势子之间，要做到承上启下，节节贯穿，连续不断；要含有欲上必下，欲下必上，欲左必右，欲右必左的蓄劲；每势终似停非停，气机渐运，内劲才能灌注充足。所谓圆活，指的是太极拳是圆的运动，是划圈的运动。圆又分为立圆、平圆、斜圆、顺圆、逆圆、交叉圆、复合圆，还有半圆、小弧等，就身体而言，有手圈、肘圈、肩圈、胸圈、腹圈、胯圈、膝圈、足圈等。初学时要划大圈，以求开展自然，逐渐圈越划越小，以求内劲，日久功成到无圈，则到了身上处处无不螺旋、无不弹簧、一触即发的虚灵境地。太极拳呈圆形、弧形运动，还意味着做动作避免了直棱直角，而使动作圆滑灵活，而且灵中含轻，活中寓神。这样使太极拳具有连贯圆活的特点。

(三)太极拳的身型要求

太极拳是内外兼修的运动，练习太极拳对身型有严格的要求，要想练好太极拳，必须保持身型的正确。身型正确，动作才会正确，才能提高动作的规格质量；身型正确，气才能畅通，气畅通才能更好地营卫全身，振奋精神，身型正确才能使身体得到健、力、美的锻炼。太极拳对身型总的要求是中正安舒，对身体各部位的要求如下：

1．头。

头为六阳之首，周身之主。头正则神安；头正使百会穴处于头的正上方，利于中气的培养。拳论中的"虚领顶劲"、"提顶"、"吊顶"，就是都要求头向上顶，顶有利于清气上升而提神，有利于脊骨的竖直伸拔，使身型端庄、健美。

2．眼。

人之一身，运行全在于心，而精神全在于目。目为传神之官，运动时眼随主动手运行，不可旁视，旁视则散乱，站桩时须收视返听；含光默默。

3．口。

口唇轻闭，舌尖轻抵上颚。舌尖抵上颚即所谓的"搭鹊桥"，使任督二脉连接打通，并利于淬液的分泌，津液下咽有助于消化和滋补营养。

4．颈。

颈要竖直放松。颈直有利于头正。头正颈松直使中气畅通，使督脉之气流经玉枕穴时不受阻滞而流通。颈松，使左右运转灵活自如。

5．肩。

肩要保持松沉。松肩使肩保持灵活，肩的灵活有助于手臂缠绕运转的灵活；沉肩有利于气的下沉；推手时肩的松沉可以化力与蓄劲。

6．肘。

肘要弯曲下坠。肘的弯曲适应太极拳运动保持圆弧的要求。臂伸直时肘也要微微弯曲，以保持肘的灵活与自然；推手时肘的弯曲下坠可以化力与蓄劲，垂肩与坠肘是联在一起的，要协调一致，肘与膝也要上下相应相合。

7．胸背。

拳论中讲"含胸拔背"，实际上含胸拔背是联在一起的，含胸则能拔背。含胸则使胸部肌肉放松；拔背可从三方面理解：其一指从胸腔的内壁由里向外往圆处撑；其二指从背的外部而言，背肌从两侧向前向内收，背呈圆形；其三是指脊骨有向上抻拔之劲，使脊骨及脊神经都得到锻炼，并使气易于从拉开的骨缝中入骨入髓。含胸拔背使胸腔宽松，使心肺安舒，利于心肺的功能与保健。必须强调说明，在套路练习和站桩时，含胸拔背是微微的一点，以感到舒适为准，在推手时，含胸为化力，拔背为合劲，其含胸拔背则比较明显，幅度要大。

8．腰。

腰要保持松、沉、直。松和沉为了气沉丹田和稳定身体重心，腰直不弯，不摇晃，腰的转动才能使内劲达到支撑八面的作用，而不偏向一方，偏向前后则生俯仰病，偏向左右则生歪斜病。腰为身体运转的中轴，四肢的运转、屈伸要以腰来带动，故腰为"主宰"。拳论讲："命意源头在腰隙"，腰隙指的是两肾。古人认为肾为命之本，为内气的源头，故陈鑫说："气由肾发"。肾壮则精足，气足则身强，所以拳论强调"刻刻留心在腰间。"

9．腹。

腹要松静。腹为丹田所在地。古人称腹为"气海"，以为气海静，则邪欲不能作，精全而腹实。陈鑫《拳论》讲："调息绵绵，操固内守，注意玄关，功久刚顷刻间水中火发，雪里花开，两肾如汤热，膀胱似火烧，真气自足。"《拳论》讲"腹内松静气腾然"，其意是说，久练功深，充足的丹田之气会形成一股气流在腹内旋转，相摩相荡，由此可见腹内松静可以起到蓄气和气按摩肾和膀胱的作用。

10．脊。

脊要直，其脊椎至尾闾上下要在一条直线上。脊柱是支撑身体的支柱。脊柱以腰为界，腰以上要向上拔，腰以下要向下沉，形成两头抻之势，这样使脊骨及其筋腱拉长松开，便于气入骨入髓，并使脊骨与脊神经得到锻炼，脊的松直，还利于中气的培养，并保证了身体姿态的正确性，使身型端庄健美。

11．臀。

臀要敛，要提肛、吊裆。敛臀可使尾闾中正，避免臀部肌肉外突的毛病。提肛、吊裆可以聚集丹田之气，以免气沉丹田时，气从下两窍外溢；裆坏须虚，虚则气足，回转自如，胯还须沉，以稳定身体重心，还可以化力、蓄劲、合住劲。

12．膝。

膝的屈伸运转要灵活自然。屈膝要与沉肩、坠肘、含胸、松腰、落胯、沉气相呼应，要上下协调一致；推手时屈膝为化力、蓄劲、"引进落空"。伸膝为运劲、发劲。膝运转要随腰胯而动，要灵活而自然。

（四）太极推手

太极推手是两人为一组互为对手的近身对抗性运动。两人搭手后要遵循沾、连、粘、随的原则，采用棚、捋、挤、按、采、列、肘、靠八种技法，按进、退、顾、盼、定的步法、眼法和身法，互为揉推，不准用断手和散手，以牵动对方的重心，使对方移动或跌倒论输赢，是一项高尚、文明，富有东方哲理的运动。推手讲究"以静制动，以柔克刚"，讲究"沾连粘随，不丢不顶"，还讲究借劲使劲，顺势用力，以小力胜大力的所谓"四两拨千斤"。推于运动不仅能防身健体，它的独特运动方式以及力学和哲理的巧妙运用，还使它具有很高的娱乐与观赏价值。

附录一

中国文化在国外的传播

张西平

张西平，中国北京外国语大学教授，北京外国语大学海外汉学研究中心主任，北京外国语大学亚非学院院长，中国社会科学院基督教研究中心副主任，中国中外关系史学会副会长，世界汉语教育史研究会会长。长期以现代西方文化、1500—1800年的中西文化交流史、西方汉学史和中国基督教史为主要研究领域。代表性的著作是《历史哲学的重建》(1997)、《中国和欧洲早期哲学与宗教交流史》(2001)，《西方人早期汉语学习调查》(2003主编)、《传教士汉学研究》(2005)、《欧洲早期汉学》(2009)。2008年与香港大学和澳门基金会共同主编出版了《马礼逊文集》，目前正在从事来华传教士中文文献的整理与编目工作。

一、中国文化在东亚的传播

中国文化在东亚有着重要的影响，在一定意义上以汉字为基础的东亚文化就是建立在东亚各国与汉字、汉文化的互动基础上的。犹如拉丁文曾是欧洲文化的基础一样，汉字也成为东亚文化共同的文化财富和文化连接点。

（一）中国文化在日本的传播

日本学者坂本太郎说："从石器时代算起，日本文化就是凭大陆文化的传入而不断发展起来的，……传入的文化，无论在精神和物资上，都给日本文化以划时代的影响。精神文化方面，汉字、汉籍以及儒家和佛教的传入决定了后来日本文化的性质。在物质文化方面，水利、灌溉、养蚕等农业技术，建筑、雕刻、织布、冶金、制陶等各种工艺技术及其制品，都为生活水平的提高做出巨大的贡献。"①公元5世纪时，《论语》就传入了日本，公元8世纪时，儒学不仅作为经学，而且作为史学和文学在日本开始广泛的传播。日本学者石田一郎指出："中国古代的儒教，作为日本氏族国家成立与维持的意识形态而被接受。"公元6世纪佛教传入日本，而佛经全部是汉文的，日本的上层僧尼也都是具有汉文化素养的人。日本太平胜宝六年(754年)中国大和尚鉴真东渡日本成功，开启了中国文化向日本传播的新阶段，鉴真和尚不仅带去了佛经，同时带去了唐代的文化、技术、医药等，加深了日本与中国文化的关系。

在中日文化交流史特别值得一提的是持续近二百年的日本"遣唐使团"，日本派出大量的"学问僧"来到中国学习佛法，研读中国文化，其中最有影响的是：最澄、空海、园仁、园珍、常晓、园行、慧运、宗睿，史称"入唐八大家。"这些"学问僧"不仅仅将中国佛教传入日本，开创了日本佛教的新时代，而且在华学习期间，他们耳闻目睹了唐代文化，受其熏陶，从而在中国文化的多个方面有着很高的造诣，返回日本后，他们带回关于中国文化的大量汉籍，从而推动了中国文化在日

---

① 坂本太郎：《日本史概说》，商务印书馆1962年版，第44页。

本的传播。

禅宗是在日本奈良时代传入日本的。由于在南宋时禅宗极盛，这样日本的宋西两次来华学习禅宗，待他返回日本后，才开创了日本的禅宗。禅宗在日本的迅速传播和当时的幕府与武士阶层的支持有很大的关系。日本佛教从13世纪开始，天台宗、真言宗具有无可争辩的地位，当时的京畿地区的佛教实际上是一种贵族的佛教。但随着将军武士们在日本的政治斗争中取胜，平安时期的世袭贵族政治逐步瓦解，从而贵族佛教的权威也随之动摇。而新兴的武士阶层文化不高，他们不可能像贵族那样研读传统的佛教。此时，禅宗的那种以坐禅内观为主，摆脱以一切知识系统，反对以往佛教的繁琐理论，追求以心传心、见性成佛的理论很符合武士的特点。这样禅宗很快在日本风行一时。禅宗在日本的传播和发展，对日本人的精神生活有很大影响。

宋明理学是中国儒学在近世的重要发展，它在吸收佛教和禅宗理论的基础上，将儒学发展到一个更为全面和精致的阶段。当时无论是来华学习禅宗的园尔、辨园，还是中国渡日的禅僧都对宋学在日本的发展起到了很大的推动作用，特别是渡日的中国禅僧都有较高的宋学的修养，他们在日本弘扬禅宗的同时，往往援儒入佛，阐发宋明理学的义理治学，从而促进了宋学在日本的传播和发展。大约在十四世纪至十五世纪期间，日本宋学逐步向着独立的学术思想发展。到15世纪中后期，形成了以岐方秀为代表的京师朱子学派、以桂庵树为代表的萨南学派、以南村梅轩为代表的海南学派等。这些学派各有立门宗旨，各传弟子。由此，宋学最终在日本中世时代确立了新儒学的地位。到17世纪江户幕府时期，宋学被确立为日本官方哲学，成为日本的国家意识形态。

宋元明清时期中国文化在日本的传入不仅在日本思想宗教的发展中产生了重大的影响，同时，也深刻地影响了日本文学艺术的发展，并对日本人的日常生活也产生了重大的影响。

（二）中国文化在朝鲜

朝鲜的三国时代为高句丽、新罗、百济三国鼎立。高句丽时代正是中国的汉唐时期，这一时期，汉字传入，并开始设立国家的教育机关"太学"，以教授儒学为中心。7世纪中叶，高句丽派遣贵族子弟赴唐，入国学，学习汉文化。7世纪中后期，新罗联合唐朝，先后灭百济和高句丽，统一朝鲜半岛，开启了新罗王朝时期。据有关文献统计，公元669—733年这65年间，新罗向唐朝朝贡11次，献方物15次，贺正8次，朝见、谢表、请文、献女、谢罪各一次，共39次。唐向新罗册封2次，诏谕2次，吊祭2次，求物，求做武器各一次，共8次。从734年到903年这170年间，新罗向唐朝贡21次，献物9次，贺正14次，朝见4次，表谢3次，献女1次，告哀1次，贺平乱1次，共54次；唐朝向新罗册封9次，吊祭4次，诏谕2次，求援1次，共16次。这些数字可以看出当时的唐朝和新罗的关系之密切。

"新罗统一前后，加速输入中国唐文化，新罗与唐不只维持友好国交，倾慕大唐文化之风亦盛。"①台湾学者严耕望说：中华文化之四播，以朝鲜半岛所感受为最深。唐世，四邻诸国与中国邦交最睦者莫过于新罗，而接受华化之彻底，倾慕华风之热忱，尤以新罗为最……"②自公元640年到五代中叶这300年间，新罗派往中国的留学生，最保守也有两千人。

10世纪后高丽太祖王建重新统一朝鲜半岛，开创了朝鲜历史上的高丽时代。高丽王朝从918年创立到1392年被李氏朝鲜所取代，先后延续了四百年。从其建国开始，就把学习和移植中国文化作为基本的文化政策。高丽太祖王建在《训要十首》中有："惟我东方，旧慕唐风，文

---

① 柳承国：《韩国儒学史》，台湾商务印书馆1989年版，第70页。
② 严耕望：《新罗留唐学生与僧徒》，张曼主编：《日韩佛教研究》，台湾大乘文化出版社1978年版，第233页。

物礼乐，悉遵其制。"高丽前期时，国王一般都要定期到国学去祭孔，以倡导对孔子的尊崇。上自国王，下至闾巷儿童，所受的正式教育，全部为儒家经典。1134年3月高丽国王仁宗命以《孝经》、《论语》等儒家经典分发给闾巷儿童，以教化民众。由于朝廷大力倡导儒学，儒学在高丽时代得到了广泛的传播，产生了深刻的社会影响，同时，也极大的促进了高丽时代的学术发展。当时"所研究的学术，几乎全部是儒教经书和贯穿儒教名分思想的历史以及诗和文章技巧。"

高丽时代儒学的传播的一个重要特点是朱熹理学的传入，在高丽时代被称为"朱子学"。一直到李朝时期，朱子学在朝鲜得到了发展，形成了独居特色的朝鲜朱子学派。韩国学者柳承国认为"高丽时代宋学的传来，即朱子学的输入，不只对高丽时代，并对韩国整个思想带来重大的转换和影响。"

李朝世宗大王(1419—1450)在整个朝鲜历史上都被称为圣君，当时的李朝成立后，经过了太祖、太宗的创业时代后，到世宗时代开始了高度的文化创造时代。世宗亲笔写下了"家传忠孝、世守仁敬"，表达了世宗对儒学精神的理解。也正是在这个时期产生了李退溪等一批朝鲜的理学家。

不仅是儒家思想、佛教传播了朝鲜半岛，同样，中国的文学，特别是唐诗在朝鲜也有广泛的传播，对朝鲜的文学也产生了重要的影响。在15世纪时朝鲜创造出了朝鲜文"训文正音"，但在此后的二百年间大多数文人仍是用汉文写诗作文，产生了一批汉文文学作品。当时的一些诗人多对李白充满崇敬之情，在诗歌中表达对其人生价值追求的认同："脱却衣裳赊酒饮，举头网天把明月询问；我可有千古李白的气韵。"李白已成为千古英雄。

(三)中国文化在越南

从秦汉时期开始，越南属于中国的一个地区，中央政府在越南设郡置县。从唐末五代至北宋时，越南地方势力发展，自立国家，开始摆脱了长达千余年的中国直接统治。越南独立后，历代王朝积极学习中华文化，移植和推广中国的政治制度、经济制度和文化制度，在汉文化的影响下，带动了民族文化和社会的发展。因此，从10世纪到19世纪，越南的"自主"时代，一直处在中华文化影响之下，因此，越南在文化传统上属于东亚世界，属于中华文化圈的重要成员，这点使它和东南亚国家有着明显的区别。

越南历朝都推行崇儒政策，孔子思想逐渐发展成为占有统治地位的国家官方思想。1072年，李朝在首都升龙建文庙，"塑孔子、周公及四配像，画七十二贤像，四时享祀"。黎朝和阮朝时期，以孔子思想为国家意识形态，独尊儒术。黎朝时期"置百官，设学校，以经义、诗赋二科取士，彬彬有中华风焉。"国家设的考试，第一场考试就是"经义一道，'四书'各一道"。阮朝时期，诸皇子入学，也是读的"四书"、"五经"。同时，在民间大兴教育，"人八岁以上，入小学。次及孝忠经。"十二岁以上，先读《论语》、《孟子》，接着读《中庸》、《大学》，十五岁以上，先读《诗经》、《书经》，接着读《易经》、《礼记》、《春秋》，旁及子史。在中国印刷术传入越南后，越南大量翻刻儒家经典。在整个明朝时期，明朝派使安南有30多次，而安南使节到明朝达100多次，可见当时两国的政治关系十分紧密。

因此，作为东亚汉字文化圈的一员，越南的礼仪制度、民俗民风大都是仿效中国。孔子思想成为国家社会制度和政治制度的理论依据，儒家思想已经渗透到民间生活的方方面面，越南人民在价值的表达、思想的诉求、文学的情感上与同一时期的中国是完全一致的。

二、四大发明海外传播的世界史意义

造纸术、印刷术、火药、指南针，这是中华文明在人类古代社会的伟大贡献，长期来我们仅仅是在中国范围来讲四大发明，如果将其放在世界文明的进程中，我们就可以更为清楚地看到四大发明在海外的传播的重大价值和对人类文明所做的重要贡献。

(一)造纸术的海外传播及其意义

公元105年(东汉元兴年)蔡伦正式向汉和帝奏明发明了纸。造纸术在亚洲很早就开始传播，日本、朝鲜、越南等地都较早地开始使用了这一技术。造纸术在西方的传播，英国历史学家韦尔斯在其《世界史纲》中有清楚的记载："说纸使欧洲文艺复兴成为可能也并不过分。纸起源于中国，在中国纸张的使用大概可以追溯到公元前两世纪。751年中国人袭击撒尔马罕，他们被打退了，被俘的中国人中有一些熟练的造纸人，阿拉伯人就从他们那里学会了造纸的技术。造纸术或是通过希腊，或是由于基督徒收复西班牙时夺取了摩尔人的造纸作坊因而传入基督教世界的。但在基督教的西班牙人统治下，纸的质量可悲地的下降了。直到临近13世纪末基督教的欧洲世界还没有造出质量好的纸来，后来意大利人在世界上领了先。只是到了14世纪造纸业才传到德国，直到那个世纪末纸张才丰富和便宜到足以使印刷书籍成为有利可图的事业。于是印刷业自然地和必然地接踵而来，世人的知识生活进入了一个新的和远为活泼有力的时期。它再不是从一个头脑到另一个头脑的涓涓细流；它变成了一股滔滔洪流，不久就由数以千计的头脑入了这一洪流。"①

---

① 韦尔斯：《世界史纲》，人民出版社1982年版，第809页。

(二)印刷术的海外传播及其意义

雕版印刷术发明在唐代，活字印刷术是北宋的毕昇发明的。印刷术发明后很快在汉字文化圈传播开了，从而极大地推动了汉字文化圈的文明发展。著名学者钱存训认为："印刷术继续西传之举，可能是由维吾尔人在蒙古时期完成的。蒙古征服吐鲁番后大批维吾尔人被征入蒙古军。……如果印刷术由东向西传到西方的过程中有过那么一个中间环节的话，既熟悉雕版印刷又熟悉活字印刷的维吾尔人，极有机会在这种传播中起到重要的作用。"通过波斯，印刷术逐步传入欧洲。印刷术在欧洲的广泛运用，正是在文艺复兴时期，从而印刷术的传入就具有了重大的文化意义。"自15世纪中叶欧洲活字印刷术发明以后，在短短50年间，欧洲各国所印制的所谓'摇篮本'即达三万种，……当时西方社会对印刷术的需求，如饥似渴，因此促进欧洲的宗教改革和文艺复兴，帮助许多民族文字和文学产生，以及新兴民族国家的建立。"[1]

(三)火药的海外传播及其意义

英国著名中国科技史学者李约瑟指出："中国火药起源于9世纪中叶，从最初发明它的配方到用金属制造手铳和最原始的火炮，中国一直摇摇领先。西方当时对此毫无所闻。"火药和火器经过蒙古军队开始在亚洲一些国家传播，首先是传到阿拉伯世界，然后经过这个中间环节传入西方。火药和火器传入西方产生了前所未有的重大影响。恩格斯指出："在14世纪初，火药从阿拉伯人那里传入西欧，它使整个作战方法发生了变革。……火器一开始就是城市和以城市为依靠的新兴君主政体反对封建贵族的武器。以前一直攻不破的贵族城堡的石墙抵不住市民的大炮；市民的枪弹射了骑士的盔甲，贵族的统治跟身披铠甲的贵族骑兵队同归于尽了。"[2]这是从政治史讲火药和火器西传的意

---

① 钱存训：《印刷术在中国传统文化中的作用》，《文献》1991年第2期，第155页。
②《马克思恩格斯选集》，第3卷，第207页。

义，而这一发明的意义还有更为深远的科学意义。贝尔纳说："归根到底，是火药对科学的影响而不是它对战事的影响，将产生最大的影响，使机器时代得以出现。火药和大炮不只爆破了中古时代的经济世界和政治世界；他们更是毁灭中古世界的思想体系的两股主力。"①

(四)指南针的海外传播及其意义

指南针是中国古代的重要发明，指南针一经发明，很快就被运用到航海事业上，在这方面中国一直领先于世界。在宋元时代，中国的航海事业已经十分发达，中国的商船不仅仅活跃于亚洲诸国，而且开始进入印度洋和波斯湾一带，在这个过程中指南针也就随着中国航海家的踪迹而传入了阿拉伯世界和欧洲。大约12世纪，欧洲文献中才有了磁性罗盘的记载。指南针和磁性罗盘传入欧洲产生了重大的影响。李约瑟说："磁罗盘，从广义上来说，也就是磁极和磁引力的知识，在西方世界有着惊人的社会影响。……因为15世纪欧洲航海家手里的磁罗盘在从13世纪的开端的航海科学的各个时期占据着重要的地位，它不但使环绕非洲成为可能，而且也发现了美洲大陆。随着大量白银的涌入，市场上不计其数的新商品的销售以及殖民地和种植园的开拓，这对欧洲的生活产生了多么深远的影响。"②

如果说中国文化在世界的传播，在古代时期儒家思想主要局限在汉字圈的东亚世界，那么中华文明对世界的贡献最重要的就是四大发明，它们在世界的传播，尤其在欧洲的传播对世界的发展产生了许多重大而决定着今天生活的根本性意义，这是中华文明对世界的重大贡献。

美国学者卡特在《中国印刷术的发明和它的西传》一书中指出："欧洲文艺复兴初期四种伟大的发明的传入流播，对现代世界的形成，曾起重大作用。造纸和印刷术，替宗教改革开了先路，并使推广民众教

---

① 贝尔纳：《历史上的科学》科学出版社1959年版，第195页。
② 《李约瑟文集》，辽宁科学技术出版社1986年版，第234页。

育成为可能。火药的发明，消除了封建制度，创建了国民军制。指南针的发明，导致发现美洲，因而使全世界、而不再是欧洲成为历史的舞台。这四种以及其他发明，中国人都居重要的地位。"[1]日本著名学者薮内清说："中国是世界上最早发明纸、印刷术、磁石、火药等技术的国家。这些发明传到中世纪末期的欧洲，对欧洲的文艺复兴起到决定性作用。极而言之，如果没有中国的发明，就没有文艺复兴，因此也就谈不上现代的欧洲。从世界史的角度看，应该对中国以往科学技术的先进性和独创性给予高度的评价，而且也不能不说这种民族优秀品质在将来也是极其宝贵的东西。"[2]中国四大发明的这种伟大意义，西方现代实验科学的始祖培根说得也很清楚，他说："我们还应该注意到发明的力量、效能和后果。这几点是再明显不过地表现在古人所不知、较近才发现、而起源却还暧昧不彰的三种发明上，那就是印刷、火药和磁石。这三种发明已经在世界范围内把事物的全部面貌和情况都改变了：第一种是在学术方面，第二种是在战事方面，第三种是在航海方面；并由此又引起难以计数的变化来；竟至任何帝国、任何教派。任何星辰对人类事务的力量和影响都仿佛无过于这些机械性的发现了。"[3]我们可以用马克思的论述作为一个总结。他说："火药、指南针、印刷术——这是资产阶级社会到来的三大发明。火药把骑士阶层炸的粉碎，指南针打开世界市场并建立殖民地，而印刷术变成新教的工具。总的来说，变成科学复兴的手段，变成对精神发展创造必要前提的最强大的杠杆。"[4]

---

[1] 卡特：《中国印刷术的发明和它的西传》，商务印书馆1957年版，第10页。

[2] 薮内清：《中国·科学·文明》，中国社会科学出版社1987年版，第5页。

[3] 培根：《新工具论》，商务印书馆1984年版，第103页。

[4]《马克思恩格斯全集》第47卷，第427页。

三、中国文化在西方的传播

中国儒家思想不仅在东亚有着重要影响，十七至十八世纪在欧洲文化史上也产生过重要的影响。

(一)儒家思想早期在欧洲的传播

儒家思想何时传入欧洲？这是一个颇有趣味的问题，这里对这个问题做一初步梳理和研究。

"欧洲在大发现以前的年代里对中国的认识基本上是从陆地的旅行家、探险家的各种描述性的游记中得到的。"著名的《马可·波罗游记》虽对中国的宗教生活有所报道，但对中国文化的主流——儒家思想几乎一字未提，难怪有人说马可·波罗只是以一个威尼斯商人的眼光来看中国的。

对中国的深入认识是从大航海以后开始的。在耶稣会到达东方以前已有葡萄牙人关于中国的一系列报道，葡萄牙首任赴华特使皮雷斯在马六甲所写的《东方志》，托旺·维埃拉(Cristovao Vieiro)从广州狱中所写的信(Letter From Portugues Cative in Canton)都是大航海以后西方认识中国的重要文献。16世纪上半叶有三个人的三部重要著作把西方对中国的认识推向了一个新阶段，他们是巴洛斯的《亚洲三十年》，贝尔纳尔迪诺·德·埃斯术兰特(Bernadin de Escalante)的"Dis curso de la navegacion que potugueses hazen a los Reinos y Provincias del Oriente, y de la notica q se tiene da las grandezas del Reino de la china"，门多萨的《中华大帝国史》。

最早向西方报导了中国人的精神生活特点的应是耶稣会的创始人

之一沙勿略（Efrancois Xavier, 1506—1552）。他是第一个来到东方的耶稣会士，于1542年5月6日到达印度的卧亚城（Goa），后经日本商人介绍辗转到日本，但他在日期间，日本人对中国文化的敬仰使其感到震惊，而且日本人的反驳基督教时总是以"汝教如独为真教，缘何中国不知有之"而对。为此，沙勿略认为，"要使日人信服基督教，莫若先传福音于中国"。他在中国大门口徘徊数年，终不能入内，最后于1552年12月3日死于中国的上川岛上。

虽然沙勿略没能进入中国腹地，但他在日本及中国附近呆了多年，并时常与中国人接触，对中国文化有所体悟。他在写给欧洲的6封信中，对中国文化的特点做了概括。如他在信中说："据曾住中国的葡萄牙人报告，中国为正义之邦，一切均讲正义，故以正义卓越著称，为信仰基督教的任何地区所不及。就我在日本所目睹，中国人智慧极高，远胜日本人；且善于思考，重视学术。"在另一封信中说："中国面积至为广阔，奉守法，政治清明，全国信于一尊，人民老不服从，国家富强。凡国计民生所需者，无不具备，且极充裕。中国人聪明好学，尚仁义，重伦常，长于政治，孜孜求知，不怠不倦。"沙勿略在这几封信中虽未提到孔子和儒家，但对中国文化特点的概括还算准确。这是16世纪西方人最早对中国文化的评断之一。

中国哲学著作的第一个西传译本是范立本所编的《明心宝鉴》，书中有孔子、孟子、荀子、老子、庄子、朱熹等哲学家的论述和格言。翻译此书是西班牙道明会士高母羡（Juan Cobo），西班牙文书名为："Beng Sim Po Can Espejo Rico del Claro Corazon Primer libro china traducido en Lengua castellana"。16世纪他在菲律宾的马尼拉附近Parian的华侨区传教，以后于1592年经台湾海峡赴日，途中遇台风，漂至台湾，高母羡及其随行都被台湾当地人所杀。

这个译本一开始不广为人所知。后来西班牙来华传教士闵闵我（F·Navarrete）在他的著作中将《明心宝鉴》的翻译本收入书中，从此在欧洲产生了影响。高母羡虽不如利玛窦那样深入研究了中国文化，但他"毕竟是16世纪第一个把中国文献译成欧洲语言的人"，因此在欧洲汉学史上有特殊的地位。

高母羡的书是在马尼拉出版的，而第一本在西方出版的儒家著作应是罗明坚所译的"四书"。罗明坚是第一个长期在中国内地居住下来的传教士。1589年返回意大利以后，就开始潜心翻译四书，此译稿的原稿仍存于罗马意大利国家图书馆。

耶稣会来华以后，将孔子和儒家学说向西方介绍按两种方法进行，一种是直接将孔子及其儒家的著作翻译成西文，或用西文写出研究性著作；另一种是在礼仪之争中，争论双方为申辩其立场，对中国礼仪风俗进行介绍，这中间自然会涉及到祭孔问题，孔子及儒家学说的内容也间接被介绍到了西方。

在中国本土第一个对儒家经典著作《四书》进行翻译的是利玛窦。但不知何原因，这本重要的译著至今下落不明。利氏之后是来华传教士金尼阁以拉丁文翻译了五经，并在杭州刊印，不过这个译本至今也未见到，不知落于何处。

葡萄牙人曾德昭也是早期向西方介绍孔子和儒家的传教士。他的《中华大帝国志》或称《中国通史》共2卷，"上卷述中国之政治、风俗、语言、衣服、迷信、战争、商业。欧罗巴人评述茶叶之制法及用法之书，当数是编。下卷述基督教输入中国之起源，南京仇教之经过，李之藻传纪"。

曾德昭在这本书中谈到中国的教育制度时讲到了孔子。他认为孔子作为一个四处奔走的教育家和哲学家，总希望各国君主采纳他的哲学，尽管屡遭挫折，但孔子不屈不挠。曾德昭对孔子这种人格给予了很高的评价。他说：

"孔夫子这位伟人受到中国人的崇敬，他撰写的书及他身后留下的格言教导，也极受重视，以致人们不仅把他当作圣人，同时也把他当作先师和博士，他的话被视为是神谕圣言，而且在全国所有城镇修建了纪念他的庙宇，人们定期在那里举行隆重仪式以表示对他的尊崇。考试的那一年，有一项主要的典礼是：所有生员都要一同去礼敬他，宣称他是他们的先师。"

曾德昭认为，孔子的主要贡献就是他写了"五经"，对于《四书》，他没有谈更多，但提到《四书》一部分来自孔子，一部分来自孟子，他认为《四书》是在强调一个圣人政府应建立在家庭和个人的道德之上。

在对孔子及其儒家世界观的介绍上，他基本遵循了利玛窦的路线，他介绍了儒家所强调的五种道德：仁、义、礼、智、信，介绍了儒家在处理父子、夫妻、君臣、兄弟、朋友之间关系的原则，这就是孟子在《孟子·滕文公上》中所说的"父子有亲，君臣有义，夫妇有别，长幼有序，朋友有信"。虽然曾德昭注意到儒家的世界观表现为天、地、人三个方面，但他对儒家所强调的天人合一、人天相通的基本立场并不太感兴趣。

曾德昭这里对儒家宗教信仰特点的介绍基本真实，尤其是对敬天以及如何祭祀的介绍较为具体，这些以后在西方产生了较大的影响。

曾德昭以后是意大利的卫匡国，他在《中国上古史》一书中也对孔子及其儒家思想做了介绍。他说孔子出生于周灵王21年，19岁结婚。父亲在宋国为官，孔子的父亲为追求自己的哲学和过更加自由、悠闲的生活离开了家庭。23岁时孔子向老子求教，以后他离开鲁国是因为自己的政治主张在鲁国无法实现。为了自己的政治理想，孔子开始周游列国，但各国诸侯都未采纳他的主张。孔子退而著书。卫匡国说，孔子在中国享有很高的地位，所有的帝王都尊重他，人们把孔子的话当作圣言，中国的每座城市都建有孔庙。

另外，他还介绍了儒家的经典著作"五经"和"四书"，他说《大学》是"中国全部哲学的基础"，同时他也把《大学》的第一段译成了拉丁文。这是继罗明坚后有关《大学》部分片段译文第二次在西方公开出版，因它在出版时间上早于柏应理等人的《中国哲学家孔子》，因而在中国哲学在欧洲早期传播的历史中，《中国上古史》仍占有一定的地位。

《中国上古史》的另一引人注意之处是他对孟子的介绍，他说孟子是一位"非常高尚和极有雄辩能力的哲学家"，说孟子在儒家中的地位仅次于孔子，据有十分显赫的地位。他还简略地将孟子与梁惠王的谈话转译成了拉丁文。相比较于孔子，卫匡国认为孟子"有些学说是有碍于基督教的"。

由此看来，卫匡国的《中国上古史》是儒学西传史中的一篇重要文献。虽然在一些介绍上有明显的错误，如关于孔子的家世，但它至少有以下两点特殊的地位：

第一，他较之以前更多地介绍了孔子和儒家思想，翻译了儒家思想的重要文献《大学》的片段。他的这个努力"对于欧洲了解关于中国的消息产生了重要的影响。"第二，他第一次将孟子及其著作和思想介绍到了西方，如果对比一下在其后出版的柏应理等人的《中国哲学家孔子》就显出他的价值，因后者所谓的《四书直译》恰恰遗漏了《孟子》这篇重要文献。

继续卫匡国的工作，直接从事儒家经典著作翻译的是比利时来华耶稣会士柏应理（philippe Couplet，1624—1692）。他的代表作是《中国哲学家孔子》，这本书也并非一蹴而成，也并非柏应理一人之作，而是经历了一个过程，实际上它是来华耶稣会士的集体之作。

共有17名传教士参加此项工作，1687年这本书在巴黎出版时，直接署名的只有殷铎泽、恩理格、鲁日满、柏应理，书的副标题是用汉字形式印刷的《四书直译》。

对这部书贡献最大的是柏应理，书稿是由他带回欧洲，由Daniel Horthemels出版的。柏应理为此书写了一篇很长的序言，对全书的重要内容做了介绍，并附了一份8页长的儒家书目和一张孔子的肖像。在这篇序言中，柏应理开宗明义说明这本书并不是为欧洲读者写的，而是为了传播福音所做的，为了使来华的传教士们使用的。为了这个目的，他们从中国文献中挑选出这些内容，以便使到中国的传教士对中国文化有所了解。如果一些外行人看这部书，也应从传播福音的角度来加以理解。柯蓝妮（Claudia von Collani）教授认为柏应理的这篇序"不仅是一个历史性的报告，同时它对传教学的理论也有贡献。柏应理试图从写实主义的立场，毫无偏见地探讨中国传统活动中的问题。"在这个序言中，他继承了利玛窦的思路，对新儒家展开了批评，他提到了朱熹、二程（程颢、程颐）、周敦颐、张载。他认为新儒家的根本问题在于脱离了孔子的传统，在"本质上是一种唯物主义的哲学"。因为在他们看来，在孔子那里是敬天的，在孔子以前更是崇拜上帝的。而在理学那里，中枢性的概念是"太极"和理。柏应理引用了《易经》中的"易有太极，是生两仪，两仪生四象，四象生八卦"的话，说在孔子那里"太极"并不是一个根本性的概念，而在新儒家那里，太极成了一个根本性的范畴。就新儒家的解释来看，太极就是万物之根，是原初的物体（prime matte）。

凡熟悉中国哲学的人都知道，"新儒家未正式成立在北京。新儒家以古代儒家思想为本，而融合老庄思想、佛教思想及道教思想，更有所创造，以建成新的系统。"新儒家是儒家思想在中国古代发展的高峰，它将原儒的伦理化向一种抽象化、本体化方向发展。在朱熹那里，"太极"、"理"并不是一种物质性的东西，他说："自下推上去，五行只是二气，二气只是一理；自上推而下来，只是此一理，万物分之以为体。万物之中，又多具理，所乾道变化，多正性命，然总只是一理"。

实际上朱熹的"理"、"太极"，很类似于柏拉图的理念和黑格尔的"绝对理念"。但传教士们则把他理解成了德谟克利特或伊壁鸠鲁的学说。把孔子的思想解释成为一种自然理性，把新儒家判定为一种唯物主义学说，传教士的这两个基本点直接影响了十七至十八世纪的欧洲思想家，从而产生了完全想不到的解释和结果。

在《中国哲学家孔子》一书中，柏应理除这篇长篇序言以外，还写了三篇历史年表，"第一表始纪元前2952年迄纪元初；第二表始纪元年迄1683年；第三表三皇系表，载2457年间黄帝以下86帝王世系"。

书中另有殷铎泽的《孔子传》和《大学》、《中庸》、《论语》的译文。据美国学者孟德卫研究，他们在对《中庸》、《大学》、《论语》翻译中并没有忠于原文的含义，而是从基督教的角度做了重新的说明。但首次全译《中庸》，殷铎泽功不可没，而他的《孔子传》亦是西方第一本孔子的专题研究。

现在学者们都把《四书直解》称为"耶稣会士在中国适应的最高成就"。这本书在欧洲产生了广泛的影响，由于柏应理在扉页上写的是"献给法王路易十四"，从而就得到了路易十四的支持。著名哲学家莱布尼茨也看到了这本书，并对他产生了影响。丹麦学者龙伯格在谈到这部书的影响时说："孔子的形象第一次被传到到欧洲。此时把孔子描述成了一位全面的伦理学家，认为他的伦理和自然神学统治着中华帝国，从而支持了耶稣会士们在近期内归化中国人的希望。"

继柏应理等人以后，对孔子和儒家的介绍，一直成为来华耶稣会士的主要工作之一，从下列他们的著作表中就可以看出他们这种不懈的努力。

安文思（Gabriel de Magalhaeens，1609—1677年）：（1）《中国之十二优点》："历述中国之古事、文学、风俗、宫室、商业、工场、航务、政治诸门；"（2）《孔子书注》：这是安文思用汉文写的著作，他自己"又曾撰有孔子书注，以备新莅此国者之需"；（3）殷铎泽：《孔子遗作全解》；（4）《中庸》译本；（5）《孟子》译本；（6）《中国哲学》四开本，1711年在布拉格出版；（7）《中国哲学简评》；（8）《中国六部古典文学：

大学、中庸、论语、孟子、孝经、小学》。刘应(Clande de visdelou，1656—1737年)；(9)《孔子第六十五代孙Cam-san-mei传》；(10)《中国〈四书〉之年代》；(11)《中国七子赞》。巴多明(Dominique Parrenin，1665—1741年)；(12)《自然法典》，此书是翻译孔子的诗篇(朱谦子先生认为此书是伪书)。钱德明(Jean-Joseph-Mane Amiot，1718—1793年)；(13)《孔子传》；(14)《孔传大事略志》；(15)《孔门诸大弟子传》。

(二)《易经》早期在欧洲的传播

《易经》本属儒家经典之一，欧阳修曾说："孔子生于周末，文王之志不见于后世，而易专为古筮用也，乃作象象，发明卦义……所以推原本主，而矫世失，然后文王之志大明，而易始列于文经矣。"这说明从孔子起，《易》就是儒家的基本文献。但由于《易》为五经之首，意义重大，传教士多次讲到它，故需专门加以研究。

门多萨在《中华大帝国史》中提到伏羲，但并未讲到《周易》，讲到占卜和各类迷信，但并未讲到以《周易》来占卜凶恶，预测未来。林金水先生认为，西方传教士最早学习《易经》的，可能要推利玛窦。甚至当时的理学家邹元标专给其写信，谈学《易》一事："门下二三兄弟，欲以天主学行中国，此其意良厚。仆尝窥其奥，与吾国圣人语不异。吾国圣人及诸儒发挥更详尽无余，门下肯信其无异乎？中微有不同者，则习尚之不同耳。门下取《易经》读之，乾即曰统天，敝邦人未始不知在，不知门下以为然否？"

那么，最早向西方介绍《易经》的是谁呢？据目前读到的文献，笔者认为应是曾德昭。曾德昭在《中华大帝国史》中介绍儒家思想和其经典著作时，讲到了《易经》，他说：

"这些书的第一部叫做《易经》，论述自然哲学，及事物的盛衰，也谈到命运，即从这样或那样的事情作出的预测，还有自然法则；用数字、图像、符号表示哲理，把这些用于德行和善政"。

　　有一点应该注意，即曾德昭最早注意到北宋的新儒家们对《易经》的研究，他说：新儒家正是通过对《易经》的解释，来恢复他们所谓的"道统"。

　　意大利传教士卫匡国也是西方早期汉学中较早介绍《易经》的人物。卫匡国对《易经》十分重视，在《中国上古史》中，他认为这是中国最古老的书，并且依据中国上古史的年表和事实，他提出，《易经》"是中国第一部科学数学著作"。他像后来的许多欧洲汉学家一样，被《易经》中的六十国卦的变化所深深吸引，在他看来，周易与数学知识的高度一致，表明了他从一种普遍性提升为一种更为抽象的普遍性。通过对《易经》的研究，他得出结论：中国古代的哲学家大都认为，"所有的事物都是从混沌开始的，精神的现象是从属于物质的东西的。《易经》就是这一过程的典型化"。

　　卫匡国在易学西传中有两次重要贡献：

　　第一，他第一次向西方指出了伏羲是最早的作者，他说伏羲作为最早使用易的人并不像现在人那样把《周易》看成数学模式，而是把它作为星占学。关于《周易》的作者，历代有不同说法。《汉书·艺文志》提出"人更三圣"说，认为伏羲氏通八卦，周文王演为六十四卦，并做卦辞和爻辞，而孔子则作传以解经。虽然近人对文王演易之事提出质疑，但"伏羲画卦"说还是被大多数学者接受的。卫匡国基本接受了中国的传统说法，这对西方读者来说，确定《周易》的作者也是一件十分重要的事，卫匡国的价值在于此。

　　第二，他初步介绍了《周易》的基本内容。他向西方读者介绍说，"阴"代表着隐蔽和不完全，"阳"代表着公开和完全，"阴"和"阳"两种符号相结合构成了八个"三重的符号"（teigrams），这八个由"阴"和"阳"构成的"三重符号"分别代表着天、地、雷、风、水、火、山、泽。这八个符号反复相变又产生六十四种"六线形"（hexagrm），它们分别象征和预示着自然和社会的各种变化和发展。尤其值得注意的是，卫匡国在这本书中第一次向欧洲公布了六十四卦图，从而使西方人对"易经"有了直观的理解。这个图要比1687年柏理应等人在《中国哲学家孔子》一书中所发表的六十四卦图要早27年。所不同的是，柏理应书中的六十四卦对每一卦都标出了卦名。

在中国学者看来，卫匡国的用语似乎不太准确，但实际上，"阴爻"和"阳爻"的"爻"，八卦的"卦"及八卦的卦名"乾"、"坤"、"震"、"巽"、"坎"、"离"、"艮"、"兑"在当时西方语言中还找不到相应的词汇，西方人对《周易》真正好的译本是在200多年以后，由德国人卫礼贤（Wilhem）所完成的。但卫匡国是第一个把八卦、六十四卦等《周易》基本内容及六十四卦图介绍到西方的人，这点功不可没。

对《易经》研究最为深入的是白晋（Joachim Bouvet）和他的索隐派（Figurism）。白晋是法国神父，是路易十四派往中国的六位神父之一，入华以后，他很快取得了康熙帝的信任，在宫中为康熙讲授几何学。白晋在宫中熟读中国典籍，这在当时的传教士中是不多的。

索隐派（Figurism）又被称为形象派，有的干脆称之为易经派。白晋是这一派的创始人，其基本倾向在于从中国古籍之中，尤其是易经之中寻找《圣经》的遗迹，从中国传统文化中寻求基督教的遗迹。这一派的产生本身是礼仪之争的产物，白晋等人不同意反对利玛窦路线的观点，因要想在中国生存下去，只能遵循中国祭祖祭孔这一习俗，尊重中国文化，但这同时又不能违背基督教的教义，这是一个二难的选择。白晋采取了西方神学历史上早有的Figuresm派的做法，从中国文化本身寻求与基督教的共同点，将中国文化说成是基督教文化的派生物，这样就可化解这一矛盾。一方面承认中国文化的合理性，从而使自己能在中国立足，能被清"政府"接受。因为他们很清楚康熙帝的态度。一个根本否认中国文化，不承以中国祭祖祭孔习俗的合法性的外国传教士是根本无法在中国呆下去的，更谈不上进入宫中。另一方面，通过索隐考据的方法，将中国文化归之于基督教文化，从而弥合了自身理论上的冲突，也能取得教廷的支持和欧洲社会对在中国传教的支持。

白晋等人认为，中国文化是基督文化的一支，是由诺亚的其中一个儿子Shem的后代所创立的，这样，在中国远古文化中就有西方文化的遗痕，而《易经》则更多的表现出同《旧约》中许多的沟通。

白晋和傅圣泽最初读《易经》是应康熙的要求开始的，康熙曾十分关心白晋、傅圣泽研究《周易》的情况，在梵蒂冈图书馆中还留有康熙有关白晋读《易》的圣谕，虽然只是只言片语，但却很反映问题。现抄录如下：

"上谕，七月初五日上问白晋所译易经如何了……"

"奏稿，初六日奉旨问白晋，尔所学易经如何了，……臣系外国愚儒，不通中国文化……臣白晋同付圣泽详加研究"。

"奏稿，有旨问白晋，你的易经如何，臣叩首谨奏：臣先所备易稿粗疏浅陋，冒渎皇上御鉴……""奏稿，臣白晋前进呈御鉴，易学总旨即易经之内意与天教大有相同……"

"旨，四月初九日，李玉传旨与张常注，据白晋说，'江西有一个西洋人曾读过中国的书，可以帮我；尔等传与众西洋人着带信去将此人叫来"。（这是讲白晋请康熙同意调傅圣泽共同读《易经》一事。）

"奏稿，臣傅圣泽在江西叩聆圣旨命臣进京相助臣白晋同草易经稿"。

来华传教士对《易经》的研究始终投入了很大的热情。这种热情表现在两个方面，一方面是对《易经》的翻译，一方面是介绍中国经典中对《易经》的研究。

我们先看前者。直接着手翻译介绍《易经》有的法国传教士刘应，他被称为"昔日居留中国耶稣会士中之最完备的汉学家"。他著有《易经说》，此文附在宋君荣的《书经》译文之后，发表于波蒂埃《东方圣经》。法国传教士雷孝思(Jean-Baptiste Regis)于1834年和1839年先后在斯图加特出版了两卷本的《易经》拉丁文译本，书名为《〈易经〉，中国最古之书》，实际上，这个译本是在耶稣会士冯秉正(Joseph-Fransois-Marie-Anne de Moyriac de Mailla)和汤尚贤(Pierre-Vincent de Tartre)翻译的基础上完成的。据方豪先生介绍，该书分3卷，第1卷以11章讨论易经之作者、易经之价值及其内容，伏羲所创之卦与五经之价值。第2卷则为易经原文及注疏之翻译。第3卷为易经之批评。丹麦汉学家龙贝克说，这本书除了译文以外，包括大量注释、考证和各种长篇论述，其中掺杂有引征其他拉丁经典作家们的内容。他们讨论了《理性大全》以及周敦颐的《太极图说》和《通书》，张载的《西铭》和《正蒙》，邵雍的《皇极经世》等。

此书的价值在于它是《易经》的第一个西文全译本。

对中国古典文献的研究翻译是来华耶稣会士的重要任务，他们向欧洲介绍翻译了五经的内容，而"易"为五经之首，成为他们翻译介绍的重点。由于这方面的作品较多，我们不能一一加以介绍，仅列出以下书目，说明耶稣会士这方面的工作，同时也看出《易经》在西方流传的一般情况。

巴多明(Dominique Parrenin)：（1）《六经说》，法文本，共6卷。马若瑟(Joseph-Henrg-Marie de Premare)；（2）《六书析义》，法文译本；（3）《经书理解绪论》，手稿，二开写本，共98页，藏巴黎国家图书馆，法文编号12209号，书凡三篇。此手稿仅有一篇；（4）《中国经书古说遗迹选录》，拉丁本；（5）《怎样应用〈五经〉和解决其中的问题》雷孝思；（6）《诸经说》傅圣泽；（7）《诸经研究绪说》。

(三)德国思想家莱布尼茨与中国

传入欧洲的这些中国文化和思想直接影响了欧洲文化和思想的进程。德国著名思想家、科学家莱布尼茨就对中国文化十分关心，并受其影响。

戈特弗里·威廉·莱布尼茨(Gottfried Willheim Leibniz,1646—1716)，十七至十八世纪欧洲伟大的科学家和哲学家。莱布尼茨是17世纪和18世纪之交的伟大思想家、科学家，是一位百科全书式的伟大人物，"是一个千古绝伦的大智者"。

在欧洲"中国热"的年代里，莱布尼茨也对中国文化特别关注。他在20岁时就读到了施皮策尔在1666年出版的《中国文献评注》和基歇尔的《中国图说》。前一本书讲到了中国的文字，提到了《易经》、阴阳五行、算盘和炼丹术，后一本书则是当时流行欧洲的第一本图文并茂的介绍中国的书籍。他和当时德国以研究中国文字而著名的学者米勒教授(Andreas Muller)有着直接的联系，并一直想得到他关于中国文字结构的书。从1685年开始，他就在关注耶稣会在华的传教活动，正是在同来华耶稣会士的接触中，莱布尼茨进一步加深了对中国文化的了解。当礼仪之争发生以后，一些人批评入华耶稣会士的报道有误，但莱布尼茨却认为"与其对中国一无所知，不如说入华耶稣会士多讹误的介绍仍是好的。"

莱布尼茨接触到的第一个来华耶稣会士是闵明我(Philippe Marie Grimaldi,1639—1712)，他是法国传教士，康熙帝"对明我宠眷甚隆"，曾派他回欧洲办理与俄国的关系问题，在此期间，他在罗马与莱布尼茨相遇，在罗马期间，两人多次交谈，过从甚密。从闵明我那里，莱布尼茨得知康熙皇帝生活节俭，言行公正，这给他留下了深刻印象。"他原以为四分五裂的世界必须联合起来，此时这种思想又开始在他心中激荡起来。这里有一个他一直未曾猜想过的世界，这里有一个科学和艺术在其中发挥着强大作用的好国家，尤其是这里有一个学者兼哲人的皇帝。他能分出时间与传教士们讨论各种问题。东方开始强烈地吸引了莱布尼茨，中国开始成为他新的兴趣中心。

以后两人建立了直接通信关系。闵明我向莱布尼茨提供了不少有关中国的各种情况。白晋是与莱布尼茨有着密切联系的另一个耶稣会士。"白晋和莱布尼茨的第一次联系是经过维尔尤斯(Verjus)建立起来的。"他在1697年从中国返回欧洲时，在巴黎期间读到了莱布尼茨的《中国近事》，对莱氏十分敬佩。"所以他寄给莱布尼茨一本他新出版的《中国当朝皇帝传》(即《康熙传》)和一封信。这封信的日期是1697年10月18日。莱布尼茨12月2日通过维尔尤斯转交给白晋一封信，信中除了向他要一些有关中国语言、历史等方面的资料外，还请他允许在《中国近事》第二版时将《康熙传》收入其中。白晋高兴地答应了"。莱布尼茨对此十分感兴趣，将它从法文译为拉丁文后收入《中国近事》的第二版中。

正因此，莱布尼茨在当时的欧洲知识界中是最了解中国情况的人之一，同时也是对中国十分友好的思想家，他在《中国近事》序言中说："也许是天意要实现这样的目标：当东西方这两个相距最远而文明程度最高的民族携起手来时，全活于他们之间的那些民族便可能被引入到一种更加理性的生活。"正如艾田浦先生所说的，"在1700年前后，关注中国的人之中，莱布尼茨无疑是最了解实情、最公平合理的一个，他的著作也是唯一一部我们今天还可以阅读的著作"。

莱布尼茨生前发表的关于中国的著作就是《中国近事》。

莱布尼茨在序言中说，"在这本书中，我们将带给读者一份发回欧洲的最近有关中国政府允许传播基督教的报告。另外，这里还将告诉你们许多迄今为止鲜为人知的消息；关于欧洲科学在中国的作用，关于中国人的生活习俗和道德观念，尤其是关于中国皇帝本人的道德观念，以及关于中国同它的邻国俄国之间的战争与媾和"。

此书1667年出版，1669年莱布尼茨又将白晋所写的《中国当朝皇帝传》补入，并再版，还附了一幅康熙的肖像。

这些材料说明莱布尼茨象当时的欧洲启蒙运动者一样，追求一种普遍性的知识，从而对欧洲以外的知识格外关注。《中国近事》的出版说明莱布尼茨不仅是一个杰出的欧洲哲学家，而且也是一个"很好的汉学家"。

莱布尼茨在《论中国人的自然神学》和长信中，多次谈到孔子。他根据的是龙华民和利安当提供的材料，加上其他材料，他也读到了一些孔子的言论。也有的学者考证，他读过柏应理的《中国哲学家孔子》一书，如果这样，除《孟子》外，《四书》中的其它书他都看过。但这仍避免不了错误，如他把《中庸》作为孔子的著作之一（见该信的7、8两段），但莱布尼茨对孔子的学说是怀有好感的。他极力从孔子学说中解释出与基督教神学相似之处，以批评龙华民把孔子定为对立面，作为批判对象的做法。

莱布尼茨对中国文化表示了一种宽容和理解，他对孔子学说的性质做出了较为准确的判断，他的结论是："孔子毫无否认鬼神与宗教的存在的意思，他只是不要弟子们过分争论这事，而叫他们只在对上帝与诸神的存在满足，并表示尊敬，又为取悦神们而作善。"

这个结论充分说明了莱布尼茨的智慧和眼力。孔子对"上帝"、"神"是存而不论的，他并未最终取消神，使自己的学说完全的世俗化。在他的思想中，"天"、"神"仍有一定的位置。但他的确像莱布尼茨所说的，神只要存在那里就满足了。在对待孔子的天道观上，有二种错误理解：一种是龙华民代表的，认为孔子是无神论，完全否认了孔子学说中外在的"天"、"神"的地位，或者认为孔子完全是"内在的超越"。他的学说仅仅是哲学而不是宗教，若有宗教作用也仅是从"内在超越"上讲的，外在的对天敬畏是不存在的。另一种则认为孔子的学说和基督教是完全一致的，利用上面孔子对天、对上帝的保留态度，扩大孔子学说中"外在超越"的部分，否认其伦理为主、世俗为主的特点。或者采取牵强附会的方法，证明中国儒教和基督教一致，中国人是埃及人的后代，是诺亚的后代。前者如利玛窦的解释即具有这种倾向，后者在白晋等人的索隐派中则十分突出。

虽然，这两种理解都有片面性。莱布尼茨的解释较为客观和冷静，他对孔子学说中神的地位和作用分析比较到位。他的观点也为我们进一步加深理解孔子学说中的天道观提供了一个好的范例。

（四）启蒙运动的领袖伏尔泰与中国

在介绍中国哲学在法国的影响以前，我们需要简要介绍一下当时法国乃至整个欧洲文化思想的一般情况，了解一下当时的"中国热"及思想政治上变化的社会背景，这将为读者具体了解中国哲学在法国的接受过程打下基础。

1600—1789年是欧洲资本主义大工业的准备时期。这个时期虽然整个欧洲大陆在政治结构上仍处于封建制度之下，但此时封建的专制制度已经无法阻挡经济本身发展的步伐，资本主义性质的手工工场在欧洲各国有不同程度的发展。

社会的经济生活的变动必然引起政治与思想上的变化。就政治上来说，对社会政治制度的变革，成为中心的话题，对政教合一的体制的批判成为主要的内容。当时的法国，对社会的改革形成了两个派别，一种是自由主义者，赞成英国式的君主立宪制。另一派是新君主主义者，他们也反对贵族和教会的特权，但却对议会和民主不太信任，而希望出现一个开明的国君。

这样，新君主主义者在寻找自己改革的理论根据时就找到了中国，中国成为了他们的范例和根据。理由很简单，"在远东有一个与罗马同样古老的帝国，现在依然存在，人口和整个欧洲一样，没有世袭贵族及教会特权，由天赐的皇权通过官僚机构来统治"。尤其是中国的教育制度和官吏选拔制度，备受当时欧洲许多人的欣赏，因为官吏没有世袭的特权，官吏的主要成员来源于通过考试从下层选拔出来的优秀读书人。这对于官位世袭、贵族拥有极大的特权的欧洲来说，完全是另一种局面。

很自然，中国的政治制度成为理想的制度，正像波维尔（Poivre）在1769年所说的，"只要中华帝国的法律成为各国的法律，中国就可以为世界可能变成什么样子提供一幅迷人的景象。到北京去! 瞻仰世上最伟大的人，他是上天真正完善的形象"。

就思想来说，自我意识的觉醒，理性的觉醒成为时代的主要特征，正像黑格尔在描述西欧近代哲学的特点时所说的，"在这以前，精神的发展一直走着蜗步，进而复退，迂回曲折，到这时才宛如穿上七里神鞋，大步前进。人获得了自信，信任自己的那种作为思维的思维，信任自己的感觉，信任自身以外的感性，自然和自身以内的感性本性；人在技术中、自然中发现了从事发明兴趣和乐趣。理智在现世的事物中发芽、滋长；人意识到了自己的意志和成就，在自己栖身的地上，自己从事的行业中得到了乐趣，因为其中有道理，'有意义'"。

崇尚理性必然引起对宗教的怀疑和动摇。自然神论或者说"自然宗教"成为一种时尚，正像斯宾诺莎的上帝那样，神已化解在自然万物之中，"道成肉身"的基督的那种人格神被淡化了。

而恰于此时，由耶稣会士从遥远的东方所介绍的孔子和儒家学说的自然神论表明，在孔子的学说中充满了一种理性的精神，准确地说，是孔子及儒家学说的世俗理性特点，这个充满了一种理性精神和道德实践精神而独没有基督教式的宗教形式和仪式的特点深深打动了欧洲的思想界。

正像在政治上把中国的文官制同欧洲的贵族世袭制相对立一样，在思想上，他们也把孔子及儒家的自然理性同基督教的宗教信仰相对立。正因此，当时欧洲发表了有关孔子和中国哲学的多部著作，这说明了当时欧洲对儒学的热情。伏尔泰歌颂孔子，魁奈歌颂孔子，"孔子学说成为时髦的东西，引起了欧洲一般知识界人士对于孔子著书的兴趣，大大耸动了人心"。

来华耶稣会处于一种奇妙的境地，他们介绍给欧洲的中国思想本为加强宗教的力量，推动在中国的传教事业，结果事与愿违。这点上如赖赫准恩在《中国与欧洲》一书中所说："那些耶稣会中人，把中国经书翻译出来，劝告读者不但要诵读它，且须将中国思想见诸实行。他们不知道经书中的原理，刚好推翻了他们自己的教义；尤其重要的，就是他们不但介绍了中国哲学，且把中国实际的政情亦尽量报告给欧洲的学者，因此欧洲人对于中国文化，便能逐渐了解，而中国政治也就成为当时动荡的欧洲时局一个理想的模型。当时欧洲人都以为中国民族是一个纯粹德性的民族了。"

这种思想上、政治上对中国文化的认同，逐渐形成了法国的"中国热"。首先是社会风尚、学术上的变化，这种变化或许是纯形式上的，但却为思想上的变化提供了一种社会氛围。所以，我们也应了解18世纪的欧洲"中国热"，这样才能深入理解思想家们为何在思想理论上选择了以中国文化为武器。当时属于欧洲文化中心的是法国，对中国的崇拜成为一个新的时尚，这种"中国热"表现在"上至国王大臣，皇亲国舅，下至平民百姓，人们都以能拥有中国工艺品而自豪。就以路易十五的情妇蓬巴杜夫人为例，她经常光顾巴黎专营中国物品的拉扎尔·杜沃商店，仅1772年12月27日一次她就从该店购进了价值5000利佛尔的5个形状各异的青瓷花瓶。这种"中国热"向欧洲各国扩散，德国学者利奇温（Adolf Reichwein）说："18世纪第一个新年法国宫廷采用中国人节日庆祝形式一事，具有某种象征的意义。罗柯柯（Rococo）快来临了。"

罗柯柯作为一种艺术风格，显然受到中国工艺美术的影响，它们的纤巧与繁复，那卷涡、水草般的曲线，那淡淡而没有强烈对比的色彩，都大大开拓了欧洲人的视觉。"罗柯柯时代对于中国的概念，主要不是通过文字而来的。以淡色的瓷器，色彩飘逸的闪光丝绸的美化的表现形式，在温文尔雅的18世纪欧洲社会之前，揭露了一个他们乐观地早已在梦寐以求的幸福生活的前景"。

市中心有许多被称为中国的社交场所，"有一家中国咖啡室，里边有两位穿中国衣服的女服务员，另有一个真正的中国仆人，负责接送顾客"。有中国服装的化装舞会，有中国舞场，有中国娱乐剧院，还有各种以中国题材为内容的笑剧、闹剧，例如"中国人"、"小丑、水狗、医士与塔"、"中国公主"等等。

罗柯柯是法国"中国热"的一个象征，正如利奇温所说："提起罗柯柯，在我们的心目中，构成为一个幽美动人的可笑的世界；恍如所见诗歌剧中的旋律，而且杂以丝袍的声音，又如嗅到了香粉的头发所透出的香气，又如观看辉煌的交际场，规矩的而又活泼的人物，步伐配合着莫扎特音乐的节拍；华贵客厅中的壁镜及漆橱，互相辉映，令人目眩。这一个充满丝瓷的世界的难以描摹的丰富多余，使人神往心醉，我们明白的感觉到，一种生活的观感在所有这一切中，获得了它的独特的表现形式……"

18世纪的法国是启蒙的时代，理性是他们的旗帜，正如恩斯特·卡西勒所说的："当18世纪想用一个词来表述这种力量的特征时，就称之为'理性'，'理性'成了18世纪的汇聚点和中心，它表达了该世纪所追求并为之奋斗的一切，表达了该世纪所取得的一切成就。""怀疑"则是他们手中的武器，从笛卡儿开始的法国思想革命，都把怀疑一切作为思想的武器，"他们不承认任何外界权威，不管这种权威是什么样的。宗教、自然观、社会、国家制度，一切都受到了最无情的批判；一切都必须在理性的法庭面前为自己的存在作辩护或者放弃存在的权利"。

以理性来抗拒宗教的愚昧，以怀疑来化解皇权的神圣。在这种新旧时代与文化交替的时刻，法国的思想家们需要新的理解、新的视野、新的历史、新的事实来证明自己的理性，来完善自己的理想。"在这种'旧文化废而新文化兴'的转型期，法国人确实感到一种莫大的精神焦虑。正当他们从旧的神人关系向新的人人关系过渡，而急切需要寻求新的心理平衡时，中国文化恰恰被传教士们介绍了过来，这就为法国接受远东这种古老的文化创造了契机"。

中国哲学和文化正是在这种背景下被传教士介绍到了法国。在认识和理解法国启蒙思想家眼中的中国哲学时，我们也必须首先要弄清这一点，按照当代解释学的观点，对"解释者自身情况"的研究正是伽达默尔的解释学区别于施莱马赫解释学的关键之处。解释学的方法对于我们理解中西哲学交流史的研究是十分重要的，只有借助于这个方法我们才能理解两种文化"视野融合"后所产生的一切。

我们来看伏尔泰与中国。

伏尔泰（Voltaire，1694—1778），法国启蒙运动的旗手和统帅，18世纪法国的精神领袖。美洲新大陆和好望角新航线的发现是世界史上划时代的事件，它是世界进入近代时期的重要标志，这种新的发现不仅带来了新的商业机会，更重要的是极大地拓展了人们的视野，极大地冲击了欧洲传统的观念。当时关于中国、印度、北美等地的游记和报导不断发表，犹如一阵春风吹拂着古老的欧洲，给人们打开一个崭新的天地，一个个完全不同于欧洲文化传统的文化世界展现在人们的面前。"在事实面前，僵化的、被传统严格设限的思想渐渐向外打开了。在好奇心的驱使下，人们增加了对文化普遍性和相对性的认识，这无疑等于在基督教文化的绝对统治中注入了多元化的概念，使得欧洲人不得不重新审视人类的历史"。

在各类异国文化之中，中国文化是最富有特点，并且对欧洲文化冲击最大的。"在法国文化史上，自贝尔（即培尔——作者注）以降的'自由思想家'，几乎都从中国的历史存在中，在理论和事实两个方面，找到了支持'文化普遍性'的依据"。伏尔泰是这些启蒙思想家中对中国文化历史介绍最多的一位。

《风俗论》是伏尔泰的一篇重要著作，在这部著作中，伏尔泰第一次把整个人类文明史纳入世界文化史之中，从而不仅打破了以欧洲历史代替世界史的"欧洲中心主义"的史学观，而且也开创了人类文明史或者说世界文化史研究的先河。他说东方的民族早在西方氏族形成之前就有了自己的历史。我们有什么理由不重视东方呢？"当你以哲学家身份去了解这个世界时，你首先把目光朝向东方，东方是一切艺术的摇篮，东方给了西方一切"。正由于东方的历史早于西方的历史，所以他的人类文明史研究首先是从东方开始的，从中国开始的。在这部书中，伏尔泰对中国的历史给予了详细介绍。

伏尔泰认为中国人的历史是最确实可靠的，"因为，中国人把天上的历史同地上的历史结合起来了。在所有民族中，只有他们始终以日蚀、月蚀、行星会合来标志年代……其他族虚构寓言神话，而中国人则手中拿着毛笔和测天仪撰写他们的历史，其朴实无华，在亚洲是其它地方尚无先例的"。伏尔泰的这个结论是有根据的。

因为他读到了来华耶稣会士宋君荣的书。宋君荣是法国来华耶稣会士，他的研究重点是中国天文学史，他写了《中国天文史略》，1729年巴黎刻印，在这本书中，他附有五个附录，"(1)中国干支；(2)《书经》中之日蚀；(3)《诗经》中之日蚀；(4)《春秋》首见之日蚀；(5)纪元三十一年之日蚀"。

伏尔泰在《风俗论》中提到宋君荣核对孔子书中记载的36次日蚀，显然他是在读到了宋君荣的书后得出的结论。"中国的历史，就其总方面来说是无可争议的，是唯一建立在天象观察的基础之上的。根据最确凿的年表，远在公元前2155年，中国就已有观测日蚀的记载"。

另一方面，伏尔泰从当时所能看到的有关中国的书籍中寻找证明，从中国古书记载的日蚀中发现中国现存的古迹，如用长城来说明中国的历史的悠久。伏尔泰的结论是，西方所编写的否认中国上古史的书都是错误的。因为耶稣会士所介绍的中国上古史证明了对西方"整个一个民族说：你们撒了谎！"

伏尔泰对中国的道德伦理给予了高度的评价。他认为，在中国，"他们完善了伦理学，伦理学是首要的科学"。伏尔泰敏锐地看到了中国伦理与政治法律之间的关系，他说：

"中国人最深刻了解、最精心培育、最致力完善的东西是道德和法律。儿女孝敬父亲是国家的基础。在中国，父权从来没有削弱。儿子要取得所有亲属、朋友和官府的同意才能控告父亲。一省一县的文官被称为父母官，而帝王则是一国的君父。这种思想在人们心中根深蒂固，把这个幅员广大的国家组成了一个大家庭。"

在伏尔泰看来，中国的伦理是与法律分不开的，法律不仅仅是"用以治罪，而在中国，其作用之大，用以褒奖善行。若是出现一桩罕见的高尚行为，那便会有口皆碑，传及全省。官员必须奏报皇帝，皇帝便给应受褒奖者立碑挂匾"。

尽管伏尔泰从来华耶稣会士获得的材料有片面性，但他对中国伦理思想的理解还是大体准确的。泛伦理化是中国古代社会的一大特点，正如蔡元培先生说过的，在儒家看来，一切精神科学都属于伦理学范围，"为政以德，曰孝治天下，是政治学囿于伦理也；曰国民修其孝弟忠信，可使制梃以挞坚甲利兵，是军学范围于伦理也……我国伦理学之范围，其广如此，则伦理学宜为我国唯一发达之学术矣。"

由于来华耶稣会士大都奉行利玛窦的"合儒"路线，因而他们介绍到西方的基本是儒家伦理思想，伏尔泰上面表述的就是儒家政治伦理学的基本特点。

儒家伦理学有两个基本点：其一，伦理原则与政治浑然一体。孔子所强调的四种人际关系中，首要的就是君臣关系，而父子、兄弟、朋友关系不过是君臣关系的延伸。其二，在政治与道德关系上，把道德放在首位，这就是孔子说的"道之以政，齐之以刑，民免而无耻；道之以德，齐之以礼，有耻且格"。

这两个根本点，伏尔泰都谈到了。他说：

这种道德，这种守法精神，加上对玉皇大帝的崇拜，形成了中国的宗教——帝王和士人的宗教。皇帝自古以来便是首席大祭司，由他来祭天，祭祀天上的神和地上的神。他可能是全国首屈一指的哲学家，最有权威的预言者；皇帝的御旨几乎从来都是关于道德的指示和圣训。

这里，他点明了中国文化的另一个特点：伦理与宗教的合一，这点我们在下面关于他对中国宗教的介绍中再做深入研究。这里所强调的是伏尔泰准确看到了中国伦理的政治化特点，指出了统治者以礼、忠、信道德体系维持统治的特点，显然这是儒家伦理学的根本特征。"君使臣以礼，臣事君以忠"。伏尔泰对这点的理解还是正确的。

他认为中国可以作为欧洲的榜样，孔子可以作为欧洲的思想导师。"对伏尔泰来说，孔子的传统表明了人类从过去迷信和虚假中摆脱出来的一个特殊的阶段，一个由简单的自然原则决定的确定性的阶段。"在伏尔泰眼中，中国民族的道德风尚是高于西方人的道德的，像热情好客、谦虚这些美德都很值得赞扬，他说："我们孔子是多么大德至圣啊！种种德行给他设想得一无遗漏；人类幸福系于他的句子格言中；我想起一句来了，这就是格言第五十三'以德报怨，以德报德'。西方的民族能够用什么格言、什么规则来反对这样纯清完美的道德呢？孔夫子在多少地方要人谦逊哪！如若大家都实践这种美德，人世上也就永不会争吵了。"

显然，伏尔泰这里对中国伦理的赞扬是同他对欧洲基督教神学伦理的批判联在一起的，借中国之"火"来煮欧洲自己的"肉"。正因为伏尔泰的理论关注点是在欧洲、在法国，中国伦理只是他借用的一个批判武器，这样他对中国伦理的介绍中不自觉地注入了自己的观点，也就是说他笔下所介绍的一些中国伦理学的内容有些并非完全是中国的，实际上不少是欧洲的，是当时欧洲启蒙思想家们的一些重要内容。

显然，伏尔泰这里讲的友谊名为中国伦理，实为西方启蒙思想之内容。因为友谊在中国的伦理关系中并不十分重要，以自然宗法关系为基础的中国伦理，强调的是血缘关系，所谓"亲亲为上"，所谓"君子笃于亲，则民兴于仁"，都说明了儒家的伦理首先是"亲亲"之爱和"君臣"之义，孔子讲的"爱人"，讲的"仁"，都是建立在这个基础之上的。友情是末，亲情是本，这正是"君子务本，本立而道生，孝悌者，其为仁之本与！"（《论语·学而》）

西方基督教神学讲"天主就是爱"，天主之爱不但相通于圣人之间，而且通过每个人爱天主而达到彼此相爱。伏尔泰是以批判基督教神学为使命，显然他在这里讲的友谊不是基督学的友谊观，他已经明确提出，不能把友谊规定为"规则"、"教仪"和"礼节"，这显然是批评基督教的友谊观。他突出的是"要心里得自由才行"。

因而，实际上，伏尔泰这里讲的友谊既不是儒家的友谊，也不是基督教神学的友谊，而是启蒙精神的友谊。

总之，伏尔泰认为伦理学是中国得以骄傲的学科，"由于它是世界上最古老的民族，它在伦理道德和治国理政方面，堪称首屈一指"。

小 结

中华文化是人类文明中唯一保存到今天的人类最古老的文明，它在人类文明史上有着极其重要的地位。它不仅仅创造了古老灿烂的东亚文明，成为整个东亚文明的核心，同时，也为人类文明做出了重大的贡献。当我们从世界史的角度来审视中国文明时，我们就看到中华文明的外传历史是一部中国文明对世界文明和文化的贡献的历史。只有站在世界史的角度才能给予中华文化一个更为全面的评价，才能使我们走出长期以来"西方中心主义"理论所给与我们的思想和文化束缚，回到文化自觉的立场上来。

附录二

国学大事记
(2004—2010)

罗融海整理

◈ 2004年国学大事记 ◈

2004年4月24日　张岱年先生在北京逝世，享年95岁。

2004年5月29日　丛书《中华文化经典基础教育诵本》在北京图书大厦首发。这一套12册"中华文化经典基础教育诵本"，共19部儒家经典，由高教出版社出版，据称"这是中国自1912年学校教育废除'小学读经科'后第一次系统、全面地出版少儿读经教材"。

2004年7月10日—17日　蒋庆邀请陈明、梁治平、盛洪、康晓光等中国文化保守主义人士，以"儒学的当代命运"为主题会讲于贵阳阳明精舍。时称"中国文化保守主义峰会"或者"龙场之会"。方克立先生认为它标志着新儒学已进入以蒋庆、康晓光、盛洪、陈明等人为代表的大陆新生代新儒家唱主角的阶段。

2004年9月5日　在北京举行的"2004文化高峰论坛"闭幕会上，由许嘉璐、季羡林、杨振宁、任继愈、王蒙五位发起，通过和公开发表了《甲申文化宣言》，提出"捍卫世界文明的多样性，理解和尊重异质文明；保护各国、各民族的文化传统；实现公平的多种文化形态的表达与传播。"

2004年11月21日　全球第一所孔子学院将在韩国汉城正式揭牌。

2004年12月28日　《原道》编委会为庆祝杂志创刊10周年，在北京举办了主题为"共同的传统——'新左派''自由派'和'保守派'视域中的儒学"学术座谈会。

◈ 2005年国学大事记 ◈

2005年3月24日－27日　由浙江省社会科学规划办、中华书局、金华市人民政府、浙江师范大学共同举办的吕祖谦暨浙东学术文化国际研讨会在浙江金华举行。

2005年4月24日　费孝通先生逝世，享年95岁。

2005年5月29日　中国人民大学正式宣布决定成立国学院，并聘请81岁高龄的著名红学家冯其庸担任院长。国学班从2005年秋季开始招生。

2005年6月14日　"中国社科院世界宗教研究所儒教研究中心"揭牌仪式在北京举行。余敦康、吕大吉、牟钟鉴等学界前辈，廖名春、卢国龙、金泽、王志远、陈明、干春松、方朝晖、彭永捷以及社科院有关单位领导参加了揭牌仪式。

2005年6月20日　教育部基础教育司课程发展处主管的"中小学语文课程标准研制工作组"，发布了《关于"中小学设置儒学基础课程"流言的声明》，批驳蒋庆先生的教育课程计划。

2005年6月23日－26日　由南京大学中文系、中国文学与比较文学国际学会共同举办的中国文学："传统与现代的对话"在南京大学举行。

2005年6月30日　启功先生逝世，享年93岁。

2005年7月16日－20日　由南京大学、上海戏剧学院主办的"中国戏剧：从传统到现代"国际学术研讨会在南京、上海两地召开。

2005年7月20日　"首届世界汉语大会"在中国北京举行，这是全世界对外汉语事业的一个里程碑。

2005年9月2日－4日　厦门大学举办"科举制与科举学国际学术研讨会"，纪念科举制终结一百年。

2005年9月9日－12日　"第七届当代新儒学国际学术会议"在武汉大学举行，正值当代新儒家的标志性人物熊十力先生诞辰120周年、牟宗三先生逝世10周年，本届大会主题为"儒学、当代新儒学与当代世界"。

2005年9月28日　2005全球孔庙联合祭孔曲阜孔庙祭祀大典8时开始举行。这次由联合国教科文组织、国际儒联、中华民族文化促进会、华夏文化纽带工程组委会、国家旅游局、山东省人民政府共同主办"2005全球联合祭孔"活动是首次举办全球联合祭孔仪式，海内外近30处孔庙、文庙和孔子纪念地在这一刻同时举行祭孔盛典。

2005年10月17日　文学家巴金先生逝世，享年101岁。

2005年10月29日　苏州菊斋私塾开课，这家私塾的科目主要分蒙学、经学、韵文三大主体，穿插讲授古乐、书画、茶道等相关知识。赞同者认为，这是对现行小学教育内容的补充。

2005年11月26日－27日　由中国人民大学哲学院主办的"儒家制度化的基础及其可能性"学术研讨会在北京回龙观白鹭园召开。与会学者围绕儒教制度化这一主题展开，就儒学与现实、政治的关系，儒家的普世价值与儒教，儒学的重建与恢复经学传统以及建立儒学保护区等问题进行了广泛而深入的探讨。

◈ 2006年国学大事记 ◈

2006年1月7日　"文澜阁《四库全书》整理编纂学术研讨会"在杭州召开。

2006年1月10日　《光明日报》正式推出第一期国学版。

2006年1月12日　百度与国学网联手打造的"国学频道"(guoxue. baidu.com)正式开通。

2006年1月14日　首都师范大学、中国诗歌研究中心在北京举办"中国古代文学学科建设高级论坛"。

2006年2月24日　学者张中行先生逝世，享年98岁。

2006年4月5日　浙江省社会科学院和余姚市人民政府在余姚市联合举办"黄宗羲民本思想国际学术研讨会"。

2006年4月12日　由国学网、百度和中国人民大学国学院联合主办，中国台湾网协办"我心目中的国学大师"评选活动正式启动，6月初，主办方公布评选结果，王国维被全球华人推为第一国学大师。

2006年4月15日　上海师范大学都市文化研究中心等单位举办"儒学与都市文明的对话"论坛。

2006年4月15日　南京大学中国思想家研究中心主持的《中国思想家评传丛书》200部整体出版。

2006年4月24日—26日　"中西文化交汇下的中国哲学重建"——纪念张岱年先生逝世二周年国际学术研讨会在岳麓书院召开。

2006年4月25日—26日　中国孔子基金会、青岛市崂山风景区管委会在山东青岛举办"儒学与和谐世界学术研讨会"。

2006年4月26日—28日　山东大学儒学研究中心与邹城市政府联合举办"儒学全球论坛(2006)孟子思想的当代价值国际学术研讨会"。

2006年4月　北京大学国学研究院组织撰写的多学科融合的学术著作《中华文明史》面世。

2006年5月12日—14日　由《学术界》和《中国社会科学》杂志社主办的"当前哲学研究的问题"学术研讨会在安徽黄山举行。

2006年5月16日—18日　香港大学举办"注释、诠释与建构——朱子与四书"国际学术会议。

2006年5月24日　山东大学和邹城市人民政府在邹城市联合举办"孟子思想的当代价值"国际学术研讨会。

2006年5月28日－29日　中国人民大学国学院主持召开了题为"国学的历史现状与未来"的学术研讨会。

2006年5月31日　南开大学"中国思想与社会研究"创新基地与加拿大拉瓦尔大学文学院联合举办"中国文化与世界"高层论坛。

2006年6月3日－5日　徐福学会在北京召开徐福学术讨论会。

2006年6月12日　香港中文大学哲学系中国哲学与文化研究中心举行名为"儒学研究的回顾与前瞻"学术论坛。

2006年6月20日－22日　为庆祝礼学大师沈文倬先生的九十华诞，由浙江大学古籍研究所主办的"礼学与中国传统文化国际学术研讨会"在杭州召开。

2006年6月22日－26日　中国辽金文学学会、山西大同大学、大同文物局在山西大同市联合举办"中国辽金文学"国际学术论坛。

2006年6月25日　中国政法大学和国际儒学联合会共同创办的"国际儒学院"在政法大学研究生院召开成立大会。

2006年6月26日－28日　由哈佛大学燕京学社与武汉大学中国传统文化研究中心等单位联合举办的"新出楚简国际学术研讨会"在武汉举行。

2006年7月9日　"2006年读经教育与学校教育研讨会"在上海召开，会上传出有关全日制私塾的消息，作为读经教育的一面旗帜，"孟母堂"立刻引起了媒体的广泛报道。

2006年7月25日　上海市教委发言人就"孟母堂"的办学现象明确表态，认为根据《义务教育法》的有关规定，"孟母堂"属违规办学，而每年3万元的学费也属违规收费。与此同时，松江区有关方面则称将在开学前将"孟母堂"予以取缔。

2006年7月26日－8月8日　由中国人民大学国学院与甘肃文物考古

研究所联合发起了"居延汉代遗址考察"。

2006年7月28日　新浪网"乾元国学博客圈"正式开通，来自国学界的百位一线学者同时加盟。

2006年8月4日－8日　吉林大学古籍研究所和边疆考古研究中心共同主办的"一至六世纪中国北方边疆·民族·社会国际学术研讨会"在长春举行。

2006年8月10日　新浪网宽频直播间里迎来汤一介等四位学者，传统文化与网络实现对接。

2006年8月16日　山西大学举行纪念章太炎逝世70周年国际国学研讨会，会上学者提交《国学宣言》（征求意见稿），国学概念再次引起了热议。

2006年8月16日－18日　南开大学"中国思想与社会研究"创新基地举办"中唐以来思想文化与社会演进"国际学术研讨会。

2006年8月21日－23日　中国社科院中国近代思想研究中心、北师大中国近代文化研究中心、首师大历史系、河北师大历史与文化学院、鲁东大学历史与文化学院在山东烟台鲁东大学联合举办第二届中国近代思想史国际学术会议。

2006年8月21日－26日　中国唐代文学会、首师大文学院和首都师范大学中国诗歌研究中心在首都师范大学举办中国唐代文学学会第十三届年会暨唐代文学国际学术研讨会。

2006年8月24日　由中国人民大学清史研究所、国家清史编撰委员会联合举办的"西学与清代文化"国际学术研讨会在北京召开。

2006年8月24日－26日　由中国孔子基金会、中国人民大学孔子研究院等单位联合举办的"国学现代化与构建和谐社会国际论坛"在四川德阳举行。

2006年9月　中国人民大学国学院面向社会招收本科生、研究生。

2006年9月28日－29日　由浙江省政府和中国社会科学院主办的

"2006中国·衢州国际儒学论坛：和谐社会与儒家文化学术研讨会"。

2006年10月1日—7日　北京师范大学教授于丹应邀在中央电视台《百家讲坛》节目中连讲7天《论语心得》，一举成名。1个月后，根据于丹讲稿整理而成的《于丹论语心得》由中华书局出版，累计印刷量达450万册。

2006年10月14日　"纪念石峻教授诞辰90周年学术研讨会"在中国人民大学举行。

2006年10月14日　由武汉大学中国传统文化研究中心等单位联合主办的"'封建社会'再认识学术研讨会"在武汉大学召开。

2006年10月20日—22日　北京大学东方文学研究中心在北京召开"东方文学学科发展史"学术研讨会。

2006年10月21日—22日　山东大学举办"上古史重建的新路向暨《古史辨》第一册出版八十周年国际学术研讨会"。

2006年10月21日—22日　中国社科院近代史研究所经济史研究室、中国国家图书馆、《文学评论》编辑部、《文学遗产》编辑部在北京联合举行中国历史上的"三农"问题学术研讨会。

2006年10月27日　北京论坛开幕，北京大学国学研究院主办"世界格局中的中华文明"分论坛。

2006年11月1日—3日　安徽大学哲学系与中国现代哲学专业委员会联合举办的"中国哲学的现代转型研讨会暨中国现代哲学专业委员会2006年会"在合肥举行。

2006年11月3日—6日　华东师范大学中国现代思想文化研究所主办的"当代中国人精神生活：特征、问题和研究方法"学术研讨会在上海举行。

2006年11月11日　由武汉大学文学院教授、中国传统文化中心副主任陈文新任总主编的十八卷本《中国文学编年史》在北京人民大会堂举行出版仪式及座谈会。

2006年11月11日－13日　"中华文化与当代价值学术研讨会"在台北举行。

2006年11月18日－19日　由中国社会科学院主办的"中国社会科学院两岸学术交流论坛：文化传承与文学研究学术研讨会"在江西庐山举行。

2006年11月21日－22日　由中国社会科学院与甘肃省政协联合主办的"老子文化国际论坛"在兰州举行，本次论坛的主题为"自然·科学·和谐"。

2006年11月25日－26日　中华孔子学会主办的"儒家传统的修身理念与人格塑造暨纪念中华孔子学会成立20周年学术研讨会"召开。

2006年11月26日－29日　"不可移动文物保护与管理——全国重点文物保护单位学术研讨会"在岳麓书院举行。

2006年11月27日－29日　复旦大学古籍整理研究所、中国古代文学研究中心、台湾中央研究院文哲研究所、台湾成功大学文学院、北京大学中国古文献研究中心在北京香山联合举行"中国古文献与文学"国际学术研讨会。

2006年12月1日－3日　中国社会科学院哲学所与香港法住文化书院主办的"唐君毅思想与当代世界学术研讨会暨《唐君毅著作选》出版纪念会"在香港举行。

2006年12月2日－3日　由安徽省社科联与安徽大学主办的"安徽地方文化的传承与创新"学术研讨会在合肥举行。

2006年12月12日－14日　深圳大学国学研究所和澳洲国立大学亚洲研究院在深圳联合举办"中国哲学建构的当代反思与未来前瞻"国际学术研讨会。

2006年12月15日－16日　香港中文大学哲学系中国哲学与文化研究所举行"中国哲学及相关领域之方法论反思"为题的讨论会。

2006年12月16日－18日　武汉大学中国传统文化中心与(日本)国

际日本文化研究中心联合主办的"历史文化语义学国际学术研讨会"在武汉召开。

2006年12月22日　厦门大学国学研究院复办。

2006年12月29日　中山大学文化研究所与《学术研究》杂志社、广东儒学研究会联合主办了"和谐文化与和谐社会"学术研讨会。

◆ 2007年国学大事记 ◆

2007年1月12日　央视主持人芮成钢在其博客中抗议故宫星巴克，认为其是"对中国传统文化的糟蹋"，引发社会热论，其后，星巴克将进驻故宫七年的咖啡店撤出。

2007年1月16日　武汉大学中国传统文化研究中心和（日本）国际日本文化研究中心联合在武汉大学联合举办"历史文化语义学国际学术研讨会"。

2007年3月2日　包括中山大学博士生徐晋如在内的近十名博士生联名在天涯发帖《我们为什么要将反对于丹之流进行到底》，于丹《论语心得》是否"郑声之乱雅乐"成热议。

2007年3月16日－17日　"邓广铭教授百年诞辰国际学术研讨会"在北京大学英杰交流中心举行。

2007年3月18日　由华东师大人文学院和《华东师大学报》（哲学社会科学版）主办的"章学诚的思想与学术"国际学术研讨会召开。

2007年3月26日　"世界汉学大会2007"在中国人民大学开幕，这是世界各国汉学家首次在中国举行的"大聚会"。

2007年3月30日　首都师范大学"中学西渐"丛书出版座谈会在首都师范大学国际会议中心举行。

2007年4月2日－6日　由陕西省政府主办，西北大学中国思想文化

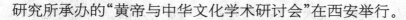
研究所承办的"黄帝与中华文化学术研讨会"在西安举行。

2007年4月7日　由厦门大学国学研究院等单位主办的"朱子学与闽台文化的互动与融合——朱子与闽台文化学术研讨会"在厦门拉开序幕。

2007年4月10日－11日　由中国社科院、无锡市政府举办的"二00七中国无锡吴文化国际研讨会"在无锡开幕，研讨会主题是"尚德崇文、开拓创新"。

2007年4月12日－15日　由任继愈、朱伯崑席泽宗院士发起，国际易学联合会等单位主办的"2007年国际易学论坛·现代易学"会议在北京举行。

2007年4月13日　著名古文献学家王绍曾在济南去世，享年97岁。

2007年4月21日　民间青年文化公益组织—耽学堂在北大承泽园十号学堂东屋向全国青年发出晨读倡议，发起者包括全国九省市二十余所大学晨读代表及学界前辈何兆武、余敦康、汤一介等。

2007年4月21日　"深圳市民文化大讲堂"开办国学版块的系列讲座，汤一介等十二位国学界一线学者将陆续来"大讲堂"解读国学精粹，表达新知观点，传播优秀传统文化。

2007年4月22日－27日　由中华宗教文化交流协会和中国道德协会主办的"西安·香港：首届国际道德经论坛"在西安和香港两地举行。

2007年5月3日　北京大学哲学系教授、东方国际易学研究院院长、国际易学联合会会长朱伯崑先生于逝世。

2007年5月7日　著名历史学家齐思和百年诞辰学术研讨会在北京大学历史系举行。《孔子：圣人还是凡夫俗子》，李零新书引发争论。

2007年5月　李零新书《丧家狗——我读〈论语〉》一书一石激起千层浪，作者李零颠覆孔子在人们心目中的"圣人"形象，试图还原其"人"的真实角色。

2007年5月8日　中国人民大学举办"传统、传承、传播——戏曲艺术名家对话"，中国人民大学国学院随后发布了筹建国剧研究中心的消息。

2007年5月13日　由安徽省朱子研究会等单位主办的"朱子民本思想与当代学术研讨会"在"程朱阙里"的黄山市召开。

2007年5月16日－18日　点校本二十四史及清史稿修订工程第一次编纂会议，在北京香山饭店举行。

2007年5月16日－18日　"中国沛县首届汉文化研究高层论坛"在江苏沛县举行。

2007年5月27日　宁波市鄞州区政协等单位联合邀请十几位京、杭及本地学者，召开"王应麟与《三字经》学术研讨会"，就蒙学经典《三字经》的相关问题进行学术研讨。

2007年5月29日　北京大学《儒藏》编纂中心在北大召开《儒藏》首批两分册——精华编第104册、第281册出版座谈会。

2007年5月30日－6月2日　山东大学与香港浸会大学在香港联合主办"当代语境下的儒耶对话：思想与实践"学术研讨会。

2007年6月2日－6日　由高雄中山大学主办的"2007《文心雕龙》学术研讨会"在高雄和花莲两地举行。

2007年6月3日　北京大学哲学系和国际易学联合会联合举办了"朱伯崑先生追思会"。

2007年6月8日－11日　由华东师大思想所主办的"现代性之反思：以正当性问题为中心的讨论"学术研讨会在华东师范大学召开。6月12日，两岸学者移师浙江大学，继续探讨上海会场未竟话题。

2007年6月9日－11日　由国际儒联主办的"儒学普及工作座谈会"在北京举行。

2007年6月17日　北大国学研究院成立15周年纪念座谈会在北京大学百年讲堂举行。

2007年6月19日－20日　由南开大学文学院、汉语言文化学院与美国威斯康辛大学麦迪逊校区联合主办的"汉语与中国文学国际学术研讨会"在南开大学举行。

2007年6月19日—22日　由叶圣陶研究会、中华民族文化促进会，中共重庆市委、重庆市人民政府共同主办的第五届海峡两岸中华传统文化与现代化研讨会在重庆召开。

2007年6月21日　由安徽大学中文系与《文学遗产》编辑部等单位共同举办的第三届桐城派学术研讨会暨安徽省桐城派研究会第二届年会在安徽大学与桐城市举行。

2007年6月28日　北京大学举办"何芳川教授纪念文集暨史学论文集出版座谈会"。

2007年6月25日—27日　由国际中国哲学会、中国哲学史学会、中华孔子学会、武汉大学哲学学院等单位主办的第十五届国际中国哲学大会在武汉大学召开。

2007年6月27日　为期3天的"中国小说史学术研讨会"在南开大学东方艺术大楼拉开帷幕。

2007年6月29日—30日　由台湾大学"东亚经典与文化"研究计划主办的"东亚论语学国际学术研讨会"在台湾大学举行。

2007年6月　"《老子》文本两千年之演变及相关简帛资料研究"专门课程组在港中大举行了一个为期两星期资料研读会。

6月30日—7月1日　由北京师范大学中国近代文化研究中心主办、北京文化发展研究基地协办的"近代中国与近代文化"学术研讨会在北京师范大学召开。

2007年6月30日—7月6日　由中国社会科学院历史研究所与黑龙江大学联合主办的第三届"科举制与科举学"研讨会在哈尔滨召开。

2007年7月15日　中国人民大学国学院西域历史语言研究所成立大会暨挂牌仪式在人大逸夫会议中心举行。

2007年7月15日　当代古典文学家金性尧先生去世。

2007年7月15日－17日　由中国艺术研究院和山东省文化厅联合主办的"全国传统曲艺保护与发展学术研讨会"在山东省泰安市隆重举行。

2007年7月15日－18日　由西北大学中国思想文化研究所主办的"中国思想史学科建设研讨会：中国思想史研究的回顾与展望学术研讨会"在西安召开。

2007年7月21日－23日　由上海社会科学院、传统中国研究中心主办的第二届传统中国研究国际学术讨论会在上海召开。

2007年7月24日　"首届国学国医岳麓论坛"在湖南省长沙市召开。首届国学国医岳麓论坛的主题是：和谐文化，居住环境，健康养生。

2007年7月28日　由全国国学产业研究院与中华慈善总会联合举办的首届全国国学文化创新与产业发展高峰论坛暨中华慈善总会国学教育公益助学工程启动仪式在京举行。

2008年8月5日－8日　中国逻辑史第十一次全国学术研讨会在南开大学召开。

2007年8月6日　东北师范大学历史文化学院、亚洲文明研究院、世界文明史研究中心在长春联合举办"东亚思想史国际学术研讨会"。

2007年8月6日－8日　山东大学儒学研究中心与临沂市人民政府合作举办了"儒学全球论坛（2007）荀子思想的当代价值国际学术讨论会"。

2007年8月6日－9日　欧阳修诞辰一千周年，光明日报社与中共滁州市委、滁州市人民政府联合举办一系列活动，以此纪念这位因千古华章《醉翁亭记》而闻名于世的古圣先贤。纪念欧阳修千年诞辰文化论坛，是系列活动的主要内容。

2007年8月7日　山东电视台大型文化栏目《新杏坛》以"孔子九讲"为开篇正式启动。来自宝岛台湾的著名学者傅佩荣先生担任首讲。

2007年8月8日　由中共太原市委、市政府主办的"中国·山西·太

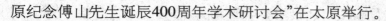

原纪念傅山先生诞辰400周年学术研讨会"在太原举行。

2007年8月8日－11日 由中国文字学会、陕西师范大学文学院、国际汉学院联合主办的"中国文字学会第四届学术年会"在陕西师范大学召开。

2007年8月9日－12日 纪念元好问逝世750周年学术研讨会在忻州师范学院召开。

2007年8月10日 由山东师范大学齐鲁文化研究中心、哈佛大学燕京学社、邹城市人民政府主办的"儒家思孟学派国际学术研讨会"在山东师大齐鲁文化研究中心报告厅开幕。

2007年8月10日－13日 由中国辞赋学会与西北师范大学文学院共同举办的"第七届国际辞赋学学术研讨会"在兰州举行。

2007年8月13日－15日 由首都师范大学电子文献研究所联合中国诗歌研究中心和中国传统文化数字化研究中心共同主办的"首届中国古籍数字化国际学术研讨会"在北京紫玉饭店举行。

2007年8月13日－17日 由九江学院主办的第三届陶渊明国际学术研讨会在九江庐山白鹿洞书院顺利召开。

2007年8月14日－16日 由北京大学汉语语言学研究中心、北京大学中文系、中国社会科学院语言研究所和陕西师范大学文学院联合主办的"第六届国际古汉语语法研讨会暨第五届海峡两岸汉语语法史研讨会"在陕西师大学术活动中心举行。

2007年8月16日 由中国人民大学国学院和武夷山市政府联合主办的"2007武夷山国学研讨会"在风景如画的世界自然和文化遗产地武夷山举行。

2007年8月21日 由北京大学外国语学院世界文学研究所、北京大学东方学研究院等单位共同主办的以"禅文化与和谐世界"为主题的国际学术研讨会在北京大学举行。

2007年8月21日 由洛阳易经学会、厦门大学、洛阳师范学院、洛阳中华姓氏文化园项目建设组委会等共同发起的首届《周易》哲学与河洛文明学术研讨会在洛阳召开。

2007年8月21日－23日　首届全国杨家将历史文化研讨会在杨业故里——陕西省神木县召开。

2007年8月21日－23日　由中国明代文学学会(筹)主办的"明代文学与文化国际学术研讨会暨中国明代文学学会(筹)第五届年会"在福建省武夷山举行。

2007年8月21日－24日　由首都师范大学中国诗歌研究中心、首都师范大学文学院联合主办的"乐府与歌诗国际学术研讨会"在北京宽沟召开。

2007年8月25日－28日　中国秦汉史研究会第十一届年会暨国际学术研讨会在长春举行。

2007年8月28日－30日　西北大学文学院与清华大学历史系在西安联合举办"第二届中国经学国际学术研讨会"。

2007年8月起，全国古籍保护试点工作全面启动。包括文化部、教育部、国家民委、新闻出版总署、国家宗教局、国家文物局6个系统的57家古籍收藏单位将共同探索在不同地域、不同领域古籍保护工作的有效方法。

2007年9月6日－8日　由东北师范大学文学院、古籍整理研究所、《古籍整理研究学刊》编辑部联合举办的"21世纪中华古籍世界传播学术研讨会暨《古籍整理研究学刊》编委(扩大)会议"在东北师范大学召开。

2007年9月8日　由南开大学日本研究所主办的"东亚现代化进程中中日韩三国的互相认识"国际研讨会在南开大学举行。

2007年9月14日　由中国先秦史学会与禹城市联合举办的全国第二届大禹文化学术研讨会在禹城拉开帷幕。

2007年9月15日　以"东亚文化交流的源流"为主题的纪念遣隋使·遣唐使1400周年国际研讨会在杭州开幕。

2007年9月16日 第二届《淮南子》全国学术研讨会在淮南市金茂国际酒店举行。

2007年9月16日－18日 山东大学文史哲研究院与日本大东文化大学、韩国成均馆大学在济南，联合举办"面向世界的东方文化"中日韩三国学术讨论会。

2007年9月21日 由中国哲学史学会冯友兰研究专业委员会和南阳理工学院冯友兰研究会共同主办的冯友兰哲学思想高层论坛在冯友兰故乡南阳开幕。

2007年9月23日－25日 由中国屈原学会和浙江大学共同举办的"2007年楚辞国际学术研讨会暨中国屈原学会第十二届年会"在杭州举行。

2007年9月24日－26日 山东大学、济南市历城区政府、济南社科院和济南文化局等单位在山东济南举办了"纪念辛弃疾逝世800周年国际学术研讨会"，上饶师范学院和铅山县政府于10月20－21日在江西上饶举办了同样主题的学术会议。

2007年9月28日 中国（曲阜）国际孔子文化节开幕，本次文化节以"走近孔子、喜迎奥运、同根一脉、共建和谐"为主题。

2007年10月10日 首都师范大学国学传播中心成立大会在京举行。首都师范大学国学传播中心依托首师大中国诗歌研究中心、北京国学时代文化传播有限公司和大型学术性公益网站国学网组建而成。

2007年10月11日－13日 由中国历史文献研究会、云南大学历史系主办的"中华典籍与云南暨中国历史文献研究会第二十八届年会"在云南昆明举行。

2007年10月13日－16日 由山东大学犹太教与跨宗教研究中心主办的"儒学与犹太－基督文化比较与对话"国际学术研讨会在山东济南召开。

2007年10月15日－21日 中国共产党第十七次全国代表大会在北

京召开，会议提出要"弘扬中华文化，建设中华民族共有的精神家园"。

2007年10月16日—18日　山西永济市委、市政府与中国柳宗元研究会联合举办的"第四届柳宗元国际学术讨论会暨河东柳氏文化交流会"在永济市举行。

2007年10月19日—20日　由韩国成均馆大学儒教文化研究所与武汉大学孔子与儒学研究中心等单位联合举办的"18世纪东亚儒教思想研讨会"在武汉大学召开。

2007年10月19日—21日　中国红楼梦学会、中国艺术研究院红楼梦研究所与湖北黄冈师范学院在湖北黄冈共同举办了"第四届全国中青年学者《红楼梦》学术研讨会"。

2007年10月19日—21日　"魏晋南北朝史国际学术讨论会暨中国魏晋南北朝史学会第九届年会"在武汉大学召开。

2007年10月20日　民间文化公益团体—耽学堂陕西榆林燕翼堂义塾成立，这是学堂继河北涿州文昌祠义塾后的第二所连锁义塾。

2007年10月23日—24日　由湖南大学岳麓书院与韩国国民大学校韩国学研究所共同举办的"东亚书院与儒学国际研讨会"在岳麓书院召开。

2007年10月26日—29日　由华中师大语言与语言教育研究中心举办的"语法比较国际学术研讨会"在华中师大召开。

2007年10月27日　由山西大学科学技术哲学研究中心、中国科技史学会地学史委员会联合举办的"裴秀与中国地图学史研究学术研讨会"在山西太原举行。

2007年10月27日—29日　中国古代戏曲学会和集美大学在厦门举办了"第七届全国古代戏曲学术研讨会"。

2007年10月28日　"'国学热'与国学的定位和前瞻"学术研讨会暨北京师范大学辅仁国学研究所揭牌仪式在北京师范大学举行。

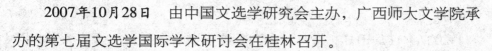

2007年10月28日　由中国文选学研究会主办，广西师大文学院承办的第七届文选学国际学术研讨会在桂林召开。

2007年10月28日－30日　由中华炎黄文化研究会、中国社会科学院哲学所等单位联合主办的"朱熹'人与自然'和谐论坛"在武夷山举行。

2007年10月29日　由哈佛—燕京学社和中国社会科学院主办的"儒学第三期的三十年：回顾与展望"研讨会在北京召开。

2007年10月30日－31日　"第八届国际汉字研讨会"在北京举办。

2007年11月3日　韩国《朝鲜日报》称，在之前举行的"国际汉字研讨会"上，由韩国领头，中、日、韩三国和中国台湾地区的学者制作5000－6000个以繁体字为基础的常用标准汉字。这一消息随即被国内各大网站转载并引起广大网民的对于汉字的重视。次日，与会的中方代表与教育部官员马上否认。但中韩文化之争已经受到国人的广泛关注和讨论。

2007年11月8日　由宁波鄞州区政府推动，与《光明日报·国学版》合作的《三字经》修订工程正式启动，与之同时进行的还有《三字经》古版本征集活动。

2007年11月8日　列国汉学史书系首发式暨学术座谈会在北京语言大学举行。

2007年11月9日　国家发改委在其官方网站上公布了《国家法定节假日调整方案》。12月16日，国务院正式颁布了修订后的《全国年节及纪念日放假办法》，清明节、端午节、中秋节增设为国家法定节假日，各放假1天。

2007年11月9日－10日　中山大学文化研究所联合广东儒学研究会和澳门人文科学学会主办的"儒学理论的实践"学术研讨会在澳门召开。

2007年11月10日　"纪念王国维诞辰130周年暨国际学术研讨会"在

浙江海宁开幕。

2007年11月10日－11日　由国际儒学联合会与上海师范大学共同主办的"2007国际儒学高峰论坛"在上海师范大学举行。

2007年11月10日－12日　由武汉大学简帛研究中心、台湾大学中文系、芝加哥大学顾立雅中国古文字学中心共同主办，台湾大学中文系承办的"中国简帛学国际论坛2007"在台湾大学举行。

2007年11月15日－16日　由香港浸会大学宗教与哲学系主办的"当代儒学与精神性"学术研讨会在香港浸会大学举行。

2007年11月17日－18日　由北京师范大学古籍研究所、北京大学中国古文献研究中心等单位共同主办的"中国传统文化与元代文献国际学术研讨会"在北京师范大学举行。

2007年11月17日－18日　中华孔子学会在中国人民大学逸夫楼召开会员大会并举办"当代社会与儒学发展"学术研讨会。

2007年11月18日　由北京大学国学研究院、中国人民大学国学院、中国国际文化书院、上海交通大学国家战略研究中心共同举办的首届中华战略文化论坛在人民大会堂举行。

2007年11月20日　第四届国际儒学研讨会暨第一届国际孔教研讨会在雅加达开幕。

2007年11月23日－24日　由台湾大学人文社会高等研究院和台湾大学"东亚经典与文化"研究计划联合主办的"东亚儒学中的身体论述"国际研讨会在台湾大学举行。

2007年11月23日－26日　浙江工商大学中国文化理论创新研究中心、浙江省儒学学会和浙江工商大学人文学院在杭州举办"中国文化问题与儒学当代创新"高层论坛。

2007年11月24日－25日　南开大学"中国思想与社会研究"创新基地主办的"帝王观念与中国社会"学术研讨会在天津举行。

2007年11月29日　中国人民大学国学院新风雅诗社成立大会暨第

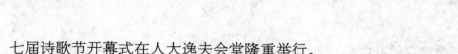

七届诗歌节开幕式在人大逸夫会堂隆重举行。

2007年11月30日　由北京语言大学中华文化研究所主办的"儒学与21世纪中国文化建设"学术研讨会在北京语言大学召开。

2007年12月1日－2日　北京大学《儒藏》编纂中心与深圳大学国学研究所共同主办的"《儒藏》主编会议暨儒学国际学术研讨会"在深圳举行。

2007年12月1日　北京语言大学人文学院中国文学研究所成立暨中国文学学科建设座谈会在北京语言大学会议中心举行。

2007年12月1日－3日　由中国古代文学理论学会、云南大学中文系等单位联合主办的"中国古代文学理论学会第十五届年会"在云南大学召开。

2007年12月3日　由广东省社科联主办的"三字经文化学术研讨会"在广东顺德区陈村镇召开。

2007年12月4日－6日　深圳大学国学研究所与中国社会科学杂志社联合举办的"对话、融通与当代中国哲学的新开展：中哲、西哲、马哲专家论坛"在深圳举行。

2007年12月11日　第二届孔子学院大会在北京开幕，来自世界64个国家和地区的孔子学院代表相聚一堂，交流经验、沟通信息，共同为孔子学院的建设与发展献计献策。

2007年12月15日－16日　中山大学文化研究所联合广东儒学研究会、《学术研究》杂志社主办的"儒学与当代社会"学术研讨会在中山大学举行。

2007年12月15日－17日　首届中国·临汾尧文化高层论坛在山西省临汾市举行。

2007年12月16日　大型国学文典《四部文明》丛书在人民大会堂举行首发式。

2007年12月19日－21日　香港中文大学中国哲学与文化研究中心

与道教文化研究中心在香港合办以"道家经典的诠释——我注六经还是六经注我"为题的学术会议。

2007年12月21日 《中华大典·文学典·先秦两汉分典》审稿座谈会在北京中苑宾馆绣苑厅举行。

2007年12月23日—27日 由中国宋代文学学会委托暨南大学中文系承办的第五届中国宋代文学国际学术研讨会在广州成功举行。

◈ 2008年国学大事记 ◈

2008年1月12日—13日 由国务院国资委研究中心、北京大学历史文化资源研究所等单位主办,中华孔子学会儒商研究中心协办的"第三届中国文化与企业发展高层论坛"在北京大学召开。

2008年1月22日 由北京联合大学台湾研究院主办的"儒学与海峡两岸文化根基"学术研讨会在京开幕。

2008年1月23日 中宣部等四部门联合发出《关于全国博物馆、纪念馆免费开放的通知》,宣布从2008年起,全国由各级文化文物部门归口管理的公共博物馆、纪念馆和爱国主义教育示范基地,一律敞开大门,免费开放。

2008年1月23日—29日 首批《国家珍贵古籍名录》公示。

2008年1月24日 由马里兰大学孔子学院和美国国会图书馆亚洲部共同主办的"儒学的当代意义"研讨会在美国国会图书馆召开。

2008年1月25日 中国书协五届六次主席团会议审议并原则通过关于接收西泠印社为中国书协团体会员问题的决议,引发网络质疑声一片。

2008年1月31日 中国当代著名学者、书画鉴赏家、书法家、博物馆学家、辽宁省文史馆名誉馆长、辽宁省博物馆名誉馆长、"人民鉴赏家"杨仁恺逝世，享年九十三岁。

2008年2月1日　新华出版社将台湾中学使用40年最具权威的国语必修课本引进大陆，以《国学基本教材》为名出版，任继愈先生在序言中明确提出了"四书"应进中学课堂主张。

2008年2月18日　中国文化遗产研究院揭牌仪式在京举行。

2008年2月21日　京华时报报道《教育部将在10省市区中小学试点开设京剧课》，透露"教育部今年将在全国10个省、市、自治区试点在音乐课程中增加京剧内容。"教育部随后确认了这一消息。

2008年3月1日　国务院批准公布首批《国家珍贵古籍名录》，同时揭晓的还有"全国古籍重点保护单位"评审结果。

2008年3月1日　山东省有关部门在北京高调宣布将在济宁建中华文化标志城，并悬赏890万元在全球征集建设方案。这个号称投资300亿元的规划设想，在全国两会上引发一百多位政协委员集体签名反对和公众舆论的广泛质疑。

2008年3月1日－2日　宁波市鄞州区政府、《光明日报·国学》版主办的《三字经》修订工程编审委员会在北京举行编审会议。

2008年3月19日晚　启功先生所藏敦煌写经残卷捐赠仪式暨"浙大东方论坛"学术讲座之十七在浙江大学西溪校区邵科馆举行。

2008年3月21日－23日　南京大学中国现代文学研究中心、南京大学文学院联合举办"民族认同、启蒙思潮与中国百年文学"国际学术研讨会。

2008年3月21日－23日　第二届楚山禅师、能海上师国际学术研讨会在成都举行。

2008年3月22日　"浙东学术国际会议暨《吕祖谦全集》发布仪式"在浙江师范大学图文信息中心举行。

2008年3月28日　经国家民政部批准成立的挂靠中国社会科学院哲学所的全国性学术团体老子道学文化研究会，在北京人民大会堂举行成立大会。

2008年3月29日－30日　由中山大学历史系主办的"地域社会与魏晋南北朝研究"学术研讨会，在中山大学珠海校区国际学术交流中心举行。

2008年4月2日－4日　由陕西省人民政府主办、西北大学承办的"纪念人文初祖黄帝，建设民族精神家园"学术研讨会在西安举行。

2008年4月5日　由重庆文理学院与重庆市文化与广播电视局主办的中国高校首届文化遗产学学科建设研讨会在重庆永川举行。

2008年4月6日　国际儒联和中国无神论学会联合举行了一次学术座谈会，主题是"儒学与西方文明"。

2008年4月7日　河北社科院举办了"纪念黑水城文献发现一百周年学术研讨会"。

2008年4月7日　北京大学学生课外活动指导中心和北大国学社共同主办国学文化节，作为整个纪念"五四"文化节活动三部分之一。

2008年4月8日－10日　安徽大学中文系与香港中文大学中文系联合举办"第五届国际中国古文字学研讨会"。

2008年4月10日－12日　由中国社科院文化研究中心、江苏省社科联、江苏省社科院、无锡市政府主办的"2008中国(无锡)吴文化国际研讨会"在无锡召开。

2008年4月10日－13日　由华东师范大学中国现代思想文化研究所等多家单位共同主办的"多元现代性：文化、理论与症结——中国与欧洲有关现代性的思想"国际学术研讨会在华东师范大学召开。

2008年4月14日　《光明日报·国学》版刊出武汉大学郭齐勇教授的文章《"四书"应该进中学课堂》，并刊发编者按语，此后两个多月的时间，以《国学》版为平台，广大读者就四书是否应该走进中学课堂展开了激烈的讨论。

2008年4月18日－21日　由叶圣陶研究会等单位合办的首届文明对

话暨论坛在澳门举行，活动主题为"中华文明与社会和谐"。

2008年4月19日　王屋山道学文化研讨会在河南省济源市召开。

2008年4月19日－21日　由中国《三国演义》学会、西华师范大学联合主办的"第十八届《三国演义》与三国文化学术研讨会"，在陈寿故里——四川南充举行。

2008年4月19日－22日　由华中师范大学道家道教研究中心、香港青松观全真道研究中心主办的"全真道与老庄学国际学术研讨会"在武汉华中师范大学召开。

2008年4月21日　复旦大学召开"国学班"招生说明会，宣布哲学学院2008年秋季计划接收"哲学（国学方向）"15人，2008年9月，复旦"国学班"如期开学。

2008年4月25日　由光明日报社、人民教育出版社、宁波市鄞州区共同主办的《三字经》修订版首发式在北京人民大会堂举行。

2008年4月26日　由陕西师范大学宗教中心儒学—儒教研究所主办的"儒学与中华民族共有精神家园的重建"专题研讨会在陕西师大雁塔校区召开。

2008年4月26日－27日　由清华大学哲学系、中国社会科学院哲学研究所和华北电力大学人文与社会科学学院共同主办的"2008全国文化哲学论坛"在华北电力大学举办。本届论坛的主题是"文化哲学研究的中国资源"。

2008年4月26日－28日　由中国艺术研究院主办的"中国传统工艺美术保护与发展研讨会"在北京举行。

2008年4月29日　台湾作家柏杨在台北县病逝，享年88岁。

2008年4月　煌煌巨著《新获吐鲁番出土文献》（上下集）由中华书局出版。

2008年5月1日　由湖南省文化厅、怀化市人民政府和中国屈原学会共同主办的溆浦屈原文化节暨屈原理论研讨会在湖南溆浦举行。

2008年5月2日－4日　由台湾国立中央大学儒学研究中心、国立台湾师大国际与侨教学院，与鹅湖书院联合举行的"中国文化与世界宣言五十周年纪念国际研讨会"在台北召开。

2008年5月3日－4日　由《文史哲》杂志主办的"中国文论遗产的继承与重构"学术研讨会在山东大学召开。

2008年5月6日　一耽学堂晨读工作部、社区工作部联合成立"一耽学堂社区公园晨读工作小组"，发展社区公园市民晨读成为一耽学堂的首要工作。

2008年5月9日　著名学者、思想家、文艺理论家王元化因病在上海逝世，享年88岁。

2008年5月9日－11日　中国儒学与法律文化研究会2008年年会暨"在现代化进程中如何看待传统法文化"学术论坛在汕头召开。

2008年5月10日　由中国社科院世界宗教所与浙江大学中国思想文化研究所、浙江省社科联、天台县政府联合举办的"寒山子暨和合文化国际学术研讨会"在浙江台州市天台县举行。

2008年5月12日　中国四川汶川遭遇八级地震，十万余同胞遇难，三十余万人受伤，数百万人流离失所，举国悲恸。与此同时，北川县的羌族文化也遭遇毁灭性打击。

2008年5月15日　台湾大学哲学系主办的"传统中国伦理观的当代省思"国际学术研讨会在台北召开。本次会议开设"荀子专场"，用半天时间专门讨论荀子思想。

2008年5月16日－18日　由中山大学哲学系、比较宗教研究所和美国对华学术交流联会联合主办的"对话中的比较伦理学：以儒家思想和基督教传统为例"研讨会在广州举行。

2008年5月16日－18日　由中国墨子学会、山东大学、枣庄学院、滕州市委、市政府主办的第七届国际墨子鲁班学术研讨会在滕州市举行。

2008年5月17日－18日 "圣经山与全真道学国际研讨会"在山东省文登市昆嵛大厦召开。

2008年5月20日 "第二届国学国医岳麓高峰论坛"在湖南省长沙市召开。本次论坛以学术交流为主，展示了国学和中医药文化近年最新学术成果和方向。

2008年5月20日 著名学者、历史学家蔡尚思同志因病在上海华东医院逝世，享年102岁。

2008年5月20日 由深圳大学国学研究所与清华大学深圳研究生院主办的"第四届东方人文论坛"在深圳举行。该论坛主题是"儒学的复兴：回顾与前瞻"。

2008年5月27日 华东师大中国现代思想文化研究所举办"何为中国哲学：中国哲学研究的方法论反思"研讨会。

2008年5月30日－31日 山东省菏泽市牡丹区人民政府和中国社会科学院世界宗教研究所联合在牡丹区举办了临济故里学术文化座谈会。

2008年5月30日－6月1日 由华东师范大学高瑞泉教授组织的"思潮研究百年反思：理论与方法"学术研讨会在上海举行。

2008年6月1日 首都文化界在京召开紧急抢救和保护羌族文化遗产座谈会，数十位专家学者发出了《紧急保护羌族文化遗产倡议书》。

2008年6月6日－8日 国际儒学联合会在广州城市职业学院召开了第二次儒学普及工作座谈会。

2008年6月11日 由文化部主办，中国艺术研究院、中国非物质文化遗产保护中心承办的"文化遗产日"系列活动——"2008中国非物质文化遗产展演"在北京拉开帷幕。

2008年6月12日 第三个中国文化遗产日(6月14日)前夕，中国文物保护基金会在故宫举行"薪火相传——中国文化遗产保护年度杰出人物评选活动"颁奖仪式。

2008年6月13日　熊十力思想学术研讨会暨"十力丛书"座谈会在上海举行。

2008年6月14日　华东师范大学思勉人文高等研究院揭牌仪式在闵行校区人文学院举行。

2008年6月14日　北京语言大学人文学院举行汉语古文献研究所成立仪式暨古文献学科建设与汉语国际教育史研究座谈会。

2008年6月14日　我国第三个"文化遗产日"之际，由文化部主办，国家图书馆(国家古籍保护中心)承办的"国家珍贵古籍特展"在国图开幕。

2008年6月14日　华东师范大学出版社《儒学与东亚文明研究丛书》新书发布会在华东师范大学办公楼2楼小礼堂举行。

2008年6月14日－15日　由中国社会科学院历史研究所、中国人民大学历史学院、《唐研究》编委会联合主办的"《天圣令》研究——唐宋礼法与社会"学术研讨会在中国人民大学召开，这是《校证》问世后第一次大规模的专题研讨会。

2008年6月14日－15日　由江苏省明清小说研究会、徐州工程学院主办的明清小说研究会会员代表大会在江苏历史名城徐州召开。

2008年6月15日－17日　由青海省人民政府和中国非物质文化遗产保护中心主办的"国际唐卡艺术及非物质文化遗产保护·青海论坛"在青海省西宁市举行。

2008年6月16日－21日　香港中文大学中国哲学与文化研究中心召开简帛资料研究内部工作会议，会议在香港中文大学新亚书院钱穆图书馆召开。

2008年6月19日　山东大学易学与中国古代哲学研究中心、中国周易学会、天水市人民政府在甘肃天水市联合举办"2008海峡两岸易学文化研讨会"。

2008年6月24日　中央编译局当代马克思主义研究所召开"马克思

主义与中国传统文化"座谈会。

2008年7月1日　上海人民出版社近日召开了大型百科性通史词典《中国通史词典》的出版研讨会。

2008年7月1日　由中国自然辩证法研究会主办的"第十届易学与科学研讨会"在江西庐山召开。

2008年7月4日　中国社会科学院创立并举办了首次"国学研究论坛"。学者们围绕"何为国学，国学何为"各抒己见，深入研讨。

2008年7月6日　国际儒联和中国政法大学在北京联合召开"道德与法律"学术座谈会。

2008年7月7日　由新疆龟兹学会、新疆经济报系、阿克苏地委宣传部、库车县委、县政府共同举办的第四届龟兹学学术研讨会在库车县召开。

2008年7月10日　由中华孔子学会、中国社会科学院哲学所中国哲学研究室、四川思想家研究中心联合举办的"儒学中的情感与理性学术研讨会"在北京大学哲学系召开。

2008年7月11日　为期四天的第六届国际《金瓶梅》学术讨论会在山东临清市召开。

2008年7月13日　厦门大学国学研究院与台湾大学东亚文明研究中心在金门联合举办了"超时空的东亚文明——朱子学的国际现代意义"学术研讨会。

2008年7月15日－8月8日　教育部2008年全国研究生"国学与西学"暑期学校在西北大学中国思想文化研究所举办。

2008年7月18日－20日　由上海社会科学院历史研究所和传统中国研究中心主办的"传统中国研究第三届国际学术讨论会"在上海举行。

2008年7月22日－24日　南开大学"中国思想与社会研究"创新基地举办"生态－社会史圆桌会议"。

2008年7月24日　由世界宗教研究所和河南佛教学院主办的佛教教

育研讨会在河南桐柏召开。

2008年7月26日－28日　由中国元史研究会、西北师范大学、南开大学、河西学院和甘肃省博物馆联合主办的庆贺蔡美彪先生八十华诞暨"元代民族与文化"国际学术研讨会在兰州和张掖两地举行。

2008年7月28日　第一批《国家珍贵古籍名录》颁证暨第一批全国古籍重点保护单位授牌仪式在京举行。

2008年7月28日　《中华大典·文学典》之《先秦两汉文学分典》两汉文学部审稿会在南京召开。

2008年7月29日－10月7日　由故宫博物院、中国国家博物馆、中国社科院考古研究所、首都博物馆等55家文博单位选送的169件(组)镇馆之宝，集中在首都博物馆展出。

2008年7月30日－31日　中国宋史研究会在云南大学举行了国际宋史研讨会暨研究会第十三届年会。

2008年8月2日－3日　由西南民族大学民族研究院与"神山与圣山"研究计划国际工作团队联合主办的"人类多样性及其历史过程"工作研讨会在成都举行。

2008年8月2日－3日　新疆通史编撰委员会组织召开新疆史前考古学术研讨会。

2008年8月3日－5日　由武夷山朱熹研究中心、安徽省朱子学会、江西省上饶师范学院朱子文化研究所主办的朱子学与东亚文化国际学术研讨会在武夷山召开。

2008年8月8日晚8时　鸟巢国家体育馆，2008名演员、2008尊缶，雄壮的击打声震响了2008北京奥运会开幕式，在齐诵脍炙人口的孔子名言之后，张艺谋和他的团队，用一张巨大的"纸"，向世界呈现一幅中国的长卷、历史的长卷、文明的长卷。

2008年8月15日－20日　由山东大学文史哲研究院主办的"文献、语言与诠释"——第五届诠释学与中国经典诠释学术研讨会议在济南召开。

2008年8月16日　由云南大学滇学研究中心主办的首届滇学学术研讨会在玉溪市江川县召开。

2008年8月2日—23日　由甘肃省社会科学院、敦煌研究院等单位主办的"敦煌语言文学研究的历史、现状和未来——纪念周绍良先生逝世三周年学术研讨会"在兰州举行。

2008年8月25日—27日　"20年来中国非物质文化遗产保护的理论与实践学术研讨会"在湖北省长阳县召开。

2008年8月27日　由澳门近代文学学会、澳门文献信息学会联合主办的"澳门文献整理研究暨数字化学术研讨会"在澳门大学举行。

2008年8月27日—28日　安徽大学举办"徽学、徽商、徽文化与安徽文化建设"论坛。

2008年8月　在深圳宝安区教育局下属的"宝安区国学教育研究会"的推动下,由岳麓书社出版《青少年国学文化读本》。

2008年9月3日　厦门大学国学研究院召开《傅衣凌著作集》出版恳谈会。

2008年9月5日—7日　中国自然辩证法研究会易学与科学专业委员会、东方国际易学研究院和国际易学联合会在南宁召开"2008国际易学论坛·现代易学新进展论坛",论坛的主题是:"现代易学新进展——传统继承、发展、和谐。"

2008年9月7日　共青团长沙市委、湖南省图书馆、长沙市青少年发展基金会、长沙城市志愿者联合会邀请台北共读经典活动创始人洪淑慧进行讲座,宣布"亲子共读经典"公益大讲堂子路班、子渊班成立。

2008年9月8日　为期两天的第三届世界中国学论坛在上海展览中心正式开幕,主题是"和衷共济:中国与世界的共存之道"。

2008年9月10日晚　由中宣部、中央文明办、教育部、国家语委等部门联合主办的"我们的节日·中秋中华经典诗文诵读专题文艺晚会"

在武汉的月湖公园上演。

2008年9月10日－13日　由中国哲学史学会、四川师范大学、香港孔教学院等单位合办的"经学与中国哲学"国际学术研讨会在成都市四川师范大学(校内)新松苑宾馆举办。

2008年9月12日　孙武故里兵学论坛首届年会在山东省惠民县召开。会议期间，山东省政府批准成立孙子文化基金会。

2008年9月15日－19日　由中日韩三国学者共同发起、日本大东文化大学主办的"东亚社会中的家"国际学术研讨会在日本东京召开。

2008年9月16日　第三届《淮南子》全国学术研讨会在安徽淮南开幕。

2008年9月16日　纪念海宁籍学者吴世昌诞辰100周年暨学术研讨会在海宁开幕。

2008年9月17日　"四书"必修课第一次在清华大学开课。授课老师是清华大学历史学家彭林教授，受业学生为清华大学人文社科实验班的本科生。

2008年9月17日　我国著名哲学史家萧萐父先生因病医治无效在中南医院逝世，享年84岁。

2008年9月20日－21日　"2008年《西游记》学术研讨会暨第五届《西游记》论坛"在北京京东宾馆举行，本次会议由吴承恩西游记研究会主办。

2008年9月20日－21日　由中国佛教文化研究所、宗教文化出版社、辽宁省朝阳市政府和辽金佛教文化研究会联合主办的"中国朝阳第二届国际佛教文化论坛"在辽宁省朝阳市隆重举行。

2008年9月21日　由中国周易学会、山东大学易学与古代哲学研究中心主办的"2008海峡两岸易学文化研讨会"在甘肃省天水市开幕。

2008年9月25日－26日　由中国社会科学院科研局、历史研究所共同主办的"中国社会科学院中国古代史论坛"在京举行，这次论坛的主

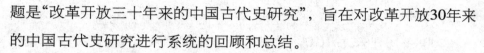

题是"改革开放三十年来的中国古代史研究",旨在对改革开放30年来的中国古代史研究进行系统的回顾和总结。

2008年9月27日　由山东省人民政府、中国国家文化部、教育部、国家旅游局主办的2008中国(曲阜)国际孔子文化节拉开帷幕。此次文化节以"走近孔子,感悟圣城"为主题,不仅有隆重的开幕式、祭孔大典,还有"第三届联合国教科文组织孔子教育奖"颁奖典礼。

2008年9月27日　做为第三届衢州国际孔子文化节的一部分,"2008中国·衢州国际儒学论坛"开幕,此次儒学论坛的主题是儒家文化与当代道德建设。

2008年9月28日—10月28日　中国人民大学孔子研究院连续第五年主办"孔子文化月"。今年的"孔子文化月"的主要活动是举行系列学术讲座。

2008年10月1日　由中国文明网和国学网携手打造的"国学堂"频道正式开通。

2008年10月3日　著名历史学家、中国社会科学院近代史所研究员瞿同祖因病在北京逝世,享年98岁。

2008年10月5日　清史学者阎崇年在无锡签售时突然遭一青年男子掌掴,又一名男子大骂"汉奸""活该"等侮辱性语言,学术争论升级为暴力冲突。

2008年10月7日—8日　首次"梦与中西文化学术研讨会"在福建著名风景旅游区福清石竹山道院举行。

2008年10月8日　山东省文物局等单位发布了兖州兴隆塔地宫考古发掘所取得的重大成果。被称为"佛之瑰宝"的山东兖州兴隆塔下,惊现富丽堂皇的地下宫殿,内藏有石函、鎏金银棺、舍利金瓶、"安葬舍利"碑刻、青釉瓷碗、陶质佛像等珍贵文物。

2008年10月8日　筹备了一年多的尼山圣源书院正式成立。同时,第一期"国学系列讲座"班正式开学。首任尼山圣源书院院长为牟宗鉴先生。

2008年10月8日－10日　由北京大学中国宗教与社会研究中心等单位主办的"中国宗教与社会高峰论坛暨第五届宗教社会科学国际研讨会"在北京举行。

2008年10月9日　海峡两岸李时珍医药文化与产业发展论坛在湖北武汉开幕。

2008年10月9日－12日　由山东师范大学齐鲁文化研究中心等单位主办的"齐鲁文化与昆嵛山道教国际学术研讨会"在牟平召开。

2008年10月10日－12日　由浙江大学主办的"浙大东方论坛"学术会议之八道家文化国际学术研讨会在浙江大学召开。

2008年10月10日－13日　由中山大学中国非物质文化遗产研究中心主办的"非物质文化遗产保护视野下的传统戏剧研究"国际学术研讨会在世界遗产胜地广东开平市举行。

2008年10月11日－12日　由中国社会科学院佛教研究中心和南京市浦口区政府联合举办的"达摩文化暨定山寺恢复重建学术研讨会"在南京浦口举行。

2008年10月11日－12日　由北京师范大学文艺学研究中心和北京师范大学文学院共同举办的"中国古代文论研究方法"国际学术研讨会在北京师范大学举行。

2008年10月11日－12日　由中国社会科学院中国近代思想研究中心与中国人民大学清史研究所联合主办的"戊戌维新与晚清社会变革——纪念戊戌变法110周年学术研讨会"在京郊召开。

2008年10月11日－12日　由中国古文字研究会主办、吉林大学古籍所承办的"纪念中国古文字研究会成立三十周年国际学术研讨会"(中国古文字研究会第17次年会)在吉林长春召开。

2008年10月11日－13日　以"大道之行"为主题的2008中国崂山论道暨首届玄门讲经活动在青岛崂山太清宫隆重举办。

2008年10月11日－14日　　由邯郸市人民政府和中国古都学会共同主办的邯郸古都文化学术研讨会暨中国古都学会2008年年会在邯郸市召开。

2008年10月13日　　中国第四届因明学学术研讨会在西北民族大学举行。

2008年10月13日　　颜元思想文化研讨会在河北博野举行，会议对"颜元思想对现代社会文化的影响"、"颜元教育思想的深刻内涵"等议题进行了深入研讨。

2008年10月13日－15日　　由天津市教育考试与评价研究所、北京大学历史文化研究所、厦门大学考试研究中心和中国社会科学院历史研究所共同主办的"第四届科举制与科举学学术研讨会"在天津市教育招生考试院召开。

2008年10月14日　　全国首家方东美研究所揭牌仪式和方东美学术研讨会在安徽大学举行，安徽大学哲学系主任李霞教授兼任研究所所长。

2008年10月14日　　"登州与东方海上丝绸之路国际学术研讨会"召开。

2008年10月17日　　湖北大学中国思想文化史研究所、《历史研究》编辑部联合主办的"明清对话：鼎革与变迁"高峰论坛，在湖北大学会展中心召开。

2008年10月17日－19日　　中国人民大学清史研究所与美国旧金山大学利玛窦中西文化历史研究所在北京合办"互动与交流：西方人与清代宫廷（1644－1911）"国际学术研讨会。

2008年10月17日－19日　　上海师范大学中国传统思想研究所与兰州大学西北少数民族研究中心合作承办"中华民族传统思想文化论坛——各民族传统伦理观与当代社会文化建设"研讨会，会议在上海师范大学举行。

2008年10月18日　由中国社会科学院、内蒙古自治区巴彦淖尔市人民政府等单位主办的第四届河套文化研讨会暨河套文化研究会年会在呼和浩特市开幕。

2008年10月18日　河南民权县举行"第三届国际庄子文化节·纪念庄子诞辰2377年庄严宗亲祭祖活动"。

2008年10月18日　由西游记文化研究会、浙江师范大学主办的"西游记文化研究会学术委员会"成立大会暨《西游记》传播研讨会日前在浙江金华召开。

2008年10月18日　由中国历史文献研究会与西南大学汉语言文献研究所联合主办的"出土文献与巴蜀文献学术研讨会暨中国历史文献研究会第29届年会"在西南大学召开。

2008年10月19日－21日　"第三届吐鲁番学国际学术研讨会暨欧亚游牧民族的起源与迁徙国际学术研讨会"在新疆维吾尔自治区吐鲁番市隆重召开。

2008年10月19日－20日　"七塔禅寺建寺1150周年纪念庆典暨报恩文化论坛——都市寺院与和谐社会学术研讨会"在浙江省宁波市隆重举行。

2008年10月19日－20日　由中央党校哲学部和中国孔子基金会主办，华夏文化纽带工程组委会和中国实学研究会协办的"二○○八·马克思主义与儒学高层论坛"在京召开。

2008年10月20日　中国鹿邑国际老子文化节在老子故里河南鹿邑举行。本届老子文化节以"建设民族精神家园——尊道·贵德·和谐·发展"为主题。

2008年10月20日　新编历史剧《晋德裕》在济南市山东剧院上演，拉开了第五届中国京剧艺术节的序幕。

2008年10月20日　由复旦大学中国古代文学研究中心、中国近代文学学会联合主办的"中国近代文学的转型和传统"学术研讨会暨中国

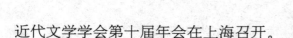

近代文学学会第十届年会在上海召开。

2008年10月22日　清华大学正式举行了新闻发布会，宣布2100枚战国时期的竹简入藏清华。这批竹简是目前数量最多、年代最早的竹简书之一。

2008年10月22日　第七届觉群文化周之"佛教与生态文明"学术研讨会在上海玉佛寺觉群楼多功能厅举行。

2008年10月23日－24日　由中国非物质文化遗产保护中心、安徽省文化厅、黄山市政府主办的"徽州文化生态保护高峰论坛"在黄山市举行。

2008年10月24日－26日　由南京大学文学院与南京大学《全清词》编纂研究室主办的两岸三地清词学术研讨会在南京召开。

2008年10月24日－26日　中华孔子学会、新华人寿河南分公司和长沙诺贝尔摇篮教育集团联合主办的"儒学与社会责任"学术研讨会在河南郑州举行。

2008年10月25日－26日　由复旦大学哲学学院主办的"宋代新儒学的精神世界——以朱子学为中心"国际学术会议在复旦大学哲学学院召开。

2008年10月25日－26日　由中国佛教协会和中华宗教文化交流协会主办的"科学视野中的佛教"研讨会于在山西省太原市中北大学举行。

2008年10月25日－28日　"中国近代文学的转型与传统"学术研讨会暨中国近代文学学会第十四届年会在复旦大学召开。

2008年10月25日－29日　由安徽师范大学中国诗学研究中心和文学院联合承办的中国唐代文学学会第十四届年会暨唐代文学国际学术研讨会在芜湖和黄山市召开。

2008年10月26日　人大国学院迎来建院三周年。10月26日上午，中国人民大学国学院举行"国学院成立三周年庆典暨国学教育论坛"。

2008年10月27日　第二届中国范仲淹国际学术论坛在北京大学举行。

2008年10月27日　中国社会科学院学部主席团在京举办第二次"国学研究论坛"，论坛的主题是"国学与中国哲学"。

2008年10月27日　由江苏省道教协会主办的第三次中国道教宫观生态保护论坛在江苏句容开幕。

2008年10月29日　由国际武术联合会、中国武术协会、湖北省政府联合主办，湖北省体育局和十堰市政府承办的第三届世界传统武术节进行了为期四天的比赛、交流。

2008年10月29日－11月2日　由北京大学《儒藏》编纂中心等单位共同主办的第十一届蔡元培学术讲座和第十二届汤用彤学术讲座相继在北京大学及第三极书局举行。

2008年10月30日－31日　河南省安阳市人民政府、中国社会科学院考古研究所、中国殷商文化学会联合举办"世界文化遗产殷墟考古发掘80周年纪念活动暨考古与文化论坛"。

2008年10月31日　由北京大学哲学系、北京大学《儒藏》编纂中心和韩国儒教学会共同主办的中韩"儒家经籍与诠释学"国际学术会议在北京大学举行。

2008年10月31日－11月1日　由中国社会科学院语言研究所和广东湛江师范学院人文学院联合主办的第九届全国古代汉语学术研讨会在广东湛江师范学院举行。

2008年10月31日－11月2日　由武汉大学简帛研究中心、台湾大学中文系、芝加哥大学顾立雅中国古文字学中心共同主办的"中国简帛学国际论坛2008"在芝加哥大学国际学社举行。

2008年11月1日－2日　由华东师范大学中国文字研究与应用中心主办的"全球视野下的中国文字研究"国际研讨会在上海华东师范大学召开。

2008年11月1日－3日　　嘉兴文理学院、苏州大学中文系、交通大学文学院主办的"王国维与中国现代文论创新——纪念王国维《人间词话》发表一百周年国际学术研讨会"在浙江嘉兴举行。

2008年11月3日　　由中国社会科学院民族学与人类学研究所和中央民族大学中国少数民族研究中心联合主办的"辽夏金元历史文献国际研讨会"在北京举行。

2008年11月3日　　由上海中医药大学、上海市科学技术协会和台湾时代基金会联合主办的"首届海峡两岸中医药传承与发展论坛"开幕。

2008年11月3日－4日　　浙江省政府参事室、上虞市人民政府和杭州师范大学等单位在杭州、上虞两地联合主办了"纪念马一浮先生诞辰125周年暨国际学术研讨会"。

2008年11月7日－9日　　国际易学联合会第二次会员大会暨第四届易学与现代文明研讨会在北京西山饭店召开。

2008年11月7日－9日　　由华东师范大学思勉人文高等研究院江南史研究中心主办的"明清江南史研究视域与方法回顾研讨会"在海盐召开。

2008年11月7日－10日　　由中国哲学史学会、中山大学哲学系、中山大学中国哲学研究所联合主办的"汉唐盛世与汉唐哲学精神"国际学术研讨会暨中国哲学史学会2008年会在广州召开。

2008年11月7日－10日　　国际儒学联合会、浙江师范大学、香港中文大学教育学院共同主办的，以"儒家伦理与建设共有精神家园"为主题的"第四届儒家伦理与东亚地区公民道德教育论坛"在浙江师范大学举行。

2008年11月8日　　由华东师范大学先秦诸子研究中心等主办的"庄子国际学术研讨会"在上海举行。

2008年11月8日－9日　　"儒学典籍的现代诠释与《儒藏》编纂学术研讨会"暨2008年《儒藏》主编工作会议在浙江大学玉泉校区召开。

2008年11月8日－10日　由宁夏社会科学院主办的第三届西夏学国际学术研讨会在银川西夏城举行。

2008年11月10日－11日　中国社科院哲学研究所和韩国成均馆大学儒教文化研究所主办的第二届"国际儒学文化论坛"在北京举行。

2008年11月11日　明代文学与科举文化国际学术研讨会在武汉大学召开。

2008年11月12日－14日　纪念陈白沙诞辰580周年暨陈白沙与宋明理学学术研讨会在陈白沙故乡广东省江门市举行。

2008年11月15日－17日　由中国社会史学会、中山大学历史学系和中山大学历史人类学研究中心联合主办的"中国社会史学会第12届年会暨'政治变动与日常生活'国际学术研讨会"在中山大学珠海校区举行。

2008年11月15日　以"保护周易文化遗产，守望中华精神家园"为主题的周易学术研讨会在北京举行。

2008年11月15日　由中国道教协会主办的第四次"道教思想与中国社会发展进步"研讨会在江西南昌举办。

2008年11月15日　"2008武当文化论坛"在道教旅游胜地武当山所在的十堰市开幕。

2008年11月16日　第二届中华战略文化论坛在京召开，此次论坛以"改革开放与中华战略文化——纪念中国改革开放30周年"为主题展开讨论。

2008年11月20日－22日　由北京市社科院历史所、北京联合大学北京文化史研究所、北京市博物馆学会共同举办的"中国古都文化史学术研讨会"在北京蟹岛会议中心召开。

2008年11月20日－21日　由中国经济史学会、清华大学历史学系和中山大学历史学系联合主办的"纪念梁方仲教授诞辰100周年中国社会经济史研究国际学术研讨会"在广州举行。

2008年11月20日—22日　中日"舜水学"研讨会在余姚市举行。

2008年11月21日—23日　由河南省墨子学会和河南省中原文化研究中心联合主办、中共鲁山县委宣传部承办的"墨学与和谐世界"国际学术研讨会在墨子故里河南鲁山县举行。

2008年11月21日—22日　由南开大学中国思想与社会研究哲学社会科学创新基地主办的"中国社会建设的历史与现实"学术研讨会在南开大学举行。

2008年11月22日　由中华炎黄文化研究会、广东炎黄文化研究会、暨南大学联合主办的"中华文化与和谐社会建设国际学术研讨会"在暨南大学开幕。

2008年11月22日　中国目前发现的最大鎏金七宝阿育王塔在瘗藏千年之后，在南京亮相。地宫碑文中记载的"金棺银椁"和"佛顶真骨"等圣物，经过X光透视已然在宝塔中隐约现身。

2008年11月22日　广东省韶关市举行张九龄诞辰1330周年纪念大会暨学术研讨会。

2008年11月22日　"近代文化研究的继承与创新"学术座谈会在北京师范大学英东学术会堂召开。

2008年11月22日—24日　第六届海峡两岸中华传统文化与现代化研讨会在厦门举办。

2008年11月26日—28日　由台北中央研究院中国文哲研究所举办的"魏晋南北朝经学国际研讨会"在中央研究院学术活动中心举行。

2008年11月26日　第二届蚩尤文化研讨会在山东阳谷召开，专家表示蚩尤应与炎黄二帝一体并尊。

2008年11月27日—30日　国家社会科学重大课题——"中国传统文化中的科学思想、方法和价值取向研究"课题组和亚洲研究中心共同主办的"中国古代科学技术文化及其现代启示学术研讨会"在北京举行。

2008年11月27日—30日　由复旦大学中国古代文学研究中心与浙

江师范大学中国文学与文化研究所等部门联合举办的第四届"中国文学古今演变"学术研讨会在金华召开。

2008年11月28日　古籍电子定本工程成果评审会在首都师范大学举行。

2008年11月28日－30日　"中国近现代哲学的多元思想资源"学术研讨会在上海师范大学举行。

2008年11月29日　由中国人民大学和韩国高等教育财团主办的"国际儒学论坛·2008"国际学术研讨会在京举行。

2008年11月29日　湖北省荆楚文化研究会第二届会员代表大会暨"荆楚文化与湖北人文精神"学术研讨会在武汉举行。

2008年11月29日－30日　由青岛保税区、和文化国际传播中心等单位联合举办的"首届和文化高端论坛"在青岛举行。

2008年11月30日　"纪念雪峰义存大师圆寂1100周年暨禅宗思想学术研讨会"在福州召开。

2008年12月2日　湖南大学岳麓书院与湖南卫视再次携手，重启了中国古代学术圣殿岳麓书院的千年论坛。

2008年12月4日－6日　由中国社会科学院考古研究所和广州市文化局联合主办的"西汉南越国考古与汉文化国际学术研讨会"在广州召开。

2008年12月6日　首都师范大学历史学院在著名历史学家宁可先生八十华诞之际，举行了"宁可史学思想研讨会"。

2008年12月6日－7日　由中山大学中国哲学研究所举办的"宗教、伦理、哲学视野中的中国思想史"研讨会在珠海举行。

2008年12月7日－9日　由中国社会科学院东方文化研究中心、曲阜孔子书院主办的"孔子与国学的新认识学术研讨会"在唐山举行。

2008年12月8日－9日　由中华人民共和国文化部和美国国家人文基金会共同举办的"中美文化论坛"在北京五洲皇冠大酒店举行。

领导干部国学大讲堂

2008年12月9日－11日　第三届孔子学院大会在北京人民大会堂开幕，大会宣布截至目前已经在全球78个国家和地区设立249所孔子学院和56所孔子课堂。

2008年12月10日　北京大学哲学系、中国文化书院在北京大学治贝子园召开题为"中西文化哲学会通 哲学·宗教·生活"的研讨会。

2008年12月11日　中国社会科学院第四届"国学研究论坛"在京举行，此次论坛主题为"陈垣、陈寅恪与20世纪中国传统文化研究"。

2008年12月13日　由四川省社会科学院、四川省社会科学界联合会、湖北省麻城市人民政府在四川成都联合举行"移民文化与当代社会"学术研讨会。

2008年12月13日－14日　由南开大学中国社会史研究中心主办的"民间文献与华北社会史"学术研讨会举行。

2008年12月13日－14日　湖北第二师范学院召开"国学与当代文明建设研讨会"。

2008年12月13日－14日　由广东华侨华人研究会、五邑大学广东侨乡文化研究中心、华南师范大学岭南文化研究中心联合主办的"侨乡文化与岭南文化"学术研讨会在江门五邑大学召开。

2008年12月14日　著名文化学者、书法家、北京大学教授金开诚因病在北京逝世，享年76岁。

2008年12月15日－17日　深受文学艺术评论家瞩目的大型理论论坛"传统与文艺：2008·北京文艺论坛"在九华山庄举行。

2008年12月16日－17日　由国家文物局主办，清华大学、中国文物保护协会、荆州市文保中心协办的"出土饱水竹木漆器及简牍保护学术研讨会"在清华大学召开。

2008年12月17日　为期三天的第九届国际汉语教学研讨会在北京闭幕。

2008年12月19日　由中国艺术研究院文化发展战略研究中心主办

的"中国文化发展战略与国家文化软实力"研讨会在京举行。

2008年12月19日 纪念胡小石诞辰120周年——胡小石书法精品展在南京博物院艺术馆开幕。

2008年12月19日-20日 国家清史编委会典志组与《清史·典志·地理志》项目组在京联合召开"清代地理研究"学术研讨会。

2008年12月20日-21日 由杭州市佛教协会、杭州市宗教研究会主办的"杭州佛学院十周年校庆暨第六届吴越佛教唯识研讨会"在浙江省杭州举行。

2008年12月20日-21日 清华大学历史系主办的"中国近现代史上的民族主义"国际学术研讨会在清华大学近春园举行。

2008年12月21日 由中国人民大学历史学院和北京师范大学《史学史研究》编辑部联合举办的"改革开放新时期史学理论及史学史研究成就与学科建设——首都史学界纪念中共十一届三中全会召开三十周年座谈会"在中国人民大学召开。

2008年12月21日 北京师范大学古籍与传统文化研究院、历史学院、北师大校友会、辅仁大学校友会及中国历史文献研究会共同举办了"新世纪历史文献学暨刘乃和先生史学成就学术研讨会"。

2008年12月26日-29日 由中山大学中文系、《文学遗产》编辑部联合主办的"中国文体学国际学术研讨会·《文学遗产》论坛"在中山大学中文堂隆重召开。

2008年12月27日 纪念著名国学大师章太炎诞辰140周年研讨会在北京师范大学举行,同时,中华书局也推出了由著名语言文字学家王宁整理的《章太炎〈说文解字〉授课笔记》,学界由此得见大师当年讲学之精妙。

2008年12月27日 由山东大学文史哲研究院、菏泽历史文化与中华古代文明研究会联合主办的"庄子故里新说"学术研讨会在山东大学举行。

2008年12月28日－29日　由香港青松观全真道研究中心与深圳大学国学研究所联合主办的"《全真学案》学术研讨会"在深圳召开。

2008年12月28日　"中华诵·经典诵读大赛"全国总决赛暨"中华赞·诗词歌赋创作"颁奖晚会北京举行。

2008年12月30日　首都国际文化研究基地在北京语言大学揭牌成立，同时还举行了跨文化研究高层论坛。

❖ 2009年国学大事记 ❖

2009年1月6日－8日　复旦大学中国古代文学研究中心与美国哈佛大学东亚系、台湾中研院文哲所等联合举办"中国近代文学国际学术研讨会"。

2009年1月12日　大型高清系列纪录片《台北故宫》在中央电视台首播，掀起一股"故宫热"。

2009年1月12日　由教育部社科司主办，北京大学承办的"教育部重大攻关项目《儒藏》工程工作会议"在北京大学召开。

2009年1月12日　由北京语言大学和商务印书馆联合主办的"《汉语方言地图集》出版新闻发布会"在北京语言大学举行。

2009年1月13日　"中国社会科学院考古学论坛——2008年中国考古新发现"召开。

2009年1月14日　《中华读书报》新开辟了一个栏目"国学文化周刊"，由《中华读书报》和中国人民大学国学院合办。

2009年1月16日－18日　"古道照颜色——先秦两汉古籍国际学术研讨会"在香港中文大学举行。

2009年1月17日－19日　第二届香港国际古书展在香港展览中心开幕。

2009年1月20日　《汉字五千年》新闻发布会在国家汉办(孔子学院总部)举行。

2009年1月22日　一代武侠小说大师陈文统(笔名梁羽生)因病在悉尼去世,享年85岁。

2009年2月3日　台湾法鼓山创办人圣严法师在台北圆寂,享年79岁。

2009年2月3日　中国老舍研究会、北京语言大学、北京人民艺术剧院和北京市老舍纪念馆在京联合举办纪念老舍先生诞辰110周年纪念座谈会。

2009年2月7日　北欧孔子学院第一届年会召开。

2009年2月10日　作为中国非物质文化遗产传统技艺大展系列活动的组成部分,非物质文化遗产生产性方式保护论坛在京开幕。

2009年2月18日　《北京晚报》刊发《李辉质疑文怀沙》,《人民日报》资深编辑李辉向学者文怀沙提出公开质疑,质疑其出生年龄、"国学大师、楚辞泰斗"头衔、"文革"中犯"反革命罪"均为伪造。

2009年2月25日　法国公开拍卖圆明园鼠首兔首,引发中国民间和官方高度关注。

2009年2月26日　为促进月坛社区的文化建设,首都师范大学国学传播中心在月坛社区开办国学教室,进行国学系列讲座首次活动。

2009年2月27日　首届社区文化与民俗理论研讨会在京举行。

2009年2月28日　"汉语盘点2008"活动揭晓,"和"、"改革开放30年"、"争"、"华尔街风暴"分列年度国内字、国内词、国际字、国际词第一。

2009年3月11日　正值中国伟大哲学家、思想家老子诞辰2580周年纪念之日,世界首个老子研究院在四川大学正式挂牌成立。

2009年3月15日　上海财经大学国学研究所举行成立仪式。

2009年3月20日　由北京市文物局主办的"元代青花瓷与中华文化"

国际学术论坛在首都博物馆多功能厅举行。与此同时，"元代青花瓷文化展"在首都博物馆开幕。

2009年3月24日　全国水墨漫画理论研讨会在湖北安陆召开，来自全国各地的近百位著名漫画家参加了会议。

2009年3月26日－29日　由复旦大学文史研究院与哈佛大学东亚语言及文明系合办的"都市繁华：一千五百年来的东亚城市生活史"国际学术研讨会在沪浙两地举行。

2009年3月28日　近50个国家和地区的1700多位高僧大德、著名佛教学者、政要和社会各界人士云集无锡灵山，出席第二届世界佛教论坛开幕式，共祈世界和谐、众生安康。

2009年3月30日　"古籍整理研究与中国古典文献学学科建设国际学术研讨会"在山东大学召开。

2009年3月底　国家文物局2008年度全国十大考古新发现揭晓。

2009年4月1日　由中国民生银行、炎黄艺术馆主办的"中国现代美术奠基人系列·徐悲鸿学术研讨会"在中央美术学院举行。

2009年4月3日　"我们的节日——第二届中国传统节日(寒食、清明节)论坛"在山西省介休市绵山风景区召开。

2009年4月8日　中国社科院"第五次国学研究论坛"举行。此次论坛以"简化字与繁体字"为主题，旨在回应社会上有关恢复繁体字的思潮和疑问，强调汉字作为文化传承和现代文化记载的工具，必须保持稳定。

2009年4月9日　2009中国(无锡)吴文化国际研讨会揭幕，来自海内外100多位专家学者和理论精英围绕"吴文化与创新文化"的主题展开研讨。

2009年4月10日　2009年中国文化遗产保护无锡论坛开幕，来自国内外文化遗产保护领域的140多位专家相聚无锡，共同研讨文化线路遗产的科学保护。

2009年4月10日　由《中国社会科学》、《中国社会科学院报》和《历史研究》杂志主办，郭沫若纪念馆协办的"五四的精神遗产"座谈会在北京郭沫若纪念馆举行。

2009年4月10日　由人力资源和社会保障部、卫生部、国家中医药管理局共同组织的首届"国医大师"评审名单开始公示，方和谦、王玉川、王绵之、邓铁涛等30位名老中医入选。

2009年4月11日－13日　由中国史学会主办、河北师范大学承办的中国史学界第八次代表大会在石家庄召开。

2009年4月12日　第一届中国社会科学论坛在浙江金华落下帷幕。

2009年4月13日　光明日报《国学》版开辟"解读清华简"专栏，对自去年7月份以来为海内外学界一直关注的"清华简"整理工作给予关注。

2009年4月16日　由中国公共关系协会主办的"中华汉字寻根之旅"活动在北京正式启动。

2009年4月18日　首届孟学(国学)高层论坛暨"中华母亲节"促进活动在江苏徐州举行。

2009年4月18日－19日　由中国史学会、南京大学和海门市人民政府联合举办的第五届张謇国际学术研讨会在海门隆重举行。

2009年4月18日－19日　中华炎黄文化研究会等四单位联合主办的"孝文化与构建和谐社会高峰论坛"在首都师大举行，并通过"中华孝道弘扬书"。

2009年4月22日－24日　由复旦大学古代文学研究中心主办、聊城大学文学院承办的"第五届全国高校古代文学与古代文论学术研讨会"在山东聊城举行。

2009年4月23日　在国家图书馆总馆南区文津广场，国图组织的多项大型文化公益活动展开。

2009年4月24日　北京市文史研究馆、北京市政协文史和学习委员会、北京市社会科学院、北京市地方志编纂委员会办公室在北京新大都饭店共同举办"北京文史论坛",就北京地域文化进行回顾与展望。

2009年4月24日－26日 由山东大学哲学与社会发展学院主办、美国基督教与中国研究中心协办的"中西文化基本精神与未来走向"学术研讨会在山东大学召开。

2009年4月25日 中国政法大学马克思主义学院和国际儒学院联合主办纪念"五四"九十周年学术研讨会。

2009年4月25日 担负"清华简"整理和研究工作的清华大学"出土文献研究与保护中心"宣布成立。

2009年4月25日 "《儒藏》工程编纂工作研讨会"在北京大学博雅会议中心举行。

2009年4月25日－26日 由上海社会科学院哲学研究所、华东师范大学哲学系和中国逻辑学会中国逻辑史专业委员会共同主办的"中国传统思维方法学术研讨会",在上海市委党校召开。

2009年4月26日－27日 由国际儒学联合会和台湾"中华孔孟学会"主办的"海峡两岸儒学交流研讨会"在北京举行。

2009年4月29日 北京国学时代文化传播股份有限公司召开新闻发布会,宣布该公司已在深交所待办股份转让系统正式挂牌,成为入主"新三板"国内首家文化创意类上市企业,同时也是首支成功上市的"国学股"。

2009年5月3日－4日 由《文史哲》编辑部主办的人文高端论坛:"传统与现代:中国哲学话语体系的范式转换"学术研讨会在山东大学召开。

2009年5月5日 超长古装情景剧《万卷楼》前100集开始在浙江等地进行全国首播。《万卷楼》以其诙谐幽默,深入浅出的方式,每一集都诠释一个传统文化知识。

2009年5月6日 由中华美学学会、香港浸会大学、台湾辅仁大学、陕西师范大学共同主办的"儒家美学思想的现代阐释"——首届中华两岸三地美学学术研讨会在陕西师大雁塔校区召开。

2009年5月8日　白寿彝先生学术思想研讨会暨诞辰一百周年纪念大会在北京师范大学英东学术会堂召开。

2009年5月8日　"全国首届会同炎帝故里文化研讨会"在湖南省会同县举行。

2009年5月9日　由暨南大学和美国俄亥俄大学联合主办的"第四届海外华人研究与文献收藏机构国际合作会议"在暨南大学开幕。

2009年5月13日　"2009国家语言战略高峰论坛"在南京大学举行。

2009年5月16日　时值隋炀帝诞辰1440周年之际，"中国隋炀帝学术研讨会"在江苏邗江举行。

2009年5月16日　由全国关心下一代工作委员会事业发展中心等单位主办的首届两岸四地亲子文化论坛在北京举行。

2009年5月16日　由山东省民俗学会、淄川区委、区政府主办，区文化旅游局和淄河镇党委政府共同承办山东淄川·中国孟姜女传说学术研讨会在淄川区宾馆举行。

2009年5月16日－17日　由天津市建筑遗产保护志愿者团队、天津市历史学学会艺术史专业委员会联合举办的"津门论剑——民国北派通俗文学学术讨论会"在天津市举行。

2009年5月18日－21日　香港中文大学哲学系举办题为"中国哲学研究之新方向"的国际学术研讨会。

2009年5月20日－21日　"炎帝神农文化高层论坛"在湖北随州举行。

2009年5月21日－23日　"现代视域中的儒学"国际学术研讨会在华东师范大学召开。

2009年5月22日　来自韩国的160多名专家学者及各界人士一同参加了在杭州桐庐举行的"退庵——子陵两先生义理精神国际学术讲演会"。

2009年5月22日　我国著名哲学家和伦理学家、北京大学哲学系教授周辅成先生在北京友谊医院因病逝世，享年98岁。

2009年5月22日－25日　宜宾市政府举办系列活动，纪念唐君毅先生诞辰100周年。

2009年5月23日　由《云梦学刊》主办的"中国当代学术与传统学术论坛"在清华大学举行，来自全国各单位的30多位专家参加了论坛。

2009年5月23日　为纪念张岱年先生诞辰一百周年，北京大学哲学系于在北京达园宾馆召开以"张岱年先生与中国哲学"为主题的学术研讨会。

2009年5月23日－24日　"中华经典诵读工作研讨会"在京召开。

2009年5月23日－25日　首届佛教净土宗文化研讨会在鄂州市召开。

2009年5月29日－31日　由中国社会科学院文学研究所理论室、河北大学文学院共同主办的"多元文化中的中国美学"学术研讨会，在河北大学举行。

2009年6月1日－13日　第二届中国成都国际非物质文化遗产节在成都市举行。

2009年6月2日　江苏太仓市政协召开了"纪念吴梅村诞辰400周年大会"。

2009年6月4日－5日　湖南大学岳麓书院举办了第一次《岳麓书院藏秦简》(第一卷)国际研读会。

2009年6月11日　由上海市古典文学学会和上海市松江区文广局联合主办的"云间文学研讨会"在松江区举行。

2009年6月12日　在第四个"文化遗产日"即将到来之际，文化部确定了4478部第二批国家珍贵古籍名录，以及62家第二批全国古籍重点保护单位。

2009年6月13日　由复旦大学出土文献与古文字研究中心主办的"出土文献与传世典籍的诠释——纪念谭朴森先生逝世两周年国际学术

研讨会"在复旦大学复宣酒店召开。

2009年6月13日　由中国民间文艺家协会和天津大学冯骥才文学艺术研究院共同主办的"田野的经验·第三届中日韩非物质文化遗产保护方法论坛"在天津举行。

2009年6月17日　董子文化研讨会在德州召开。

2009年6月19日　由中国人民大学和北京大学联合主持编纂的大型文献整理工程《清代诗文集汇编》历时五年终于顺利结项出版。

2009年6月21日　第五届国际道教学术研讨会暨玄天上帝宫庙交流会在道教圣地鄂西北武当山开幕。

2009年6月22日－26日　由尼山圣源书院和北京外国语大学东西方关系中心等单位联合举办的"东西文化比较的新视野：安乐哲师生论道"讲习会在山东泗水举办。

2009年6月26日　中国山西五台山在西班牙塞维利亚举行的第33届世界遗产大会上被正式列入《世界遗产名录》。

2009年6月27日－29日　华东师范大学哲学系和西藏民族学院政法学院联合主办的"经典与诠释：文化传统的诠释与重构"学术研讨会在陕西省咸阳市召开。

2009年7月8日　全国中小学国学教育研究成都市青羊区现场会在蓉召开，王登峰称考虑邀流行歌星助推国学。

2009年7月11日　著名学者任继愈先生与季羡林先生相继辞世，给学界和公众带来巨大的震撼和无尽的悲哀。

2009年7月11日－12日　由中国《史记》研究学会和东北师范大学主办，的中国古代典籍与文化学会研讨会暨中国《史记》学会第八届年会在长春召开。

2009年7月12日　中国文学思想史学术研讨暨罗宗强先生80寿辰纪念会于北京召开。

2009年7月13日　一度延迟播出的《开心辞典》暑期特别节目"开心

学国学"正式亮相央视经济频道。

2009年7月21日　中国古代散文学术研讨会在陕西师范大学启夏苑召开。

2009年7月23日下午　在中国社会科学院考古研究所八楼会议室,"殷墟研究新进展"学术报告会在北京举行,唐际根研究员和荆志淳教授作了中加联合考古合作项目第二期的工作汇报。

2009年7月24日—29日　由中国人民大学历史学院、北方民族考古研究所等单位联合主办的"2009中国·乌珠穆沁边疆考古国际学术研讨会"。

2009年7月25日　中国人民大学国际中国哲学与比较哲学研究中心举办的"2009比较哲学方法论"研讨会在人大逸夫会议中心召开。

2009年7月26日　中华私塾新闻发布会在中华书局举办,中华书局开办公众讲坛"中华私塾",旨在秉承出版社"弘扬传统,服务学术,惠及大众"的宗旨,充分发挥自己历史责任和使命。

2009年7月27日　由中国国家汉办主办的《五经》研究与翻译国际学术会议召开。

2009年7月27日—31日　国际人类学与民族学大会在昆明举行,全球6000多位专家学者与会,本届大会以"人类、发展与文化多样性"为主题。

2009年7月28日　中国契丹文化研究中心在河北平泉成立。

2009年7月28日　四川大学在红瓦楼宾馆举行了"第三届中国俗文化国际学术研讨会暨项楚教授七十华诞学术讨论会"开幕式。

2009年7月29日　由北京大学震旦古代文明研究中心、河北省文物研究所和河南省文物考古研究所联合主办的"全国首届先商文化学术研讨会"召开。

2009年7月30日　中国文化论坛第五届年度论坛在上海社会科学院闭幕。本次论坛主题为"西学在中国——五四运动90周年的思考"。

2009年7月30日 "纪念元大都国际学术研讨会"在北京召开。

2009年8月1日：国学大师陈寅恪逝世40周年纪念活动在江西庐山举行。

2009年8月1日－2日 由中国人民大学国学院与美国明尼苏达大学高等研究院联合主办的"传统与现代：从明清到民国的转变"国际学术研讨会在中国人民大学逸夫会议中心召开。

2009年8月1日－3日 由甘肃省博物馆、教育部人文社会科学重点研究基地兰州大学敦煌学研究所共同举办的"丝绸之路文化国际学术研讨会"在兰州召开。

2009年8月3日 由中国敦煌吐鲁番学会、台湾南华大学主办，兰州大学社会科学处、敦煌学研究所承办的"2009年百年敦煌学史专家论坛"在兰州大学本部图书馆报告厅举行。

2009年8月4日 由上饶师院朱子学研究所、安徽省朱子学会、福建闽学研究会、台湾朱子研究会、南昌大学江右哲学研究中心联合主办的"朱子学与理学学派学术研讨会"在江西上饶召开。

2009年8月4日 由上海商学院主办的"2009上海欧阳修国际学术研讨会"，在上海商学院徐汇校区举行。

2009年8月4日 我国当代著名中医学家、伤寒学家、中国中医药学会仲景学说专业委员会顾问李培生教授与世长辞，享年96岁。

2009年8月5日 由中国秦文研究会和曲阜孔子书院主办的"新中国古汉字学及汉字科技文化成就学术研讨会"在京举行。

2009年8月12日 由中国艺术研究院、云南省文化厅、楚雄彝族自治州人民政府共同主办的首届彝剧国际学术研讨会在云南楚雄召开。

2009年8月12日 教育部、国家语委举行新闻发布会，就历时8年研制完成的《通用规范汉字表（征求意见稿）》向全社会公开征集意见。

2009年8月12日－13日 由中国社会科学院历史研究所、日本东方学会和日本大东文化大学联合主办的"首届中日学者中国古代史论坛"

在京举行。

2009年8月13日 "郑州大学嵩阳书院"获准设立，作为新成立的郑州大学二级学院，嵩阳书院今年计划在相关专业中调剂100名新生开设国学专业。

2009年8月13日—16日 正值王懿荣发现甲骨文一百一十周年，中国殷商文化学会、山东省大舜文化研究会和烟台市政府举办王懿荣发现甲骨文一百一十周年系列纪念活动。

2009年8月15日 为探究历史文化视域下的东方诗话，国际东方诗话学会第六次学术大会在延边大学开幕。

2009年8月16日 两岸四地"《春秋》三传与经学文化"学术研讨会在北京语言大学举行。

2009年8月16日 由民盟内蒙古区委主办的中国古代北方民族文化研讨会在呼和浩特召开。

2009年8月16日—19日 由河南省永城市市委、市政府和中国秦汉史研究会共同主办的"中国永城—汉文化芒砀国际论坛暨中国秦汉史研究会第12届年会"，在"汉兴之地"河南永城市举行。

2009年8月17日—19日 第二届中国秘密社会史国际学术研讨会在山东大学召开。

2009年8月18日 第二届中国古籍数字化国际学术研讨会在北京龙泉宾馆隆重开幕。

2009年8月19日—23日 中国文字学会第五届学术年会暨汉字学国际学术研讨会在福建武夷山召开。

2009年8月20日—23日 "第四届汉语史研讨会暨第七届中古汉语国际学术研讨会"在北京语言文化大学召开。

2009年8月20日—23日 由南开大学中国社会史研究中心主办的"断裂与连续：金元以来的华北社会文化"国际学术研讨会在南开大学召开。

2009年8月21日－22日　　丝绸之路国际学术研讨会在银川召开。

2009年8月22日　　京城四大名医之一施今墨逝世40周年的日子，施今墨学术思想研讨会在京召开。

2009年8月25日－28日　　由首都师范大学中国诗歌研究中心、首都师范大学文学院联合主办的"第二届乐府与歌诗国际学术研讨会"在北京召开。

2009年8月26日　　"民间文献与地方史研究数据库"国际学术研讨会在华侨大学厦门校区王源兴国际会议中心举行。

2009年8月26日－29日　　第五届"科举制与科举学"国际研讨会，在北海道大学百年纪念馆召开。

2009年8月27日－28日　　中华人民共和国国史学会与中国史学会在当代中国研究所联合主办了"新中国60年历史学术研讨会"。

2009年8月27日－30日　　第三届中国近代社会史国际学术研讨会在贵阳召开。

2009年8月28日－30日　　由武汉大学中国三至九世纪研究所、北京大学中国古代史研究中心共同主办的第三届"中国中古史青年学者联谊会"在武汉大学召开。

2009年9月1日－2日　　中国首届甲骨文地名保护学术会议在河南安阳召开。

2009年9月2日－5日　　由北京师范大学历史学院中国古代史研究中心主办的"中国古代文明及其衍化"国际学术研讨会，在北京师范大学召开。

2009年9月3日－7日　　第16届国际图书博览会期间，《民国史料丛刊》首发式在京举行。

2009年9月4日　　张之洞辞世一百周年暨督鄂一百二十周年之际，湖北省武汉市举行一系列活动表示纪念。

2009年9月5日　　南京大学文学院教授、著名文史专家卞孝萱先生去世，享年86岁。

2009年9月5日　由中国民俗学会与学苑出版社共同主办的"文化传统与民间信仰——第二届海峡两岸民间文化学术论坛"在京举行。

2009年9月5日　"郭影秋同志诞辰100周年纪念暨学术研讨会"在人民大学逸夫会议中心第一报告厅举行。

2009年9月5日　由中华书局、甘肃省先秦文学与文化研究中心和西北师范大学共同主办的《新编全上古三代秦汉三国六朝文》编纂工作研讨会在西北师大专家楼召开。

2009年9月8日　作为中国国家图书馆庆祝建馆一百周年系列庆典活动内容之一，"互知·合作·分享——首届海外中国学文献研究与服务学术研讨会"在国家图书馆召开。

2009年9月8日　纪念马祖道一诞辰1300周年暨第二届马祖文化节专家学者座谈会在"马祖故里"——四川省什邡市马祖村廊桥上举行。

2009年9月9日　由中国苏轼研究学会与徐州市人民政府主办的"全国第十六届苏轼学术研讨会暨全国苏轼遗址景园旅游发展论坛"在徐州中山饭店召开。

2009年9月11日－13日　"中古地域社会形态与文明史研究国际学术研讨会"在上海师范大学举行。

2009年9月12日　首届海峡两岸(滨州)孙子文化交流研讨会在山东省滨州市举行。

2009年9月18日－20日　由武汉大学中国传统文化研究中心、中南财经政法大学经济史研究中心与江汉大学城市研究所在武汉联合召开了"张之洞与中国近代化"国际学术研讨会。

2009年9月18日－21日　湖北省楚国文化研究会第六届代表大会暨中国早期楚文化研讨会在湖北保康召开。

2009年9月19日　中山大学博雅学院开学，由学者甘阳任院长，开始实施新通识教育方案。

2009年9月19日-21日　由国家清史编委会与故宫博物院联合举办、中国人民大学清史研究所协办的第十三届国际清史学术研讨会在京召开。

2009年9月20日　"2009年中国传统节庆文化论坛"在浙江宁波镇海区开幕。

2009年9月22日　2009中国·潮州韩愈国际学术研讨会，在粤东潮州市举行。

2009年9月24日　由国际儒学联合会、联合国教科文组织和中国孔子基金会共同主办的"纪念孔子诞辰2560周年学术研讨会"在北京举行。

2009年9月24日　《孔子世家谱》续修告成并进行颁谱大典仪式。

2009年9月24日-25日　由上海市教委主办的两岸四地"传统节日与中华文化传承"系列活动在上海虹桥迎宾馆召开。

2009年9月26日　在纪念灵武置县2200年之际，由中国唐史学会和灵武市政府主办的唐史唐文化研讨会在灵武召开。

2009年9月27日　台湾新竹县举办第二届两岸师生联合祭孔大会。

2009年9月27日　第二届世界儒学大会在孔子故里山东省曲阜市拉开帷幕。

2009年9月30日　从阿联酋首都阿布扎比传来消息，22个中国非遗项目列入《世界人类非物质文化遗产代表作名录》。它们是：福建南音、南京云锦、广东粤剧、端午节、妈祖信俗等。

2009年10月9日　"全国蒙古民俗民间文化学术研讨会"在北京举行。

2009年10月9日　由教育部语言文字应用管理司指导，中华书局、中国人民大学国学院联合主办的全国首届"中华诵·经典教育论坛暨建国六十周年经典教育研讨会"在京举行。

2009年10月9日-11日　东亚出版文化研究国际学术会议在韩国首

尔高丽大学举行。

2009年10月12日 以中华吟诵为主题的大型文化活动"吟诵经典、爱我中华——中华吟诵周"在首都师范大学拉开帷幕。

2009年10月12日 中国人民大学举行国学教育制度化建设与国学学位设置专题座谈会，校长、国学院院长纪宝成出席会议并讲话。

2009年10月14日 叶嘉莹等多位海内外吟诵界的专家学者相聚北京语言大学，就中国古典诗词教学与吟诵的关系、吟诵的艺术感与发展方向等问题展开讨论。

2009年10月15日 正值吴晗先生诞辰100周年，由北京市历史学会吴晗研究分会与北京师范大学历史学院共同主办的"永久的纪念，无尽的追思——吴晗先生诞辰100周年纪念会"在北京师范大学举行。

2009年10月15日 由中国国际出版集团(又称中国外文局)和孔子学院总部共同主办的"国际汉学与当代中国"论坛在法兰克福书展中国主题馆举办。

2009年10月15日 "中日韩佛教论坛"在扬州大明寺举行。

2009年10月16日 由苏州市吴中区木渎镇人民政府主办，上海社会科学院历史研究所协办的"纪念冯桂芬诞辰200周年学术研讨会"在古镇木渎召开。

2009年10月16日 北京故宫博物院藏传佛教文物研究中心成立。

2009年10月16日—18日 由上海大学历史系暨古代文明研究中心举办的"中国传统学术的近代转型"国际学术研讨会在上海大学举行。

2009年10月17日 由华中师范大学语言与语言教育研究中心主办的"句子功能"国际学术研讨会在华中师范大学科学会堂举行。

2009年10月17日—18日 由上海大学历史系暨古代文明研究中心举办的"中国传统学术的近代转型"国际学术研讨会在上海大学乐乎新楼举行。

2009年10月17日—18日 武汉大学哲学学院成功主办了"《周易》与

出土经学文献学术研讨会"。

2009年10月17日—18日　桐城市人民政府、安徽省桐城派研究会共同举办的第四届全国桐城派学术研讨会在桐城市召开。

2009年10月19日　纪念北京猿人第一头盖骨发现80周年国际古人类学术研讨会暨第一届亚洲第四纪研究学术大会在北京召开。

2009年10月20日　故宫博物院明清宫廷史研究中心正式成立，揭牌仪式在故宫建福宫敬胜斋举行。

2009年10月21日　一代礼学宗师、著名经学家、浙江大学古籍研究所教授、中国古典文献学博士研究生导师沈文倬先生在上海逝世，享年93岁。

2009年10月21日　首届中国瓷都·德化月记窑国际当代陶艺家柴烧研讨会在具四百年烧瓷历史的福建德化月记窑开幕。

2009年10月22日　为期五天的"第六届中国宋代文学国际学术研讨会"在成都市京川宾馆召开。

2009年10月22日　由中国社科院史学理论研究中心、中国社科院史学理论重点学科、《史学理论研究》编辑部和温州大学联合主办的第15届全国史学理论研讨会在温州大学召开。

2009年10月24日　我国西部高校第一所国际儒学研究院近日在四川大学挂牌成立。

2009年10月24日　"丁声树先生百年诞辰纪念暨第五届官话方言国际学术研讨会"在河南大学第四会议室开幕。

2009年10月24日　北京师范大学历史学院举办了《二十世纪二十四史研究丛书》学术研讨会。

2009年10月24日—25日　"民国浙江社会经济史学术研讨会"在美丽的西子湖畔召开。

2009年10月24日—26日　由中国艺术研究院主办，中国艺术研究院戏曲研究所承办的"中国戏曲理论国际学术研讨会"在京举行。

2009年10月24日－26日　由中国社会科学院近代史研究所和湘潭大学联合主办的第三届"晚清国家与社会"国际学术研讨会在湖南湘潭召开。

2009年10月25日　第二届海峡两岸李时珍医药文化与产业合作发展论坛在武汉开幕。

2009年10月25日　"目录学与《续修四库全书提要》编纂学术讨论会"在清华大学举行，《续修四库全书提要》编纂工作开始加速。

2009年10月26日　马鞍山中国李白诗歌节暨国际吟诗节举行。

2009年10月26日　著名美籍华人学者、历史学家、传记文学家、红学家唐德刚先生，在美国旧金山家中因肾衰竭过世，享年89岁。

2009年10月27日　"净心慈恩、盛世长安"长安佛教学术研讨会在西安大慈恩寺开幕。

2009年10月28日　由上海市文联、文汇报社和上海市松江区人民政府联合举办的"《平复帖》暨二陆文化学术研讨会"在上海松江新城召开。

2009年10月29日－31日　由北师大民俗典籍文字研究中心与法国远东学院联合主办的"明清至民国时期中国城市的寺庙与市民"国际学术会议举行。

2009年10月29日－11月1日　由中国屈原学会和深圳大学共同主办、由深圳大学承办的中国楚辞学国际学术研讨会暨中国屈原学会第十三届年会召开。

2009年10月30日　由中国明史学会与凤阳县人民政府联合主办的"朱元璋暨凤阳帝乡文化学术讨论会"在安徽省凤阳县召开。

2009年10月30日－11月1日　由中国国家汉办与中国人民大学联合召开的第二届世界汉学大会在中国人民大学举行。

2009年11月1日　清华大学举行清华国学研究院成立大会。

2009年11月2日－4日　由武汉大学哲学学院与中国传统文化研究

中心主办的"国际明清学术思想暨纪念萧萐父先生诞辰八十五周年研讨会"在武汉大学召开。

2009年11月5日　北京大学召开新闻发布会，正式向学术界通报，2009年初北京大学受捐一批从海外抢救回归的珍贵西汉竹简，总数达3300多枚。

2009年11月5日－6日　"首届国际老子道学文化高层论坛"在北京人民大会堂举行。

2009年11月6日－8日　正值儒学大师董仲舒诞生2200周年之际，由中共河北衡水市委、市政府和中华孔子学会共同主办的纪念董仲舒诞辰2200年暨董仲舒思想国际研讨会在衡水举行。

2009年11月6日－10日　"《文心雕龙》国际学术研讨会暨中国文心雕龙学会第十届年会"在安徽师范大学召开。

2009年11月7日　中华诗词研究院（BVI）在京举办了以"缅怀恩师品德，传承文化精髓"为主题的顾随诗词研讨会。

2009年11月7日　"第三届中国经学国际学术研讨会"开幕式在厦门科协大厦召开。

2009年11月7日－8日　清华大学建筑学院召开了纪念中国营造学社成立80周年学术研讨会。

2009年11月8日－14日　由文化部主办，中国艺术研究院·中国非物质文化遗产保护中心承办的"中国非物质文化遗产民间文学、民俗类项目保护工作培训班"在山东省曲阜市召开。

2009年11月10日　国际儒学联合会与上海师范大学合作创办的国际儒学院正式成立。

2009年11月12日　国学大师饶宗颐的雕像在香港中文大学揭幕。

2009年11月12日－14日　由香港法住文化书院、武汉大学孔子与儒学研究中心、中山大学哲学系、新加坡南洋孔教会等机构主办的百年儒学研讨会在广东肇庆召开。会议结集了各学者意见，发表了《中国文化的转折与开新——百年儒学宣言》。

2009年11月13日－15日　国家图书馆主办的"中国古典文献学国际学术研讨会"在北京香山饭店举行。

2009年11月15日　由北京周易研究会、河南安阳周易研究会、国际易学联合会、北京社会科学联合会共同主办的建国60周年中国本土心理学高峰论坛召开，《周易》成为会议的核心议题。

2009年11月15日　由金溪县委主办的"纪念陆象山诞辰870周年学术研讨会"在陆象山故里江西省金溪召开，

2009年11月16日－17日　由国家图书馆主办"数字化时代古籍目录学的发展"研讨会在国家图书馆召开。

2009年11月16日－17日　"2009首届中国（山东）儒释道传统文化高峰论坛"在山东青州市举行。

2009年11月20日　由中国太平天国史研究会、江苏省太平天国史学会联合主办的"新时期太平天国史研究学术座谈会"在南京太平天国历史博物馆召开。

2009年11月20日－21日　华南师范大学举行岭南文献与"岭南学"国际学术研讨会。

2009年11月21日－23日　南京大学与东京大学在南京华东饭店联合举办了"南戏国际学术研讨会暨钱南扬先生诞辰110周年纪念会"。

2009年11月26日　设在北京师范大学的中国民族文化产业研究中心成立。

2009年11月27日　国内唯一具有国学年鉴性质的系列丛书《年度国学2007》、《年度国学2008》，在京举行首发式。

2009年11月28日　中央文史研究馆馆员，著名文物专家、学者、文物鉴赏家、收藏家，国家文物局中国文化遗产研究院研究员王世襄先生，在北京去世，享年95岁。

2009年11月28日　中央文史研究馆和中华诗词学会联合举办的纪

念中国近代史上著名的进步文化团体——南社成立100周年座谈会在北京举行。

2009年11月28日　首届海峡国学高端研讨会暨厦门筼筜书院开院仪式在厦门筼筜书院举行。

2009年12月5日　中国儒、释、道三教泰斗级人物相聚世界文化与自然遗产地、名茶大红袍故乡武夷山，阐释"茶和天下"的中华传统文化之精髓。

2009年12月5日－6日　"国际儒学论坛·2009"学术研讨会在中国人民大学隆重举行。

2009年12月7日　《光明日报·国学》版刊登了梁涛先生题为《论国学研究的态度、立场与方法——评刘泽华先生王权主义的"国学观"》的争鸣文章，引发国学研究态度、立场与方法争论。

2009年12月8日　北京大学国际汉学家研修基地揭牌仪式举行。

2009年12月8日　由华中师范大学、云英阁李寿昆工作室主办，武汉大学中国传统文化研究中心协办的"纪念张大千先生诞辰110周年国际学术研讨会暨作品展"在华中师范大学开幕。

2009年12月9日　全美中国作家联谊会在美国正式成立国际金瓶梅研究会。

2009年12月10日　首届东江文化全国学术研讨会在广东惠州市惠州学院召开。

2009年12月11日－13日　第四届全球孔子学院大会在北京国家会议中心举行，大会包括论坛、孔子学院资源展和多国语言展等丰富内容。

2009年12月11日－13日　教育部重点研究基地中国文字研究与应用中心举办的"中国文字研究与教学暨《中国文字研究》创刊十周年国际学术研讨会"在上海华东师范大学召开。

2009年12月11日－14日　由北京师范大学、香港浸会大学联合国际学院主办的第五届儒学国际学术研讨会在珠海举行。

2009年12月12日－13日　由北京大学古代文体研究中心、古代诗歌研究中心主办的中国文学史学科百年学术讨论会在北京邮电疗养中心会议厅召开。

2009年12月12日－13日　由中国社会科学院主办，中国社会科学杂志社《历史研究》编辑部、南开大学历史学院、天津市历史学学会承办的"第三届历史学前沿论坛"在津举行。

2009年12月12日－13日　"传统与当代世界：走向多元文化、思想与价值的对话"国际学术研讨会在北京师范大学英东学术会堂举行。

2009年12月13日－14日　由中国社会科学院考古研究所公共考古中心、北京玉学玉文化研究中心联合举办的"中国玉文化名家论坛"在珠海举行。

2009年12月16日　"中国·广川董子文化协会成立大会"在北京中国政协礼堂第九会议室举行。

2009年12月16日－19日　第三届"中华诵"活动决赛进行，教师组冠军由广东赛区选送的中山市实验小学尹华正获得，大学生组冠军由海南选手王俊皓获得。

2009年12月19日　由中华孔子学会、中南大学和长沙诺贝尔摇篮教育集团联合主办的第二届"孔子与中国人文"高端学术论坛——儒家人文主义与教育、教化和教养学术讨论会在中南大学开幕。

2009年12月19日　中部五省省属高校中首家国学研究中心今日在湖北师范学院挂牌成立。

2009年12月20日　中国人民大学国学院联合中国蒙古史学会、内蒙古大学蒙古学学院和日本国立亚非语言文化研究所隆重举办了"纪念亦邻真先生逝世十周年国际蒙古史学术研讨会"。

2009年12月23日　由中国明史学会、中国人民大学历史学院、中华书局联合主办的"韩大成教授《明代城市研究》座谈会"在中国人民大学历史学院举行。

2009年12月26日　安徽省黄山文化书院在安徽大学逸夫图书馆举行方东美纪念研讨会。

2009年12月27日　河南省文物局在北京召开新闻发布会，宣布河南省安阳市的西高穴村东汉大墓，经专家研究，基本认定：此墓即为文献中记载的魏武王曹操高陵。

2009年12月31日　由北京大学中国哲学与文化研究所与中华孔子学会共同举办的"风雨坎坷六十年：中国哲学研究之路和前瞻"学术研讨会在北大治贝子园举行。

2009年12月底　国学春晚与娱乐人士合作，"叫板"央视春晚，引发网民追捧。

◈ 2010年国学大事记 ◈

2010年1月7日　由中国民间文艺家协会节庆研究会和北大、清华的文化产业研究机构等单位联合主办的"首届庙会文化论坛"在东城区文化馆开幕。

2010年1月8日　由中国社会科学院历史研究所主办的"杨向奎先生百年诞辰纪念会"在北京举行。

2010年1月10日　由北京大学中文系、北京大学新诗研究所主办的纪念林庚先生百年诞辰学术研讨会在北大英杰交流中心举行。

2010年1月16日—17日　由清华大学历史系主办的"社会·经济·观念史视野中的古代中国"国际青年学术会议暨第二届清华青年史学论坛在清华园召开。

2010年1月20日　由日照市政府主办的日照圣公(项橐)文化研讨会在济南举行。

2010年1月24日　中国语文现代化学会吟诵分会成立大会暨第一届理事会在首都师范大学召开。

2010年1月25日　《清代诗文集汇编》出版座谈会在人民大会堂举行。

2010年2月2日　由中国史学会、中国社会科学院近代史所联合举办的"学者与战士——刘大年先生逝世十周年追思会"在京举行。

2010年2月3日　由中华炎黄文化研究会和国际儒学联合会主办的电影《孔子》与国学传承专家研讨会在中央民族大学举行。

2010年2月9日　由中国社会科学院主办的"夏鼐先生百年诞辰座谈会"在中国社会科学院考古研究所举行。

2010年2月26日　南少林五祖拳国际学术研讨会在福建泉州华侨大厦举行。

2010年2月27日　由华侨大学文学院、华文学院，香港中文大学吴多泰中国语文研究中心和福建省泉州市政府主办的第二届海外汉语方言国际研讨会在华侨大学开幕。

2010年2月28日　"闽南文化论坛"暨首届海峡两岸闽南文化节活动在泉州召开。

2010年3月8日　北京市委宣传部主办的"清明节文化论坛"在京开幕。

2010年3月8日－9日　由北京大学中国语言文学系、耶鲁大学东亚研究中心、北京大学中国古文献研究中心联合主办的"中国典籍与文化国际学术研讨会"在北大召开。

2010年3月10日　北京大学中文系召开"百年中国文学与学术思想流变"研讨会。

2010年3月10日　中国社会科学院历史研究所在京召开"王毓铨先生百年诞辰纪念会"。

2010年3月26日－29日　中山大学中文系、中国文体学研究中心在广东新会联合主办首届中华诗教国际学术研讨会。

2010年3月27日—28日 第六届科举制与科举学国际学术研讨会暨中华炎黄文化研究会科举文化专业委员会第一次会员大会在杭州师范大学下沙校区召开。

2010年3月28日—29日 教育部语用司会同部内其他相关司局在江苏苏州召开"中华诵·经典诵、写、讲"进校园、进教材、进课堂试点工作研讨会。

2010年4月4日—5日 由中国文学艺术界联合会和中国民间文艺家协会主办的"中国绵山第三届清明文化论坛"在山西省介休市绵山召开。

2010年4月9日 由中国社科院城市发展与环境研究所、江苏省社科联、江苏省社科院、无锡市人民政府主办的"2010中国(无锡)吴文化国际研讨会"在无锡开幕。

2010年4月10日 由无锡市人民政府主办的第五届"中国文化遗产保护无锡论坛"在江苏无锡召开。

2010年4月10日 由中国敦煌吐鲁番学会、省社科联举办的"百年敦煌文献整理研究国际学术讨论会"在杭州举行。

2010年4月10日—11日 由北京师范大学文学院和民俗典籍文字研究中心主办的"黎锦熙先生诞辰120周年纪念暨学术思想研讨会"在北京师范大学举行。

2010年4月12日 由中国社科院文学研究所、中国人民大学文学院、安徽大学中文系、时代出版传媒股份有限公司联合举办的"中国文学与地域文化"圆桌论坛在安徽大学举行。

2010年4月13日 中国纸质文化遗产保护研讨会在伦敦的英国皇家亚洲协会举行。

2010年4月14日—15日 由政协河南省委员会、中国炎黄文化研究会、中国中外名人文化研究会、郑州市人民政府主办的第四届黄帝文化国际论坛"在河南省人民会堂举行。

2010年4月15日　首届"澳门学"国际学术研讨会在澳门大学举行。

2010年4月17日　由北京大学历史学系主办的第六届北京大学史学论坛在北大静园开幕。

2010年4月17日　由中国社会科学院、光明日报的相关单位和南昌大学国学院联合主办的国学论坛在江西南昌举行。

2010年4月17日－19日　由中华炎黄文化研究会等单位主办的"新时期炎黄文化研究的回顾与思考"学术研讨会在首都师范大学举行。

2010年4月18日　南昌大学国学研究院揭牌典礼暨国学学科建设高层论坛在南昌大学举行。

2010年4月19日　故宫学研究现状与未来发展座谈会在京召开。

2010年4月19日　故宫学研究现状与未来发展座谈会在故宫博物院召开。

2010年4月21日　山东大学儒学高等研究院成立，全国人大原副委员长许嘉璐任院长。

2010年4月23日－26日　由上海戏剧学院主办的汤显祖与临川四梦国际学术研讨会在沪召开。

2010年4月29日　"杜希德与20世纪欧美汉学的典范大转移学术座谈会"在北京清华大学甲所举行。

2010年5月2日－3日　《文史哲》杂志人文高端论坛之三"秦至清末：中国社会形态问题"学术研讨会在山东大学举行。

2010年5月6日　由开罗大学孔子学院和开罗大学中文系联合主办的"中阿文明对话——语言文化国际研讨会"在开罗举行。

2010年5月12日　由国家图书馆古籍馆举办的"影像中的第二次鸦片战争——纪念圆明园被英法联军焚毁150周年"研讨会在京召开。

2010年5月12日　"段玉裁与清代学术国际研讨会"在段玉裁故里江苏金坛拉开帷幕。

2010年5月15日　"全球化时代的中国哲学与文化"暨纪念清华大学哲学系建系85周年、复建10周年学术研讨会在清华大学举行。

2010年5月15日—16日　由北师大历史学院中国古代史研究中心主办的"商周文明学术研讨会"在北京师范大学举行。

2010年5月15日—17日　"中国文学与中国形象"研讨会在浙江大学举行。

2010年5月17日　尼山论坛组委会主办"'联合国世界文明对话日'高层座谈会"召开。

2010年5月18日—19日　由北京师范大学—香港浸会大学联合国际学院主办"国情国学教学研讨会"在珠海举行。

2010年5月18日—19日　由浙江省文化艺术研究院、浙江大学人文学院联合主办的"2010'中国哲学与艺术精神高层论坛'"在杭州举行。

2010年5月21日—24日　由国际儒学联合会、运城市人民政府主办的首届"《弟子规》与孝文化"国际研讨会，在《弟子规》作者李毓秀的故里——新绛县举行。

2010年5月22日　由教育部语言文字应用管理司指导，中国出版集团中华书局主办的第二届"中华诵·经典教育论坛经典暨教育研讨会"在中国教育行政学院校长大厦开幕。

2010年5月22日—23日　复旦大学文史研究院召开了"西文文献中的中国"学术研讨会。

2010年5月23日　北京经济管理函授学院国学院在京成立并揭牌。

2010年5月26日　全国地下出土遗骸保护学术研讨会在南京大屠杀纪念馆举行。

2010年5月29日　"赵朴初哲学文化思想学术研讨会暨《赵朴初嘉言集》首发式"在京举行。

2010年5月30日　由宁夏大学西夏学研究院发起主办的"西夏与敦煌"学术研讨会在宁夏银川市举行。

2010年6月5日－6日　由国际儒学联合会和中华孔孟学会联合举办的"儒学核心价值与普及：第二届海峡两岸儒学交流研讨会"在台北举行。

2010年6月12日　由北京京昆振兴协会、北京市民间组织国际交流协会等主办的首届"海内外京剧昆曲研讨会"在京召开。

2010年6月14日－17日　由无锡市社科联、无锡市周易数术学会、无锡市灵山实业有限公司承办第十三届世界易经大会在中国无锡举行。

2010年6月16日　由中华文化促进会、节庆中华协作体、西安市人民政府共同主办的中华民族七大传统节庆文化论坛在古城西安举行。

2010年6月16日　由武汉大学哲学学院、中国传统文化研究中心和国学院联合举办的"纪念胡秋原先生诞辰一百周年学术研讨会"在武汉大学举行。

2010年6月16日－17日　由国家图书馆古籍馆、北京大学历史学系暨中国古代史研究中心、敦煌研究院联合主办的"敦煌文献、考古、艺术综合研究——纪念向达教授诞辰110周年国际学术研讨会"在国家图书馆文会堂召开。

2010年6月19日　由河南大学黄河文明与可持续发展研究中心主办的"黄河文明研究和'黄河学'建设"研讨会在河南大学举行。

2010年6月22日　由国家图书馆(国家古籍保护中心)、国际图联保存保护中心中国中心主办的"自然因素与文献保存保护"国际研讨会在北京开幕。

2010年6月25日　"近三十年来中国哲学的发展：回顾与展望"国际学术研讨会开幕式在武汉大学举行。

2010年6月25日　武汉大学国学院成立，国学院首任院长为郭齐勇教授。

2010年6月26日　天津市社会科学界联合会与天津市国学研究会联

合主办的"国学与文化天津"高层学术论坛在天津市社科联会议楼举行。

2010年6月26日　由安徽省历史学会、中国秦汉史研究会主办，安徽省社科院历史研究所、灵璧县县委县政府承办的"垓下之战遗址高层论坛"在安徽灵璧县召开。

2010年6月27日－28日　由上海师范大学人文与传播学院、上海师范大学都市文化研究中心主办的"中国现当代文学与中国文学传统学术研讨会"在上海师范大学举行。

2010年6月28日－30日　由中国孔子基金会、中国人民大学孔子研究院与孙中山基金会主办的"从孔子到孙中山——中华文化的传承与弘扬"学术研讨会在广州举行。

2010年6月29日　北京大学宣布成立儒学研究院，83岁高龄的北大资深教授汤一介出任院长。

2010年7月1日　杰出出版家、著名历史学家李侃同志逝世。

2010年7月2日　由中国明史学会、南京钟山文化研究会主办的"明建文帝国际学术研讨会"在南京举行。

2010年7月3日－4日　由北京大学古代文体研究中心、北京大学古代诗学诗史研究所联合举办的"中国古代诗学和诗歌史学术研讨会"在北京邮电会议中心召开。

2010年7月5日　由国际郑和学会、马六甲州政府、马六甲博物管理局及郑和文化馆联合举行的首届郑和国际研讨会在马来西亚著名旅游城市马六甲举行。

2010年7月9日－10日　中国文学思想史国际学术研讨会在南开大学召开。

2010年7月12日－13日　由哈佛大学东亚系与复旦大学中文系等主办的"新世纪文学十年——现状与未来"国际研讨会在沪举行。

2010年7月16日　"大运河南旺枢纽工程"遗址保护与利用研讨会在

山东济宁举行。

2010年7月16日　兰州国学馆落成并正式对外开放。

2010年7月17日　由中国人民大学国学院经学研究所主办的"经学：知识与价值"学术研讨会在中国人民大学逸夫会议中心召开。

2010年7月21日－25日　由河北大学宋史研究中心和历史学院共同举办的"华北区域历史变迁"国际学术研讨会在河北大学召开。

2010年7月22日　纪念鸦片战争170周年学术研讨会在广东虎门举行。

2010年7月27日　由首都师范大学中国诗歌研究中心与日本广岛大学北京研究中心、日本福山银河孔子学堂主办的"日本汉诗日中研讨会"在日本广岛县福山市成功举办。

2010年7月30日　由敦煌研究院、国家古代壁画保护工程技术研究中心主办的敦煌壁画数字化技术规范研讨会在敦煌研究院举行。

2010年7月30日　中国社会科学院荣誉学部委员、语言研究所研究员吴宗济先生逝世。

2010年8月2日－6日　由中国红楼梦学会和中国艺术研究院红楼梦研究所共同举办的"纪念中国红楼梦学会成立三十周年暨全国《红楼梦》学术研讨会"在北京召开。

2010年8月4日　我国著名文学史家、北京师范大学文学院教授郭预衡先生逝世。

2010年8月7日　由中山大学文化研究所等单位主办的"岭南文化、传统儒学与社会发展"学术研讨会在广东云浮市召开。

2010年8月9日　第18届世界美学大会在北京大学百周年纪念讲堂开幕。

2010年8月9日－11日　由中国人民大学清史研究所主办的"清代政治与国家认同"国际学术研讨会在北京香山召开。

2010年8月10日　由中国民间文艺家协会、开封市人民政府共同主办的"我们的节日——中国七夕文化论坛"在开封举行。

2010年8月13日　中国社科院在京举行任继愈逝世一周年学术研讨会。

2010年8月15日　"汉唐文明下的龟兹文明"学术研讨会在新疆库车开幕。

2010年8月16日－18日　由中国社会科学院中国近代思想研究中心及洛阳师范学院等单位联合举办的第三届中国近代思想史国际学术研讨会在洛阳召开。

2010年8月17日　走向当代前沿科学的现代汉语语法研讨会暨纪念朱德熙教授诞辰90周年和庆祝陆俭明教授从教50周年学术研讨会在北大英杰交流中心开幕。

2010年8月22日－23日　首届尼山论坛国内学者座谈会在北京召开。

2010年8月23日－27日　"活在'现代'的'传统'：国际博士研究生及青年学者专题研讨会"在北大五院中文系举行。

2010年8月25日－27日　由北京大学批评理论中心、东京大学哲学中心、纽约大学比较文学系及中国中心等单位共同主办"反思启蒙"的学术研讨会在北京大学五院中文系举行。

2010年8月27日　由北大中文系举办的"中国语言学发展之路——继承、开拓、创新"国际学术研讨会暨纪念著名语言学家王力先生110周年诞辰及祝贺郭锡良先生80华诞研讨会在北京邮电会议中心开幕。

2010年8月28日－29日　"甲骨文与文化记忆世界论坛"在台湾中研院史语所举行。

2010年8月31日－9月2日　由中国社会科学院与广西师范大学历史文化与旅游学院共同举办的海峡两岸"土司制度与边疆社会"学术研讨会在桂林召开。

2010年9月4日　由中国人民大学、亚洲和平贡献中心共同主办的

"清末民初的中日关系——孙中山、梅屋庄吉的交谊及其时代"国际学术研讨会在人民大学逸夫会堂举行。

2010年9月12日　由北京大学中国诗歌研究院举办的"诗歌：古典与现代"研讨会在北大百年讲堂召开。

2010年9月15日　由武汉市政协举办的"辛亥革命百年论坛"在武汉举行。

2010年9月15日　美国国会图书馆举行"儒学对世界的影响"研讨会。

2010年9月15日－18日　由国际易学联合会、中国自然辩证法研究会易学与科学委员会、东方国际易学研究院、香港中华文化学院、香港啬色园和中华能源基金委员会联合举办的"第五届国际易学与现代文明学术研讨会"在香港举行。

2010年9月17日　华东师范大学中国文字研究中心举办的"网络时代与中国文字研究"国际高级专家研讨会在上海华东师范大学召开。

2010年9月25日　浙江宁波市举行了"因为敬仰而纪念——黄宗羲诞辰400周年系列活动"。

2010年9月25日　朱一玄教授百年寿诞庆典暨中国古代小说国际学术研讨会在南开大学举行。

2010年9月26日－27日　"首届尼山世界文明论坛"在山东济宁尼山举行。

2010年9月27日　由中国国家文化部、山东省政府主办的第三届世界儒学大会在山东曲阜举行。

2010年10月9日　第五届"创意中国·和谐世界"文化产业国际论坛在北京召开。

2010年10月9日－11日　由中华孔子学会主办的"朱子学与中国文化"高端论坛在福建武夷山市举行。

2010年10月10日　由中央党校哲学部中外哲学教研室与北京大学

中国文化发展中心联合主办的"领导干部与国学普及"座谈会在中央党校哲学部会议室召开。

2010年10月15日　由文化部艺术司、北京市文化局主办，北京画院承办的"齐白石艺术国际论坛"在京举行。

2010年10月15日－18日　由北京外国语大学东西方关系中心等主办的"儒学名家圣源论道"暨《WE论坛·2010》(《东西方论坛》)在尼山圣源书院举行。

2010年10月16日－17日　由中国人民大学国学院主办的"国学前沿问题研究暨冯其庸先生从教六十周年国际学术研讨会"在北京召开。

2010年10月16日－17日　由中国社会科学院文史哲学部、语言研究所联合主办的"海峡两岸传统语言学研讨会"在北京举行。

2010年10月17日－19日　由中国史学会、山东大学、上海大学、中国义和团研究会联合主办的义和团运动110周年国际学术讨论会在山东大学举行。

2010年10月23日－24日　由中国人民大学佛教与宗教学理论研究所主办的第四届中日佛学会议在中国人民大学举行。

2010年10月25日　由北京清华大学思想研究所主办的"高罗佩百年诞辰学术研讨会"在清华大学近春园召开。

2010年10月25日　上饶师院与中国辛弃疾学会、中国词学研究会联合主办的"辛弃疾与词学"学术论坛在上饶师院开幕。

2010年10月26日－28日　"东坡文化国际论坛"在湖北黄州举行。

2010年10月27日　第二届许慎文化国际研讨会在河南漯河举行。

2010年10月28日－11月1日　中国近代文学学会第十五届年会暨江西近代文学研讨会在赣南师范学院召开。

2010年10月30日－11月2日　由中国社会科学院语言研究所主办的第十届全国古代汉语学术研讨会在西南大学召开。

2010年11月5日－8日　由中国艺术人类学学会与中国艺术研究院

联合举办的"艺术人类学研究与非物质文化遗产保护：2010年中国艺术人类学国际学术研讨会"在京举行。

2010年11月6日－7日　首届竹林七贤暨豫北历史文化学术论坛在河南新乡学院召开。

2010年11月9日　中国社会科学院举办"纪念钱钟书诞辰100周年学术研讨会"。

2010年11月10日　中国非物质文化遗产保护和发展论坛在中华民族艺术珍品馆举办。

2010年11月15日　由北京师范大学、国家图书馆、社科院历史所联合举办的"纪念陈垣先生诞辰130周年学术研讨会"在北京师范大学举行。

2010年11月16日　中医针灸和京剧被列入世界"人类非物质文化遗产代表作名录"。

2010年11月20日　以"永宣时代及其影响"为主题的两岸故宫第二届学术研讨会在京拉开帷幕。

2010年11月20日　由清华大学人文社会科学学院、清华大学哲学系、清华大学国学研究院、北京市社会科学界联合会、北京市哲学会、冯友兰研究会共同举办的"冯友兰学术思想研讨会暨冯友兰诞辰115周年逝世20周年纪念会"在清华大学开幕。

2010年11月21日　由中国北京语言大学和日本金泽大学联合主办的首届中国地理语言学国际学术研讨会在京举行。

2010年11月27日　由厦门书院和厦门大学国学研究院共同承办的首届海峡两岸国学论坛在厦门开幕。

2010年11月29日　第23届客属恳亲大会国际客家文化学术研讨会在广东河源举行。

2010年12月4日－5日　主题为"儒家思想与社会治理"的第七届国际儒学论坛在中国人民大学举行。

2010年12月6日　主题为"纸之路"的第四届东亚纸张保护国际学术研讨会在兰州举行。

2010年12月6日－7日　复旦大学文史研究院、新加坡国立大学中文系联合主办的"中国思想文化史研究的新视野"国际学术研讨会在浙江富阳市举行。

2010年12月7日　由中华炎黄文化研究会、炎黄国际文化协会、新加坡国立大学联合主办的"21世纪中华文化世界论坛"第六届国际学术研讨会在新加坡开幕。

2010年12月10日　第五届孔子学院大会开幕式在北京国家会议中心举行，李长春、刘延东出席开幕式。

后 记

党的十七大提出，"推动文化大发展大繁荣，弘扬中华文化，建设中华民族共有精神家园"，强调要重视对中华民族优秀传统文化的继承与弘扬，把弘扬和培育民族精神作为文化建设的极为重要的历史任务。同时，构建社会主义和谐社会，也离不开对中华民族优秀传统文化的继承与弘扬。《领导干部国学大讲堂》就是在这一大的文化背景下组织出版的。

本套书共分四册，收入了近百位专家学者的文稿，如饶宗颐、冯其庸、许嘉璐、袁行霈、汤一介、张岂之、李学勤、王蒙、杜维明、叶嘉莹、徐苹芳、楼宇烈、罗国杰、刘梦溪、乌丙安、冯之浚、董光璧、霍松林、纪宝成、钱逊、吴光、牟钟鉴、胡孚琛、张立文、方立天、杨义、葛荣晋、余敦康、郭齐勇、郭齐家、学诚法师、张继禹道长、吴如嵩、邓福星、周桂钿、李汉秋、葛剑雄、葛兆光、骆承烈、陈来、彭林、叶小文、李宝库、傅佩荣、王志民、刘长允、王渝生、王宁、田辰山、陈炎、蔡德贵、李致忠、黄朴民、朱汉民、李宗桂、刘笃才、王贵祥、邱永君、龚鹏程、吕舟、杨力、张忠义、诸国本、李祥霆、高思华、赵霖、陈占奎、郭海棠、白奚、汪哲、张践、肖群忠、王岳川等。这些文稿有的发表过，收入时略作修改，有的是作者讲座的整理稿，有的则是首次发表，需要说明的是，本书所有文稿及作者个人学术简历都由作者本人提供。这些先生，大多为学界耆宿和承上启下的学术中坚，为国内外学界所推崇和公认。其中，大多为我所熟识，有的则只是闻其名，令我感动的是，在向这些先生征稿过程中，不管是我熟识的还是从未谋面者，先生们无一例外地对我做的这件事给予了高度评价和大力支持，认为这是一件有利于国学普及教育的大好事，是一件功德无量的大好事，他们的支持和肯定，令我感动，增强了我做好这件事的信心。在与这些先生的交流沟通过程中，他们的学识、涵养、追求和境界，使我看到了中国知识分子对中国文化复兴的担当精神和殷殷期望。他们把选好的文稿，通过电子邮件一一发给我，或用信函寄给我，其间有的学者认为已提交的稿子不适合领导干部阅读，又重新更换一篇。在诸位先生的大力支持下，本书的组稿工作终于顺利完成。为了文稿来源具有广泛性，本书还选取了台湾、香港、美国等地学者的文稿，这些学者常年奔走于世界各地，传播中国文化，在国际学术舞台上有很高的知名度；另外，本书还选取了三位已经仙逝的先生——季羡林、任继愈、张庚的文稿，文稿或由家人或经研究机构提供。由于时间所限，在文稿的取舍上，还有一些不尽如人意的地方，如有的文稿学理化有余，通俗化不足，有的则恰恰相反，太过口语化；有的作者的观点很可能会引起争议(歧义)；但本书尊重作者的书写习惯和个人观点，不做太大修正；有些非常优秀的有价值的文稿，因作者一时难以联系上，最终只能遗憾地舍弃，这些瑕疵和缺憾，力争在《领导干部国学大讲堂》出修订版时弥补。

忝为该书主编，只是做了一些组织、策划及联系、组稿工作而已，无以名之，姑以"主编"名之，更为重要的是能够向领导干部们推荐一部适合阅读和普及的书籍，我想，本书的出版，只是工作的开始，今后还会有很多的事情要做，譬如在领导干部中开办国学大讲堂，让更多的领导干部学习和了解国学的基本内容，创办"领导干部国学网"、《领导干部国学内参》等，这些工作需要更多有识之士的参与，也需要得到社会各界多方面的支持，共同推动领导干部的国学传播和普及。

国学内容包罗万象，对国学的划分也见仁见智，至今未有公认的观点。本书按所选内容的不同，共分为四大板块：总论篇、国道篇、国学篇及国艺国术篇。宏观阐释国学、中国文化等方面的文稿纳入总论篇；儒释道等方面的文稿归进国道篇；经史子集等方面的文稿放在国学篇，书法、绘画、民俗、服饰、中医药等方面的文稿作为国艺国术篇。这种文稿的大致划分归类，未必人人都会同意。

本书能顺利出版，首先要感谢全国政协原主席李瑞环、北京大学著名教授汤一介、中央党校原常务副校长郑必坚、中国人民大学校长纪宝成、中央社会主义学院党组书记叶小文、中央党校副校长陈宝生、国家行政学院副院长周文彰、浦东干部学院常务副院长冯俊等先生以不同方式对本书出版的大力支持；还要感谢北京大学国学研究院、清华大学国学院、中国人民大学国学院、南京大学中华文化研究院、中山大学文化研究所、武汉大学国学院、厦门大学国学院、中国领导科学研究会、中华炎黄文化研究会、中国孔子基金会、中华文化发展促进会、中华文化促进会、中国传统文化促进会、中国国服协会、国际儒商联合会、北京国学院、中华文化学院、中国实学研究会、中华孟子协会、尼山圣源书院等作为本书出版的支持和推荐单位（机构）；感谢中央党校出版社社长兼总编辑胡建华、副社长苏作霖、田国良先生、责任编辑王君、蔡锐华女士以及张春、柳永刚、王伯勇、侯书栋、李源、骆光宗、毛益民、陈洪夫、徐青、王琦、舒胜晖、罗先安、诸国强、范英杰、房呈军、郑依乐、薛荣强、张从宣等先生，牛冠恒、顾建军、冯建辉、于岩等同学为本书出版所付出的辛劳，还要感谢众多学界同道及新闻媒体的朋友对本书出版的始终关注。

王 杰

辛卯年仲春于大有北里知为斋